华东交通大学教材（专著）基金资助项目

交通系统分析方法

JIAOTONG XITONG
FENXI FANGFA

主　编 ◎ 艾　瑶　邓明君　王淑芳
副主编 ◎ 薛运强　刘　爽　仲先飞

西南交通大学出版社
·成　都·

内容提要

本书作为高等学校教材，介绍了延误模型、交通流概率统计、跟驰理论、排队论、交通波理论、车队离散理论等交通系统状态分析方法，介绍了交通系统供需平衡分析与需求预测分析方法，介绍了线性规划、非线性规划、动态规划等系统优化方法、网络优化分析方法以及交通系统评价与决策分析方法，对交通系统模拟分析、交通大数据分析也进行了简要介绍。

本书可作为交通工程专业的本科生教材，也可供交通运输、道路交通管理等相关专业及有关工程技术人员学习参考。

图书在版编目（CIP）数据

交通系统分析方法 / 艾瑶，邓明君，王淑芳主编
. —成都：西南交通大学出版社，2018.8（2025.7 重印）
ISBN 978-7-5643-6405-2

Ⅰ. ①交… Ⅱ. ①艾… ②邓… ③王… Ⅲ. ①交通系统－系统分析法 Ⅳ. ①U491.2

中国版本图书馆 CIP 数据核字（2018）第 207397 号

交通系统分析方法

主　编 / 艾　瑶　邓明君　王淑芳

责任编辑 / 穆　丰
助理编辑 / 宋浩田
封面设计 / 何东琳设计工作室

西南交通大学出版社出版发行
（四川省成都市金牛区二环路北一段 111 号西南交通大学创新大厦 21 楼　610031）
发行部电话：028-87600564　　028-87600533
网址：https://www.xnjdcbs.com
印刷：四川森林印务有限责任公司

成品尺寸　185 mm × 260 mm
印张　18.5　　字数　462 千
版次　2018 年 8 月第 1 版　　印次　2025 年 7 月第 6 次

书号　ISBN 978-7-5643-6405-2
定价　48.00 元

前言 _ PREFACE

交通系统是一个庞大复杂的大系统，在交通系统中还存在着效率、安全、环境、能源等诸多当今社会急需解决的问题。为了有效地解决交通问题，需要有关学者、工程技术人员和交通管理者对交通系统进行优化设计和改造。为构建良好的交通运行系统，对系统组成要素及系统整体进行特性了解、对交通问题进行最优化方案分析等具有重要意义。

交通系统分析首先应清楚地了解交通系统的各方面属性，然后寻找使得系统达到最优目标的方案或策略，并对不同方案系统性能进行评价，为系统决策提供依据，以上各方面的分析采用的方法技术不尽相同，需根据具体问题选择合适的分析方法。本书针对交通系统或子系统，既从系统整体分析的角度、也从系统局部要素分析的角度，给出描述、分析、优化和评价各研究对象的理论和方法体系。涉及的分析方法包括定性分析或经验、逻辑判断，数学模型，模拟技术，智能技术，大数据技术等。

本书共分 9 章并附有习题与思考题。在内容安排上着重介绍各种分析方法的基本原理和方法步骤，并通过实例介绍分析方法的应用。第 1 章介绍系统的基本概念、交通系统分析意义及方法概述；第 2 章介绍交通系统状态分析方法；第 3 章介绍系统优化分析方法；第 4 章介绍网络优化分析方法；第 5 章介绍交通供需平衡分析；第 6 章介绍交通预测分析方法；第 7 章介绍交通系统评价与决策分析方法；第 8 章、第 9 章为交通系统模拟、交通大数据分析简介。

本书主要编写人员包括：华东交通大学艾瑶、邓明君、王淑芳、薛运强、仲先飞、华东交通大学理工学院刘爽。第 1 章由艾瑶编写；第 2 章由艾瑶、王淑芳、刘爽编写；第 3 章由艾瑶、邓明君编写，第 4 章由艾瑶、薛运强编写；第 5 章由王淑芳编写，第 6 章由邓明君编写；第 7 章由艾瑶、薛运强、刘爽编写，第 8 章、第 9 章由邓明君、仲先飞编写。华东交通大学秦鸣教授、桂林电子科技大学李文勇教授对本书编写提出了宝贵意见。

交通工程领域的系统分析方法涉及多学科、多领域的相关知识，而且新知识、新理论和新方法不断涌现、发展和完善。限于笔者的理论水平及实践经验，书中不妥和错误之处在所难免，恳请读者批评指正。

编　者

2018 年 4 月

目录 _ CONTENTS

第 1 章　交通系统分析概述

1.1　系　统

系统这一概念来源于人类的长期社会实践，20 世纪 40 年代开始在工程设计中应用这一概念。20 世纪 50 年代以后，人们开始把系统的概念逐步明确化、具体化，并在工程技术系统的研究和管理中广泛应用。

所谓系统是指由相互作用、相互依赖又相互区别的若干组成部分（单元）组合而成的具有特定功能的有机整体。如人体是一个系统，由神经、呼吸、消化、循环、运动、生殖等子系统构成一个有机整体。交通运输系统由铁路运输、公路运输、水路运输、航空运输、管道运输等子系统构成一个有机整体。城市道路交通也是一个庞大的动态交通综合系统，由人、车、道路、设施、管理、环境等许多子系统组成。

可以看出，系统是由两个以上的要素组成的整体。系统的诸要素之间、要素与整体之间、以及整体与环境（指系统以外，与系统发生作用的部分）之间存在着一定的有机联系。系统要素之间的联系与作用必产生一定的功能。当然系统与要素的概念是相对的，例如由车辆、场站、路网等要素组成了公路系统，而对于整个交通运输系统而言，公路系统又是整个交通运输系统的组成要素。

一般来说系统具有以下特征。

1. 整体性

系统由若干单元组成，每个单元都具有独立的功能。具有独立功能的单元以及单元之间的相互联系，只有逻辑地统一和协调于系统的整体之中，才能发挥系统的整体功能。因此，即使每个单元并不都很完善，它们也可以综合起来，统一成为具有良好功能的系统。反之，即使每个单元都是良好的，但作为整体却不具有某种良好的功能，也就不能被称为完善的系统。系统整体的功能不是各组成要素功能的简单叠加，一般系统的整体功能大于各组成要素的功能总和。

2. 相关性

组成系统各要素是相互联系、相互作用、相互依存、又相互制约的。例如，城市道路交通系统，由道路网、车辆、信号控制系统、交通规则等单元或子系统组成，它们之间是相互关联的，它们之间的协调关系使道路上的车辆有条不紊地行驶。如果各个组成部分各自为政，那么它们就不能组成互相协调的整体，势必造成交通混乱。

3. 目的性

任何一个系统都有它的目的，否则就失去了这个系统存在的价值和意义，系统单元正是按照这种目的性组织起来的。

4. 层次性

一个系统由一些单元组成，而其中任一单元又可分为更小的单元。如：交通运输系统由铁路、道路、航空、水路、管道几个运输子系统组成；其中航空运输系统又由航空公司、机场、空中交通管制等子系统组成。

5. 环境适应性

系统总是存在于一定的环境之中，与环境不断进行物质、能量、信息的交换。系统必须适应外部环境的变化。

在自然界和人类社会中，系统是普遍存在的。根据系统的性质，系统形态可分为：自然系统与人造系统；实体系统与概念系统；动态系统（系统状态随时间变化）与静态系统；控制系统与行为系统等。各种交通系统大都属于自然-人工复合系统，并且是动态、实体系统。

1.2 交通系统

1.2.1 交通系统

交通是一个系统，由多个子系统构成，子系统之间相互联系、相互影响，形成了极其复杂的关系。当我们带着不同的问题去研究交通系统时，系统的范围、系统的结构、各子系统的关系等都将不同。例如，当我们从交通工具的角度来研究交通系统时，就会把交通系统划分为轨道交通、汽车交通、自行车交通、步行交通等；当我们从出行者的角度来研究交通时，就可能会把交通系统划分为上班出行、上学出行、购物出行、娱乐出行等。

交通系统非常复杂，尤其是城市交通系统，我们很难用某种或某几种简单的方法表达或说明系统间的复杂关系。图 1.2-1 是城市交通系统的各要素关系图的一种表示。

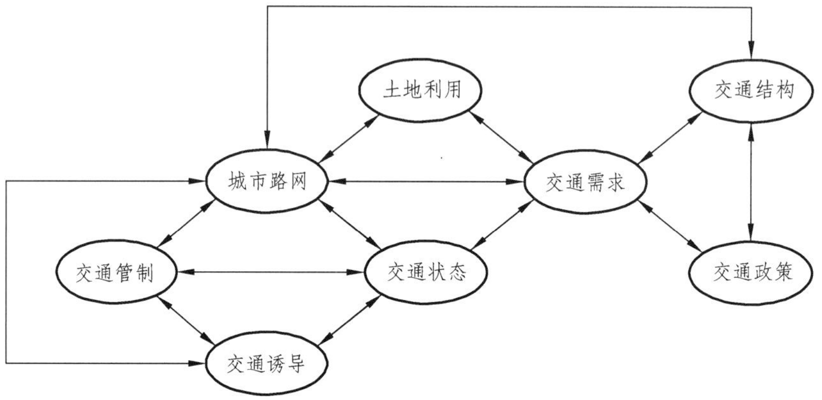

图 1.2-1 影响城市交通的要素关系图

城市在其规划建设阶段就已经从总量上决定了交通需求和交通供给两大要素。在该阶段，规划者将根据城市的人口规模、经济水平和人们的社会活动特征等规划城市的用地规模、用地性质、用地强度和用地布局，这一方面决定了城市居民出行和货物流通的总量，另一方面也决定了城市的路网框架。因此，不同的土地利用特征对应着不同的交通需求特征。城市交通需求受多方面因素的影响：首先，它与城市路网结构有关。在一定的城市土地利用形态下，不同的路网结构（如棋盘状、放射状、放射与环路相结合）对应着不同的出行效率，表现在路网交通流状态上，即为不同的交通需求总量。其次，交通需求还与交通政策相关，在出行需求一定的情况下，不同的交通政策（如公交优先政策、限制私人小汽车政策等）将带来截然不同的交通需求。最后，交通结构（地铁、轻轨、公共汽车、自行车、小汽车等各种方式出行比例）对交通需求也有着重要的影响。研究表明，合理的交通结构会大大降低交通需求。实际上交通需求、交通结构和交通政策之间相互作用，对城市交通状态产生着重要影响。城市路网、交通需求、交通结构综合作用便产生了城市交通流。交通流在交通组织、交通控制和交通诱导的支配和作用下，便构成了路网交通流状态。在这里，借助路网信息和交通状态信息所进行的交通组织、控制和诱导，对交通流运行效率起着重要作用，进而影响城市交通需求，城市路网交通状态最终要影响甚至改变城市土地利用。

从上例足以看出，交通系统极其复杂，甚至很多系统关系很难定量化表达。但交通系统并不是不可以认识的，我们总可以通过各种手段不断地揭示和描述系统的运行规律、评价系统运行效果，确定改善系统方案，最终达到改善系统的目的。

1.2.2 交通问题

在交通系统中还存在着许多问题，其中效率、安全、环境、能源等问题尤为突出，是当今社会急需解决的问题。

建立交通运输系统的目的在于快速、高效地实现人、货、车的空间移动。以城市交通为例，汽车的出现和汽车工业的发展，使整个交通运输格局发生了巨大变化，极大地推动了人类社会的过程。然而，事情总是一分为二的，现代交通工具在提高人们生活水平的同时，也带来了各种各样的城市交通问题。随着经济的发展，汽车保有量的急剧增加，如何降低交通的负面效应已成为全球面临的共同难题。

在这种背景下，传统的道路交通设施已经不能适应现代社会的交通需要，城市机动化的快速发展、城市布局形态扩张和城市功能聚集，使得城市交通出行总量、出行密度、出行距离大幅度增长、交通拥堵正在中国大多数城市中迅速蔓延。交通拥堵不仅带来了交通系统的服务水平下降、交通延误增加、行车速度降低、出行时间大幅度增加等直接危害，还导致了交通事故频繁、能源浪费严重、汽车尾气排放量增大、环境恶化等诸多问题出现，造成社会成本增加，经济损失严重。针对当前我国城市特别是大城市的交通问题极其严重的现状，如果不能得到有效解决和根本治理，必将对我国经济的持续、快速、健康发展构成严重威胁。

1.2.3 解决交通问题的系统观念

为了更好地解决城市交通系统存在的日益严重的诸多问题，相关政府职能部门、交通专家学者们等已形成了共识，解决城市交通问题要动态和广泛地综合各方面的行动和利益，采取综合措施，采取系统的对策，构筑一体化综合交通体系。如：（1）从城市规划、土地利用的角度，将土地利用规划与交通规划进行综合化考虑。交通规划不仅要处理目前的交通问题，还要寻求根本的改善措施。通过土地利用规划的实施严格控制土地的使用方法，进而控制交通发生与交通吸引。避免城市人口、城市功能过度集中，造成交通总需求超过城市的交通容量极限，避免城市商务区土地利用强度过大而使城市交通问题无法解决。积极提倡多中心分散形式的土地利用形态。（2）从交通结构的角度，采取优先发展公交，形成以公交为骨干的快速交通运输系统，合理利用城市有限的土地资源和交通设施。（3）通过基础设施建设提高路网容量、通过实现城市交通的科学化、智能化管理等，充分有效地利用道路网，发挥交通设施的最大作用。

要想从不同层次解决城市交通问题，应加强城市综合交通规划的制定和实施，考虑将交通建设与交通管理一体化。道路设施、轨道设施、枢纽设施、停车设施、管理设施等应平衡发展，注重互相之间关联性，发挥整体效益。随着居民出行距离的增长，出行方式多样化，越来越多的出行以多方式组合的形式完成，应突出交通枢纽的特殊地位，实现各方式有效转换的“运行联运化”。重视科学化、智能化交通管理，整合多种交通设施运行、均衡流量分布、发挥系统整体效益。

因此，解决城市交通问题是一个系统工程，为构建良好的交通运行系统，对系统组成要素及系统整体进行特性了解、对交通问题进行最优化方案分析等具有重要意义。

1.3 交通系统分析

交通是一个庞大复杂的大系统，其组成要素（单元）往往又可以看成是一个个子系统。本书针对交通系统或子系统，既从系统整体分析的角度、也从系统局部要素分析的角度，给出描述、分析、优化和评价各研究对象的理论和方法。

1.3.1 交通系统分析的意义

采用科学的方法对交通系统进行分析，对于解决交通问题具有重要意义。

1. 为交通系统规划提供依据

交通系统分析为交通系统规划提供必要的理论依据。例如，在城市道路网规划中，要预测规划期内的交通需求、交通分布和居民的出行方式分担比例，从而计算出各条道路上分配的交通量，确定交通需求，并依此设计道路。

2. 为交通设施设计及改造提供依据

交通系统分析为设计新的交通设施或改造原有交通设施提供理论依据。例如设置标志牌（如限速标志、停车标志等）时要考虑路段上车流的行驶速度、驾驶员的反应速度等，从而确定标志的形式、文字的大小、布设的位置等；在决定交叉口是否设置信号灯时，需要考虑交叉口交通量的大小、冲突情况等；在决定是否要设置行人过街按钮灯时，需要考虑行人交通量的大小、分布和机动车流量大小及其分布规律等。这些交通设施的设计及改造都离不开交通系统分析。

3. 为交通管理提供依据

交通系统分析可以为交通管理提供依据。例如，有些城市通过停车收费来调整交通需求，而收费价格就要运用供求关系理论经定量分析而定；又如，在进行信号交叉口配时设计时，各项配时参数（信号周期、绿灯时长、黄灯时长、全红时间等）需要根据交通流规律、交叉口几何特征等经定量优化获得。应该说，没有科学的具体分析，就难有科学的管理。

4. 为交通政策和法规的制定提供依据

交通系统分析可以为制定交通政策和法规提供理论依据。例如，在发达国家确定公共交通票价时，要运用价格需求弹性理论来分析票价的涨跌对乘客的影响，进而分析对私人小汽车使用量的影响。有的国家根据这些分析的结果来制定和修订交通政策，优先发展公共交通，使城市交通大大改善。

1.3.2 交通系统分析方法

交通系统分析首先需要对交通系统进行一个定性或定量的描述，以便清楚地了解系统的各方面属性，然后根据系统分析的目的寻找使得系统达到最优目标的方案或策略，通过某些指标对不同方案系统性能进行评价，为系统决策提供依据。以上各方面的分析采用的方法技术不尽相同，需根据具体问题选择合适的方法，归纳起来概括为如下几类。

1. 定性分析或经验、逻辑判断

在进行系统描述时，根据系统要素之间的逻辑关系，建立描述系统要素的逻辑模型。在进行系统优化分析时，通过对不同系统方案进行逻辑判断来确定系统最优方案。在对比分析不同优化方案的各项指标的基础上，通过对每种方案各项性能优劣的综合分析来获得对方案的整体优劣评价，为系统决策提供依据。

以上方法主要是定性分析，因该方法缺少定量指标，较多地受人为主观因素的影响，通常需要与定量分析方法结合使用。

2. 数学模型

在进行系统描述时，通过数学方法建立描述系统要素之间定量关系的模型，该类模型是一些具体模型，比如，描述居民出行分布的重力模型等。在进行系统优化分析时，通过数学模型来获得系统的优化目标值，根据目标值的大小来确定系统的最优方案，该方法能够给出具体的目标值，从而可以确定唯一的最优方案，可减少人为主观因素对系统决策的影响。比如线性规划、网络图优化等方法。在进行系统评价时，通过要素之间的关联关系建立系统性能指标的数学模型，实现系统各项性能的综合评价，从而实现系统的整体评价。比如层次分析法、模糊综合评判法等。

建立数学模型的定量分析方法在交通系统分析中是比较常用的。

3. 模拟技术

模拟也称为仿真，它是为了求解问题而人为地模拟真实系统的部分或整个运行过程。交通模拟技术作为一种交通分析工具，已经渗透到交通工程领域的方方面面。

系统模拟的过程就是建立系统模型并通过模型在计算机上运行来对模型进行检验和修正，使模型不断趋于完善的过程。因此系统模拟包括三个基本活动：系统模型的建立、模拟模型的建立、模拟试验。

交通模拟模型是进行交通模拟的核心内容，它不是使用解析方法，而是使用计算机技术采用数值求解的方法进行分析，在假设的基础上产生与实际交通相符合的随机数，并且对其进行排序、检验，形成随机变量，经过数值计算及逻辑推演、检验，来模仿实际交通运行状况，并分析和估计模拟系统的性能测度。比如，模拟车辆跟驰行为的元胞自动机模型。

4. 智能技术

智能技术指不依赖于或不完全依赖对象数学模型，主要利用人的经验、知识和推理，来解决一系列复杂性、不完全性、模糊性或不确定性问题的分析技术，具体如下。

神经网络法：模拟生物神经网络的某些结构和功能，仿造大脑神经元的特点，提出人工神经网络的结构模式，利用人工神经网络的某种学习规则，通过对历史数据的学习、识别，掌握历史数据的关系规律，从而进行未来交通系统预测或实时交通优化控制等。

遗传算法：模拟生物在自然环境中的遗传和进化过程（适者生存、优胜劣汰）形成一种自适应全局优化概率搜索算法。可利用遗传算法进行交通系统优化分析、优化控制等。

模糊数学的应用：交通系统是一种对象不确定、结构十分复杂的大系统。对象的不确定性和复杂性决定了系统建模和模型求解的难度，有的很难用数学模型来描述。而利用模糊数学有关原理，进行交通系统评价、系统优化分析，不需要建立对象的精确数学模型，就能获得其他方法无法替代的效果。如模糊评价、模糊控制优化。

以上各种智能技术或不同技术方法的组合使用，在交通系统分析中有着广泛的应用前景。

5. 大数据技术

大数据技术就是对大数据进行处理的技术的集合。大数据技术与传统信息处理技术不同：大数据技术通过使用分布式技术实现的海量数据的处理，通过将分散于各地的存储、处理设备整合在一起，实现可与巨型计算机媲美的海量数据处理能力。大数据技术善于由结果推断模型，不同于传统技术需要完善地建立数据模型，通过条件推导结果。

大数据条件下的交通系统分析不是将大数据技术简单套用或移植到交通领域，而是将大数据技术融入交通系统分析体系中，是将数据组织成为信息，从信息提炼特征，从特征变化中发现规律，并就对策进行追踪评估的信息处理过程。交通大数据的融合和利用是未来的发展趋势。

1.3.3 交通系统分析内容

交通系统分析研究的内容非常广泛，本书主要根据交通工程专业本科生应掌握和了解的相关知识，选择以下几个方面进行交通系统分析技术方法的介绍。

1. 交通参数与交通系统状态分析

系统分析的首要任务是对系统进行一个定性或定量的描述，以便清楚地了解系统的各方面属性。交通系统是一个包含人、车、路、环境等多种因素的复杂系统，交通系统状态主要是指交通流状态。了解交通流特性以及分析交通系统状态是交通系统评价、优化的基础。

有关交通参数、交通系统状态可以通过实际调查的方法掌握，而本书侧重于各种理论、数学模型方法的介绍及其应用。通过交通流量、速度、密度三参数之间的关系模型、延误分析模型、交通流概率统计分析、跟驰理论、排队理论、交通波理论、车队离散理论等，进行交通系统状态的描述。

2. 交通系统优化与网络优化分析

交通系统优化，就是应用最优化理论和方法，对备选方案进行优化分析，找出最优方案。系统优化方法很多，根据具体问题，随所建立的模型的不同而不同。本书主要介绍线性规划、运输问题、指派问题、整数规划、0-1 规划、动态规划的基本方法及其在道路交通领域的应用。网络优化分析是利用图与网络的特点，研究如何有效地计划、管理和控制网络系统，使之发挥最大效益。本书针对最小树问题、最短路问题、最大流问题介绍其求解方法及其在交通运输领域的应用。

3. 交通系统供求分析与需求预测分析

交通系统供求分析包括交通资源供应和交通出行需求两方面的内容。随着交通量的不断增长，道路资源显得越来越紧张，供求矛盾日益突出。交通系统供求分析与需求预测分析有助于寻找解决供求矛盾的方案。本书主要介绍交通需求和交通供给的特性及供需平衡关系宏观理论，以及时间序列、回归分析、灰色模型、神经网络等具体需求预测分析方法及其应用。

4. 交通系统评价与方案决策分析

在系统分析时，为实现某一系统的目的或目标，往往可建立多个备选方案。系统评价就是要对各备选方案进行综合评价，以便获得最佳方案。在了解系统评价指标体系有关知识的基础上，主要介绍费用-效益分析、关联矩阵评价法、层次分析法、聚类分析法、模糊综合评判法等交通系统评价方法，以及不确定型问题、风险型问题的决策分析方法，并列举交通系统评价与方案决策分析方法在道路交通领域的应用。

5. 交通系统模拟与大数据分析

交通系统是一个复杂、动态、随机的系统，模拟分析方法以理论模型为基础，兼顾实测参数及交通状态的随机性特点，根据被研究的真实系统，利用计算机进行实验研究。交通系统模拟分析技术为交通系统提供了一个迅速而方便的构造和重现复杂的交通现象并全面记录现象发生过程的平台，是当今交通系统分析中较为常用的工具。

近年来，随着手机网络、全球定位系统、车联网、交通物联网等的发展，交通要素的人、车、路等信息都能够实时采集，交通大数据来源日益丰富。在日益成熟的物联网和云计算平台等技术的支持下，大数据技术已在智能交通领域深入人心。未来活化数据的广泛应用是国内交通大数据的发展热点，也是改善交通的必由之路。

本书针对交通模拟、大数据技术两个方面的内容，主要进行概念性介绍，具体分析技术方法通过简单案例进行初步了解。

第 2 章　交通系统状态分析

交通系统是一个包含“人、车、路、环境”等多种因素的复杂系统，根据研究问题的不同需要从不同角度和不同层面分析交通系统状态。用来描述和反映交通流运行状态特征的交通参数主要有交通流量、速度、密度以及延误等。通过延误理论、交通流概率统计分析、排队理论、跟驰理论、交通波理论、车队离散理论等，可分别从微观和宏观两个层面，时间和空间两个维度上对交通系统状态进行分析。准确地把握交通系统状态是交通系统优化、评价的基础，也是制定交通管理及控制措施的依据。

2.1　交通流状态参数及关系模型

2.1.1　交通流基本参数关系模型

有关交通流基本参数定义如下：

交通量 q（或 Q）：又称流量，是指单位时间内通过道路（或道路上某一条车道）指定地点或断面的交通实体数（对于机动车而言就是车辆数）。

地点车速 v_t：又称瞬时车速，是车辆通过某一地点的瞬时车速。

行程车速 v_s：又称区间车速，是车辆行驶路程与通过该路程的总时间（包括停车时间）之比。

时间平均速度 $\overline{v}_t$：指在一定时间内，通过道路某一地点的所有车辆地点速度的算术平均值。

区间平均速度 $\overline{v}_s$：指某路段的长度与通过该路段所有车辆的平均行程时间之比。在数学上，区间平均速度是通过路段的所有车辆行程速度的调和平均值。

交通流密度 k：指某一瞬间，道路上单位长度存在的车辆数。

车头间距 h_s：指一条车道上前后相邻两辆车的车头或者车尾之间的距离。

车头时距 h_t：指前后两辆车的车头或者车尾通过车道上某一点的时间差。

延误 d：指行驶在道路上的车辆受到道路环境、交通管理与控制及其他车辆的干扰等因素的影响而损失的时间。

从基本定义出发，可证明平均车头间距 $\overline{h}_s$ 和平均车头时距 $\overline{h}_t$ 分别为交通密度 k 及流量 q 的倒数。

以上交通流参数之间还存在以下一些关系模型，这些模型大多是基于数学模型建立的，也有一些是根据实践经验建立的。

1. 交通流量 q、速度 $\overline{v}_s$、密度 k 之间的基本关系式

$$q = k \cdot \overline{v}_s \tag{2.1-1}$$

交通流量、密度、速度三者之间的关系式可以用三维空间中的图像（图 2.1-1）来表示，将这个三维空间曲线投影到二维空间中，可获得 q-k、v-k、q-v 关系曲线，如图 2.1-2 所示。

由图 2.1-2，可以找出反映交通流特性的一些特征变量：

最大交通流量 Q_m：就是 q-k 曲线上的峰值。

最佳速度 v_m：即交通流量达到最大时的速度。

最佳密度 k_m：即交通流量达到最大时的密度。

阻塞密度 k_j：车流密集到所有车辆无法移动（$v \to 0$）时的密度。

自由流速度 v_f：车流密度趋于零，车辆可以畅行无阻时的速度。

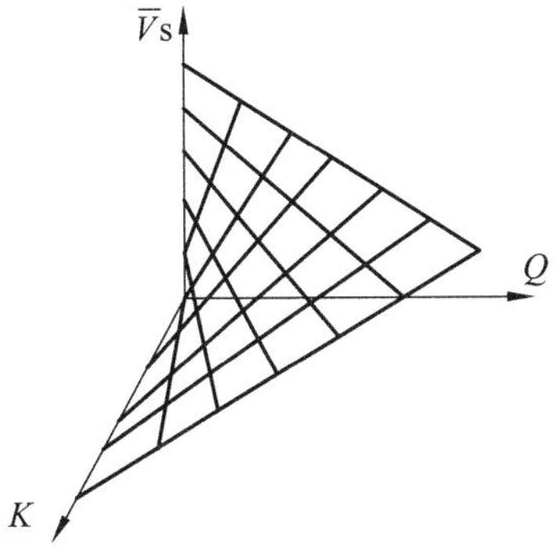

图 2.1-1　交通流的基本模型曲线图

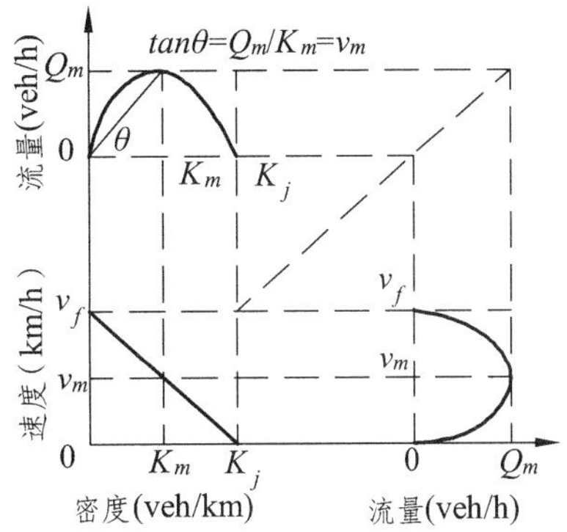

图 2.1-2　q-k、v-q、v-k 关系曲线图

2. 速度-密度关系模型

1933 年，格林希尔治（Green shields）提出了速度–密度的线性模型（图 2.1-3）。

$$\overline{v}_s = v_f(1 - k / k_j) \tag{2.1-2}$$

这一模型简单直观。研究表明，在通常的交通流密度下，该模型与实测数据的拟合较好。

由图 2.1-3 可知，当 k=0 时，$\overline{v}_s = v_f$，即在交通流量很小的情况下，车辆以自由流速度行驶。当 $k = k_j$ 时，$\overline{v}_s = 0$，即在交通流密度很大时，车辆速度就趋向于零。交通流量变化也可以用速度-密度图来说明，例如：已知 C 点的速度为 v，密度为 k，则交通量 $q = kv$，它就是曲线下面的矩形阴影部分的面积。

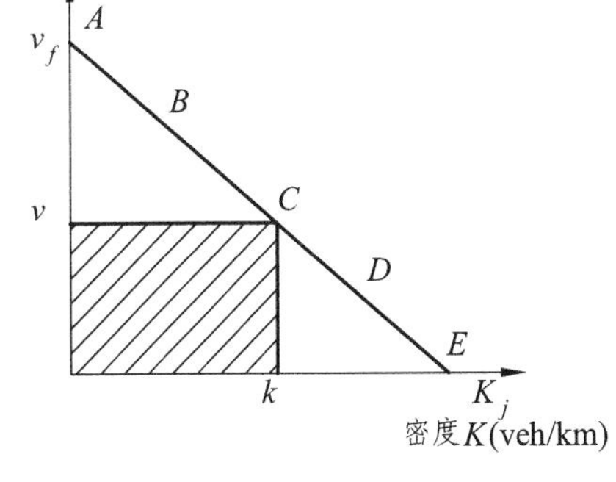

图 2.1-3　格林希尔治线性模型

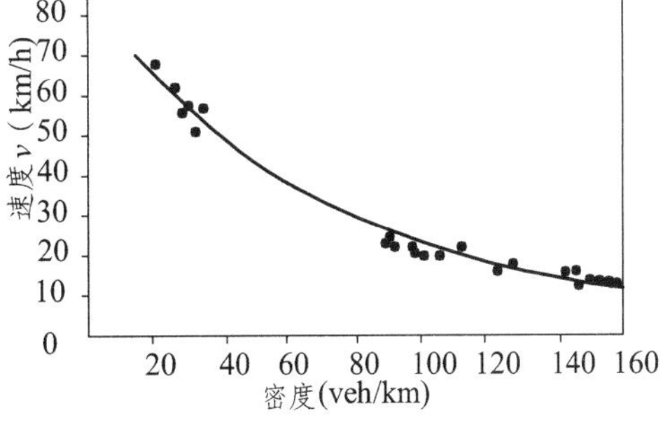

图 2.1-4　格林伯对数模型

当交通流密度很大时，速度-密度关系模型可以采用格林伯（Greenberg）提出的对数模型。

$$\overline{v}_s = v_m \ln \frac{k_j}{k} \tag{2.1-3}$$

此模型和交通流拥挤时的数据很符合，适用于较大密度的交通条件，如图 2.1-4 所示。当交通密度较小时（$k \to 0$，$\overline{v}_s \to \infty$），这一模型不适用。

当交通流密度较小时，可采用安德伍德（Underwood）提出的指数模型：

$$\overline{v}_s = v_f e^{-k/k_m} \tag{2.1-4}$$

在较小密度的交通条件下，模型与实测数据拟合较好，如图 2.1-5 所示，图中 r^2 为相关系数。

伊迪（Edie）提出了一个将式（2.1-3）和式（2.1-4）组合在一起的模型，其中式（2.1-4）取较小密度对应的部分，式（2.1-3）取较大密度对应的部分。当绘制标准化速度对标准化密度的关系曲线时（所谓标准化就是观测值与最佳值或最大值之比），这两个模型曲线在密度的中部范围相交，如图 2.1-6 所示。

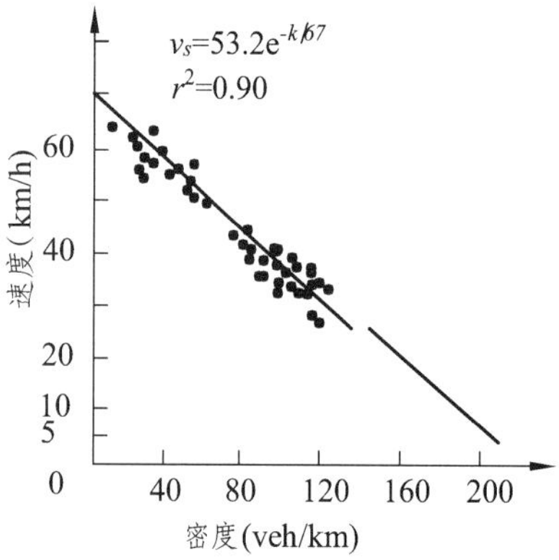

图 2.1-5　安德伍德模型

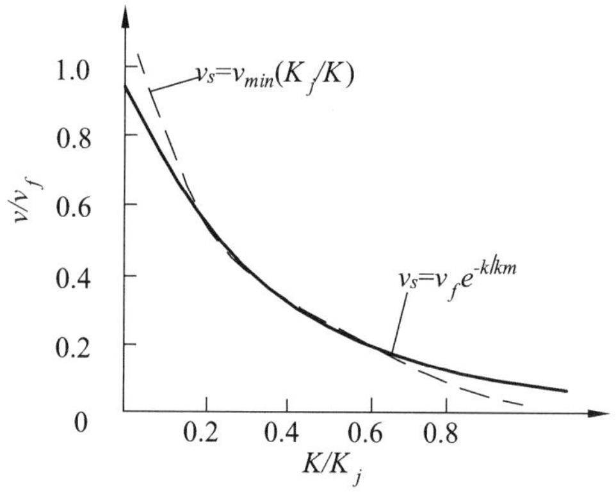

图 2.1-6　伊迪模型

3. 速度-流量关系模型

在格林希尔治速度-密度的线性模型基础上得到速度-流量关系模型公式如下：

$$q = k_j(\overline{v}_s - \frac{\overline{v}_s^2}{v_f}) \tag{2.1-15}$$

由图 2.1-7 可知，速度-流量曲线表现为抛物线，C 点流量最大，对应速度最佳。C 点以上的部分表示不拥挤，而 C 点以下的部分则表示拥挤状态。在曲线上不拥挤的部分，速度随交通流量的增加而降低，直至达到最大通行能力的交通流量 Q_m 为止。在曲线上拥挤的部分，交通流量和速度都降低。从原点 E 到曲线上各点矢量的斜率表示那一点的密度的倒数 $1/K$。

格林希尔治抛物线模型只适用于中等密度的交通状态，不具备广泛的代表性。通过速度-密度的线性关系推导出的速度-流量关系与直接利用实际数据得出的速度-流量关系存在一定的偏差。

不少研究者直接根据观测数据研究速度-流量的关系。图 2.1-8 为美国 2000 年版《道路通行能力手册》中所采用的速度-流量曲线（HCM 模型），该图反映了密度较小时随着交通流量的增加速度保持不变，直到交通流量接近通行能力的 1/2 或 2/3 时，才开始有一个较小程度的下降。图中的曲线虽然不能通过确切的数学模型来描述，但我们从中可以清晰地归纳出交通流量与速度两参数之间的关系。

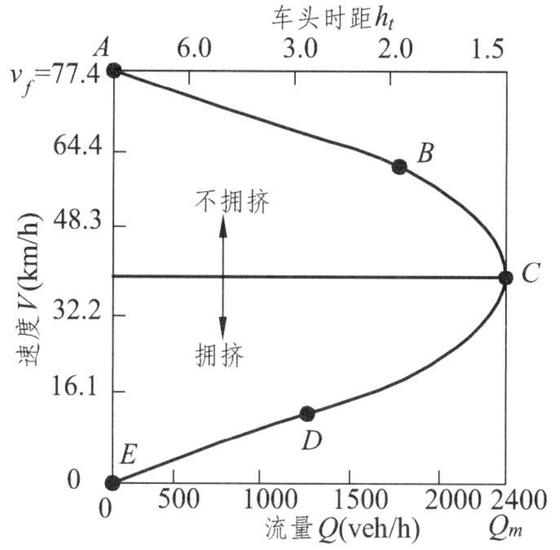

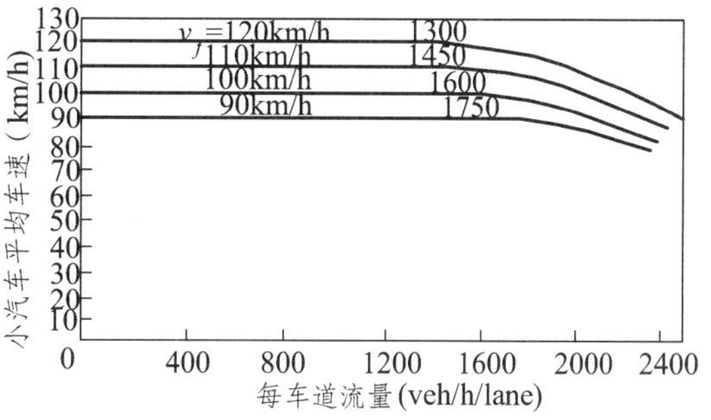

图 2.1-7　格林希尔治速度-流量抛物线关系图　图 2.1-8《道路通行能力手册》采用的速度-流量曲线

4. 流量-密度关系模型

根据格林希尔治模型，得到交通流的流量-密度抛物线模型：

$$q = k\overline{v}_s = kv_f(1 - k/k_j) \tag{2.1-6}$$

如图 2.1-9 所示。图上 C 点代表最大交通流量 Q_m，相应的密度为 k_m。从 C 点起，交通流量随密度的增加而减小，直至达到阻塞密度 k_j，此时交通流量 Q=0。从原点 A 至曲线上的 B、C 和 D 点的箭头为矢量，这些矢量的斜率表示速度。通过 A 点且与曲线相切的矢量，其斜率为自由流速度 v_f。在流量-密度曲线上，密度比 k_m 小的点表示不拥挤，而密度比 k_m 大的点则表示拥挤状态。

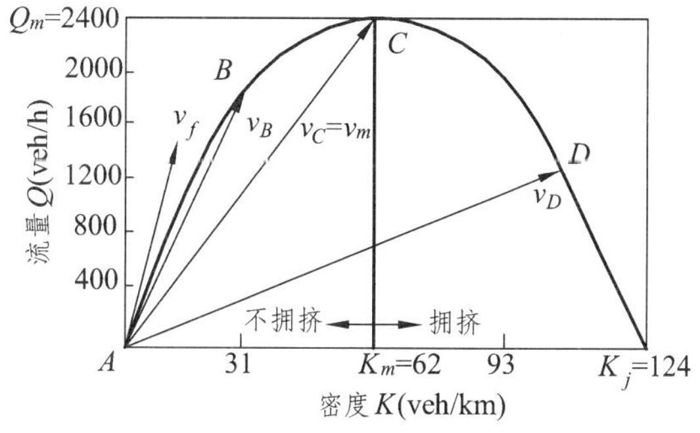

图 2.1-9　流量-密度抛物线关系图

格林希尔治流量-密度抛物线模型适用于中等密度的交通条件。对于较大密度交通情况，采用格林伯流量–密度模型：

$$q = k\overline{v}_s = kv_m \ln\frac{k_j}{k} \tag{2.1-7}$$

图 2.1-10 为模型与实际拟合情况。

对于较小密度交通情况，采用安德伍德流量-密度模型：

$$q = kv_f e^{-k/k_m} \tag{2.1-8}$$

由大密度交通和小密度交通两种不同的 v–k 模型，导出两种 q–k 曲线，如图 2.1-11 所示，曲线不连续。此种情况可在瓶颈路段中见到，瓶颈上下游的交通流量、密度会发生变化，实际观测数据绘制的曲线确实呈此形状。

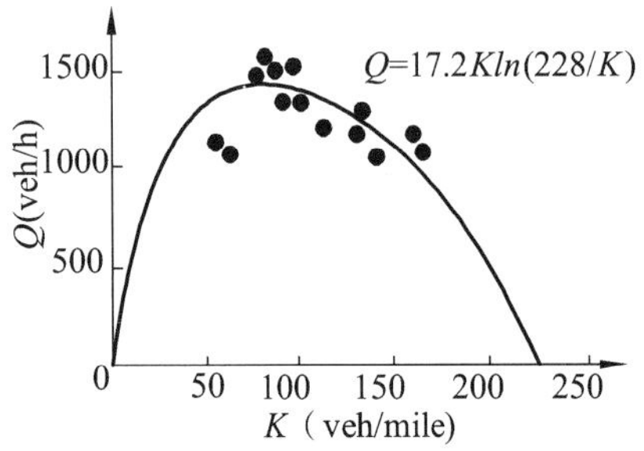

图 2.1-10 流量-密度对数关系图

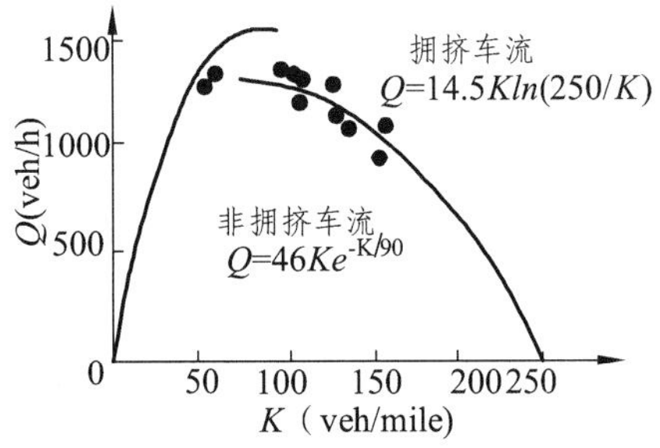

图 2.1-11 不连续的流量-密度曲线

5. 交通流参数关系的突变理论

从高速公路或者快速路的交通流运行调查数据中常常可以观察到数据间隙现象，这个间隙在两种交通状态（拥挤状态和畅通状态）过渡的时候产生，在状态之间过渡的时候交通流数据出现不连续的“跳跃”现象。

通过对数据间隙现象的深入研究发现，数据间隙现象所对应交通状态变化的不连续性符合突变理论（20 世纪 60 年代中期由法国数学家 Thom 创立）的基本特性，于是国内外一些学者将突变理论的思想应用到交通流分析中，研究交通流参数的“跳跃”现象，分析交通状态的转化过程。有关突变理论及交通分析中的突变模型可参考有关文献，本书不做具体阐述。

2.1.2 交通流状态参数时空特性

1. 交通流状态周期性、相似性

正确把握交通系统状态随时间和空间的变化规律，有利于有效利用交通系统时空资源。如图 2.1-12 ~ 图 2.1-14 为青岛某交叉口与时间有关的交通流量变化曲线图。图 2.1-15 为同一日不同位置检测器调查获得的交通流量变化曲线。

可以看出，同一位置不同时间的交通流量存在周期性、相似性的特征。一些不同位置的流量变化图形也很相像，说明也存在相似性。

就同一城市来说，曲线变化规律应该是稳定的，因为：

（1）一个城市的居民工作和生活习惯一般来说是相对稳定的，变化过程比较缓慢，居民出行规律比较稳定。

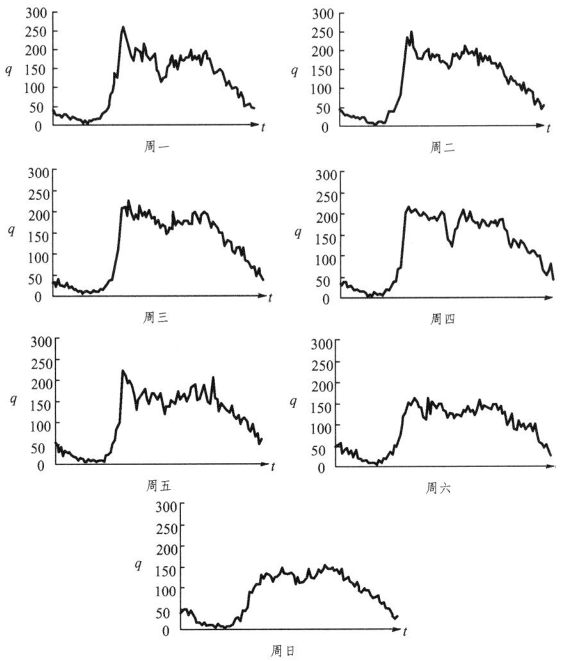

图 2.1-12 某交叉口周一 ~ 周日交通流量变化曲线图

（2）一个城市的土地利用布局是相对稳定的，城市的居民分布和出行分布也是相对稳定的。

（3）一个城市的居民的出行方式在一定的时间内也是相对稳定的，各种方式出行比例不会突然发生变化。

交通流量等参数表现出的这种不同时间、不同空间的相关性可以通过计算样本数据的相关系数来量化描述。

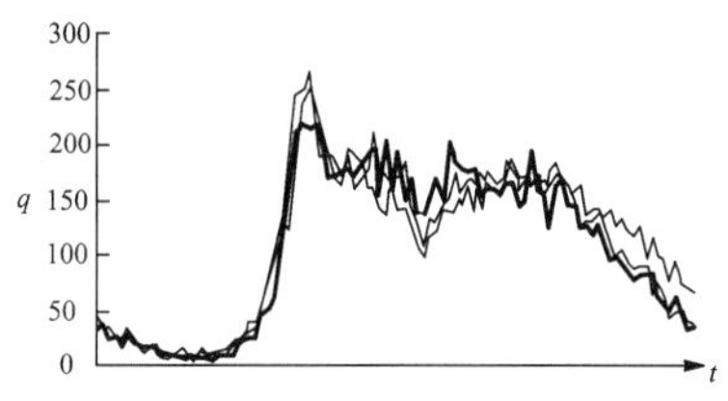

图 2.1-13　某交叉口 3 个周一交通流量变化曲线图

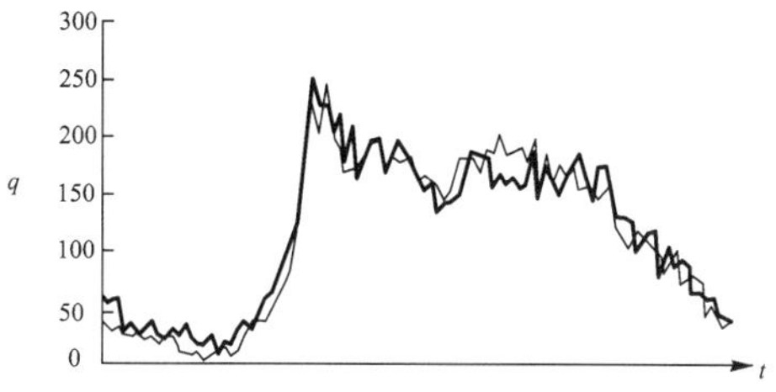

图 2.1-14　某交叉口 2 个周二交通流量变化曲线图

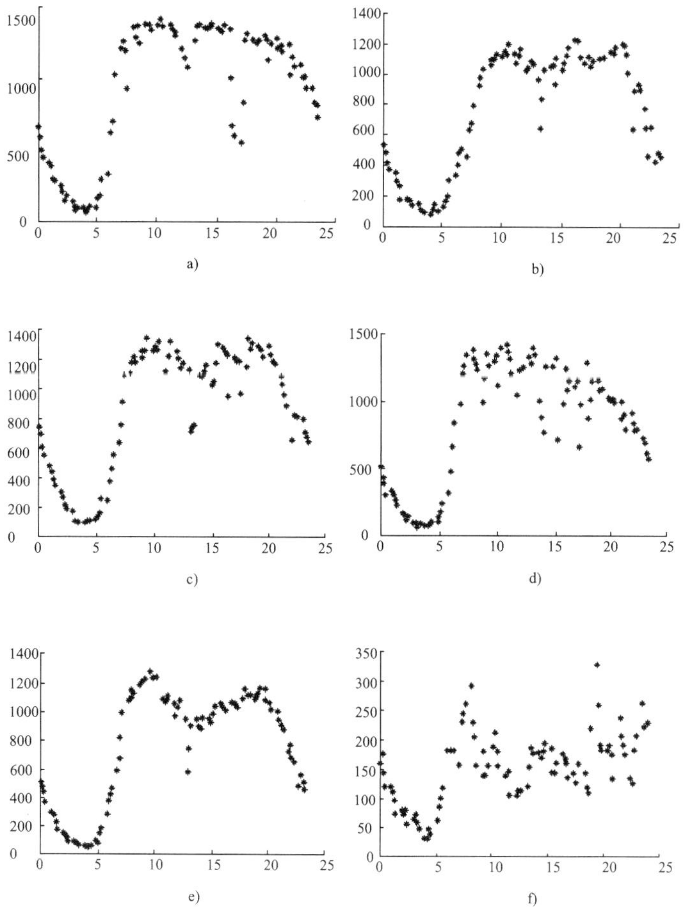

图 2.1-15　同一日不同检测器交通流量变化曲线图

2. 交通流状态与区位关系

城市不同位置的交通状况与所处城区地理位置紧密相关。如 CBD（商务中心区）是一个城市交通最为敏感的地区。离 CBD 越远，交通强度越小。离 CBD 越近，车辆运行平均速度也越小。

所谓交通强度，指单位面积单位时间内通过的所有车辆（标准）的行驶距离总和。交通强度与距 CBD 的距离有怎样的关系可以通过建立数学模型来分析。首先考虑模型结构设计，即设计什么样的模型才能对所关心的交通现象有一个很好的描述，关键是对系统的识别，对所研究对象的充分认识，认识越深刻，所建立的模型就越符合实际。然后是模型参数标定，参数标定的好坏直接决定了模型的应用效果。

如针对英国 4 个城市，交通强度与距 CBD 的距离的关系研究结果，见图 2.1-16，图形比较符合以下指数模型：

$$I = A\exp(-\sqrt{r/a}) \tag{2.1-9}$$

A、a——待定参数

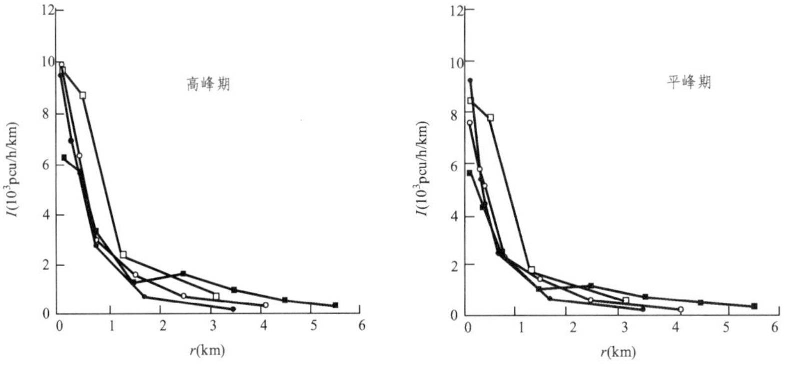

图 2.1-16　交通强度与距市中心距离的关系

如对英国 6 个城市的研究（以市中心的放射线道路为研究对象），有学者提出以下车辆运行平均速度 u 与距 CBD 的距离 r 的关系的几个模型公式：

模型 1：$u = ar^b$

模型 2：$u = c + ar^b$

模型 3：$u = a + br$

模型 4：$u = a - be^{-cr}$

模型 5：$u = \dfrac{1 + b^2r^2}{a + cb^2r^2}$

式中 a、b、c 为参数。

模型应用中发现模型 2 会估计出负的速度值、模型 3 随着 r 的增加，预测速度增加过快，因此模型 2、3 被淘汰。

模型 1 适用于 r 大于一定值时，因为 $r=0$ 时，$u=0$ 不合理。

模型 1、4、5 与实际拟合情况见图 2.1-17，图中 a）为模型 1、b）为模型 4、c）为模型 5。

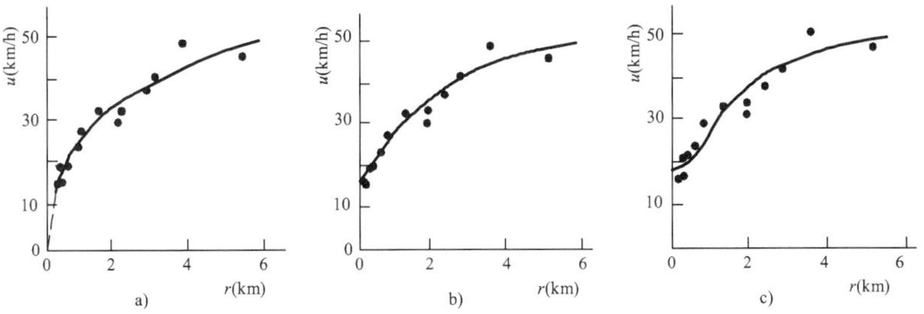

图 2.1-17　三种模型的拟合情况

2.2　信号交叉口延误模型

延误是指行驶在道路上的车辆受到道路环境、交通管理与控制及其他车辆的干扰等因素的影响而损失的时间。道路交叉口是车辆行驶延误产生的主要场所。

延误的确定可以通过实际交通调查的方法，如路段行车延误的跟车法调查、瓶颈路段处延误的驶入驶出法调查；交叉口延误的点样本法、牌照法调查等。对于延误也可以采用理论模型进行分析。如在交叉口信号控制方案分析中，通过实时检测交通参数，运用交通模型进行配时优化，以获得区域多个交叉口总延误最小为优化目标的信号控制方案（见图 2.2-1），需要借助延误分析理论模型。

本节主要针对信号控制交叉口，首先了解延误形成机理，然后介绍不同饱和状态下交叉口延误分析基本模型以及延误分析的一些实用方法。

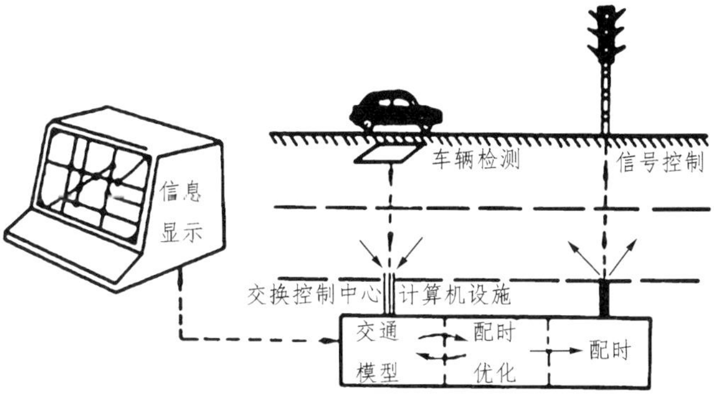

图 2.2-1　交通信号控制延误最小配时优化

2.2.1　交叉口延误形成机理

车辆到达交叉口的时间间隔和单位时间内到达停车线的车辆数都是随机变化的，所以每个周期内总有一部分车辆在到达停车线之前会受到红灯阻滞。即便有些车辆原本可以在绿灯期间到达停车线，但由于前面有上一次红灯阻滞而积存下来的车辆阻挡，不得不减速甚至停车。实际上，这些车辆的延误也还是红灯阻滞的结果，用图 2.2-2 来描述车辆的受阻过程，图中给出了某辆车在通过停车线前后一段时间内的“行驶距离-时间曲线”。图中所示车辆由于受到红灯阻滞，在到达停车线之前就已制动减速，车速由原来的正常行驶速度降至零。等候一段时间后，又重新起动，加速至正常行驶速度。

图中所用符号含义如下：

u_c——正常行驶车速；

l——正常行驶距离；

t_c——若不受红灯阻滞，以正常行驶速度完成行程所需要的时间，即 $t_c = l / u_c$；

d——车辆受阻的总延误时间；

t——实际完成行程所花费的时间：

$t = t_a + t_b$； t_a、t_b——分别为车辆在减速阶段和加速阶段所花费的时间；

l_a、l_b——分别为车辆在减速阶段和加速阶段所行驶过的距离；

d_s——车辆完全停车（怠速状态）的时间，也即“停车延误”；

d_a、d_b——分别为车辆在减速阶段和加速阶段的延误；

d_h——车辆在加速和减速两个阶段产生的延误时间之和，即 $d_h = d_a + d_b$。

由图 2.2-2 可以看出，车辆受阻延误时间就是车辆在受阻情况下通过交叉口所需时间与正常行驶同样距离所需时间之差。分析一下车辆延误构成，车辆总延误时间由“停车延误”d_s 和“加速-减速延误”d_h 这两部分构成。

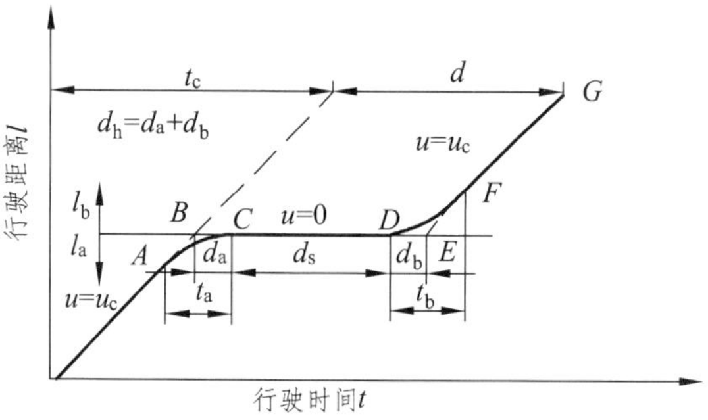

图 2.2-2　受阻滞车辆的行驶时间-距离曲线

观察交叉口的实际交通状况我们会发现，有时车辆受到信号阻滞时会完全停顿下来，把这称之为完全停车，而有的时候车辆仅仅减速，在车速尚未降到零之前又加速至原正常速度，把这称之为不完全停车。对于不完全停车，设车辆受阻后车速由 u_c 降至 u_c'（$\neq 0$），然后再恢复至 u_c，这一过程加减速延误时间为：

$$d_h' = t_a + t_b - t = d_a + d_b = \frac{(u_c - u_c')^2}{2u_c}\left(\frac{1}{a_1} + \frac{1}{a_2}\right) \tag{2.2-1}$$

式中，a_1 为减速过程中的加速度（设为常数，取正值）；a_2 为加速过程中的加速度（设为常数，取正值）；

对于完全停车，$u_c' = 0$，则加减速延误时间为：

$$d_h = \frac{u_c}{2}\left(\frac{1}{a_1} + \frac{1}{a_2}\right) \tag{2.2-2}$$

若 $a_1 = a_2 = a$（常数），则有：$d_h = u_c / a$　　（2.2-3）

2.2.2 交叉口延误分析模型

对于固定配时控制的孤立交叉口的延误分析，有学者根据交叉口不同饱和状态，分别提出稳态延误模型、定数延误模型、过渡函数延误模型。稳态延误模型适用于交叉口饱和度较小，通行能力有足够富余量的情况，如图 2.2-3；定数延误模型适用于交叉口高度饱和，过饱和排队长度随着时间的增长而直线增加，如图 2.2-4。过渡函数延误模型是在以上两种理论曲线之间寻求的一种中间过渡函数曲线，以协调二者，克服二者的不足，适用性更广。

相比较固定配时控制的孤立交叉口，具有信号联动或感应信号控制方式的交叉口能有效降低延误，对此也有学者提出相应的延误分析公式。

在介绍各类延误分析模型之前，先了解有关符号含义：

图 2.2-3　交叉口饱和度小

图 2.2-4　交叉口饱和度大

t_C：周期时长，s

t_R：红灯时长，s

t_G：（有效）绿灯时长，s

S：饱和流量，pcu/h

q：车辆平均到达率，pcu/h

λ：绿信比，$\lambda = t_G/t_C$

C：通行能力（pcu/h），$C = S\cdot(t_G/t_C) = S\cdot\lambda$

x：饱和度

$$x = q/C = q/(S\lambda)\text{，即：}q/S = \lambda x \tag{2.2-4}$$

d：车辆平均延误，s

D：车辆总延误，s.pcu

T：分析时段，s（或 h）

1. 稳态延误模型

稳态延误模型基本假定：

信号配时为固定式配时（或称定周期配时），且初始时刻车辆排队长度为零。

车辆平均到达率在所取的时间段内是稳定不变的。

车辆受信号阻滞所产生的延误时间与车辆到达率的相关关系在所取的整个时间段内不变。

交叉口进口断面的通行能力在所研究时段内为常数，且到达率不能超过信号通行能力。

在考察的时间段 T 内，各个信号周期车辆的到达率变化是随机的，因此在某信号周期内可能会出现车辆的到发不平衡，产生过剩排队车辆，但若干周期后过剩排队车辆将消失，即对整个时段 T 而言，车辆到达和离去保持平衡。

稳态延误模型将延误分成以下两部分进行叠加计算：

将车流到达率视为常数，计算车辆的“均衡延误”。

各信号周期车辆到达率不一致，是随机的，计算由此产生的附加延误时间，即“随机延误”。

1）均衡延误

在一个信号周期内，交叉口进口道的到达车辆数小于通行能力，每次绿灯结束时进口道排队车辆都得以清空，进口道的车辆到达与驶离情况可简化为如图 2.2-5 所示。

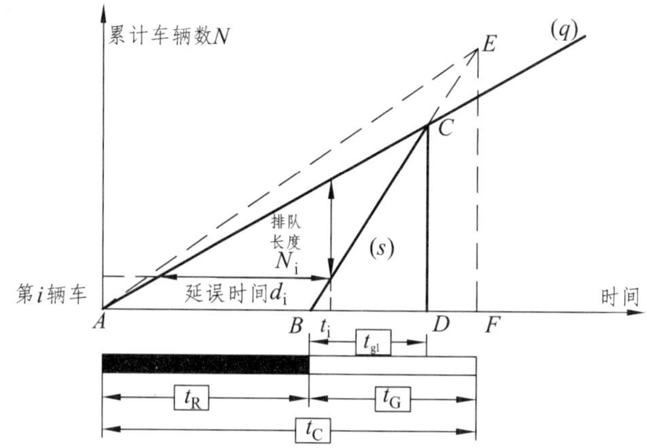

图 2.2-5　均衡相位平均延误图

图 2.2-5 中，A 点对应红灯起始时刻，B 点对应绿灯起始时刻，F 点对应绿灯结束时刻。斜线 AC 为该进口道的车辆到达数积累线，斜线 BC 为车辆驶离数积累线。从纵坐标轴引一条水平线分别与 AC、BC 相交，交点分别表示第 i 辆车到达和驶离的时刻，则两交点之间的线段长即为第 i 辆车的延误时间。如果从横坐标某一时刻位置 t_i 引一条垂直线与 AC 和 BC 相交，则两交点之间的线段长表示该时刻进口道的排队长度。AC 的斜率为车辆到达率 q，BC 的斜率为进口道的饱和流量 S，交点 C 对应横坐标位置（D 点）表示排队消失时刻。BC 延长线与过 F 点的垂线相交于 E。线段 EF 等于一个绿灯时间（亦即一个信号周期）最多能够放行的车辆数，AE 的斜率即为进口道的通行能力。

在一个信号周期内，全部到达车辆的总延误时间 D 等于各车辆延误时间 d_i 的总和，即等于延误三角形 ABC 的面积：

$$D = S_{\Delta ABC} = \frac{1}{2} \cdot AB \cdot CD$$

由图可以看出：

$$CD = q(t_R + t_{g_1}) = S \cdot t_{g_1}$$

由此可得：$t_{g_1} = \dfrac{q \cdot t_R}{S - q}$，$CD = S \cdot \dfrac{q \cdot t_R}{S - q}$

所以：$D = \dfrac{1}{2} t_R \cdot S \dfrac{q t_R}{(S - q)}$　　（2.2-5）

均衡平均延误：

$$d_1=\frac{D}{qt_C}=\frac{St_R^2}{2t_C(S-q)}=\frac{t_C(1-t_G/t_C)^2}{2(1-q/S)}=\frac{t_C(1-\lambda)^2}{2(1-\lambda x)} \tag{2.2-6}$$

从式 2.2-6 可以看出，均衡平均延误时间 d_1 随着进口道交通流量以及信号周期的增加而增加，随着进口道饱和流量以及绿信比的增加而减少。此外，由于汽车的加速起动特性，实际均衡延误会略大于公式理论值。

2）随机延误

式 2.2-6 是基于车辆到达率为常数的假定得到的，但实际上车辆的到达率在一个周期与另一个周期之间是有随机波动的。尽管在整个时间段内总平均饱和度（车辆到达率与通行能力之比）未超过 1，但却不排除在个别周期内由于车辆到达率的随机波动而导致暂时的过饱和情况出现。

最早考虑随机因素影响的延误模型是由 Beckman（1956）提出的，在假设车辆到达服从二项分布及确定服务率的情况下导出了下面的延误模型，式中 Q_0 为平均过饱和排队车辆数。该模型是根据排队论推导的，但由于严格的二项分布假设以及 Q_0 难以确定，降低了其实用价值。

$$d=\frac{t_C-t_G}{t_C(1-q/S)}\left[\frac{t_C-t_G+1}{2}+\frac{Q_0}{q}\right]$$

后来一些学者提出了各种近似公式。最具代表性的是 Webster（1958，1961）利用排队论与数字计算机模拟相结合的方法，提出了交叉口进口道车辆随机平均延误时间的计算公式。Webster 平均延误公式如下：

$$d=\frac{t_C(1-t_G/t_C)^2}{2[1-(t_G/t_C)x]}+\frac{x^2}{2q(1-x)}-0.65\left(\frac{t_C}{q^2}\right)^{\frac{1}{3}}x^{2+5(t_G/t_C)} \tag{2.2-7}$$

式中第一项：假定车辆到达率恒定的均衡延误，与 2.2-6 式相同；

第二项：假设车辆到达服从泊松分布和固定服务率的情况下，运用排队理论推导出的随机延误；

第三项：校正项，来源于模拟实验。

式中二、三项，当饱和度 x 较低时，比重很小；随着饱和度的增加，这两项对计算结果的影响越来越大。

Miller、Akcelik 也提出了类似的延误近似公式。不同延误公式中均包含相同的均衡延误项，另外不同的部分为随机延误项。不同公式计算出的结果相差甚微。其中 Akcelik 公式应用更普遍，形式上该公式计算起来较简便。Akcelik 公式如下：

$$d=\frac{t_C(1-t_G/t_C)^2}{2(1-q/S)}+\frac{Q_0x}{q} \tag{2.2-8}$$

式中平均过饱和排队车辆数：

$$Q_0=\begin{cases}\dfrac{1.5(x-x_0)}{1-x}, & x>x_0\\ 0, & x\leqslant x_0\end{cases}$$

$$x_0=0.67+\frac{St_G}{600}$$

2. 定数延误模型

定数延误模型基本假定：

车辆到达率在一段时间内为恒定值，大于交叉口通行能力。

绿灯初始时刻车辆排队长度 0。

采用固定信号配时，在观察时间段内通行能力为一常数。

过饱和排队长度随着时间的增长而直线增加。

定数延误模型将延误分成以下两部分进行叠加计算：

将车流到达率视为常数，并恰好等于通行能力，以此计算车辆的“正常延误”。

以实际到达率与通行能力之差来考虑“过饱和”对延误的影响，求出“过饱和延误”。

定数理论把过饱和排队作为一种确定的情况来考虑，但不考虑车辆的随机到达情况对受阻程度的影响。

在一个信号周期内，交叉口进口道的到达车辆数明显大于通行能力，每次绿灯结束时进口道存在滞留排队车辆，且滞留排队车辆数成线性增长。交叉口进口道的车辆到达与驶离情况可简化为如图 2.2-6 所示。

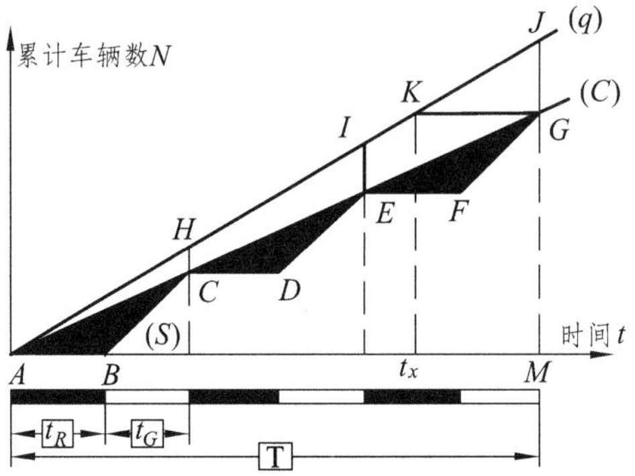

图 2.2-6　过饱和进口车道延误分析图

1）T 分析时段内排队无消散

图中，A、C、E、G 对应红灯起始时刻，B、D、F 对应绿灯起始时刻，斜线 AH 的斜率为车辆到达率 q，斜线 BC、DE、FG 的斜率为进口道饱和流量 S，斜线 AC 的斜率为进口道通行能力 C。车辆到达积累线（A-H-I-J）与车辆驶离积累线（A-B-C-D-E-F-G）所围成的多边形又称为延误多边形。在延误多边形中，水平线段代表相应到达车辆的延误时间，垂直线段代表对应瞬时时刻的停车线车辆排队长度，其中 HC、IE、JG 分别代表第一、第二、第三个信号周期绿灯结束时的停车线车辆排队长度，即积累下来的滞留车辆数。全部到达车辆的总延误时间等于各车辆延误时间的总和。

设分析时段长为 T,含有 n 个周期,在此时段内饱和度一直大于 1,则车辆总延误即图 2.2-6 中延误多边形 $ABCDEFGJ$ 的面积，可分为两部分：

① n 个周期的正常延误时间，公式如下：

$$D_1 = n \cdot S_{\Delta ABC} = \frac{T}{t_C} \cdot \frac{t_R \cdot (S \cdot t_G)}{2} = \frac{T \cdot t_R \cdot C}{2}$$

② 过饱和延误时间：

$$D_2 = S_{\Delta AGJ} = \frac{T}{2} \cdot JG = \frac{T}{2} \cdot (qT - CT) = \frac{T^2}{2}(q - C)$$

整个分析时段 T 中，到达车辆总数为 qT，通过车辆总数为 CT（小于到达车辆总数）。

则所有车辆平均延误为：

$$d = \frac{D_1 + D_2}{qT} = \frac{Ct_R}{2q} + \frac{T}{2}(1 - \frac{C}{q}) \qquad (2.2\text{-}9)$$

2）T 分析时段内排队消散

事实上，过饱和交通状态对进口道的影响将一直延续到进口道滞留排队车辆消失，如分析时段长（T）考虑从初始排队长度为零并出现过饱和状态的时刻开始，一直持续到滞留排队长度完全消失，则此时段内车辆延误分析如下：

为简单起见，如图 2.2-6 假设过饱和交通状态持续若干个信号周期后出现未饱和交通状态（饱和度为 0），即车辆到达积累线 AH 延伸至 K 点后转为水平线，经一段时间后与车辆驶离积累线交汇于 G 点，此时恰好绿信号结束，进口道排队车辆完全消散。从过饱和状态开始出现到排队车辆完全消散，整个过程时间为 T（含 n 个周期）。从图 2.2-6 中可以看出，总延误即 $ABCDEFGK$ 多边形面积，由两部分组成，正常延误部分（n 个周期的三角形 ABC 面积之和）与过饱和延误部分（AGK 三角形面积）。正常延误部分同前，而过饱和延误公式如下：

$$D_2 = S_{\Delta AGK} = \frac{1}{2} \cdot GK \cdot GM = \frac{1}{2} \cdot \frac{JG \cdot AM}{JM} \cdot GM = \frac{1}{2} \cdot \frac{(qT - CT) \cdot T}{qT} \cdot CT = \frac{1}{2} \cdot T^2 C \cdot \left(1 - \frac{C}{q}\right)$$

总延误为：

$$D = D_1 + D_2 = n \cdot S_{\Delta ABC} + S_{\Delta AGK} = \frac{1}{2} \cdot t_R \cdot T \cdot C + \frac{1}{2} \cdot T^2 C \cdot \left(1 - \frac{C}{q}\right)$$

整个分析时段 T 中，到达车辆总数等于通过车辆总数，为 CT，则所有车辆平均延误为：

$$d = \frac{D}{C \cdot T} = \frac{t_R}{2} + \frac{T}{2} \cdot \left(1 - \frac{C}{q}\right) \qquad (2.2\text{-}10)$$

过饱和状态下延误的特点是与时间有关，这一点与非饱和状态下的延误有显著不同。由于过饱和状态下车辆在进口道持续积累而得不到释放，故而过饱和态经历的时间越长，造成的车辆延误就越大。而低饱和状态下车辆平均延误与分析时段的长短无关。

3. 过渡函数延误模型

稳态理论在低饱和度情况下是比较切合实际的，然而随着饱和度的增大，车辆到达和驶离的稳态平衡就很难维持了；因而按照稳态理论计算的结果与实际情况出入越来越大，尤其是当饱和度接近 1 时，稳态理论根本无法给出切合实际的结果。而定数理论虽然对高度饱和的交叉口车辆延误情况能给出比较理想的结果，但在饱和度等于 1 附近时也不能给出令人满意的结果，定数理论忽略了随机延误的情况。

基于以上讨论的情况，有学者在稳态理论曲线和定数理论曲线之间寻求一种中间的过渡函数曲线，用以协调二者，保留二者适用部分，摒弃各自不适用的部分。这种方法最初是由怀廷（Whiting）提出的，后来金伯又在此基础上给出了过渡函数的详细推导过程。这一函数曲线是以定数函数曲线（实际上是一直线）作为其渐近线的，如图 2.2-7 所示。过渡函数的建立，不仅解决了准饱和状态下车辆受阻程度的定量分析问题，而且也弥补了被定数理论所忽略的随机延误情况。

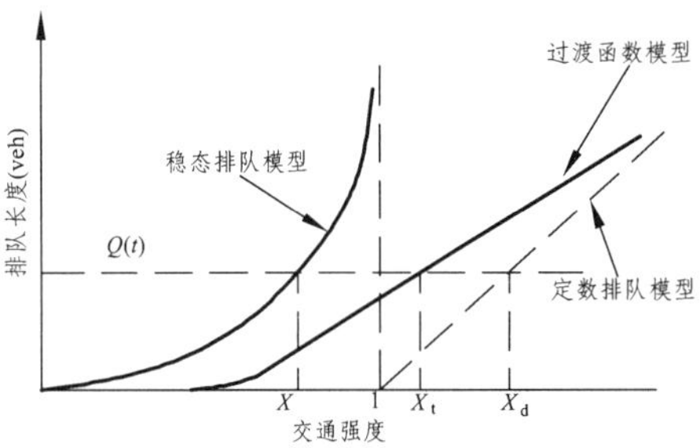

图 2.2-7　过渡函数模型原理

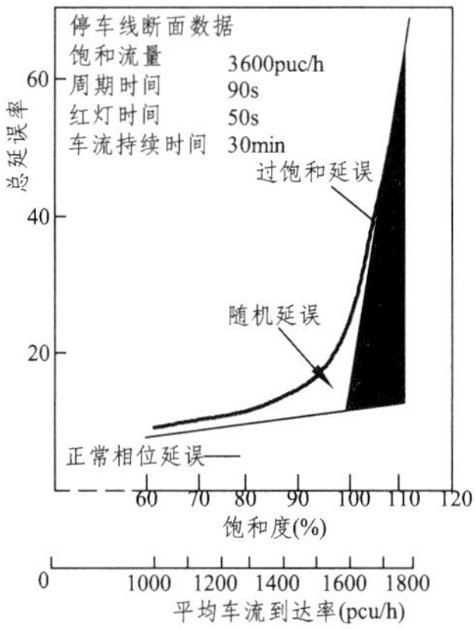

图 2.2-8　延误与饱和度关系

按照这种模型计算出的信号交叉口延误包括三部分：正常延误部分、随机和过饱和部分。图 2.2-8 作为一个典型实例，清楚地描绘出了三部分延误的相互关系。由图 2.2-8 可知，当饱和度在 1 左右时，随机延误与饱和度之间的关系十分敏感，如图 2.2-8 中的饱和度从 0.95 增至 1 时，随机延误时间增加近 80%。

阿克赛立科（Akcelik）利用协调变换的数学方法得出了平均过饱和排队长度 Q_0（包括车辆到达率随机波动构成的排队长度）的过渡函数：

$$Q_0 = \begin{cases} \dfrac{Ct}{4}[(x-1)+\sqrt{(x-1)^2+\dfrac{12(x-x_0)}{Ct}}] & (x > x_0) \\ 0 & (x \leqslant x_0) \end{cases} \tag{2.2-11}$$

式中 C 为进口道通行能力（pcu/s），t 为分析时段（s）。x_0 由下式确定：

$$x_0 = 0.67 + \frac{St_G}{600} \tag{2.2-12}$$

在分析时段内到达车辆的平均延误计算公式如下：

$$d = d_1 + d_2 = \left.\begin{cases} \dfrac{t_C(1-t_G/t_C)^2}{2(1-q/S)}, & x<1 \\ (t_C - t_G)/2, & x \geqslant 1 \end{cases}\right\} + \frac{Q_0}{C} \tag{2.2-13}$$

式中 d_1 即正常延误部分，d_2 为随机和过饱和延误。

d_1 正常延误公式还可表示为：

$$d_1 = \frac{0.5t_C(1-t_G/t_C)^2}{1-\min(1,x)\cdot t_G/t_C} \tag{2.2-14}$$

当 $x \leqslant x_0$，d_2=0；当 $x > x_0$，d_2 公式可表示为：

$$d_2 = \frac{Q_0}{C} = \frac{t}{4}[(x-1)+\sqrt{(x-1)^2+\frac{12(x-x_0)}{Ct}}] \tag{2.2-15}$$

式中 t 为分析时段，单位 s，一般取 t=0.25 h=900 s 来计算，C 为通行能力，单位 pcu/s。

上式还可表示为：

$$d_2 = 900T[(x-1)+\sqrt{(x-1)^2+\frac{12(x-x_0)}{CT}}] \tag{2.2-16}$$

式中 T 为分析时段，单位 h，取 0.25 h 代入计算，C 为通行能力，单位 pcu/h。

过渡函数曲线吸收了稳态理论和定数理论中的合理部分，改进了不合理部分，能够合理地描述各种饱和状态下交叉口的延误问题，因而在交通管理与控制中得到了广泛应用。

在区域信号控制系统 TRANSYT（8）所使用的数学模型中，平均过饱和车辆排队长度采用了以下公式：

$$Q_0 = \frac{Ct}{4}[(x-1)+\sqrt{(x-1)^2+\frac{4x}{Ct}}] \tag{2.2-17}$$

式 2.2-17 的计算值可视为过饱和排队车辆长度的上限值。

4. 协调控制延误模型

前面所讨论的都是孤立信号交叉口固定式配时控制下车辆的延误情况，现在讨论车辆在实行协调控制交叉口的受阻延误情况。与孤立交叉口一样，我们仍然使用“车辆排队长度”和“延误时间”这两个参数来计算车辆的延误情况，车辆的延误由正常相位延误、随机延误、和过饱和延误三部分组成。

1）正常相位延误

在孤立交叉口，正常延误是指车辆到达率为某一恒定值时（即不计车辆到达率的随机波动，也不考虑饱和度大于 1 的情况）车辆通过交叉口时的延误。在信号配时方案不变的情况下，每个周期的正常延误都是相同的。

在协调控制的情况下，正常延误也是只考虑在车辆到达率小于通行能力的情况下，车辆通过交叉口的延误。所不同的是车辆到达率不是一个常数，而是一个确定的函数式。这是由于任意一个交叉口的任一进口车流，都是由上游交叉口的放行时间和放行率决定的。每一个周期（假定上下游交叉口信号周期相同，或成固定倍数关系）从某一进口方向进入交叉口的车流，其交通流量时间图式是相同的。但该图式不像孤立交叉口那样是一条水平直线，而是一条曲线。为计算方便，可将一个周期等分成若干个小的时间区段，在每个时间区段内，车辆到达交叉口的交通流量-时间关系可视为均匀分布，即维持同一交通量值，而各不同的区段内其交通量值可各不相同。如图 2.2-9 所示。

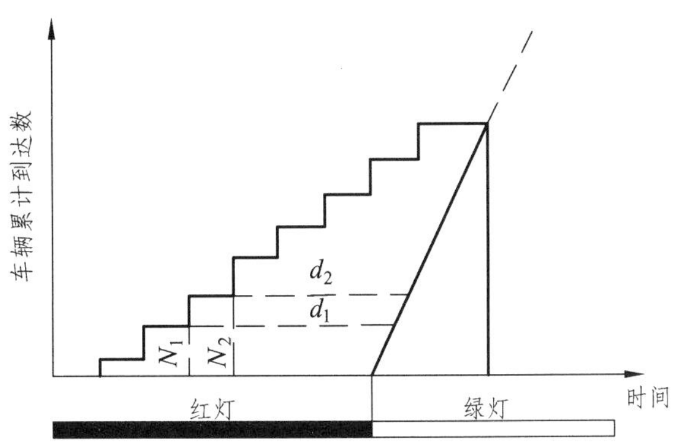

图 2.2-9 车辆到达-时间关系图式

交叉口间的协调关系主要体现在车流运动图式上，即路网各部分车流的交通量-时间图式。具体地说，停车线断面的车辆到达率-时间关系图式是决定所有车流运动参数（排队长度和延误时间）的基本因素。在停车线断面上，车辆到达率-时间图式不仅与上游交叉口的信号配时有关，而且在很大程度上受车流离散的影响。从上游交叉口停车线驶发的车队，由于其中所包含的车辆行驶速度存在差异，在到达下游交叉口停车线之前便渐渐拉开距离，即发生离散现象。

研究车流离散性的代表性方法有派西 Pacey 的正态分布函数法、罗伯逊 Robertson 几何分布函数法。如 TRANSYT 区域控制系统中采用了罗伯逊方法，TRANSYT 模型首先构造上游交叉口驶离车流图式，然后利用罗伯逊公式实现向下游交叉口到达车流图式的转换，最后计算进口延误。

《美国通行能力手册》（HCM）中并未直接应用车队离散模型，而是采用了一个信号联动修正系数 PF 来考虑上游交叉口的影响，正常延误为 $d_1 \cdot PF$。

如果路口之间信号协调得好，则车辆大部分在绿灯时间到达，直接通过交叉口，因而延误小；反之，信号协调不好，车辆在绿灯时间到达路口的比例小，导致延误增大。因此信号协调状况影响正常延误，需要根据不同的协调类型予以修正。修正系数公式如下：

$$PF = \frac{(1-P)f_p}{1-t_G/t_C} \tag{2.2-18}$$

式中 P 为绿灯期间到达车辆的比例，f_p 为车辆在绿灯期间到达的补充修正系数。

f_p 的值根据车辆到达类型决定。车辆到达类型可分为 6 种情况，如类型 1：车队密集，在车队中的流量占进口流量的 80%以上，车队在红灯开始时刻到达进口，区域或干道的联动效果差。再如类型 4：中等密度车队，占进口流量的 40% ~ 80%，在绿灯期间到达，联动效果较好。类型 6：高度密集车队，交叉口间距较短，路段中出入口少，非常理想的联动情况。

2）随机与过饱和延误

为确定随机与过饱和延误，罗伯逊曾专门研究了协调信号控制下车辆的受阻情况。他认为当信号交叉口实行协调控制后，各个周期间车流交通量随机波动程度远小于孤立控制交叉口的情况。这是由于在协调控制的条件下，车辆到达交叉口和驶出交叉口的交通量图示相对来说被人为地严格控制了，除了在中间路段上受到某种随机性干扰外，这两种图示不会像孤立交叉口那样经常出现明显的随机波动。阿克赛立科根据罗伯逊的论述，建议在计算协调控制下车辆所受到的随机与过饱和延误时仍然可以采用过渡函数模型的方法，但其中过饱和车辆排队长度应取以下数值：

$$Q_0 = \begin{cases} \dfrac{Ct}{4}[(x-1)+\sqrt{(x-1)^2+\dfrac{6(x-x_0)}{Ct}}] & (x > x_0) \\ 0 & (x \leqslant x_0) \end{cases} \tag{2.2-19}$$

《美国通行能力手册》（HCM）中采用的公式为：

$$d_2 = 900T[(x-1)+\sqrt{(x-1)^2+\frac{8KIx}{CT}}] \tag{2.2-20}$$

式中 K 为控制类型修正系数，对于定时控制，K 取 0.5；I 为上游流量调节修正系数，单独分析一个路口时取 1.0。

5. 交叉口延误实用模型

根据过渡函数理论，交叉口延误实用估计模型如下：

$$d=d_1+d_2+d_3 \tag{2.2-21}$$

式中 d——各车道车辆平均信控延误，s/pcu

d_1——均衡延误，s/pcu

d_2——随机附加延误，s/pcu

d_3——初始排队附加延误（即在延误分析期初停有上一时段留下积余车辆的初始排队使后续车辆经受的附加延误），s/pcu

1）设计交叉口延误

对于设计交叉口，因需要满足设计服务水平的要求，故不应出现在分析初期留有上周期剩余排队车辆的情况，即不应存在初始排队附加延误，则设计交叉口的各车道延误为：

$$d=d_1+d_2$$

$$d_1=\frac{0.5t_C(1-t_G/t_C)^2}{1-\min(1,x)\cdot t_G/t_C} \tag{2.2-22}$$

$$d_2=900T[(x-1)+\sqrt{(x-1)^2+\frac{8ex}{C\cdot T}}] \tag{2.2-23}$$

式中 t_c——周期时长；

x——所计算车道的饱和度；

C——所计算车道的通行能力；

T——分析时段的持续时长，单位 h，一般取 0.25 h；

e——交叉口信号控制类型校正系数，定时信号取 e=0.5,；感应信号控制下 e≤0.5，且随饱和度的增大而增大。

2）原有交叉口延误

对原有交叉口进行延误分析时，应考虑初始排队的延误，按照公式 $d=d_1+d_2+d_3$ 计算。

（1）对于 d_2 可用式（2.2-23）计算

（2）对于 d_1 按下式计算：

$$d_1=d_s\frac{t_u}{T}+f_a d_u\frac{T-t_u}{T} \tag{2.2-24}$$

式中各项说明如下：

① d_s 饱和延误，按下式计算：

$$d_s=0.5t_C(1-t_G/t_C) \tag{2.2-25}$$

相当于图 2.2-10 中三角形 ABC 的面积所代表的均衡延误平均到每辆车，也相当于式（2.2-13）中 x≥1 时的结果。

② d_u 不饱和延误，按下式计算：

$$d_u=\frac{0.5t_C(1-t_G/t_C)^2}{1-x\cdot t_G/t_C} \tag{2.2-26}$$

相当于图 2.2-10 中三角形 EFG 的面积所代表的均衡延误平均到每辆车，也相当于式（2.2-13）中 x<1 时的结果。

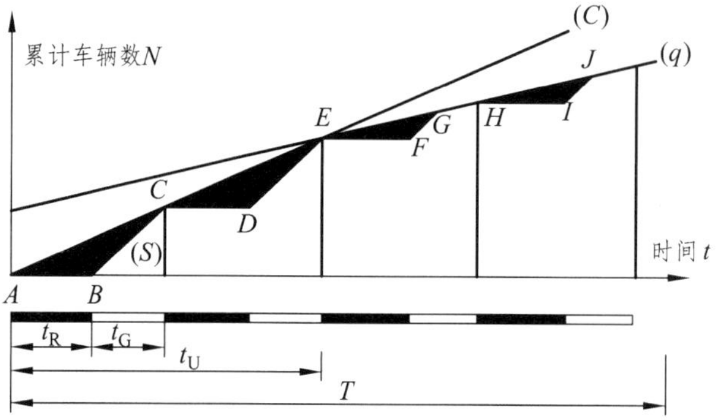

图 2.2-10　延误 d_1 分析图

③ t_u 为在 T 中积余车辆的持续时间，单位 h，按下式计算：

$$t_u = \min[T, \frac{Q_b}{C[1-\min(1,x)]}] \tag{2.2-27}$$

Q_b 为分析期初始积余车辆，需实测；t_u 取值有以下几种情况：

当 $x \geqslant 1$，通行能力没有富余，分析期会一直存在积余车辆，$t_u=T$。

当 $x<1$，通行能力有富余，积余车辆会逐渐消散。利用富余通行能力消散积余车辆所需时间为：

$$t = \frac{Q_b}{C(1-x)}$$

这时可能出现两种情况：

a. 如 $t>T$，则：$t_u = T$

b. 如 $t \leqslant T$，则：$t_u = \frac{Q_b}{C(1-x)} < T$

④ f_a 为绿灯期间车流到达率校正系数，按下式计算：

$$f_a = \frac{1-P}{1-\lambda} \tag{2.2-28}$$

P 为绿灯期间到达车辆占整周期到达量之比，可实地观测；

3）对于 d_3 的取值，根据前式算得的在 T 中积余车辆的持续时间 t_u 而定，分几种情况讨论：

（1）当 $x \geqslant 1$，分析期会一直存在积余车辆，$t_u=T$

初始排队总附加延误等于 $Q_b t_u$，分析期内总的通过车辆数为 CT，因此平均车辆延误为：

$$d_3 = \frac{Q_b \cdot t_u}{C \cdot T} = \frac{Q_b}{C}$$

（2）当 $x<1$，积余车辆消散所需时间：

$$t = \frac{Q_b}{C(1-x)}$$

a. 如果 $t>T$，$t_u=T$。如图 2.2-11（a）所示，初始排队总附加延误就是 $ADGH$ 所围面积，由图可知：

$$\frac{GH}{AD} = \frac{MB}{AM}$$

则：$GH=\left(1-\frac{t_u}{t}\right)Q_b$

$$S_{ADGH}=\frac{GH+AD}{2}\cdot AB=\frac{\left(1-\frac{t_u}{t}\right)Q_b+Q_b}{2}\cdot t_u=Q_b t_u-t_u^2 C(1-x)$$

分析期内总的通过车辆数 CT，因此平均车辆延误：

$$d_3=\frac{Q_b t_u-t_u^2 C(1-x)}{C\cdot T}=\frac{Q_b}{C}-T(1-x)$$

b. 如果 $t\leqslant T$，则：

$$t_u=\frac{Q_b}{C(1-x)}=t$$

如 2.2-11b）所示，则初始排队总附加延误就是 ADE 所围面积：

$$S_{ADGH}=\frac{AD}{2}\cdot AM=\frac{Q_b}{2}\cdot t_u$$

分析期内总的通过车辆数 CT，因此平均车辆延误：

$$d_3=\frac{Q_b\cdot t_u}{2C\cdot T}$$

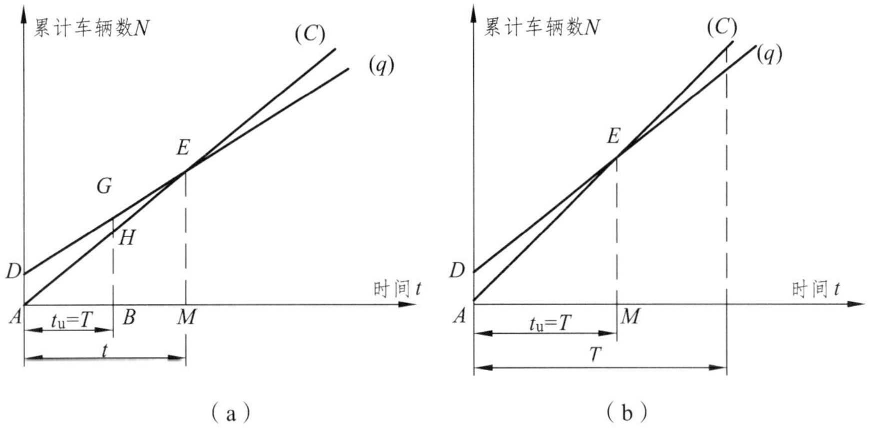

图 2.2-11　初始排队附加延误 d_3 分析图

综合以上分析，d_3 可按下式计算（同时考虑延误时间单位取 s）：

$$d_3=\begin{cases}3\,600\dfrac{Q_b}{C}-1800T(1-x) & t_u=T,x<1\\ 3\,600\dfrac{Q_b}{C} & t_u=T,x\geqslant 1\\ 1\,800\dfrac{Q_b\cdot t_u}{C\cdot T} & t_u<T\end{cases}\qquad(2.2\text{-}29)$$

2.3　交通流概率统计分析

车辆的到达在某种程度上具有随机性，描述这种随机性的方法有两种：一种是离散型分布，研究在一定时间内到达的交通数量的波动性；另一种是连续型分布，研究事件发生的间隔时间或距离的统计分布特性，如车头时距分布、可穿越空档分布、速度分布等。

2.3.1 离散型分布

因为在一定时间间隔内到达的车辆数是随机的，所以描述其统计规律可以用离散型分布，常用的离散型分布有如下几种。

1. 泊松分布（Poisson 分布）

泊松分布是一种统计与概率学里常见到的离散概率分布，其分布函数为：

$$P(X=k)=\frac{(\lambda t)^k e^{-\lambda t}}{k!} \tag{2.3-1}$$

式中 P（$X=k$）——在计数间隔 t 内到达 k 辆车（$k=0$，1，2，…）的概率；

λ——单位时间的平均到达率或单位距离的平均到达率；

t——间隔时间或间隔距离；

若令 $m=\lambda t$ 为在计数间隔 t 内平均到达的车辆数，则式（2.3-1）可写为：

$$P(k)=\frac{(m)^k e^{-\mathrm{m}}}{k!},\qquad k=0,1,2,\cdots \tag{2.3-2}$$

当 m 已知时，应用式（2.3-2）可求出在计数间隔 t 内恰好有 k 辆车到达的概率。也可计算出到达数为其他情况的概率值。

泊松分布是最早用于研究在一定时间内到达车辆数的理论。车流密度不大，车辆间相互影响微弱，即车流是随机的，此时应用泊松分布能较好地拟合观测数据。在概率中，泊松分布的均值和方差均等于 $\lambda t=m$，因此当观测数据的方差 S^2 和均值 m 之比近似等于 1.0 时，泊松分布适用。方差 S^2 可用式（2.3-3）计算。

$$S^2=\frac{1}{N-1}\sum_{i=1}^{N}(k_i-m)^2 \tag{2.3-3}$$

式中 N 为观测周期总数；k_i 为第 i 周期时间 t 内的车辆到达数。

当交通拥挤、车辆失去独立性时，泊松分布不适用，需要应用其他理论来研究。

2. 二项分布

二项分布是另外一种常用来描述交通工程中事件发生次数的分布。其分布函数为：

$$P(X=k)=C_n^k\left(\frac{\lambda t}{n}\right)^k\left(1-\frac{\lambda t}{n}\right)^{n-k},\qquad k=0,1,2,\cdots \tag{2.3-4}$$

式中 P（$X=k$）——在计数间隔 t 内到达 k 辆车或 k 个人的概率；

λ——平均到达率（辆/s 或人/s）；

t——每个计数间隔持续的时间（s）或距离（m）；

通常记 $p=\lambda t/n$，则二项分布可写成：

$$P(X=\mathrm{k})=C_n^k p^k(1-p)^{n-k},\qquad k=0,1,2,\cdots \tag{2.3-5}$$

式中 n，p 称为分布参数，$0<p<1$，n 为正整数。

车流比较拥挤、自由行驶机会不多的车流用二项分布拟合较好。由于二项分布的均值 M 大于方差 D，当观测数据方差与均值的比值 S^2/m 小于 1.0 时二项分布适用。

3. 负二项分布

负二项分布基本公式为：

$$P(X=k)=C_{k+\beta-1}^{\beta-1}p^{\beta}(1-p)^{k}, \quad k=0,1,2,\cdots \tag{2.3-6}$$

式中 p、β 为负二项分布参数。$0<p<1$，β 为正整数，其余符号意义同前。

当到达的车流波动性很大，所得数据就可能会具有较大的方差，此时应使用负二项分布进行观测数据的拟合。从另一方面看，观测数据方差与均值的比值 $S^2/m>1$ 时，负二项分布适用。

2.3.2 连续型分布

描述事件之间时间间隔的分布为连续型分布。连续型分布常用来描述车头时距、速度等交通流参数的统计特征。

1. 负指数分布

研究资料表明，若车辆到达符合泊松分布，则车头时距就是负指数分布。

由式（2.3-1）可知，在计数间隔 t 内没有车辆到达（$k=0$）的概率为：$P(X=0)=e^{-\lambda t}$

上式表明，在具体的时间间隔 t 内，如无车辆到达，则上次车到达和下次车到达之间的车头时距至少有 t 时间，换句话说，$P(0)$也是车头时距 h 等于或大于 t 的概率，于是有：

$$P(h\geqslant t)=e^{-\lambda t} \tag{2.3-7}$$

而车头时距小于 t 的概率则为：

$$P(h<t)=1-e^{-\lambda t} \tag{2.3-8}$$

令 M 为负指数分布的均值，D 为负指数分布的方差，则有：

$$M=1/\lambda, \qquad D=1/\lambda^2 \tag{2.3-9}$$

用样本的均值 m 代替 M、样本的方差 S^2 代替 D，即可算出负指数分布的参数 λ。

此外，也可用概率密度函数来计算。负指数分布的概率密度函数为：

$$P(t)=\frac{d}{dt}P(h<t)=\frac{d}{dt}[1-P(h\geqslant t)]=\lambda e^{-\lambda t} \tag{2.3-10}$$

负指数分布适用于车辆到达是随机的、有充分超车机会的单列车流和密度不大的多列车流的情况。通常认为当每小时每车道的不间断车流量等于或小于 500 辆时，用负指数分布描述车头时距是符合实际的。

由式（2.3-10）可知，负指数分布的概率密度函数曲线是随车头时距 h_t 单调递减的，这说明车头时距越小，其出现的概率越大。这种情况在限制超车的单列车流中是不可能出现的，因为车头间距至少应为一个车身长，车头时距必须有一个大于零的最小值 τ，这就是负指数分布的局限性。

2. 移位负指数分布

为克服负指数分布的车头时距越趋于零其出现概率越大这一缺点，可将负指数分布曲线从原点 0 沿 t 轴向右移一个最小的间隔长度 τ（根据调查数据确定，一般为 1.0 ~ 1.5 s），得到移位负指数分布曲线，它能更好地拟合观测数据。

移位负指数概率密度函数为：

$$P(t)=\begin{cases}\lambda e^{-\lambda(t-\tau)}, t\geqslant\tau\\ 0, t<\tau\end{cases} \tag{2.3-11}$$

其分布的分布函数为：

$$P(h\geqslant t)=\lambda e^{-\lambda(t-\tau)}, t\geqslant\tau \tag{2.3-12}$$

$$P(h\leqslant t)=1-\lambda e^{-\lambda(t-\tau)}, t\geqslant\tau \tag{2.3-13}$$

其均值和方差为：

$$M=\frac{1}{\lambda}+\tau, \qquad D=\frac{1}{\lambda^2} \tag{2.3-14}$$

用样本均值 m 代替 M，样本方差 S^2 代替 D，就可算出移位负指数分布的两个参数 λ 和 τ。

移位负指数分布适合描述限制超车的单列车流车头时距分布和低流量时多列车流的车头时距分布。

移位负指数分市的概率密度函数曲线是随（$t-\tau$）的值单调递减的，即移位负指数分布的车头时距越接近 τ 其出现的可能性越大，但这在一般情况下也不符合驾驶员的心理习惯和行车特点。从统计角度看，具有中等反应强度的驾驶员占大多数，他们行车时是在安全条件下保持较短的车间距离（前车车尾与后车车头之间的距离，不同于车头间距），只有少部分反应特别灵敏或较冒失的驾驶员才会不顾安全地去追求更短的车间距离。因此，车头时距分布的概率密度曲线一般总是先升后降的。

为了克服移位负指数分布的这种局限性，还可用更通用的连续型分布，如爱尔朗（Erlang）分布、皮尔逊Ⅲ型分布、对数正态分布、复合指数分布、韦布尔（Weibull）分布等等。

2.4 跟驰理论

跟驰理论是运用动力学方法，探究在无法超车的单一车道上车辆列队行驶时，后车跟随前车的行驶状态，并且借数学模型表达并加以分析阐明的一种理论。

车辆跟驰理论研究的一个主要目的是试图通过观察各个车辆逐一跟驰的方式来了解单车道交通流的特性。这种特性的研究可用来描述交通流的稳定性，加速干扰以及干扰的传播；检验管理技术和通信技术，以便在稠密交通时使尾撞事故减到最低限度。

2.4.1 跟驰特性分析

在道路上行驶的一队高密度汽车，车间距离不大，车队中任一辆车的车速都受前车速度的制约，驾驶员只能按前车所提供的信息采用相应的车速，这种状态亦称为非自由行驶状态。跟驰理论只研究非自由行驶状态下车队的特性。

非自由行驶状态的车队有以下三个特性。

1. 制约性

在一队汽车中，后车跟随前车运行，驾驶员总不愿意落后很多，而是紧跟前车前进，这就是“紧随要求”。从安全角度考虑，跟驶车辆要满足两个条件：一是“车速条件”，即后车的车速不能长时间的大于前车车速，只能在前车速度附近摆动，否则会发生碰撞。二是“间距条件”，即前后车之间必须保持一个安全距离，在前车刹车时，两车之间有足够的距离，从而有足够的时间供后车驾驶员做出反应，采取制动措施。显然，车速高时，制动距离大，安全距离也加大。

紧随要求、车速条件和间距条件构成了一队汽车跟驰行驶的制约性。即前车车速制约着后车车速、制约着两车间距。

2. 延迟性

从跟驶车队的制约性可知，前车改变运行状态后，后车也要改变，但前后车运行状态的改变不是同步的，而是延迟的。这是由于驾驶员对前车运行状态的改变要有一个反应过程，这个过程包括四个阶段：

感觉阶段——前车运行状态的改变被察觉；

认识阶段——对这一改变加以认识；

判断阶段——对本车将要采取的措施做出判断；

执行阶段——由大脑到手脚的操纵动作。

这四个阶段所需的时间称为反应时间，假设反应时间为 T，那么前车在 t 时刻的动作，要经过 T 时间即在（$t+T$）时刻，后车才能做出相应的动作，这就是延迟性。

3. 传递性

由制约性可知，第一辆车的运行状态制约着第二辆车的运行状态，第二辆车又制约着第三辆，……，第 N 辆制约着第 $N+1$ 辆，这就是传递性。这种传递性由于具有延迟性，所以信息沿车队向后传递不是平滑连续而是像脉冲一样间断连续的。

2.4.2 跟驰模型

跟驰模型是一种刺激-反应的表达式。跟驰模型有很多形式，包括线性和非线性两大类。线性模型相对较简单，应用也相对较多，本节重点介绍线性模型，至于非线性模型，只作简单介绍。

1. 线性跟驰模型

一个驾驶员所接受的刺激是指其前方导引车的加速或减速以及随之而发生的这两车之间的速度差和车间距离的变化；该驾驶员对刺激的反应是指其为了紧密而安全地跟踪前车所做的加速或减速动作及其实际效果。

假定驾驶员保持他所驾驶车辆与前导车的距离为 $S(t)$，以便在前导车刹车时能使车停下而不致和前导车尾相撞。设驾驶员的反应时间为 T，在反应时间内，车速不变。这两辆车在 t 时刻的相对位置用图 2.4-1 表示，图中 n 为前导车，n+1 为后随车。两车在刹车操作后的相对位置如图所示。

图中：

$x_i(t)$——第 i 辆车在时刻 t 的位置；

$S(t)$——两车在时刻 t 的间距；

$S(t)=x_n(t)-x_{n+1}(t)$;

d_1——后车在反应时间 T 内行驶的距离，

$d_1=T\cdot\dot{X}_{n+1}(t)=T\cdot\dot{X}_{n+1}(T+t)$;

$\dot{X}_i(t)$——第 i 辆车在时刻 t 的速度；

d_2——后车在减速期间行驶的距离；

d_3——前车在减速期间行驶的距离；

L——停车后的车头间距；

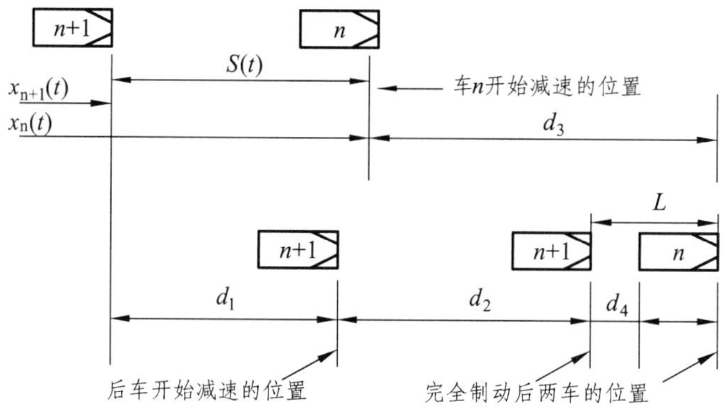

图 2.4-1　线性跟驰模型示意图

从图 2.4-1 中可以得到，安全车头间距 $S(t)$应为：

$$\mathrm{S}(t)=x_{\mathrm{n}}(t)-x_{\mathrm{n+1}}(t)=d_1+d_2+L-d_3 \qquad (2.4\text{-}1)$$

其中：

$$d_1=v_{\mathrm{n+1}}(t)T=v_{\mathrm{n+1}}(t+T)T=\dot{X}_{\mathrm{n+1}}(t+T)T \qquad (2.4\text{-}2)$$

假定两车的制动距离相等 $d_2=d_3$，则有：

$$\mathrm{S}(t)=x_{\mathrm{n}}(t)-x_{\mathrm{n+1}}(t)=d_1+L \qquad (2.4\text{-}3)$$

将式（2.4-2）中 d_1 带入（2.4-3）可得：

$$x_{\mathrm{n}}(t)-x_{\mathrm{n+1}}(t)=\dot{X}_{\mathrm{n+1}}(t+T)T+L \qquad (2.4\text{-}4)$$

两边对 t 求导：

$$\dot{X}_{\mathrm{n}}(t)-\dot{X}_{\mathrm{n+1}}(t)=\ddot{\mathrm{X}}_{n+1}(t+T)T$$

整理可得：

$$\ddot{X}_{\mathrm{n+1}}(t+T)=\frac{1}{T}\left[\dot{X}_{\mathrm{n}}(t)-\dot{X}_{\mathrm{n+1}}(t)\right] \tag{2.4-5}$$

因公式推导中有假设，为适应更一般的情况，将（2.4-5）改为：

$$\ddot{X}_{\mathrm{n+1}}(t+T)=\lambda\left[\dot{X}_{\mathrm{n}}(t)-\dot{X}_{\mathrm{n+1}}(t)\right] \tag{2.4-6}$$

式中 λ 为反应强度系数或灵敏系数。（2.4-6）式表明，跟驰车辆的加速度与两车的相对速度呈线性关系，故此称为线性跟驰模型。

2. 非线性跟驰模型

线性跟驰模型的特点是简便，但它存在明显的缺点：跟驰车辆的加速度仅为两车相对速度的函数，而与车间距离、车速等因素无关。

因此，有关人员做了进一步的研究，认为灵敏度系数 λ 并不是常量，而是与车间距离、车速有一定关系的变量，由此得到了一系列的非线性跟驰模型；总结这些非线性跟驰模型的形式，可以得到如下的通式：

$$\ddot{X}_{n+1}(t+T)=\frac{\alpha_{l,m}\dot{X}_{n+1}^{m}(t+T)}{[x_n(t)-x_{n+1}(t)]^{l}}\left[\dot{X}_n(t)-\dot{X}_{n+1}(t)\right] \tag{2.4-7}$$

式中的 $\alpha_{l,m}$ 是由实验确定的常数，l,m 为指数且均大于等于零。

2.4.3 交通稳定性分析与稳态流分析

1. 交通稳定性分析

考察车辆跟驰特性时，车队车辆的稳定性问题是很重要的。如果驾驶员的特性有改变，或车辆中的机械部件或信号灯有变化，一个重要的工作就是确定系统是否稳定。

所谓稳定有两层意思，一是指前后两车之间的变化反应。例如两车车距的摆动，如摆动大则不稳定，摆动愈小则愈稳定，这称为局部稳定，主要反映车辆间配合的局部行为。另一是引导车向后面各车传播速度变化。如扩大其速度振幅，即为不稳定，如振幅逐渐衰弱，则为稳定，这称为渐近稳定。主要反映车队的整体波动特性。

线性跟驰模型是一个复杂的二阶微分方程，求解需用拉普拉斯变换。赫尔曼通过用计算机解该微分方程，推导出如下关系式：

$$C=\lambda T \tag{2.4-8}$$

式中 C——表示两车间距摆动特性的数值。C 越大，间距值的摆动越大。

λ——同前。其值大，则表示反应过分强烈。

T——时间延迟，即反应时间（s）。

1）局部稳定

表 2.4-1 列出了各种 C 值时两车车间距的摆动情况。由表可以看出，随着 C 值的增加，两车之间的车头间距逐渐地成为不稳定。这是由于，如果对出现的事件，延迟反应的时间 T 过长，反应太强烈（λ 大，表现在油门过大，或脚刹车踏得过重），则在做出反应时，情况可能已经偏离实际上的需要。

表 2.4-1 各种 C 值时车间距的摆动情况

C 值	间距摆动情况	C 值	间距摆动情况
0≤C<1/e	不摆动，基本稳定	C=π/2	不衰减摆动
1/e≤C<π/2	衰减摆动	C>π/2	衰减幅度增大

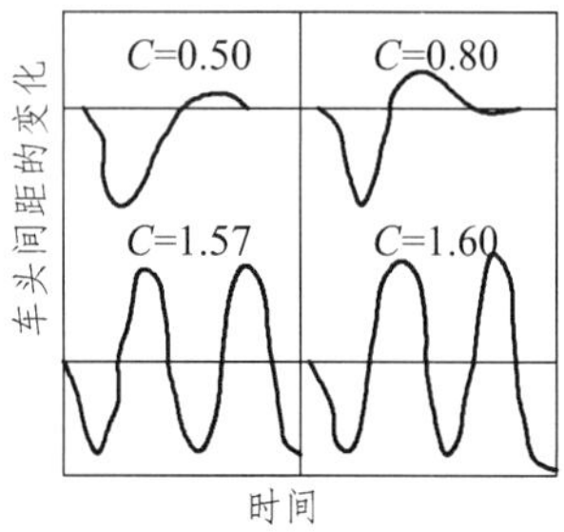

图 2.4-2 相邻两辆车的车头间距变化

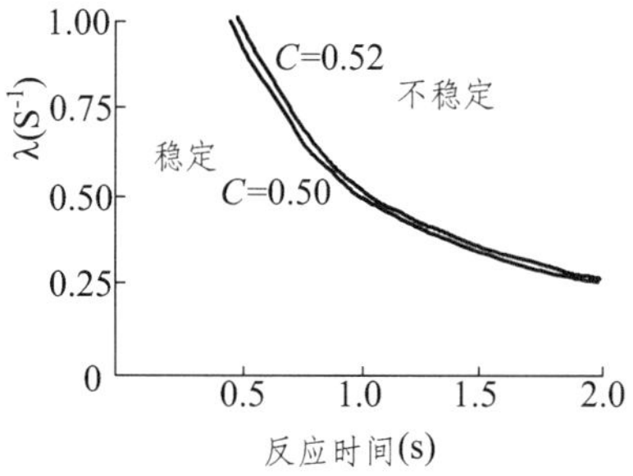

图 2.4-3 渐进稳定性区域

由图 2.4-2 所示，当 $C=0.50$ 时，间距值的摆动衰减很快；$C=0.80$ 时，其摆动逐渐减小；C=1.57 时，摆动停止衰减，其间距基本稳定；$C=1.60$ 时，摆动幅度逐渐增大。

2）渐近稳定

赫尔曼等人研究了渐近稳定性，指出：一列行驶车辆仅当 $C<0.5$ 时，才是渐近稳定的（见图 2.4-3）。

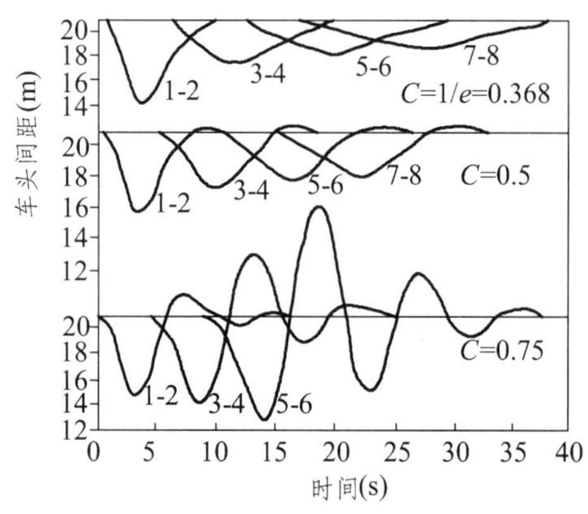

图 2.4-4 不同 C 值时车队内的车头间距变化

从局部稳定来看，$C=0.5$ 表明车头间距是摆动的，但衰减得很快。领头车运行中的波动是以 $1/\lambda$（s/辆）的速率沿着车队向后传播的。当 $C>0.5$ 时，将以增大变动幅度传播，增大了车辆间的干扰。当干扰的幅度增加到使车头间距小于一个车长时，则发生尾撞事故。

图 2.4-4 所示为一列有 8 辆车的车队，在不同 C 值时的车头间距。车辆间原来的间距为 21 m，当引导车减速后又加速至原来的速度，图上的曲线表示变动沿着各车向后传播的情况。

一列由 9 辆车组成的车队，开始所有车按速度 u 行驶，车头间距 12 m，头车以 4 km/h/s 减速 2 s，速度变为（u−8）km/h 之后又加速至原速度。C=0.8 时，跟驰行驶模拟结果见图 2.4-5。可以看出，在第 24 s 的时刻，车队中的第 7 辆车与第 8 辆车已发生尾撞事故。

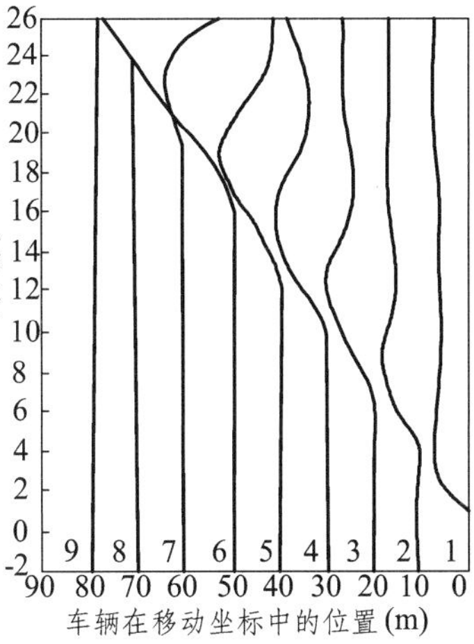

图 2.4-5　车辆在移动坐标系中的位置

2. 微观跟驰与宏观稳态流的关系

1）基于线性跟驰模型的稳态流分析

设车队波动前前后车车头间距为 S_1，车速为 u_1，车队波动经足够长时间再次稳定下来后，前后车车头间距为 S_2，车速为 u_2，见图 2.4-6。

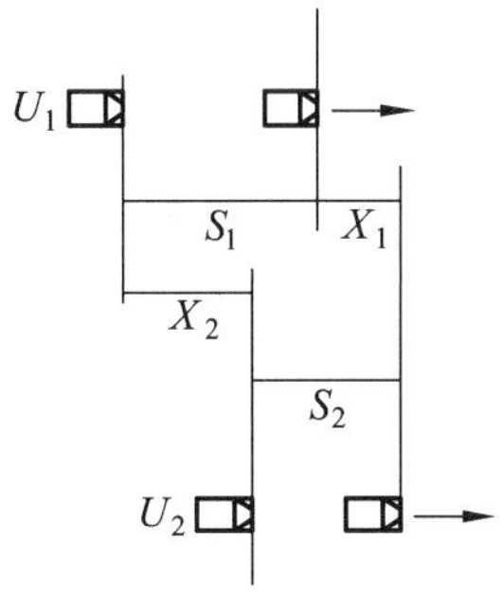

图 2.4-6　车队波动前后稳定状

线性跟驰模型如下：

$$\ddot{X}_f(t+T)=\lambda\left[\dot{X}_l(t)-\dot{X}_f(t)\right]$$

两边积分：

$$\int_0^{\infty}\ddot{X}_f(t+T)dt=\lambda\int_0^{\infty}\left[\dot{X}_l(t)-\dot{X}_f(t)\right]dt$$

上式中 f 表示后车，l 表示前车。从物理意义上看，上式左边积分结果表示跟车波动前后稳定状态的速度差 u_2-u_1，右边积分项表示波动前后稳定状态两车之间车头间距的改变量 $s_2-s_1=X_1-X_2$，积分结果：

$$u_2-u_1=\lambda(s_2-s_1)=\lambda\Delta s$$

对停车流：

$$u_2=0$$

$$\Delta s=s_2-s_1=-\frac{u_1}{\lambda}$$

因为 $s_2\geqslant l$（车辆长度）

所以 $s_1\geqslant l+\dfrac{u_1}{\lambda}$

为使 s_1 尽可能小，λ 应尽可能大，但考虑跟驰稳定性要求

$$\lambda T=C_{最大}=\mathrm{e}^{-1}\Rightarrow 理想值\ \lambda_{最大}=(eT)^{-1}$$

由积分结果：

$$s_2 - s_1 = \Delta s = \frac{u_2 - u_1}{\lambda} \quad \Rightarrow \quad \frac{1}{k_2} - \frac{1}{k_1} = \frac{u_2 - u_1}{\lambda} \tag{2.4-9}$$

对于停车流：$k_2 = k_j, u_2 = 0$，则上式为：

$$\frac{1}{k_j} - \frac{1}{k_1} = \frac{0 - u_1}{\lambda} \qquad \Rightarrow \quad u_1 = \lambda\left(\frac{1}{k_1} - \frac{1}{k_j}\right)$$

由此推出宏观稳态流交通参数 u-k 模型、q-k 模型如下：

$$u = \lambda\left(\frac{1}{k} - \frac{1}{k_j}\right) \tag{2.4-10}$$

$$q = ku = \lambda\left(1 - \frac{k}{k_j}\right) \tag{2.4-11}$$

见图 2.4-7、图 2.4-8，v-k 模型与实测数据拟合较好，q-k 模型与实测数据拟合不好。说明线性跟驰理论还存在不足。

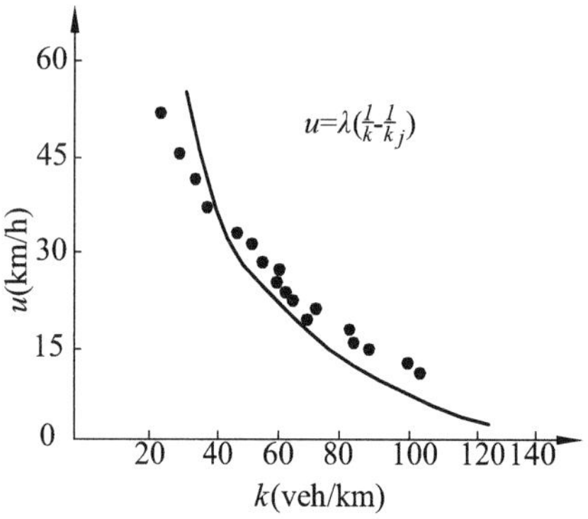

图 2.4-7　速度-密度关系图

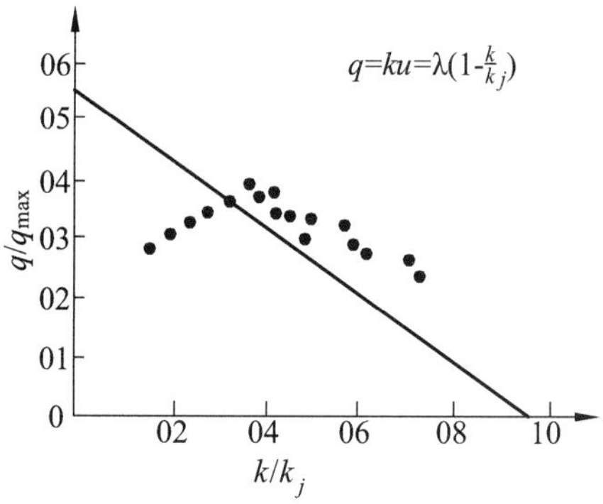

图 2.4-8　标准流量与标准密度关系图

2）基于非线性跟驰模型的稳态流分析

（1）非线性跟驰模型（a）。

将以下非线性跟驰模型：

$$\ddot{X}_{n+1}(t+T) = \frac{\lambda_1}{[x_n(t) - x_{n+1}(t)]}\left[\dot{X}_n(t) - \dot{X}_{n+1}(t)\right]$$

两边积分：

$$\int_0^\infty \ddot{X}_{n+1}(t+T)dt = \int_0^\infty \frac{\lambda_1}{[x_n(t) - x_{n+1}(t)]}\left[\dot{X}_n(t) - \dot{X}_{n+1}(t)\right]dt$$

可得：$u_2 - u_1 = \lambda_1 Ln(x_n(t) - x_{n+1}(t))|_0^\infty$

$$\Rightarrow u_2 - u_1 = \lambda_1(Lns_2 - Lns_1) = \lambda_1 Ln\frac{s_2}{s_1} = \lambda_1 Ln\frac{k_1}{k_2} \tag{2.4-12}$$

对于停车流：

$$u = \lambda_1 Ln\frac{k_j}{k} \tag{2.4-13}$$

$$q = \lambda_1 k \cdot Ln\frac{k_j}{k} \tag{2.4-14}$$

该 u-k、q-k 关系模型与格林柏对数模型结构相似。其关系曲线见图 2.4-9，可以看出与实测数据拟合较好。

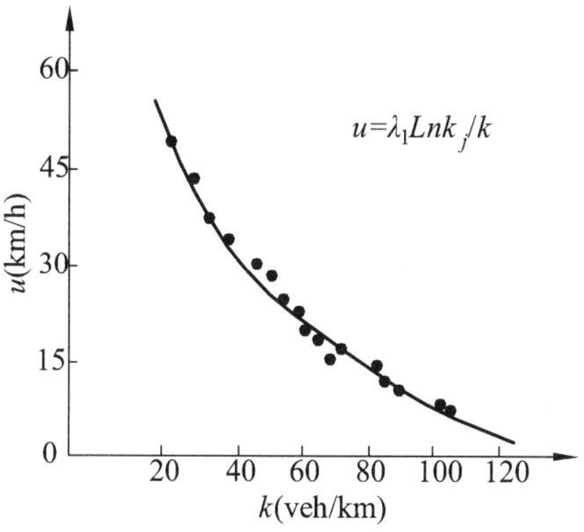

图 2.4-9　速度-密度关系图

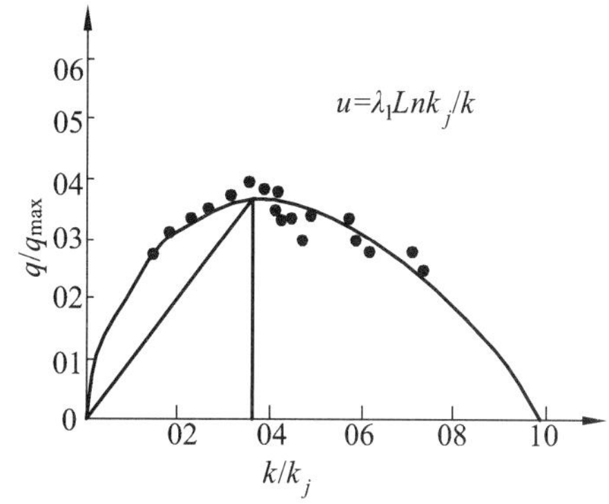

图 2.4-10　标准流量与标准密度关系图

（2）非线性跟驰模型（b）

同样分析思路，基于以下非线性跟驰模型：

$$\ddot{X}_{n+1}(t+T) = \frac{\alpha_{l,m}\dot{X}_{n+1}^{m}(t+T)}{[x_n(t)-x_{n+1}(t)]^l}\left[\dot{X}_n(t)-\dot{X}_{n+1}(t)\right]$$

可得到宏观稳态流 q-k 关系曲线（l、m 不同取值组合），见图 2.4-11。

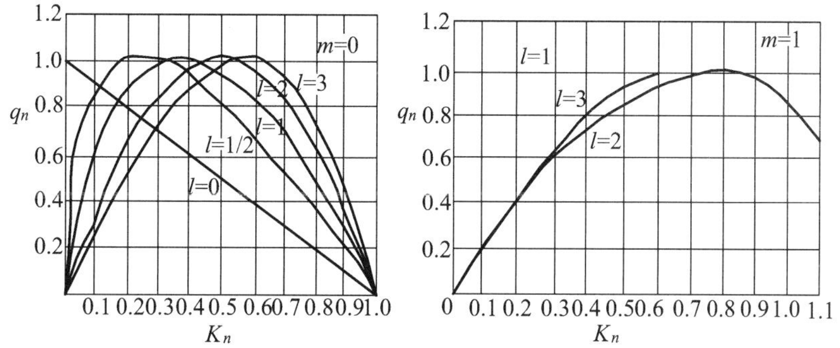

图 2.4-11　标准流量与标准密度关系图

2.4.4　跟驰理论现代发展

前面所讨论的跟驰理论，假定驾驶员对于同一刺激采取相同的比率加速和减速，即加速度的绝对值相等。但是，这一假设是不符合实际的，大多数车辆的减速性能要比加速性能强，而且在交通比较拥挤时，跟驰车辆的驾驶员对前车减速的反应强度要比加速的反应强度大一些，这是出于对行车安全的考虑。因此，对应于前面车辆的加速或减速刺激，即相对速度是正还是负或者车头间距是增大还是减小，跟驰车辆的反应具有不对称性。目前考虑这种不对称性的理论尚需进一步的研究和探讨。

基于跟驰理论的稳态流分析，得到的流量-密度曲线也是连续的，而实际流量-密度曲线具有不连续性，在接近最大流的地方有明显的间断，流量突然下降。

随着科技的发展，道路和车辆技术水平不断提高，现在智能化公路和车辆自动驾驶的研究是当前热点，其应用前景也是十分乐观的。传统的跟驰理论都是基于驾驶员手工操纵车辆进行的研究，如果智能化公路和车辆自动驾驶技术在实用领域取得突破性进展，那么必将导致跟驰理论新的研究领域和发展方向。

2.5 排队论

排队论的研究目的在于得到各种排队系统的规律性，以便设计人员掌握这种规律，设计出最优的排队系统；管理人员掌握这种规律，调整与控制排队系统使它处于最佳运营状态、从而使社会能得到最大效益。排队理论在交通领域有着广泛的应用，如对交叉口、停车场规划及交通运行的分析，对加油站、收费站等交通设施设计、运营的分析等。

2.5.1 排队论基本知识

1. 排队系统的组成

图 2.5-1 所示为排队过程的一般模型，各个顾客由顾客源出发，到达服务机构前排队等候接受服务，接受服务结束之后离开。一般排队系统都有三个基本组成部分：输入过程、排队规则、服务机构。

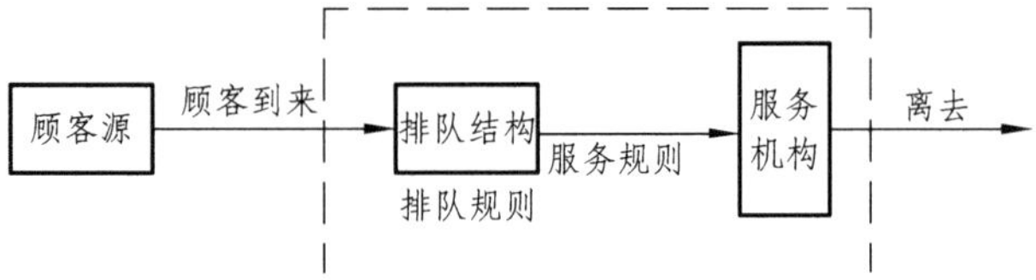

图 2.5-1 排队系统的组成

1）输入过程

输入过程所讨论的是顾客按怎样的规律到达。要完全描述一个输入过程需要三个方面的内容。

（1）顾客源数。

这是指可能到达服务机构的顾客总数。顾客总体数可能是有限的，也可能是无限的。

（2）顾客到达的方式。

顾客是单个到达，还是成批到达。例如乘坐出租车到达的乘客是单个到达的，乘坐公共汽车到达的乘客可以看作是成批到达的。

（3）顾客相继到达的时间间隔分布。

顾客相继到达服务台，可以是确定型的，也可以是随机型的。如自动装配线上装配的各部件按确定的时间间隔到达装配点，定期运行的班车、班机的到达也是确定型的。多数排队系统的顾客到达为随机型，如医院就诊的病人、通过路口的车辆、到加油站加油的车辆等，对于随机型的情形，从表面看似乎杂乱无章，其实常常服从某种统计规律，如负指数分布、K 阶爱尔朗分布等。

2）排队规则

当顾客到达排队系统，服务台都不空，顾客立即离去，另求服务。这种排队系统为损失制系统。例如，当驾驶员到停车场停车时，发现没有空位，就会立即离开，不会在此逗留。

顾客到达排队系统时，服务台都在为先到的顾客服务，只好参加排队，等待服务，一直等到有空的服务台为其服务为止。这种排队系统为等待制系统。例如，高速公路上汽车过收费站。

在现实生活中，很多服务系统介于损失制和等待制之间，称为混合制系统。当顾客到达时，服务台都不空，则排队等候。如果排队位置也占满，或者排队等候时间超过一定限度，顾客即离去，另求服务。

在等待制和混合制系统中，有几种不同的服务规则，如；

先到先服务：先到达的顾客先接受服务，这是最普通的情况。比如在交叉口停车线位置，绿灯启亮时，排在前面的车辆先通过停车线。

随机服务：不管顾客到达先后，服务员从排队的顾客中任取一个给予服务。如长途电话的话务员就是这样做的。

优先服务：有优先权的顾客先接受服务。例如，在公交系统中，旅客中的老、弱、病、残、孕、幼相比于普通旅客可以优先上车。

3）服务机构（又称服务台）

从服务台数目来看，排队系统分为单服务台和多服务台，多服务台系统又分为串联系统、并联系统和混合系统。见图 2.5-2 ~ 图 2.5-6。

从服务方式来看，分为逐个服务和成批服务。

从服务时间的分布来看，分为确定型的和随机型的。常用的服务时间分布有定长分布、负指数分布、K 阶爱尔朗分布、一般分布等。

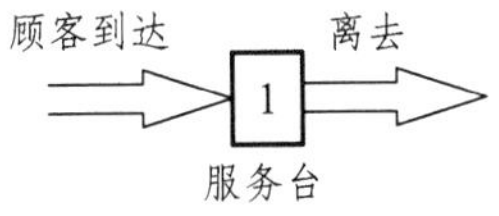

图 2.5-2　单通道单服务台系统

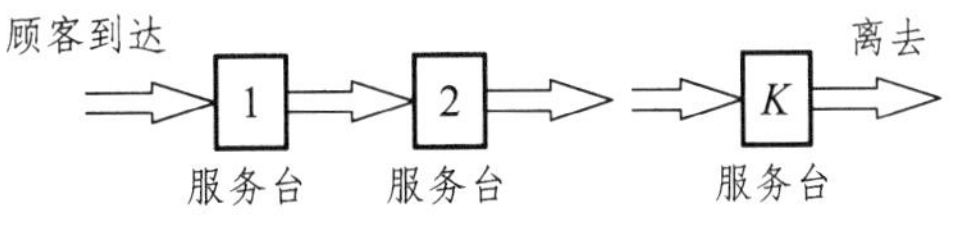

图 2.5-3　单通道多服务台串联系统

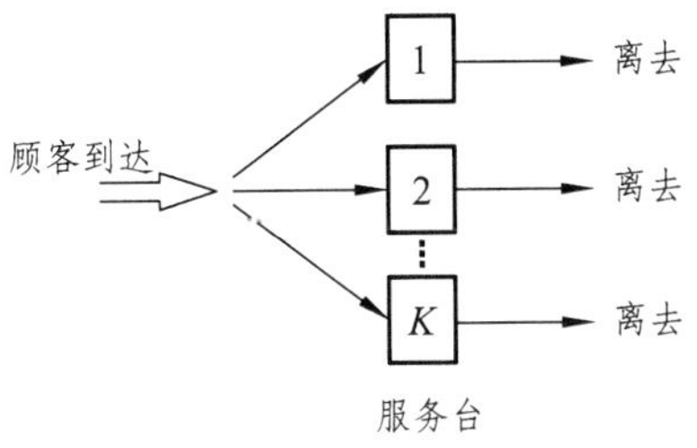

图 2.5-4　可通的多通道系统

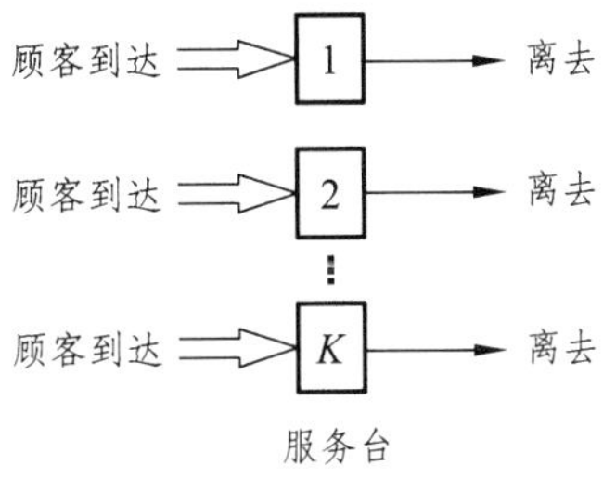

图 2.5-5　不可通的多通道系统

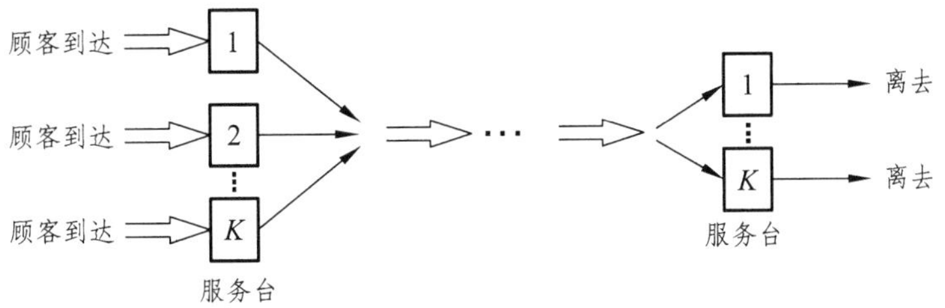

图 2.5-6　多通道混合系统

2. 顾客到达分布和服务时间分布

单位时间内到达系统的顾客数和服务时间是随机变量，可对这两个随机变量进行概率的描述。描述到达分布、服务时间分布的分布形式（求概率的公式）有多种，每一种形式有其适用条件。如可分成交通拥挤条件下、不拥挤条件下，到达规律不一样，要用不同的分布形式来描述。

有两种描述方法：

离散分布描述——单位时间内有 k 个顾客到达服务系统（或单位时间内有 k 个顾客完成服务离开）的概率。如泊松分布、定长分布、二项分布等。

连续分布描述——顾客到达的前后时间间隔（或顾客服务时间）大于某一时间值的概率。如负指数分布、定长分布、爱尔朗分布等。

1）泊松分布与负指数分布

顾客到达分布和服务时间分布最常用的是泊松分布（离散型）、负指数分布（连续型）。两种分布本质上是一样的，只是采用了不同的描述方法。泊松分布、负指数分布均满足最简单流（泊松流）的以下三个特征：

（1）无后效性。在不相重叠的时间区间内，顾客到达数是相互独立的，换句话说，每个顾客来到系统的时刻互不相关。例如，汽车到加油站加油可以认为无后效性，因为一般驾驶员不会事先约好在某一时刻同时去加油站加油，而是各自独立行动的。

（2）对充分小的 Δt，在时间区间 $[t,\ t+\Delta t)$ 内有一个顾客到达的概率与 t 无关，而与区间长度 Δt 成正比，即：

$$P_1(t,t+\Delta t)=\lambda\Delta t+o(\Delta t)$$

式中：$o(\Delta t)$ 是当 $\Delta t\to 0$ 时，关于 Δt 的高阶无穷小，且 $\lambda>0$，是常数，它表示单位时间内有一个顾客到达的概率，称为概率强度。

（3）对于充分小的 Δt，在时间区间 $[t,\ t+\Delta t)$ 内有两个或两个以上顾客到达的概率极小，以至于可以忽略，即：

$$\sum_{n=2}^{\infty}P_n(t,t+\Delta t)=o(\Delta t)$$

根据以上特征，可推导出 Δt 时间内顾客到达数为 n 的概率分布，即泊松分布公式：

$$P_n(\Delta t)=\frac{(\lambda\Delta t)^n}{n!}e^{-\lambda\Delta t}$$

泊松分布的数学期望为 $\lambda\Delta t$（顾客平均到达数），参数 λ 为顾客平均到达率。泊松分布的方差为 $\lambda\Delta t$。

根据同样的原理，如果顾客服务完毕，从服务机构离去的流也是完全随机的，并服从最简单流的三个条件，那么在时段 Δt 内，有 n 个顾客从服务机构离去的概率为：

$$P_n(\Delta t)=\frac{(\mu\Delta t)^n}{n!}e^{-\mu\Delta t} \tag{2.5-1}$$

μ 为单位时间内顾客服务完毕而离去的平均数。$1/\mu$ 即为每个顾客的平均服务时间。

顾客离去的前后时间间隔 t 大于 Δt 的概率相当于在 Δt 时间内没有顾客离去的概率，即：

$$P(t>\Delta t)=P_0(\Delta t)=e^{-\mu\Delta t} \tag{2.5-2}$$

则：$P(t\leqslant\Delta t)=1-e^{-\mu\Delta t}$　（2.5-3）

以上即为负指数分布公式。其数学期望为 $1/\mu$，即前后相继离去的两个顾客之间的平均间隔时间，也就是每个顾客的平均服务时间。负指数分布的方差为 $1/\mu^2$。

2）其他分布

（1）定长分布：服务时间 T 为定长分布，该分布数学期望为 $E(T)=1/\mu$，方差为 0。

（2）爱尔朗（Erlang）分布。

对串联的 k 个服务台总共所需要的服务时间服从什么分布？设 T_1，T_2，$\cdots T_k$ 表示第 1，第 2，…第 k 个服务台的服务时间。它们是 k 个相互独立的随机变量，服从相同参数 $k\mu$ 的负指数分布，那么一顾客走完这 k 个服务台总共需要的服务时间为 $T=T_{1+}T_{2+}\cdots+T_k$，其密度函数为：

$$f(t)=\frac{k\mu\cdot(k\mu\cdot \mathrm{t})^{k-1}}{(k-1)!}e^{-k\mu\cdot t}\quad(t>0) \tag{2.5-4}$$

这里的 $f(t)$ 称为 k 阶爱尔朗分布，其数学期望为 $E(T)=1/\mu$，方差为 $\mathrm{Var}(T)=1/(k\mu^2)$。

爱尔朗分布比负指数分布具有更广泛的适应性。事实上，当 $k=1$ 时，爱尔朗分布就是负指数分布，这时它可被看作是完全随机分布；当 k 增大时，爱尔朗分布的图形逐渐变为对称的；当 $k\geqslant30$ 时爱尔朗分布近似正态分布；当 $k\to\infty$ 时，爱尔朗分布化为确定型分布，所以一般 k 阶爱尔朗分布可看成完全随机与完全确定的中间型，能对现实世界提供更为广泛的适应性。

3. 排队模型

排队系统按输入过程、排队规则及服务机构的不同而分为不同的类型。一个确定的输入过程和服务时间分布形式，再配上确定的服务台数目和服务规则就构成一个排队模型。为了便于通用和分类，一般采用肯道尔（D. G. Kendall）符号来表示排队模型，符号形式如下：

$$X/Y/Z/A/B/C$$

式中 X——相继到达间隔时间的分布；

Y——服务时间的分布；

Z——并列的服务台的数目；

A——系统容量，系统服务台数与排队长度的限制决定了在系统中顾客的最大容量，系统容量可能是有限的也可能无限的；

B——顾客源数目；

C——服务规则，如先到先服务 FCFS，后到先服务 LCFS 等。

表示相继到达间隔时间和服务时间的各种分布的符号是：

M——负指数分布；

D——确定型分布；

E_k——K 阶爱尔朗分布；

GI——一般相互独立的时间间隔的分布；

G——一般服务时间的分布。

如果排队模型的符号为 $X/Y/Z/\infty/\infty/FCFS$，那么后两项或后三项可以省略。

例如，$M/M/1$ 表示相继到达间隔时间为负指数分布、服务时间是负指数分布，单服务台模型；$D/M/S$ 表示确定的（定长的）到达间隔、服务时间为负指数分布、S 个并列服务台（但顾客是一队）的模型。

4. 排队系统状态及指标

一个排队系统包括顾客和服务机构两个方面。对顾客来说，他们当然不希望排队，而是希望随时都能很方便地得到服务。要满足顾客的要求，必须多配置服务台，这样势必会使服务机构过大，服务机构的使用效率降低，人力、物力的开支相应增大，造成不必要的浪费。从服务机构来讲，希望所提供的服务设备效率最高，使每个服务台都不出现空闲状态，这必然会导致顾客排长队，影响顾客的利益。这两个方面都具有一定的片面性。排队论正是从总体经济利益出发，试图把顾客的需要与服务机构的利益协调起来以建立某种平衡关系。

由于顾客的到达时刻通常是无法预知的，要求服务的时间也随服务的不同而异。一般来说，到达时刻、服务时间是随机变量，因而需借助于概率论的方法对服务系统的运行状态进行各种概率的描述。

通常用下列数量指标来描述服务系统的运行状态。

顾客到达率 λ：单位时间内顾客到达平均数。

顾客服务率：单位时间内顾客服务完毕而离去的平均数。单个服务台为 μ，S 个并列服务台为 $S\mu$。$1/\mu$ 为每个顾客的平均服务时间。

$P_k(t)$——t 时刻系统中有 K 个顾客（包括正在接受服务的以及在排队的）的状态概率。（注意区别 $P_n(\Delta t)$或 $P_n(t,\ t+\Delta t)$：表示 Δt 时间内有 n 个顾客到达的概率）

队长（L_s）——系统中顾客个数的期望值。

排队长（L_q）——在系统中排队等待服务的顾客个数的期望值。

逗留时间（W_s）——1 个顾客从到达系统起到离开系统止的时间的期望值。

排队等待时间（W_q）——1 个顾客在系统中排队等待服务的时间的期望值。

忙期——服务机构连续繁忙的时间长度。

损失率——在损失制与混合制中顾客被拒绝的概率。

服务强度 ρ——顾客到达率/顾客服务率。考察系统在服务功能上能否满足顾客要求。

L_s 与 L_q，W_s 与 W_q 分别有如下的关系：

$$L_s=L_q+\text{正被服务的顾客数期望值}$$

$$W_s=W_q+\text{服务时间期望值}$$

2.5.2 *M/M* 排队系统分析

1. 生灭过程

生灭过程研究系统内部的状态变化，或建立状态概率的过程。生灭过程研究最初来自这样一个实例：有一堆细菌，各个细菌在任何时段内的分裂和死亡都是相互独立的。假定已知初始时刻的细菌个数，问经过时间 t 后，细菌变成了多少？

经过抽象化，生灭过程定义如下：设有某个系统，具有 0，1，2…状态，令 $N(t)$ 表示系统在时刻 t 所处的状态（即顾客个数）。在任一时刻 t，若系统处于状态 i，则在（t，$t+\Delta t$）内系统由状态 i 转移到状态 $i+1$（$i\geqslant 0$）的概率为 $\lambda_i\Delta t+o(\Delta t)$，而由状态 i 转移到状态 $i-1$（$i\geqslant 1$）的概率为 $\mu_i+o(\Delta t)$，其中 λ_i（>0）、μ_i（>0）为固定常数，并且在（t，$t+\Delta t$）内发生两次以上转移的概率为 $o(\Delta t)$。这样的一个系统状态随时间变化的过程就称为一个生灭过程。

从生灭过程的定义可知，对于一个排队系统，只要输入过程和服务过程符合最简单流（泊松流），即 M/M/C 类排队系统，那么，排队过程肯定是符合生灭过程的。

在排队系统中，某时刻 t 系统所处的状态表示如下：

状态 S_0，排队系统中没有顾客，概率为 $P_0(t)$

状态 S_1，排队系统中有 1 个顾客，概率为 $P_1(t)$

……

状态 S_k，排队系统中有 k 个顾客，概率为 $P_k(t)$

……

系统在时刻 $t+\Delta t$，处于状态 i（概率 $P_i(t+\Delta t)$）这一事件可在下列几种情况之一中发生：

（1）t 时刻处在（$i-1$）状态，而在时间间隔（t，$t+\Delta t$）内由（$i-1$）状态转移到 i 状态。出现这种情况的概率：

$$P_{i-1}(t)\times\lambda_{i-1}\cdot\Delta t+o(\Delta t)$$

（2）t 时刻处在（$i+1$）状态，而在时间间隔（t，$t+\Delta t$）内由（$i+1$）状态转移到 i 状态。出现这种情况的概率：

$$P_{i+1}(t)\times\mu_{i+1}\cdot\Delta t+o(\Delta t)$$

（3）t 时刻处在 i 状态，而在时间间隔（t，$t+\Delta t$）内没有发生状态转移。出现这种情况的概率：

$$P_i(t)\times(1-\lambda_i\cdot\Delta t-\mu_i\cdot\Delta t)+o(\Delta t)$$

（4）在时间间隔（t，$t+\Delta t$）内发生两次或以上状态转移，出现这种情况的概率为 $o(\Delta t)$。

由全概率定理可得，系统在时刻 $t+\Delta t$，处于状态 i 的概率：

$$\begin{aligned}P_i(t+\Delta t)=&P_{i-1}(t)\times\lambda_{i-1}\cdot\Delta t+o(\Delta t)+\\&P_{i+1}(t)\times\mu_{i+1}\cdot\Delta t+o(\Delta t)+\\&P_i(t)\times(1-\lambda_i\cdot\Delta t-\mu_i\cdot\Delta t)+o(\Delta t)+\\&o(\Delta t)\end{aligned}$$

移项后两端除以 Δt，

$$\frac{P_i(t+\Delta t)-P_i(t)}{\Delta t}=\lambda_{i-1}P_{i-1}(t)-(\lambda_i+\mu_i)P_i(t)+\mu_{i+1}P_{i+1}(t)+\frac{o(\Delta t)}{\Delta t}$$

令 $\Delta t\to 0$，得：

$$\frac{dP_i(t)}{dt}=\lambda_{i-1}P_{i-1}(t)-(\lambda_i+\mu_i)P_i(t)+\mu_{i+1}P_{i+1}(t)\quad(0<i<k)\tag{2.5-5}$$

对于 $i=0$ 与 $i=k$（k 为系统容量）同理可推得：

$$\frac{dP_0(t)}{dt}=-\lambda_0P_0(t)+\mu_1P_1(t)\tag{2.5-6}$$

$$\frac{dP_k(t)}{dt}=\lambda_{k-1}P_{k-1}(t)-\mu_kP_k(t)\tag{2.5-7}$$

式（2.5-5）（2.5-6）（2.5-7）为生灭过程的哥尔莫可尔夫方程。是求解排队系统指标的基本微分方程组。

可以看出这组方程组的解与系统所处的时刻有关。一般来说，当系统处于运行的最初阶段，它是与系统的初始条件有关的，但我们感兴趣的是系统处于长期工作的情况。可以证明，

当 $t \to \infty$ 时，$P_i(t)$趋于一个常数 P_i（i=0，1，2，⋯，k），即系统达到了统计平衡状态，或者说系统达到了稳定。见图 2.5-7。

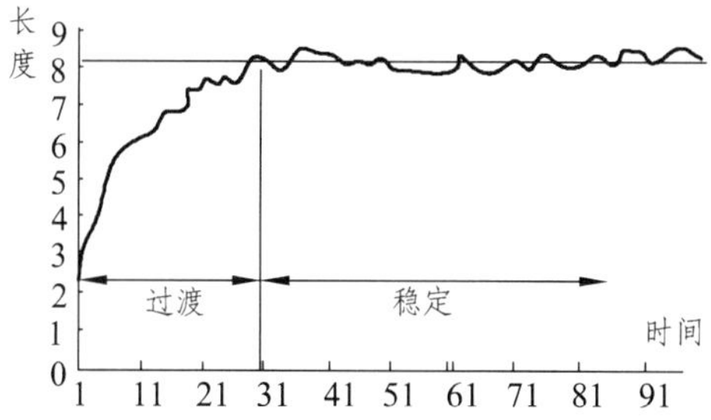

图 2.5-7　系统的过渡状态与稳定状态

在这种情况下式（2.5-5）（2.5-6）（2.5-7）变成了：

$$\begin{cases} 0 = \lambda_{i-1}P_{i-1} - (\lambda_i + \mu_i)P_i + \mu_{i+1}P_{i+1} \quad (0 < i < k) \\ 0 = -\lambda_0 P_0 + \mu_1 P_1 \\ 0 = \lambda_{k-1}P_{k-1} - \mu_k P_k \end{cases} \tag{2.5-8}$$

以上三式被称为生灭过程的代数方程组，式中 P_i（i=0，1，2，⋯，k）称为排队系统的状态概率。

在实际工作中，不必列出哥尔莫可尔夫方程，而可以根据状态转移图直接写出代数方程组。即在系统稳态条件下，对于每个状态来说，转入率期望值应等于转出率期望值。如图 2.5-8 所示状态转移图。

对于状态 S_i：

$$\mu_{i+1}P_{i+1} + \lambda_{i-1}P_{i-1} = (\lambda_i + \mu_i)P_i$$

对于状态 S_0：

$$\mu_1 P_1 = \lambda_0 P_0$$

对于状态 S_k：$\mu_k P_k = \lambda_{k-1}P_{k-1}$

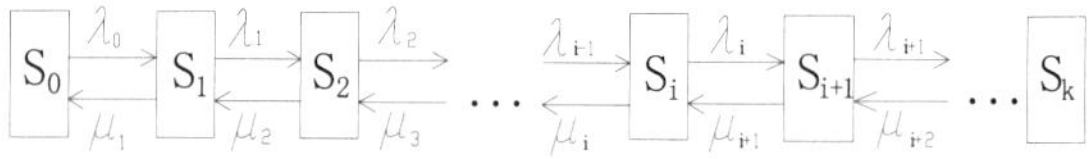

图 2.5-8　状态转移图

增加正则条件：$\sum_{i=0}^{k} P_i = 1$

则可以通过方程组求解得到系统各状态的概率。

用生灭过程原理求解 M/M 排队系统营运指标步骤如下：

（1）确定系统状态，列出状态转移图。

（2）根据状态转移图列出状态平衡方程，求解系统各状态概率。

（3）求解排队系统营运指标。

后面分别介绍四种 M/M 排队系统的计算公式。

2. $M/M/1/\infty$ 排队系统分析

该系统的状态转移图如图 2.5-9 所示。

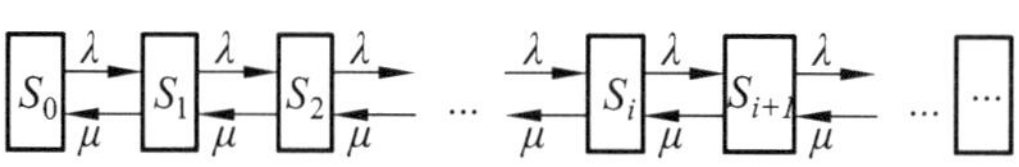

图 2.5-9　$M/M/1/\infty$ 排队系统状态转移图

根据状态转移图列出状态平衡方程：

由状态 S_0：

$$\mu P_1 = \lambda P_0 \Rightarrow P_1 = \frac{\lambda}{\mu} P_0 = \rho P_0$$

由状态 S_1：

$$(\lambda + \mu)P_1 = \lambda P_0 + \mu P_2 \Rightarrow P_2 = (1+\lambda/\mu)P_1 - P_0\lambda/\mu = (1+\rho)\rho P_0 - \rho P_0 = \rho^2 P_0$$

同理可得：$P_i = \rho^i P_0$

由 $\sum_{i=0}^{\infty} P_i = 1$ 可求得：

$$P_0 = 1-\rho(\rho = \frac{\lambda}{\mu} < 1) \tag{2.5-9}$$

则： $$P_n = (1-\rho)\rho^n \tag{2.5-10}$$

状态 i 表示系统中有 i 个顾客，因有 1 个服务台，故有 $i-1$ 个顾客排队。P_i 表示该种状态的概率。则系统中平均顾客数 L_s 为：

$$L_s = \sum_{i=0}^{\infty} i \times P_i = \sum_{i=0}^{\infty} i \times \rho^i (1-\rho) = \frac{\rho}{1-\rho} = \frac{\lambda}{\mu-\lambda} \tag{2.5-11}$$

系统中平均排队顾客数 L_q 为：

$$L_q = \sum_{i=1}^{\infty} (i-1) \times P_i = \sum_{i=0}^{\infty} (i-1) \times \rho^i (1-\rho) = \frac{\rho^2}{1-\rho} = \frac{\rho\lambda}{\mu-\lambda} \tag{2.5-12}$$

顾客在系统中的平均逗留时间 W_s：

顾客在排队系统中的逗留时间与统计中的顾客数有关。这在直观上是容易理解的。顾客平均到达率为 λ，在平均逗留时间 W_s 内到达的顾客数 λW_s 就是系统平均顾客数 L_s，所以：

$$W_s = L_s / \lambda = \frac{1}{\mu-\lambda} \tag{2.5-13}$$

顾客在系统中的平均排队时间 W_q：

同样，顾客在排队系统中的排队时间与统计中的排队顾客数有关。在平均排队时间 Wq 内到达的顾客数 λW_q 就是系统平均排队顾客数 L_q，所以：

$$W_q = L_q / \lambda = \rho / (\mu-\lambda) \tag{2.5-14}$$

以上四个指标之间的相互关系如下：

$$L_q = \lambda W_q \ ; \ L_s = \lambda W_s \ ; \ W_s = W_q + 1/\mu \ ; \ L_s = L_q + \lambda/\mu \tag{2.5-15}$$

上式被称为李太勒（Little）公式。可以看出理论推导出其中一个指标的计算公式，其他指标就可以根据李太勒公式计算。

在排队论分析中，ρ 有着重要的意义，它是相同时间间隔内顾客的平均到达数与能被服务的平均数之比，这是刻画服务效率和服务机构利用程度的重要指标。

在 $M/M/1/\infty$ 排队系统中，$\rho=\lambda/\mu$，必须有 $\rho<1$，即服务率大于到达率。如果 $\rho>1$，即单位时间内到达服务系统的顾客数大于离开服务系统的顾客数，那么当 $t\rightarrow\infty$ 时，排队长度将无限增加，使系统达不到稳定状态。当 $\rho=1$ 时，系统的负荷水平达到 100%，即单位时间内到达的顾客数等于离开的顾客数，但这时也无法达到稳定状态。由于到达是随机的，可能有些时候服务台是空闲的，因而失去了一些可用于服务的时间，这种时间损失得越多，排队积累得越快，渐渐的越排越长，而达不到统计平衡。

3. $M/M/1/m/$排队系统

$M/M/1/m/$排队系统的系统容量有限制，设系统容量为 m，则排队容量为 $m-1$。当顾客到达时，若服务台不空，则顾客参加排队等候服务，因为系统内只有 $m-1$ 个排队位置，当客满时，后来的顾客立即离去，另求服务，因此，该系统只可能具有 $m+1$ 个状态，其状态转移图如图 2.5-10 所示。

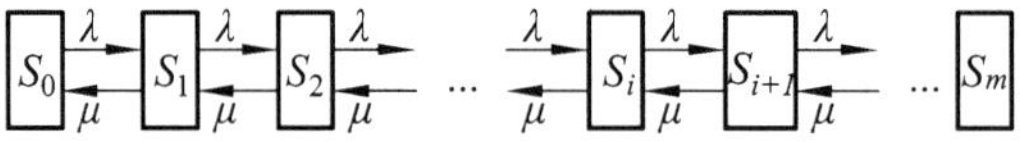

图 2.5-10　$M/M/1/m$ 排队系统状态转移图

以同样的思路，根据状态转移图列出各状态平衡方程，由此求解系统状态概率，结果如下式：

$$\begin{cases} P_0 = \dfrac{1-\rho}{1-\rho^{m+1}} & (\rho \neq 1) \\ P_n = \dfrac{1-\rho}{1-\rho^{m+1}}\rho^n & (1 \leqslant n \leqslant m) \end{cases} \tag{2.5-16}$$

$$\begin{cases} P_0 = \dfrac{1}{1+m} & (\rho = 1) \\ P_n = \dfrac{1}{1+m} & (0 \leqslant n \leqslant m) \end{cases} \tag{2.5-17}$$

根据上述状态概率公式导出系统各项运行指标：

系统中平均顾客数 L_s：

$$L_s = \sum_{i=0}^{m} i \times P_i = \begin{cases} \dfrac{\rho}{1-\rho} - \dfrac{(m+1)\rho^{m+1}}{1-\rho^{m+1}} & (\rho \neq 1) \\ m/2 & (\rho = 1) \end{cases} \tag{2.5-18}$$

系统中平均排队顾客数 L_q：

$$L_q = \sum_{i=1}^{m}(i-1) \times P_i = L_s - (1-P_0) \tag{2.5-19}$$

在该系统中，当排队长度未满排队容量时，平均到达率为 λ，而一旦排满，到达率为 0，因此整个过程的有效到达率 λ_e 为：

$$\lambda_e = \sum_{i=0}^{\infty} \lambda_i P_i = \sum_{i=0}^{m-1} \lambda\, P_i = \lambda(1-P_m) = \mu\left(1-\frac{1-\rho}{1-\rho^{m+1}}\right) = \mu(1-P_0) \tag{2.5-20}$$

各指标之间相关的李太勒（Little）公式如下：

$$\begin{cases} L_q = \lambda_e W_q \\ L_s = \lambda_e W_s \\ W_s = W_q + 1/\mu \\ L_s = L_q + \lambda_e/\mu \end{cases} \tag{2.5-21}$$

在容量有限的排队系统中，$\rho<1$ 不再是系统达到稳态的必要条件。不过当 $\rho>1$ 时，表示损失率的概率（P_m）或表示被拒绝排队的顾客平均数（λP_m）将是很大的。

4. *M/M/S/∞*排队系统

该系统有 S 个服务台，顾客按到达的先后次序，排成一个队列等待服务。系统容量无限。

当系统中只有一个顾客时，则有 S-1 个服务台空闲着，仅一个服务台在服务，这时的服务率为 μ，当系统有 2 个顾客时，就有 2 个服务台工作，其服务率为 2μ，…当系统中有 S 个顾客时，则服务率达到最大值 $S\mu$，当系统中的顾客数超过 S 时，由于 S 个服务台都忙着，其余顾客必须排队，这时的服务率仍为 $S\mu$。

该系统服务强度 $\rho=\lambda/(S\mu)$，只有当 $\rho<1$，才能使服务系统达到稳态。

状态转移图如图 2.5-11 所示。

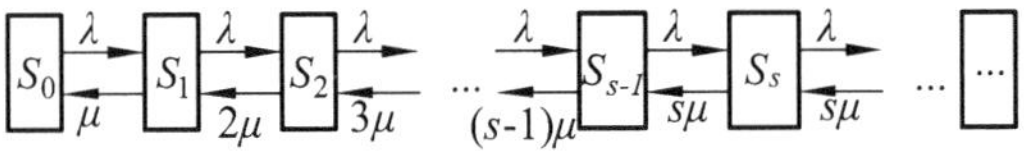

图 2.5-11　M/M/S/∞排队系统状态转移图

根据状态转移图列出各状态平衡方程，由此求解系统状态概率，结果如下式：

$$\begin{cases} P_0=[\sum_{n=0}^{S-1}\frac{1}{n!}\cdot\left(\frac{\lambda}{\mu}\right)^n+\frac{1}{S!(1-\rho)}\left(\frac{\lambda}{\mu}\right)^S]^{-1} \\ n\leqslant S \text{时：} P_n=\frac{1}{n!}\cdot\left(\frac{\lambda}{\mu}\right)^n P_0 \\ n>S \text{时：} P_n=\frac{1}{S!S^{n-S}}\cdot\left(\frac{\lambda}{\mu}\right)^n P_0 \end{cases} \tag{2.5-22}$$

根据上述状态概率公式导出系统运行指标：

$$L_q=\sum_{i=S}^{\infty}(i-S)\times P_i=\frac{(S\rho)^S\rho P_0}{S!(1-\rho)^2} \tag{2.5-23}$$

其他指标可由李太勒（Little）公式（2.5-15）求得。

5. *M/M/S/m*/排队系统

此系统容量有限制，设系统容量为 m，则排队容量为 m-S。当排队客满时，后来的顾客立即离去，另求服务，因此，该系统只可能具有 m+1 个状态，其状态转移图如图 2.5-12 所示。

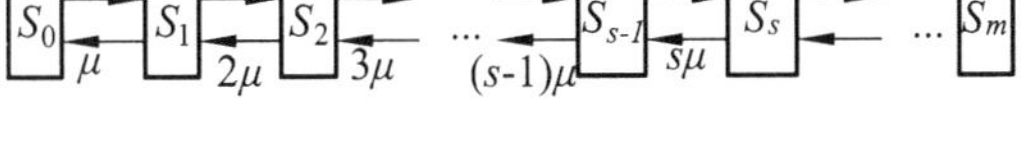

图 2.5-12　*M/M/S/m* 排队系统状态转移图

根据状态转移图列出各状态平衡方程，由此求解系统状态概率，结果如下式：

$$\rho=\frac{\lambda}{S\mu}(\neq 1)$$

$$\begin{cases} P_0 = [\sum_{k=0}^{S} \frac{(S\rho)^k}{k!} + \frac{S^S}{S!} \times \frac{\rho(\rho^S - \rho^m)}{1-\rho}]^{-1} \\ P_n = \begin{cases} \frac{(S\rho)^n}{n!} P_0 & (0 \leqslant n \leqslant S) \\ \frac{S^S}{S!} \rho^n P_0 & (S \leqslant n \leqslant m) \end{cases} \end{cases} \tag{2.5-24}$$

根据上述状态概率公式导出系统平均排队顾客数：

$$L_q = \sum_{i=S}^{m} (i-S) \times P_i = \frac{P_0 \rho (S\rho)^S}{S!(1-\rho)^2} [1 - \rho^{m-S} - (m-\mathrm{S}) \rho^{m-S} (1-\rho)] \tag{2.5-25}$$

其他指标可由李太勒（Little）公式（2.5-21）求得，公式中到达率应取有效到达率 λ_e。

$$\lambda_e = \sum_{i=0}^{\infty} \lambda_i P_i = \sum_{i=0}^{m-1} \lambda\, P_i = \lambda(1-P_m) \tag{2.5-26}$$

2.5.3 其他排队系统分析

在前面分析的排队系统中，都假设顾客到达流为最简单流，服务时间符合负指数分布。在实际情况中，顾客到达分布和服务时间分布是多种多样的，有随机型的，也有确定型的。顾客到达形式，服务时间分布形式、服务台数、顾客源有限无限、排队容量有限无限等的不同组合，就有不同的排队模型，因而排队模型是不胜枚举的，有的排队系统的运行指标可用数学解析式表达，有的不存在解析式，只能用图来表达，有的模型根本无法求解。

本节中再列举一些其他排队系统及数量指标计算公式。

1. *M*/*G*/1 模型

M/*G*/1 表示单个服务台的排队系统，其顾客到达时间间隔服从参数为 λ 的泊松分布，服务时间遵从一般分布，顾客在系统内排成一列等待服务，队长是无限的。

在排队系统 *M*/*G*/1 中，服务时间 T 是一随机变量，其期望值与方差分别用 $E(T)$ 和 $\mathrm{Var}(T)$ 表示，在平稳状态下，可利用布拉切克-辛钦公式（P-K 公式）及李太勒公式求出系统运行指标。

（1）系统空闲的概率为：

$$P_0 = 1 - \lambda \cdot E(T) \tag{2.5-27}$$

（2）系统中平均顾客数为：

$$\begin{cases} L_s = \rho + \dfrac{\rho^2 + \lambda^2 \mathrm{Var(T)}}{2(1\text{-}\rho)} \\ \rho = \dfrac{\lambda}{\mu} = \lambda \cdot E(\mathrm{T}) \end{cases} \tag{2.5-28}$$

（3）系统中平均排队顾客数，根据李太勒公式：

$$L_q = L_s - \lambda \cdot E(T)$$

（4）顾客在系统中的平均滞留时间，根据李太勒公式：

$$W_s = L_s / \lambda$$

（5）顾客排队等待的平均等待时间，根据李太勒公式：

$$W_q = L_q / \lambda$$

上面 L_S 的计算公式称为 P-K 公式，它表明，只要知道服务时间的期望和方差，不管服务过程服从什么分布，都可以求出系统的运行指标。

2. $M/D/1$ 排队系统

该系统服务时间为定长分布，数学期望 $E(T)=1/\mu$，方差 $\mathrm{Var}(T)=0$

（1）系统空闲的概率为：

$$P_0 = 1-\lambda\cdot E(T)$$

（2）系统中平均顾客数为：

$$\begin{cases} \mathrm{Ls}=\rho+\dfrac{\rho^2+\lambda^2\mathrm{Var(T)}}{2(1\text{-}\rho)}=\rho+\dfrac{\rho^2}{2(1\text{-}\rho)} \\ \rho=\lambda\cdot E(T) \end{cases} \tag{2.5-29}$$

其他指标可通过李太勒公式计算。

3. $M/E_k/1$ 排队系统

该系统服务时间为 k 阶爱尔朗分布，其数学期望 $E(T)=1/\mu$，方差 $\mathrm{Var}(T)=1/(k\mu^2)$

（1）系统空闲的概率为：

$$P_0 = 1-\lambda\cdot E(T)$$

（2）系统中平均顾客数为：

$$\begin{cases} L_s=\rho+\dfrac{\rho^2+\lambda^2\mathrm{Var}(T)}{2(1-\rho)}=\rho+\dfrac{\rho^2(k+1)}{2k(1-\rho)} \\ \rho=\lambda\cdot E(T) \end{cases} \tag{2.5-30}$$

其他指标可由李太勒公式计算。

4. $M/G/K$ 模型

该排队系统模型中有 k 个服务台，顾客到达服从参数为 λ 的泊松分布，服务时间为一般分布 G，其数学期望为 $E(T)$，方差为 $\mathrm{Var}(T)$。对于 $M/G/K$ 模型的系统运行指标目前没有推导出明确的数学表达式，但 T.Kimura 等众多学者对指标的近似公式做了大量研究，并且研究成果得到有广泛应用。其中系统平均排队顾客数的近似公式如下：

$$\begin{cases} L_q\approx\dfrac{\lambda(Var(T)+[E(T)]^2)}{2E(T)(k-\rho)}[1+\sum\limits_{i=0}^{k-1}\dfrac{(k-1)!(k-\rho)}{i!\rho^{k-i}}]^{-1} \\ \rho=\lambda/\mu=\lambda\cdot E(T) \end{cases} \tag{2.5-31}$$

上式成立的条件是 $k>p$。

其他指标可由李太勒公式计算。

2.5.4 排队系统最优化问题

排队系统设计最优化的目标在于使系统设施达到最大使用效益，或者说，在一定的质量指标下要求服务机构最为经济。

排队系统包括顾客和服务机构两个方面，因而存在着两方面的利益。排队系统最优化的目的就是要综合考虑两者的利益，使二者费用之和为最小，确定达到这个目标的最优服务水平，见图 2.5-13。另一常用的目标函数是使系统的纯收入（服务收入与服务成本之差）为最大。

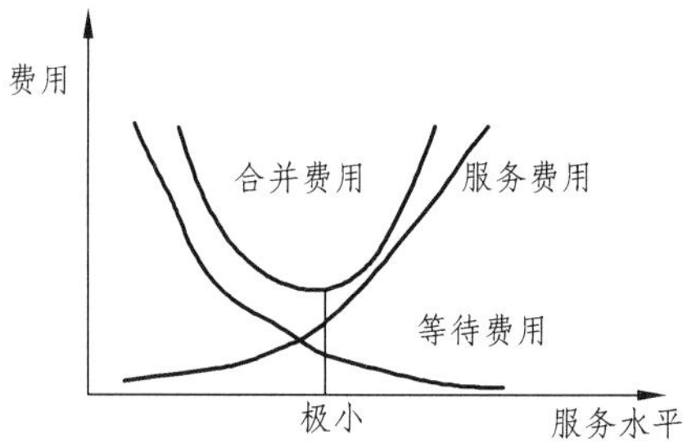

图 2.5-13　排队系统服务费用与等待费用

在服务系统中，服务费用（即成本）是可以确切计算或估算的。至于顾客的等待费用，有一些是可以计算的，而有一些是不能确切计算的，只能凭统计的经验资料估计。

排队系统的服务水平主要由平均服务率 μ 表示，μ 代表服务机构（服务员）的服务能力和服务经验等，其次是由服务设备表示，如服务台的个数及服务系统的容量。服务水平还可以用服务强度来描述。

1. $M/M/1$ 系统中的最优服务率 μ^*

对 $M/M/1/\infty$ 排队系统，取单位时间内顾客的等待费用与服务成本之和最小为目标函数，即：

$$\min Z = C_w L_s + C_s \mu \qquad (2.5\text{-}32)$$

式中　C_w——每个顾客在系统中等候单位时间所造成的损失费用，已确定的参数；

C_s——服务台为一个顾客服务的成本费用，已确定的参数；

将 $M/M/1/\infty$排队系统的 L_s 公式代入目标函数得：

$$\min Z = C_w \frac{\lambda}{\mu - \lambda} + C_s \mu$$

令 $dZ/d\mu=0$，解得最优服务率为：

$$\mu^* = \lambda + \sqrt{\frac{C_w}{C_s}\lambda}$$

对 $M/M/1/m$ 排队系统，系统容量有限，单位时间内实际上能进入服务机构的顾客平均数（有效到达率）为：

$$\lambda_e = \lambda(1 - P_m) = \mu(1 - P_0)$$

若以纯利润（服务收入-服务成本）作为目标函数，设每服务一位顾客能收入 G 元（已知参数），则单位时间的服务收入为 $G \cdot \lambda$（$1-P_m$），设 C_s 为服务台为一个顾客服务的成本费用（已知参数），则单位时间的服务成本为 $C_s\mu$。因此目标函数（纯利润）为：

$$\max Z = G \cdot \lambda(1 - P_m) - C_s \mu \qquad (2.5\text{-}33)$$

将 $M/M/1/m$ 排队系统的状态概率公式 P_m 代入目标函数得：

$$\max Z = G \cdot \lambda(1 - \frac{1-\rho}{1-\rho_{m+1}}\rho_m) - C_s \mu$$

式中 $\rho = \lambda / \mu$

令 $dZ/d\mu=0$，得：

$$\rho^{m+1}\cdot\frac{m-(m+1)\rho+\rho^{m+1}}{(1-\rho^{m+1})^2}=\frac{C_s}{G}$$

最优服务率 μ^* 由上式给出，但该式的解析式求解比较困难，一般需要用迭代法或图解法求解。

2. *M/M/S* 系统中的最优服务台数

设定目标为单位时间全部费用（服务成本与等候费用之和）最小：

$$\min Z=C_bS+C_wL_q \tag{2.5-34}$$

式中 S——服务台数；

C_b——每个服务台单位时间的成本；

C_w——每个顾客在系统中等候单位时间的费用；

L_q——系统中平均排队顾客数，仅与服务台 S 有关，服务率 μ 不变。

目标函数 Z 只是服务台数 S 的函数，因为 S 只能取整数值，所以 Z（S）不是连续函数，不能用微分法，可采用边际分析法来求解最优服务台数 S^*

根据 Z（S^*）的最小值的特点，有：

$$\begin{cases}Z(S^*)\leqslant Z(S^*+1)\\Z(S^*)\leqslant Z(S^*-1)\end{cases}$$

将目标函数代入上式得：

$$\begin{cases}C_bS^*+C_w\cdot L_q(S^*)\leqslant C_b(S^*+1)+C_w\cdot L_q(S^*+1)\\C_bS^*+C_w\cdot L_q(S^*)\leqslant C_b(S^*-1)+C_w\cdot L_q(S^*-1)\end{cases}$$

上式化简后得：

$$L_q(S^*)-L_q(S^*+1)\leqslant\frac{C_b}{C_w}\leqslant L_q(S^*-1)-L_q(S^*) \tag{2.5-35}$$

因为 C_b/C_w 是个已知数，只要依次求出 S=1，2，3...时的 L_q 值，找到满足上述不等式区间的 S 就是最优服务台数。

2.6 交通波理论

1955 年，英国学者莱特希尔（LighthiLl）和惠持汉（Whltham）将交通流比拟为流体流，在一条很长的公路隧道里，对密度很大的交通流的规律进行研究，提出了流体力学模拟理论。

该理论运用流体力学的基本原理，模拟流体的连续性方程、建立车流的连续性方程。把车流密度的疏密变化比拟成水波的起伏从而抽象为车流波。当车流因道路或交通状况的改变而引起密度的改变时，在车流中产生车流波的传播。通过分析车流波的传播速度，以寻求车流流量和密度、速度之间的关系。因此，该理论又可称为车流波动理论。

流体力学模拟理论是一种宏观的模型。它假定在车流中各单个车辆的行驶状态与它前面的车辆完全一样，这是与实际不相符的。尽管如此，该理论在“流”的状态较为明显的场合，如在分析瓶颈路段的车辆拥挤问题时，有其独特的用途。

2.6.1 车流连续性方程

假设车流通过断面 I（流入）和断面 II（流出）的流量分别为 q 和 $q+\Delta q$，两断面的间距为 Δx，经过时间间隔 Δt，两断面间的车流密度由 k 变为 $k-\Delta k$。

根据质量守恒定律：流入量-流出量 = Δx 内车辆数的变化量，即：

$$[q-(q+\Delta q)]\Delta t=[k-(k-\Delta k)]\Delta x$$

或：

$$\frac{\Delta k}{\Delta t}+\frac{\Delta q}{\Delta x}=0$$

取极限：

$$\frac{\partial k}{\partial t}+\frac{\partial q}{\partial x}=0 \tag{2.6-1}$$

又：$q=ku$ 所以：$\dfrac{\partial k}{\partial t}+\dfrac{\partial (ku)}{\partial x}=0$

上式（2.6-1）表明，当车流量随距离而降低时，车流密度则随时间而增大。

2.6.2 车流中的波

交通车流和一般的流体一样，当道路具有瓶颈形式路段，车流发生紊乱拥挤现象，会产生一种与车流方向相反的波，好像声波碰到障碍物时的反射一样，阻止车流前进，降低车速，如图 2.6-1 所示。

图 2.6-1 是由 8 车道路段到 6 车道路段的半幅路平面示意图。由图 2.6-1 可以看出，在单向 4 车道的路段（即原路段）和 3 车道的路段（即瓶颈段），车流都是各行其道，井然有序。而在由 4 车道向 3 车道过渡的那段内，车流出现了拥挤、紊乱，甚至堵塞。这是因为车流在即将进入瓶颈段时会产生一个方向相反的波，类似声波碰到障碍物时的反射，或者管道内的水流突然受阻时的后涌那样。这个波导致在瓶颈路段之前的过渡路段车流出现紊流现象。

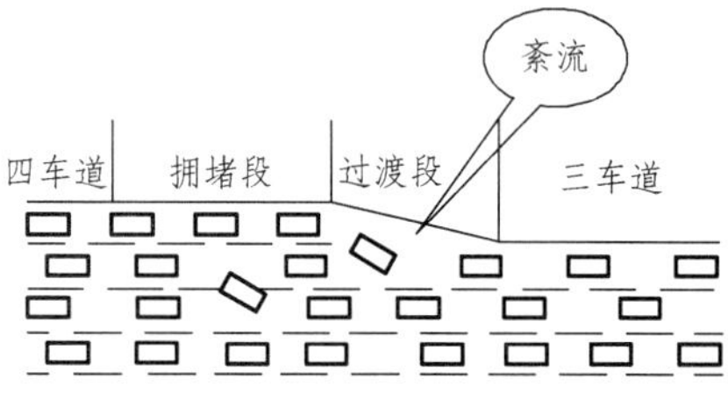

图 2.6-1　瓶颈处的车流波

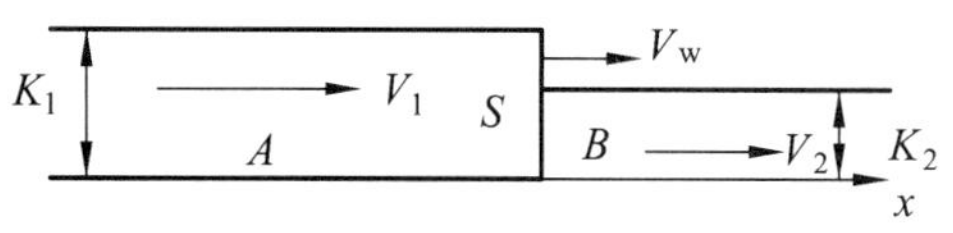

图 2.6-2　两种密度的车流运行情况

1. 交通波基本方程及意义

为讨论方便起见，取图 2.6-2 所示的计算图式。假设有一直线路段被垂直线 S 分割为 A、B 两段。A 段的车流区间平均速度为 v_1，密度为 k_1；B 段的车流区间平均速度为 v_2，密度为 k_2；S 处的速度为 v_W，假定沿路线按照所画的箭头 x 正方向运行，速度为正，反之为负。

则在时间 t 内横穿 S 交界线的车数 N 为：

$$N=(v_1-v_w)k_1=(v_2-v_w)k_2$$

整理可得：$v_2\mathrm{k}_2-v_1\mathrm{k}_1=v_w(k_2-k_1)\Rightarrow$

$$v_w=\frac{v_2k_2-v_1k_1}{k_2-k_1}=\frac{q_2-q_1}{k_2-k_1} \tag{2.6-2}$$

式（2.6-2）就是交通波波速的计算公式。v_w 正值，表明波的方向与原车流流向相同，v_w 负值，表明波的方向与原车流流向相反。

在时间-距离（t-x）坐标中示意 A、B 两种不同状态的交通流相遇（见图 2.6-3），在相交界面产生交通波，图 2.6-3 中 OC 线的斜率就是交通波的波速。

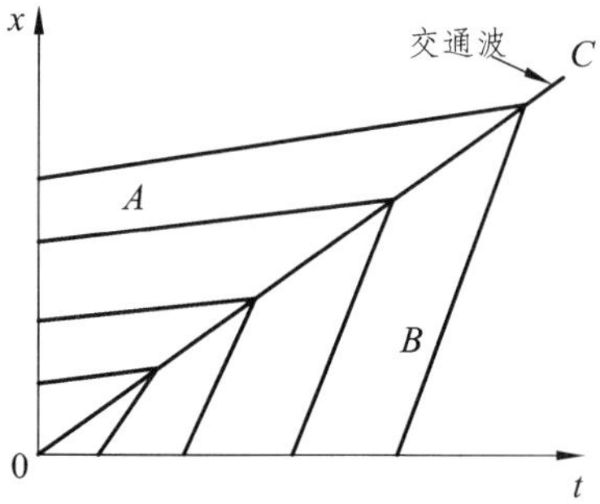

图 2.6-3

如图 2.6-4 所示，上游（交叉口进口）流量低、密度高、速度低，交通状况差，下游（交叉口出口）流量高、密度低、速度高，交通状况好，当交通流前方阻碍解除时，如交叉口停车线处绿灯放行，形成交通波界面，其波速 $V_w<0$（$q_2-q_1>0,k_2-k_1<0$），交通波界面将向上游运动，使得上游交通得到改善。

如图 2.6-5 所示，下游（6 车道主路）流量高、密度高、速度低，交通状况差，上游（2 条 4 车道支路）流量低、密度低、速度高，交通状况好，两种交通流状态形成交通波界面，其波速 $V_w>0$（$q_2-q_1>0,k_2-k_1>0$），交通波界面将向下游运动，差状态（高密度区）不会向上游扩展。

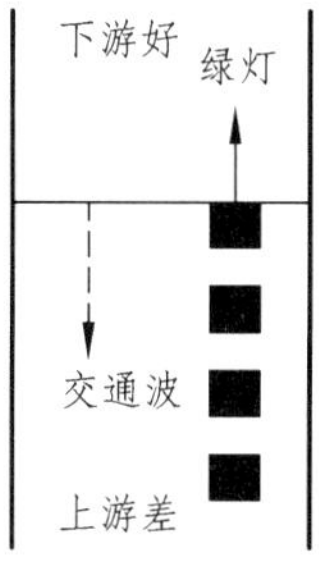

图 2.6-4

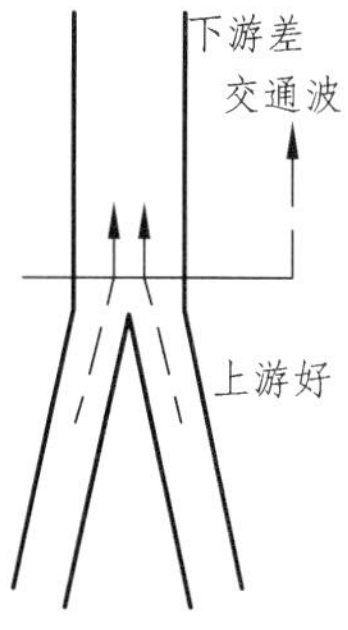

图 2.6-5

2. 基于格林希尔治模型的停车波与发车波

令标准化密度 $\eta=k/k_j$，由格林希尔治线性 v-k 模型：

$$v=v_f(1-\eta)$$

将上式带入（2.6-2），可得：

$$v_w = \frac{v_f(1-\eta_2)k_2 - v_f(1-\eta_1)k_1}{k_2 - k_1}$$

简化之可得：

$$v_w = v_f[1-(\eta_1+\eta_2)] \qquad (2.6\text{-}3)$$

现假定交叉口上游车流的标准化密度为 η_1，以区间平均速度行驶。在下游交叉口停车线处遇到红灯停，此时 $\eta_2 = 1$，根据式（2.6-3），停车波为：

$$v_w = -v_f\eta_1 \qquad (2.6\text{-}4)$$

可以得到，由于停车而产生的波，以 $v_f\eta_1$ 的速度向后方传递。经过 t 秒后，将形成一列长度为 $v_f\eta_1 t$ 的排队车队。

当绿灯放行时，排队车辆启动，上游 $k_1 = k_j$，也即 $\eta_1 = 1$，下游启动后车流标准化密度为 η_2，根据式（2.6-3），发车波为：$v_w = -v_f\eta_2$

由于：$v_2 = v_f(1-\eta_2) \Rightarrow \eta_2 = 1 - v_2/v_f$

故：$v_w = -v_f\eta_2 = -v_f(1-v_2/v_f) = -(v_f - v_2)$ （2.6-5）

由于 v_2 是刚刚启动时的车速，很小，相比 v_f 可以忽略不记：因此，这列排队等待的车辆从一开始起动，就产生了起动波，该波以接近 v_f 的速度向后传播。

3. 基于对数模型的停车波与发车波

u-k 对数模型为：$u = u_m \ln\dfrac{k_j}{k}$

同样可以推导出：

发车波波速：$v_w = \dfrac{k_1 u_m Ln(k_j/k_1)}{k_1 - k_j}$ （2.6-6）

停车波波速：$v_w = \dfrac{-k_2 u_m Ln(k_j/k_2)}{k_j - k_2}$ （2.6-7）

2.7 车队离散理论

车队离散是交通控制系统中建立交通模型时必须研究的现象，车队离散模型与延误模型有着紧密的联系，直接影响信号配时方案的优选。由于车队离散关系到两个交叉口，宏观上又形成了路段交通状态，因此，它还可以用来研究网络交通流的点、线、面之间的相互关系。本节将对车队离散模型的两种形式及其应用加以介绍。

2.7.1 车队离散现象描述

从上游交叉口停车线始发的车流，一般是以车队形式驶出交叉口的。车队从上游交叉口停车线驶出后，由于其中所包含的车辆行驶速度存在差异，在到达下游交叉口停车线之前，便渐渐拉开距离，即发生车队“离散现象”，图 2.7-1 是 TRLL（英国运输与道路研究所）关于车流运动离散现象的图式。从上下游停车线断面车辆的时间-到达率图式可以看出，流量过程线的“峰值”逐渐平缓，车流持续时间相应逐渐加长。

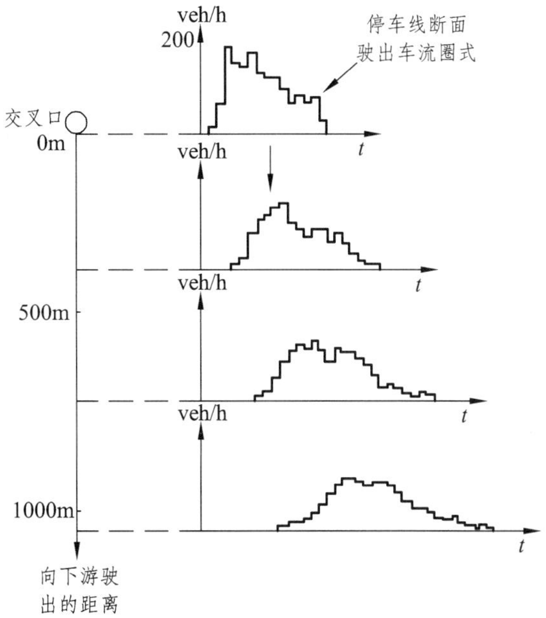

图 2.7-1　车流运动离散现象

在信号控制作用下，每次绿灯开始后的饱和阶段车辆以饱和流率释放，在不饱和阶段则以交叉口停车线时车辆到达规律释放。随着车流在运动过程中的不断离散，反映在流量图式上则是流量峰值线的平滑化。流量图式的平滑程度，与该车车流中每辆车行驶速度的差异直接相关。在一对确定的交叉口之间，上游停车线到下游停车线的距离是一定的，但是每辆车在交叉口之间的行驶时间未必是相等的。若将每辆车的行驶时间按大小顺序进行排列，我们会发现车辆行程时间出现的频率符合某种随机分布规律，常用的分布规律包括正态分布函数和几何分布函数，下面将分别加以讨论。

2.7.2　正态分布函数—派西方法

派西方法（Pacey）是 G. M. Pacey 在 1956 年提出的。假定车辆在离开停车线驶向下游停车线的过程中，维持恒定的车速，但整个车流中各车辆的速度是不相同的，而且每一种车速出现的频率是按照一种经过变换的正态分布规律分布的。按照 G. M. Pacey 的理论，下游断面上在第 j 个时间段的车流到达率可按下式推算出来：

$$q_d(j)=\sum_{i=1}^{j}q_o(i)g(j-i) \tag{2.7-1}$$

式中　$q_d(j)$——下游某断面上，第 j 个时段的车流到达率（veh/h）；

$q_o(i)$——上游停车线断面第 i 个时段的车流通过率（veh/h）；

$g(j-i)$——从上游停车线断面到下游某断面，车辆行驶时间为 $(j-i)$ 的概率。

按照 G. M. Pacey 的扩散理论，车辆行驶时间的概率分布为一种变换了的正态分布函数，即：

$$f(T)=\frac{a}{T^2S\sqrt{2\pi}}e^{-\frac{(\frac{a}{T}-\bar{v})^2}{2S^2}} \tag{2.7-2}$$

式中　T——车辆行驶时间；

a——下游某断面与上游停车线的距离；

$\bar{v}$——车流的平均行驶速度；

S——车流中不同车辆所具有的行驶速度的标准差。

假设每个时段按 10 s 计，1 个时段指 0 ~ 10（s），$j-i$ 个时段指 10（$j-i-1$）~ 10（j-i）（s），则：

$$g(j-i)=\int_{10(j-i-1)}^{10(j-i)}\frac{a}{T^2S\sqrt{2\pi}}e^{-\frac{(\frac{a}{T}-\overline{v})^2}{2S^2}}\mathrm{d}T$$

由 $v=a/T \;\Rightarrow\; \mathrm{d}v=d(a/T)=\dfrac{-a}{T^2}\mathrm{d}T=\dfrac{-v^2}{a}\mathrm{d}T$

将时间区间转换为速度区间：

$$\begin{aligned}g(j-i)&=\int_{a/10(j-i-1)}^{a/10(j-i)}\frac{a}{(\frac{a}{v})^2S\sqrt{2\pi}}e^{\frac{-(v-\overline{v})^2}{2S^2}}(\frac{a}{-v^2})\mathrm{d}v\\&=\int_{a/10(j-i)}^{a/10(j-i-1)}\frac{a}{S\sqrt{2\pi}}e^{\frac{-(v-\overline{v})^2}{2S^2}}\mathrm{d}v\ \text{（正态分布）}\end{aligned}\qquad(2.7\text{-}3)$$

按正态分布查表可得到概率值。

例题 2.7-1：如图①所示为长春市南湖大路路段示意图，根据牌照法，可以获得每辆车通过上游交叉口出口位置 1 和下游路段位置 2 处的时间，经过数据整理后得到了某一时段车辆到达规律，如表①所示，车辆平均速度为 v=12.50 m/s，速度标准差为 S=5.28 m/s。试用派西方法预测下游位置 2 处的到达流量情况。

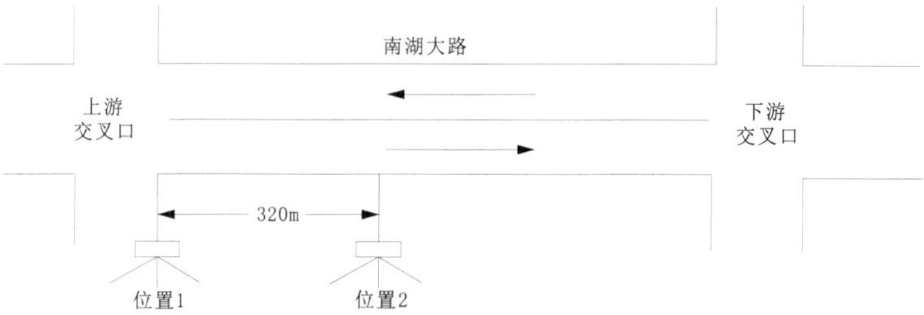

例题 2.7-1 图①　长春市南湖大路路段交通调查示意图

例题 2.7-1 表①　位置 1 处 10 s 间隔到达的车辆数（单位：辆）

序号	1	2	3	4	5	6	7	8	9	10	11	12	13
位置 1 调查车辆数	0	6	0	1	0	2	4	9	7	7	11	6	13
序号	14	15	16	17	18	19	20	21	22	23	24	25	26
位置 1 调查车辆数	16	25	13	3	1	1	4	0	2	3	9	9	7

解：由于断面流量是以 10 s 为间隔时段，所以对应的行驶时间概率密度是 10 s 间隔内的累积概率密度，由派西假设可知车辆在向下游行驶的过程中可以维持速度不变，为计算方便，可将行驶时间的概率密度转换为行驶速度的概率密度，即公式（2.7-3）。将时间区间转换为速度区间后，经过查表可得到对应行驶时间的概率密度，如表②所示。

例题 2.7-1 表② 派西分布行驶时间概率密度值

行程时间（s）	0～10	10～20	20～30	30～40	40～50	50～60	60～70	70～80	80～90	90～100
概率密度	0.000 1	0.254 5	0.382 2	0.165 5	0.072 6	0.036 6	0.021 7	0.012 0	0.010 2	0.004 5

注：行驶时间大于 100 s 概率已经很小，可以忽略不计。

由此按公式（2.7-1）可计算位置 2 的车流到达率，计算结果见后面例题 2.7-1 表④。

2.7.3 几何分布函数—罗伯逊方法

D.I. Robertson 在 1969 年提出的几何分布函数是分析车辆离散程度的另一种方法。按照他的分析方法，下游某一断面上的车辆到达率与上游停车线断面上的车辆通过率有如下的数学关系：

$$q_d(i+t) = Fq_o(i) + (1-F)q_d(i+t-1) \qquad (2.7\text{-}4)$$

式中 $q_d(i+t)$——第 $(i+t)$ 时段，下游某断面上预计的车辆到达率；

$q_o(i)$——第 i 时段，上游停车线断面的车辆通过率；

t——上述两个断面之间，车辆平均行驶时间的 0.8 倍（以时段数为单位）；可理解为最快的车的行驶时间，也就是从上游驶出的车辆到达下游最快也需要 t 时间。

F——表示车流在运动过程中离散程度大小的一个系数，称作车流离散系数。

车流离散系数 F 实际上反映的是车流中每辆车行驶速度的差异。换言之，车流中不同的车辆，在一对固定的起讫断面之间的实际行驶时间是不相同的，它们按照某一种确定的规律分布。从罗伯逊所给的公式不难看出：车辆行驶时间是按几何函数分布的，只要将式（2.7-4）做如下的改写，便可理解这一分布规律：

令 $j=i+t$，则：$i=i-t$

于是有：$q_d(j) = Fq_o(j-t) + (1-F)q_d(j-1)$

$$q_d(j-1) = Fq_o(j-t-1) + (1-F)q_d(j-2)$$

$$\Rightarrow q_d(j) = Fq_o(j-t) + F(1-F)q_0(j-t-1) + (1-F)^2 q_d(j-2)$$

同样：$q_d(j-2) = Fq_o(j-t-2) + (1-F)q_d(j-3)$

得：$q_d(j) = Fq_o(j-t) + F(1-F)q_0(j-t-1) + F(1-F)^2 q_0(j-t-2) + (1-F)^3 q_d(j-3)$

以此类推便有：

$$q_d(j) = Fq_o(j-t) + F(1-F)q_0(j-t-1) + F(1-F)^2 q_0(j-t-2) + \cdots + F(1-F)^{j-t-1} q_0(1) + (1-F)^{j-t} q_0(0)$$

因为：$q_0(0)=0$，所以可得：

$$q_d(j) = \sum_{k=1}^{j-t} q_o(k) F(1-F)^{j-t-k} \qquad (2.7\text{-}5)$$

式（2.7-5）的形式与统计学中指数平滑法公式是一致的，即下游断面的流量值是通过上游断面的过去时间流量值的加权平均得到的，最近时间 $(j-t)$ 时的流量值的权数 F 最大，$(j-t-1)$ 时间的流量值的权数 $F(1-F)$ 次之，$(j-t-2)$ 时间的流量值的权数 $F(1-F)^2$ 更次，愈远的流量值，其权数愈小。

比较式（2.7-5）与式（2.7-1），不同之处仅仅在于最后一项。罗伯逊公式中是几何分布函数 $F(1-F)^{j-t-i}$，而派西公式中则为经过变换的正态分布函数 $g(j-i)$。按照几何分布规律，车辆行驶时间的分布范围要比派西的正态分布规律所给的结果大得多。但有趣的是，无论是派西所采用的正态分布假定，还是罗伯逊所采用的几何分布假定，最后推算出的下游断面车流到达率差别并不大，如图 2.7-2 所示。P.A. Seddon 曾经利用现场实际观测的数据，对上述两种方法做了对比验证，发现二者都很接近实际观测结果。图 2.7-3 是派西分布与矩形分布的比较。

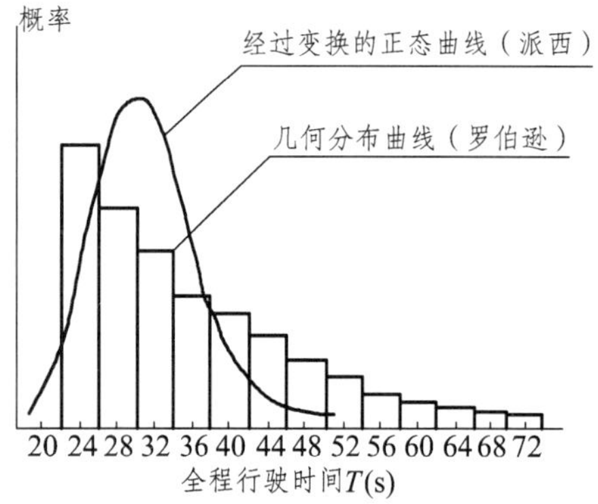

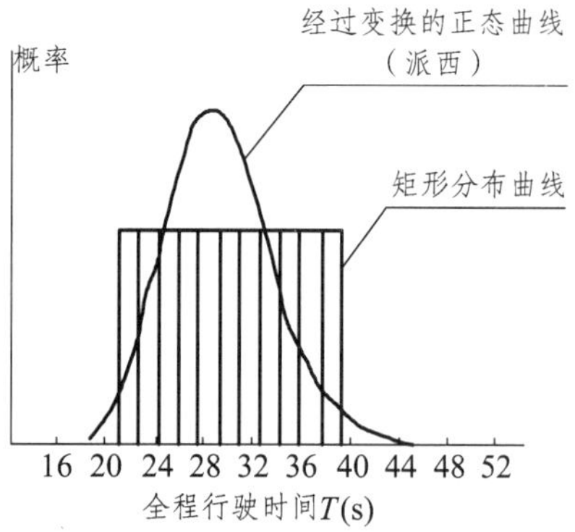

图 2.7-2　用于行驶时间分布预测的两种函数　　图 2.7-3　车辆行驶时间分布的其他分布函数

莱姆希（A.F. Rumsey）和哈特里（M.G.1 antley）两人，对派西和罗泊逊所提出两种分布函数进行了计算机模拟对比实验，发现根据两种不同的分布函数推算出下游路口车流到达率虽有差别（按罗伯逊方法预测的车流离散程度比派西方法稍大些），但对于信号配时设计的影响不大。因为作为信号配时方案选择主要依据的两个参数，即车辆平均延误时间和平均排队长度，在上述两种情况下，它们之间没有很大的差异（如图 2.7-4 所示）。莱姆西和哈特里还对其他几种行驶时间分布函数也做了对比模拟实验。他们发现，只要车辆行驶时间的平均值一定，上述几种分布函数，都可以模拟车辆行驶时间的实际分布状况。他们曾对正态分布函数、均匀分布函数和派西的经过变换的正态分布函数分别做了对比，对于一对相邻的交叉口来说，无论采用上述几种分布函数中的哪一种，对于下游交叉口的车辆平均延误时间预测结果都是很相近的。平均排队长度的预测结果也基本如此。

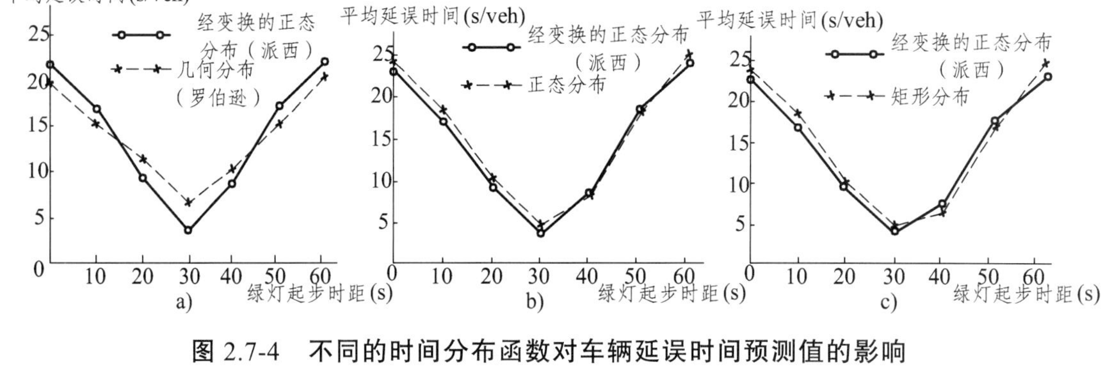

图 2.7-4　不同的时间分布函数对车辆延误时间预测值的影响

目前，罗伯逊基于几何分布假定建立的经验公式（2.7-5）应用较为广泛，世界上许多国家广泛采用的信号网协调配时设计程序—TRANSYT（8）就使用这一公式来推算下游停车线断面上“流量-时间”图式。在罗伯逊的公式中，离散系数 F 值的确定是至关重要的。他建议，应当根据具体的地点条件（车道宽度、车道纵坡、路上停车情况、对向流的交通量大小以及车流中车辆构成情况等等），确定 F 值的大小。换句话说，应当通过实地观测调查，用回归方法建立离散系数 F 与上述种种相关因素的函数关系。遗憾的是，这项复杂的研究工作迄今未得出令人们满意的结果。

在理想条件下，从理论上，可以推算出 F 值。由式（2.7-5）可知，若某辆车在绿灯启亮后的第一个时段 $(k=1)$ 通过上游停车线，那么这辆车在第 $(i+t)i$ 为随机变量，$i=1$，2，3，…）时段到达下游断面的概率 $P(i+t)$ 应为：

$$P(i+t)=F(1-F)^{i-1}$$

假定该车从上游停车线到达下游某观测断面，其所花费的时间是在一定的时间区段内随机分布，那么它在第 $(i+t)$ 时段通过下游观测断面时，实际花费的行驶时间平均值就是 $(i+t-1)$。因为：

$$\sum_{i=1}^{\infty} P(i+t)=\sum_{i=1}^{\infty} F(1-F)^{i-1}=1$$

那么，该辆车到达下游观测断面的平均行驶时间 T 应为：

$$T=\sum_{i=1}^{\infty}(i+t-1)F(1-F)^{i-1}=(t-1)+\sum_{i=1}^{\infty}iF(1-F)^{i-1}=(t-1)+F\sum_{i=1}^{\infty}\frac{d}{du}(u)^{i}$$

此处，$u=1-F$，由上式得：

$$T=(t-1)+F\frac{d}{du}\sum_{i=1}^{\infty}(u)^{i}=(t-1)+F\frac{d}{du}\left(\frac{u}{1-u}\right)=(t-1)+F\left(\frac{1-u+u}{(1-u)^{2}}\right)=(t-1)+\frac{1}{F}$$

所以推算出 F 理论值为：

$$F=\frac{1}{T-t+1} \tag{2.7-6}$$

式（2.7-6）中 t 的含义如前所述，在实际中，它代表车队中速度最快的一辆车从上游停车线到下游观测断面的行驶时间。t 值可由实际观测数据的统计分析求出。罗伯逊建议取 $t=0.8T$，于是由式（2.7-6）可得：

$$F=\frac{1}{1+0.25t} \tag{2.7-7}$$

经过许多学者对式（2.7-7）的验证，发现这一公式所给的 F 值与实际观测结果并不完全吻合。P. A. Seddon 认为产生误差的原因可能是由于“车辆行驶时间服从几何分布”的基本假设与实际不符所致。实际上，过长的行驶时间出现的概率，不会像几何分布函数所给出的那样大。而在考虑平均行驶时间 T 的过程中，却充分考虑了过长行驶时间的部分，所以才造成了上述的后果。

在运用上述理论时，罗伯逊根据实地观测数据和经验，对上述公式进行了修正，得出如下公式计算 F 值：

$$F = \frac{1}{1+0.35t} \tag{2.7-8}$$

式（2.7-8）已经被西方国家的许多学者验证，认为基本上与实际观测数据相吻合。

例题 2.7-1 如果采用罗伯逊方法，计算如下：

平均行程时间 T=25.6 s，t=0.8T≈2 个时段，

$$F = \frac{1}{1+0.35t} = 0.58$$

例题 2.7-1 表③　罗伯逊方法中的系数计算

n	0	1	2	3	4	5
$F=(1-F)^n$	0.580 0	0.243 6	0.102 3	0.012 9	0.016 9	0.007 6

当 n>6 时系数已经很小，忽略不计。位置 2 车流到达率计算结果见表④。

例题 2.7-1 表④　计算位置 2 车流到达率

序号	1	2	3	4	5	6	7	8	9	10	11	12	13
派西分布计算结果	-	-	-	-	-	-	-	-	-	-	6.1	6.4	7.5
序号	14	15	16	17	18	19	20	21	22	23	24	25	26
派西分布计算结果	7.8	8.5	11.4	15.8	17.1	11.9	6.5	3.6	3.2	2.7	1.8	2.2	4.0
序号	1	2	3	4	5	6	7	8	9	10	11	12	13
罗伯逊分布结果	-	-	-	-	-	-	-	1.4	2.7	6.4	6.8	6.9	9.3
序号	14	15	16	17	18	19	20	21	22	23	24	25	26
罗伯逊分布结果	7.4	10.6	13.7	20.2	06.0	8.4	4.1	2.3	3.2	1.3	1.7	2.4	6.2

派西分布、罗伯逊分布计算结果对比分析见图②，可以看出派西分布和几何分布的预测结果非常接近，实际应用时，可以考虑采用简单的几何分布方法来简化计算。

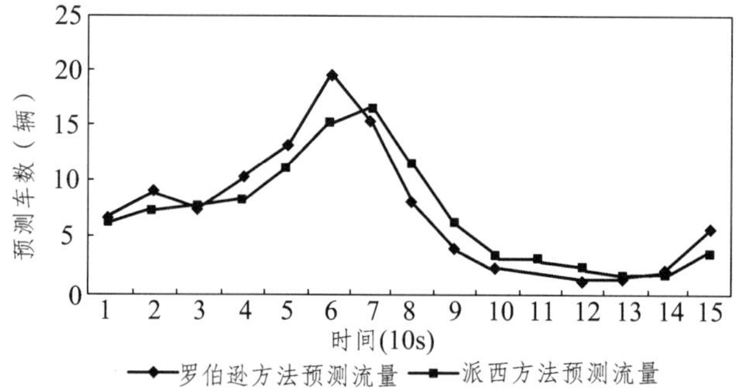

例题 2.7-1 图②　派西分布、几何分布预测结果对比

2.8　交通状态分析应用实例

例题 2.8-1：某信号交叉口的周期 c 为 100 s，有效绿灯时间 g 为 44 s；在有效绿灯时间内

排队的车流以 900 辆/h 的流率通过交叉口，而在绿灯时间外到达的车辆则需要排队。设车流的到达率为 360 辆/h 且服从泊松分布，求到达车辆不致两次排队的周期数占周期总数的最大百分比。

解：由于车流只能在有效绿灯时间通过，所以计算一个周期能通过的最大车辆数为：

$$900\times\frac{44}{3600}=11$$

如果某周期到达的车辆数大于 11 辆，则最后到达的 N—11 辆车要发生二次排队。泊松分布中一个周期内平均到达的车辆数：

$$m=\lambda t=\frac{360\times 100}{3\,600}=10$$

查泊松分布表可得到到达车辆数大于 11 辆的周期出现的概率为：

$$P(>11)=0.29$$

因此不发生两次排队的周期的出现概率为 1—P = 71%。

本例的车流如果按每周期 10 辆均匀到达，则任何车辆都只需在本周期内排一次队就能通过交叉口。当然，实际车流的到达是时疏时密的，致使绿灯时间不能充分利用。这样，从平均角度看来每周期都能顺畅通过的车流实际上却会遇到一些不顺畅的周期。由此可看出概率分布的理论和方法是怎样揭示出车流运行的内在规律的。

例题 2.8-2：某铁路与公路相交的平面交叉口，当火车通过交叉口时，横木护栏挡住汽车通行。每次火车通过时，公路封闭 3 min，公路上平均每分钟有 4 辆汽车到达交叉口，服从泊松分布，求火车通过交叉口时，排队汽车超过 12 辆的概率。

解：根据题意，算法如下：

$$P_n(\Delta t)=\frac{(\lambda\Delta t)^n}{n!}e^{-\lambda\Delta t}$$

Δt =3 min，λ =4 辆/min，排队汽车不超过 12 辆的概率为：

$$P_{\leqslant 12}(\Delta t)=P_0(\Delta t)+P_1(\Delta t)+\cdots+P_{12}(\Delta t)=0.576$$

排队汽车超过 12 辆的概率为：

$$P_{>12}(\Delta t)=1-P_{\leqslant 12}(\Delta t)=0.424$$

即大约有 42.4%的情况，汽车排队长度超过 12 辆。

例题 2.8-3：假设有一信号交叉口，在红灯时，排队等候的车辆的车头间距为 5 m，驾驶员的反应时间为 1.0 s，灵敏度系数为 1.0。若绿灯亮时，第一辆车以 10 m/s 的速度驶离（忽略车辆起动加速时间，即直接达到 10 m/s 的速度），试描述车队的稳定性。

解：按线性跟驰模型：$\ddot{X}_{n+1}(t+T)=\lambda[\dot{X}_n(t)-\dot{X}_{n+1}(t)]$

将灵敏度系数代入有：$\ddot{X}_{n+1}(t+1)=1\times[\dot{X}_1(t)-\dot{X}_2(t)]=\dot{X}_1(t)-\dot{X}_2(t)$

用直接解析法求解上式很困难，比较容易的是求一个近似解。假定每段时间间隔 $\Delta t=1\,\text{s}$，且在 Δt 内加速是均匀的，即加速度等于该段时间的头、尾加速度的平均值。若测量的距离都以停车线作为起点，则速度 $\dot{X}_2(t)$ 和位移 $x_2(t)$ 的方程如下：

$$\dot{X}_2(t)=\dot{X}_2(t-\Delta t)+\frac{1}{2}[\ddot{X}_2(t-\Delta t)+\ddot{X}_2(t)]\Delta t$$

$$\dot{X}_2(t)-\dot{X}_2(t-\Delta t)=\frac{1}{2}[\ddot{X}_2(t-\Delta t)+\ddot{X}_2(t)]\Delta t$$

$$x_2(t)=x_2(t-\Delta t)+\dot{X}_2(t-\Delta t)\Delta t+\frac{1}{2}[\ddot{X}_2(t-\Delta t)+\ddot{X}_2(t)]\frac{\Delta t^2}{2}=x_2(t-\Delta t)+\frac{1}{2}[\dot{X}_2(t-\Delta t)+\dot{X}_2(t)]\Delta t$$

这三个方程的数值解见例题 2.8-3 表。由表中两车的间距值 x_1-x_2 对交通的稳定性作以下描述：在跟随前导车的过程中，绿灯启亮后跟随车先是滞后，然后开始做急冲，3 s 时达到最大距离。经过 8 s 后，除了在速度和间距上有些小的调整外，基本上缓和下来，以大约 15 m 的稳定间距跟驰下去，车辆跟驰效果见例题 2.8-3 图。

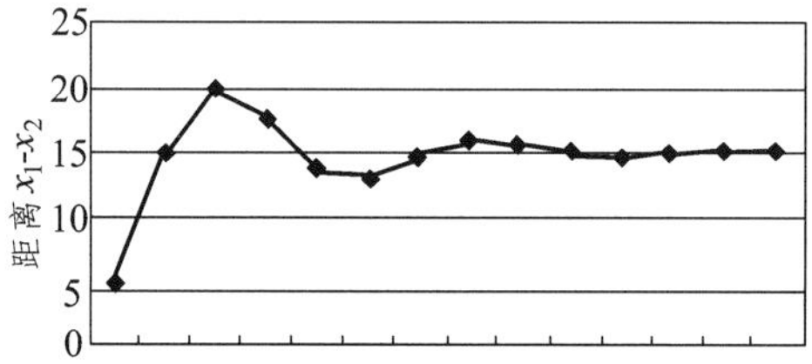

例题 2.8-3 图

例题 2.8-3 表

时间（s）	$\dot{X}_1$（$m\cdot s^{-1}$）	$\ddot{X}_2$（$m\cdot s^{-2}$）	$\dot{X}_2$（$m\cdot s^{-1}$）	$\dot{X}_1-\dot{X}_2$（$m\cdot s^{-1}$）	$x_1(m)$	$x_2(m)$	$x_1-x_2(m)$
0	10	0	0	10	0	−5	5
1	10	10	0	10	10	−5	15
2	10	10	10	0	20	0	20
3	10	0	15	−5	30	12.5	17.5
4	10	−5	12.5	−2.5	40	26.25	13.75
5	10	−2.5	8.75	1.25	50	36.88	13.13
6	10	1.25	8.13	1.875	60	45.31	14.69
7	10	1.875	9.69	0.3125	70	54.22	15.78
8	10	0.313	10.8	−0.78125	80	64.45	15.55
9	10	−0.78	10.5	−0.54688	90	75.12	14.88
10	10	−0.55	9.88	0.117188	100	85.33	14.67
11	10	0.117	9.67	0.332031	110	95.11	14.89
12	10	0.332	9.89	0.107422	120	104.9	15.11
13	10	0.107	10.1	−0.1123	130	114.9	15.11

例题 2.8-4：收费亭排队引道设计

在某收费公路入口处，并排设有 3 个收费亭，车辆进入收费公路需在收费亭缴费，因而在收费亭前常会出现排队现象，收费亭前的排队引道可考虑采用下图所示的两种方案。a）方案为车辆到达后排成一队，依次向任一空闲的收费亭缴费进入公路；b）方案为车辆到达后在三个收费亭前排成三队，三队中间设有分隔带，每队中的车辆只能从相应的收费亭进入公路。设三个收费亭的服务率是相同的，平均 10 s 处理一辆汽车，车辆的到达率为 900 辆/h。试比较两种排队系统的运行指标。

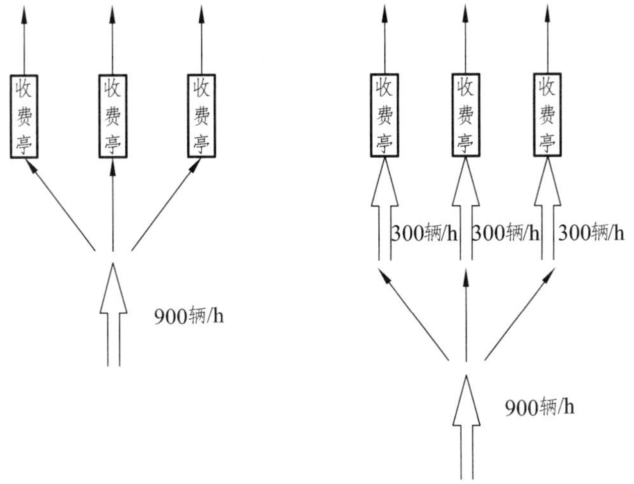

例题 2.8-4 图　收费亭前两种排队方案

解：a）方案为标准的 $M/M/S$ 排队系统，$S=3$

$\lambda=900$ 辆/h，$\mu=3\ 600/10=360$ 辆/h，$\rho=\lambda/S\mu=0.833$

b）方案实际上是三个并列的 $M/M/1$ 排队系统，每个子系统中

$\lambda=300$ 辆/h，$\mu=3\ 600/10=360$ 辆/h，$\rho=\lambda/\mu=0.833$

分别按 $M/M/S$ 系统、$M/M/1$ 系统相应公式计算上面两个系统的主要运行指标，计算结果见下表。

例题 2.8-4 表　两方案主要运行指标

模型 指标	$M/M/S$ 型	$M/M/1$ 型
服务台空闲的概率 P_0	0.045	0.167（每个子系统）
汽车必须排队的概率	0.586	0.694
排队车辆的平均数 L_q	3.512 辆	4.167 辆（每个子系统）
系统中的平均车辆数 L_S	6.012 辆	5.000 辆（每个子系统）
汽车的平均排队时间 W_q	14.05 s	50 s
汽车在系统中花的总时间 W_s	24.05 s	60 s

由表可见，在相同的到达率及相同的服务率下，$M/M/S$ 排队系统明显优于多个 $M/M/1$ 并联的排队系统。这个结论，骤然看起来似乎出人意料，但仔细分析后也不难理解，原因在于在多个 $M/M/1$ 并联系统中，表面上看起来车流被分散到三个服务台，但实际上受着排队车道与服务台一一对应的束缚，当某一服务台空闲时，其他服务台前的排队车辆不能改道来利用这个服务台，造成某些服务台空闲，而有些服务台前还有车辆排队的现象。在 $M/M/S$ 排队系统中，排在第一位的车辆可以到任一空闲的服务台接受服务，比较机动，因此，就整个系统而言，$M/M/S$ 系统疏散排队车流的速度反而比多个 $M/M/1$ 并联系统的疏散速度要快得多。

例题 2.8-5：公路收费站通行能力分析

为了适应更一般的情况，在公路收费站通行能力研究中，采用 $M/G/K$ 模型，由于实际收费通道设置的束缚，车辆进入排队系统后，车辆不能转换车道，因此可将 $M/G/K$ 模型简化成多个 $M/G/1$ 模型考虑。

收费车道的基本通行能力是指道路与交通处于理想情况下，每一条收费车道在单位时间内能够通过的最大交通量，按下式计算：C=3 600/W_s，式中 W_s 为标准车平均逗留时间（s）。

以小型车为标准车，通过调查小型车的平均到达率 λ（辆/s），收费服务时间的平均值 $E(T)$ 和方差 Var（T），根据 $M/G/1$ 模型公式，可以计算出车辆在收费站的平均逗留时间，由此分析收费站通行能力。

收费道利用率：

$$\rho = \lambda \cdot E(T)$$

收费站平均车辆数：

$$L_s = \rho + \frac{\rho^2 + \lambda^2 \mathrm{Var}(T)}{2(1-\rho)}$$

车辆在收费站中平均滞留时间：

$$W_s = L_s / \lambda$$

例题 2.8-6：某市区有一汽车加油站，设 1 个服务台，站上服务台平均 36 s 处理一辆汽车，加油时间服从负指数分布，汽车到加油站加油的到达率为 80 辆/h，并服从泊松分布。当排队等候加油的汽车超过 10 辆时，将影响到加油站附近街道的正常交通，因而规定排队汽车不得超过 10 辆。求：

（1）加油站空闲的概率。

（2）汽车来加油但因排队已满而被拒绝的概率。

（3）在系统中的平均顾客数。

（4）平均排队长度。

（5）汽车在整个加油过程中所花的时间。

（6）汽车排队等候时间。

解：该系统为 $M/M/1/m$/排队系统，系统容量 m=11

λ=80 辆/h，μ=3 600/36=100 辆/h，$\rho = \lambda / \mu = 0.8$

（1）加油站空闲的概率。

$$P_0 = \frac{1-\rho}{1-\rho^{m+1}} = 0.215$$

（2）汽车来加油但因排队已满而被拒绝的概率。

汽车来加油但因排队已满而被拒绝的概率就是系统饱和时的状态概率：

$$P_m = P_{11} = \frac{1-\rho}{1-\rho^{11+1}}\rho^{11} = 0.018$$

（3）在系统中的平均顾客数。

$$L_s = \frac{\rho}{1-\rho} - \frac{(m+1)\rho^{m+1}}{1-\rho^{m+1}} = 3.11\text{（辆）}$$

（4）平均排队长度。

$$\lambda_e = \mu(1-P_0) = 78.5\text{（辆/h）} \Rightarrow L_q = L_s - \frac{\lambda_e}{\mu} = 2.33\text{（辆）}$$

（5）汽车在整个加油过程中所花的时间。

$$W_s = L_s / \lambda_e = 0.04(h) = 144(s)$$

（6）汽车排队等候时间。

$$W_q = L_q / \lambda_e = 0.03(h) = 108(s)$$

例题 2.8-7：主次路相交无信号路口，经观测次路车辆的到达服从泊松分布，观测 1 h 到达 54 辆车，次路车辆通过路口停车线时花费时间如表所示（不需等待记做 3 s），假设该路口连续通过车辆时车头时距不小于 3 s，试用 $M/G/1$ 模型计算 P_0，L_s，L_q，W_s，W_q，以了解次路交通运行情况。

解：根据表中调查数据，计算数学期望 E（T）=9.65（s），方差 Var（T）=25.7

例题 2.8-7 表　车辆通过停车线花费时间表

车号	1	2	3	4	5	6	7	8	9	10	11	12	13	14	16	17	18	19	20
用时（s）	10	16	8	3	3	24	12	16	3	3	3	6	14	5	4	12	8	12	4
车号	21	22	23	24	25	26	27	28	29	30	31	32	33	34	36	37	38	39	40
用时（s）	3	3	12	10	9	16	12	18	5	12	10	8	14	16	3	12	19	13	11
车号	41	42	43	44	45	46	47	48	49	50	51	52	53	54					
用时（s）	10	12	5	4	3	12	7	7	16	14	12	15	11	10					

$$\lambda = 54/3600 = 0.015\text{（辆/}s\text{）}$$

$$\rho = \lambda/\mu = \lambda \cdot E(T) = 0.145$$

$$P_o = 1 - \lambda E(T) = 0.855$$

$$L_s = \rho + \frac{\rho^2 + \lambda^2 \mathrm{Var}(T)}{2(1-\rho)} = 0.16\text{（辆）}$$

$$L_q = L_s - \lambda E(T) = 0.015\text{（辆）}$$

$$W_s = L_s / \lambda = 10.7(s)$$

$$W_q = L_q / \lambda = 1.0(s)$$

例题 2.8-8：加油站最优加油机台数

某汽车自动加油站，设有多台加油机，汽车平均到达率为 48 辆/h，每台加油机的服务率为 25 辆/h，汽车到达过程、加油服务过程均符合泊松分布。设每辆汽车由于排队而造成的经济损失为 10 元/h，每台加油机的服务成本（设备损耗）为 6 元/h，问应设几台加油机才能使总的费用为最少？

解：由题意，

C_b=6 元/h，C_w=10 元/h，C_b/C_w=0.6

目标函数：

$$\min Z = C_b S + C_w L_q = 6S + 10L_q$$

根据 $M/M/S$ 系统运营指标计算公式，求得：

$$\rho = \frac{\lambda}{S\mu} = \frac{48}{25S}$$

$$P_0 = [\sum_{n=0}^{S-1} \frac{1}{n!} \cdot \left(\frac{\lambda}{\mu}\right)^n + \frac{1}{S!(1-\rho)} \left(\frac{\lambda}{\mu}\right)^S]^{-1}$$

$$L_q = \frac{(S\rho)^S \rho P_0}{S!(1-\rho)^2}$$

S=1 时 $\rho>1$，系统不稳定，排队会越来越长。取 S=2，3，4...依次代入上面公式，并依据式（2.5-35）进行分析，计算结果见表。

例题 2.8-8 表　不同加油机台数的费用 Z 计算表

S	P_0	$L_q(S)$	$L_q(S)-L_q(S+1)$	$L_q(S-1)-L_q(S)$	$Z(S)$
1		∞	-	-	∞
2	0.020 4	22.57	21.845	∞	237.7
3	0.124 4	0.725	0.582	21.845	25.25
4	0.142 2	0.143	0.111	0.582	25.43
5	0.145 7	0.032			30.32

因为 C_b/C_w=0.6 落在区间[0.582，21.845]内，对应服务台 S=3，因此设 3 台加油机能使总的费用最少。

例题 2.8-9：停车场规划

某闹市区拟新建一小型停车场，根据预测，前来停放的车辆到达为泊松流，到达率为 10 辆/h，停放时间服从负指数分布，平均为 2 h，停车场的收费标准为 0.5 元/辆/h，停车场的建造养护费为每个空位 0.1 元/h。试规划最合理的停车场容量。

解：在停车场系统中，我们把车辆停放在停车场看作是车辆在接受服务，每个停车位置就是一个服务台，设停车场的容量为 S，当停车场上停满汽车时，后来的车辆就另求停车场，不允许排队等候空位，那么该系统就是多服务通道损失制排队系统，即 $M/M/S/m$/系统，$m=S$。

在该停车场系统中，若停车场容量过小，则被拒绝的车辆就多，每拒绝一辆汽车，就造成 0.5 元/h 的营业损失。相反，若停车场的容量规划得过大，则停车场内出现空位的概率就大，每出现一个空位就浪费 0.1 元/h 的建造养护费。所以分析确定最合理的停车场容量是指使得营业损失费及空位损失费之和最少的容量。

该系统单位时间内被拒绝的车辆数为 λP_m（也即 λP_s），单位时间内出现的空位数为（$S-L_s$），则总的损失费用为 $Z=0.5\lambda P_s+0.1$（$S-L_s$），其中 P_s 与 L_s 与停车场容量（服务台数）S 有关，则该问题就是求最合理的停车场容量 S^*，使得 $Z\to \min Z$。

在停车场规划时，其容量一般取 5 的整倍数，故设 S=5，10，15，⋯，计算不同容量下的系统运行指标及相应的目标函数值 Z。

在该系统中，λ=10 辆/h，μ=1/2=0.5 辆/h，

$$\rho=\frac{\lambda}{S\mu}$$

$$P_0=[\sum_{k=0}^{S}\frac{(S\rho)^k}{k!}+\frac{S^S}{S!}\times\frac{\rho(\rho^S-\rho^m)}{1-\rho}]^{-1}$$

$$P_m=P_S=\frac{(S\rho)^S}{S!}P_0$$

$$L_q=\frac{P_0\rho(S\rho)^S}{S!(1-\rho)^2}[1-\rho^{m-S}-(m-S)\rho^{m-S}(1-\rho)]$$

$$L_s=L_q+\frac{\lambda_e}{\mu}=L_q+S\rho(1-P_m)$$

计算结果见例题 2.8-9 表，从表中可见，在该停车场系统中，最合理的停车容量为 25 辆，这时汽车被拒绝停放的概率仅为 5%，停车场中平均有 19 辆汽车停放。

例题 2.8-9 表　不同停车场容量的费用 Z 计算表

S	P_0	P_S	L_S	λP_S	$S-L_S$	Z
5	2.86×10^{-5}	0.763	4.74	7.63	0.26	3.841
10	1.91×10^{-7}	0.539	9.22	5.39	0.78	2.773
15	1.32×10^{-8}	0.331	13.38	3.31	1.62	1.817
20	3.69×10^{-9}	0.159	16.82	1.59	3.18	1.113
25	2.32×10^{-9}	0.050	19.00	0.50	6.00	0.850
30	2.09×10^{-9}	0.008	19.84	0.08	10.16	1.056
35	2.06×10^{-9}	0.000 7	19.99	0.007	15.01	1.505
40	2.06×10^{-9}	0.000 03	20.00	0.000 3	20.00	2.000

例题 2.8-10：车流在一条 6 车道的公路上畅通行驶，其速度为 v=80 km/h。路上有一座 4 车道的桥，每车道的通行能力为 1 940 辆/h。高峰时单向车流量为 4 200 辆/h，在过渡段的车速降至 22 km/h，这样持续了 1.69 h，然后车流量减到 1 956 辆/h。试估计桥前的车辆排队长度和阻塞时间。

解：（1）计算排队长度。

① 在能畅通行驶的车道里没有堵塞现象，其密度为：

$$k_1=\frac{q_1}{v_1}=\frac{4\,200}{80}=53\text{（辆/km）}$$

② 在过渡段，由于该处只能通过 1 940×2 = 3 880 辆/h。而现在却需要通过 4 200 辆/h，因此会出现拥挤，其密度为：

$$k_2=\frac{q_2}{v_2}=\frac{3\,880}{22}=177\text{（辆/km）}$$

从而有：

$$v_W=\frac{q_2-q_1}{k_2-k_1}=\frac{3\,880-4\,200}{177-53}=-2.58\text{（辆/km）}$$

表明此处出现迫使排队的反向波，波速为 2.58 km/h，因距离为速度与时间的乘积，故此处的平均排队长度为：

$$L=\frac{0+2.58\times1.69}{2}=2.18\text{（km）}$$

（2）计算阻塞时间。

高峰过去后，排队即开始消散，但阻塞仍要持续一段时间。因此阻塞时间应为排队形成时间（即高峰时间）与排队消散时间之和。

① 排队消散时间 t_s。

已知高峰后的车流量 q_3 = 1 956 辆/h < 3 880 辆/h，表明通行能力已有富余，排队开始消散。

排队车辆为：

$$(q_1-q_2)\times1.69=(4\,200-3\,880)\times1.69=541\text{（辆）}$$

单位时间内可疏散车辆数为：

$$(q_2-q_3)=3\,880-1956=1924\text{（辆/h）}$$

则排队消散时间为：

$$t_s=\frac{(q_1-q_2)\times1.69}{(q_2-q_3)}=0.28\text{（h）}$$

② 阻塞时间。

$$t=t_s+1.69=0.28+1.69=1.97\text{（h）}$$

例题 2.8-11：某条快速干道上车流的速度与密度模型为 $v^{0.03}=1.547-0.002\,56\,k$，其中 v 以 km/h 计，k 以辆/km 计。一列速度 v_1=50 km/h 的车流中由于被插入一辆速度 v_2=12 km/h 的低速车并不能超速而集结形成速度为 v_2 的拥挤车流。低速车行驶了 2 km 后驶离车队，拥挤车队随之离散形成具有速度 v_3=30 km/h 的状态，试求：

（1）拥挤车队消散的时间 t_0；

（2）拥挤车队持续的时间 t_j；

（3）拥挤车队最长时的车辆数 N_m；

（4）拥挤车辆的总数 N；

（5）拥挤车辆所占用过的道路总长度 L；

（6）拥挤车流因降低速度而延误的总时间 T。

解：把车流经历的疏散、密集、疏散这三个阶段的状态记为状态 1、2、3，相应的流量、速度、密度分别记为 Q_i、v_i、k_i，i=1，2，3。则由车流模型可算出：

$$Q_1=1\,000,v_1=50,k_1=20$$

$$Q_2=1\,200,v_2=12,k_2=100$$

$$Q_3=1\,500,v_3=30,k_3=50$$

由状态 1 转变到状态 2 形成集结波，记其波速为 w_1

$$w_1=\frac{Q_2-Q_1}{k_2-k_1}=2.5(\text{km}/\text{h})$$

由状态 2 转变到状态 3 形成消散波，记其波速为 w_2

$$w_2 = \frac{Q_3 - Q_2}{k_3 - k_2} = -6(\text{km}/\text{h})$$

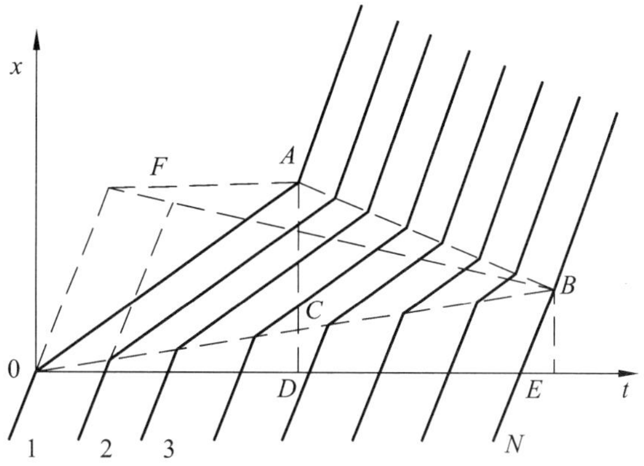

例题 2.8-11 图

受拥挤的 N 辆车的时间与空间运行轨迹线（见例题 2.8-11 图）中的 N 条折线所示。虚线 OB 的斜率等于 w_1，虚线 AB 的斜率等于 w_2，以 x_B、t_B 表示图中 B 点的空间坐标和时间坐标，其他各点亦然。由图可知从 t_0 到 t_A，拥挤车队愈来愈长，最长时占路长度等于 $x_A - x_C$，过了时刻 t_A，拥挤车队愈来愈短，到时刻 t_B 拥挤完全消除，故消散时间为 $t_B - t_A$。图中落在路段 AC 上的车数就是拥挤车队最长时的车数 N_m，而由波速 w_1 掠过的车辆总数就是拥挤过的车辆总数，则：

$$t_0 = t_B - t_A \quad t_j = t_B$$

$$N_m = (x_A - x_C)\cdot k_2 \quad N = t_E \cdot Q_1$$

拥挤车辆所占用过的道路总长度为 x_A，即 $L = x_A$。

$t_A - t_F$ 表示第一辆车的延误时间，而第 N 辆无延误，由于表示车辆行驶轨迹的各折线是分段平行的，因此拥挤过的车辆延误构成等差级数，于是总延误计算为：

$$T = \frac{1}{2}(t_A - t_F)N$$

由于低速车在行驶了 2 km 后离开车队，所以在图中 A 点对应的时间和空间坐标分别为：$x_A = 2\ \text{km}$，$t_A = x_A / v_2 = 0.167\ \text{h}$，$x_C = w_1 t_A = 0.42\ \text{km}$，于是有：

$$N_m = (2 - 0.42) \times 100 = 158\ （辆）$$

$$t_0 = \frac{x_A - x_C}{w_1 - w_2} = \frac{2 - 0.42}{2.5 - (-6)} = 0.186(\text{h})$$

$$t_j = 0.167 + 0.186 = 0.353(\text{h})$$

$$x_B = w_1 t_j = 2.5 \times 0.353 = 0.883(\text{km})$$

$$t_E = t_j - \frac{x_B}{v_1} = 0.353 - \frac{0.883}{50} = 0.335(\text{h})$$

$$N = t_E Q_1 = 0.335 \times 1000 = 335\ （辆）$$

$$t_F = \frac{x_A}{v_1} = \frac{2}{50} = 0.04(\text{h})$$

$$L = x_A = 2(\text{km})$$

$$T = \frac{1}{2} \times (0.167 - 0.04) \times 335 = 21.27\ （\text{h}·辆）$$

思考题

1. 试述交通流理论中主要统计分布的含义与作用。

2. 试述泊松分布、二项式分布的特点、参数及其适用条件。

3. 试述负指数分布、移位负指数分布的特性、参数及各适用于何种条件。

4. 试述跟驰理论的依据、模型建立与非自由运行状态的特性。

5. 有关信号交叉口的延误分析，试比较以下几种不同的方法：点样本法实际调查、延误模型分析、交通波理论分析、排队论分析。

6. 简述车队离散理论的应用。

习　题

1. 某交叉口信号灯控制，周期长 150 s，东进口直行车道数 2 个，直行车流量 850 pcu/h，实测直行车道饱和流量 1 550 pcu/h，直行放行有效绿灯时间 25 s；左转车道数 1 个，左转车流量 350 pcu/h，实测左转车道饱和流量 1 450 pcu/h，左转设有专用保护相位，放行有效绿灯时间 14 s；右转有专用渠化车道，不受信号灯控制。试分析该交叉口东进口车流平均延误。

2. 某单向道路穿过小区，为保证安全，限速为 15 km/h，道路通行能力达 3 000 辆/h，高峰时从上游来的车流流速为 40 km/h，流量为 4 000 辆/h，持续 0.2 h 后，上游流量降至 2 500 辆/h，速度为 50 km/h，试运用交通波理论分析交通流情况；

（1）最大拥挤车队车辆数；

（2）车辆拥挤的持续时间。

3. 某一快速干道上车流的速度与密度模型为 $v^{0.103}$=1.547−0.00256k,其中 v 的单位为 km/h，k 的单位为辆/km，一列车队在行驶过程中经过 v_1=50 km/h，v_2=12 km/h，v_3=30 km/h 三种状态，其中 v_2 的持续时间（即为拥挤持续时间）为 0.353h。试求；

（1）由状态 1→2 的交通波为集结波还是消散波？求出相应的波速；

（2）由状态 2→3 的交通波为集结波还是消散波？求出相应的波速；

（3）拥挤车辆的总数 N。

4. 假设非线性跟驰模型为：

$$\ddot{X}_{n+1}(t+T) = \alpha \frac{\dot{X}_n(t) - \dot{X}_{n+1}(t)}{x_n(t) - x_{n+1}(t)}$$，试推导相应的流量与速度的对应关系。

5. 现有一个加油站，有 2 400 辆/h 的车流量通过四个通道引向四个加油泵，平均每辆车加油时间为 5 s，服从负指数分布，试分别按多路多通道系统（$M/M/4$）和单路多通道系统（4

个平行的 $M/M/1$ 系统）计算各相应指标并比较之。

6. 今有一停车场，只有一个出入口通道，停车场服务能力为 100 辆/h，据调查，每小时有 60 辆车到达，假设车辆到达服从泊松分布，每辆车服务时间服从负指数分布，其单一的出入通道只能容纳 6 辆车，问该数量是否合适？

7. 在一条单向双车道的道路上，车流量为 360 辆/h，路宽 7.5 m，设行人步行速度为 1 m/s，求 1 h 中提供给行人安全横过单向车道的次数，如果车流量增加到 900 辆/h，1 h 中提供给行人安全横过单向车道的次数是增加还是减少？

8. 已知某信号灯周期为 60 s，某一个入口的车流量为 240 辆/h，车辆到达符合泊松分布，试求：

（1）在 1 s、2 s、3 s 内无车辆到达的概率；

（2）求有 95%的置信度的每个周期来车数。

第 3 章　交通系统优化分析

3.1　线性规划

3.1.1　线性规划的数学模型

规划所关注的问题是如何合理、有效地使用或配置各种资源，使实现预定目标所需的费用最小或资源最少，或者所获得的收益或效益最大。通过把实际问题抽象为数学模型，设法求解此数学模型得到最优方案（工作目标）。数学模型包含一些有待决策的非负变量，一个确切表述预定目标的函数式，一组必须满足的资源供应、财政、物理和体制等方面的约束条件（即客观条件有限制）。当目标函数和一组约束条件都可以用线性方程或线性不等式表示时，这种规划问题称为线性规划。

线性规划（Linear Programming，简称 LP）是数学规划与运筹学中的一个重要分支。自从 1947 年丹捷格（G.B.Dantzing）提出了线性规划问题求解的方法——单纯形法之后，线性规划在理论上趋向成熟，在实用中日益广泛与深入。

例题 3.1-1：某工厂准备生产Ⅰ、Ⅱ两种产品，生产单位产品需要 A、B 两种原材料的消耗情况、资源的限制和获利情况如表所示。问每种产品生产多少件，能使该工厂获取的利润达到最大。

例题 3.1-1 表

项目	Ⅰ	Ⅱ	资源限制
原材料 A	1.5	5	25
原材料 B	2	4	40
利润	3	2	

下面用数学语言对例题 3.1-1 进行描述。工厂目前需要决策的问题是分别生产多少件产品Ⅰ和Ⅱ，可以分别用变量 x_1 和 x_2 来表示，则称 x_1 和 x_2 为决策变量。这时工厂能获取的利润可以表示为 $3x_1+2x_2$ 元，令 $z=3x_1+2x_2$，又要求利润最大，即 max$z$，称 z 为目标函数。x_1 和 x_2 的取值受到原材料的数量限制，用来描述限制条件的数学表达式称为约束条件。因此例题 3.1-1 的数学模型可以表示为：

目标函数 $\max z=3x_1+2x_2$

$$\text{约束条件}\begin{cases}1.5x_1+5x_2\leqslant 25\\ 2x_1+4x_2\leqslant 40\\ x_1,x_2\geqslant 0\end{cases}$$

从上述模型可以看出，线性规划问题的一般模型包含以下三个要素：

（1）明确所需确定的未知变量 x。在讨论的问题中是一些可变化的参数，称为决策变量、设计变量或控制变量。在一个物理系统中，决策变量往往是非负值。但从数学意义上分析，决策变量可以是负值。

（2）明确问题所需满足的约束条件（与 x 有关）。表示为未知变量的一组线性方程组或不等式。

（3）规定所需达到的目标，确定目标函数（与 x 有关）。表示为未知变量的线性函数。根据优化目标的不同，分别在这个函数前加上 max 或 min；

假设线性规划问题中有 n 个决策变量，分别用 x_j（$j=1,\cdots,n$）表示，目标函数中的系数用 c_j 表示，其中 x_j 的取值受到 m 项资源的约束，通常用 b_i（$i=1,\cdots,m$）表示第 i 种资源的拥有量，用 a_{ij} 表示约束条件的系数。那么，线性规划问题的一般模型可以表示为：

$$\max(\min)z = c_1x_1 + c_2x_2 + \cdots + c_nx_n \tag{3.1-1}$$

$$\begin{cases} a_{11}x_1 + a_{12}x_2 + \cdots + a_{1n}x_n \leqslant (=,\geqslant) b_1 \\ a_{21}x_1 + a_{22}x_2 + \cdots + a_{2n}x_n \leqslant (=,\geqslant) b_2 \\ \cdots\cdots \\ a_{m1}x_1 + a_{m2}x_2 + \cdots + a_{mn}x_n \leqslant (=,\geqslant) b_m \\ x_1, x_2, \cdots, x_n \geqslant 0 \end{cases} \tag{3.1-2}$$

上述模型也可以简写为：

$$\max(\min)z = CX$$

$$\begin{cases} AX \leqslant (=,\geqslant) b \\ X \geqslant 0 \end{cases} \tag{3.1-3}$$

式中，$C=(c_1,c_2,\cdots c_n)$，$X=(x_1,x_2,\cdots x_n)^T$，$A=(a_{ij})_{m\times n}$，$b=(b_1,b_2,\cdots b_m)^T$。

3.1.2　线形规划模型的图解法

对于只包含两个决策变量的线性规划模型，可以采用图解法求解。下面用一个例题来说明线性规划模型的图解方法。

$$\max Z = 5x_1 + 6x_2$$
$$x_1 + x_2 \geqslant 5,$$
$$x_1 \leqslant 5$$
$$x_2 \leqslant 3$$
$$x_1, x_2 \geqslant 0$$

例题 3.1-2：先将模型中约束条件表示在以 x_1、x_2 为坐标轴的直角坐标系中（图 3.1-1）。

模型中的所有约束条件构成一个凸多边形（图 3.1-1 中阴影部分），阴影区域中的每一个点（包括边界点）都是可行解，阴影区域对应的解集称为可行域。

再来分析目标函数 $Z=5x_1+6x_2$（即 $x_2=-5x_1/6+Z/6$），在坐标系中，可以把目标函数看成是以 Z 为变量的一组平行线族。如令 $Z=3$，$3=5x_1+6x_2$ 在坐标系中为一条直线（图 3.1-1），直线上各点都有相同的 Z 值（该直线在纵坐标的截距为 $Z/6$），故称为目标函数等值线。当等值线向右上方移动，直线在纵坐标的截距增大，即目标函数增大，当目标函数等值线向右上方移至 D 点时（见图 3.1-2），Z 取得最大值，D 点坐标就是该线性规划的最优解。

由图解法，可以比较直观地理解线性规划的一些基本概念：

（1）可行解：满足所有约束条件的解。

（2）可行域：所有可行解的集合。

（3）最优解：使目标函数达到最优的可行解。

（4）最优值：最优解对应的目标函数值。

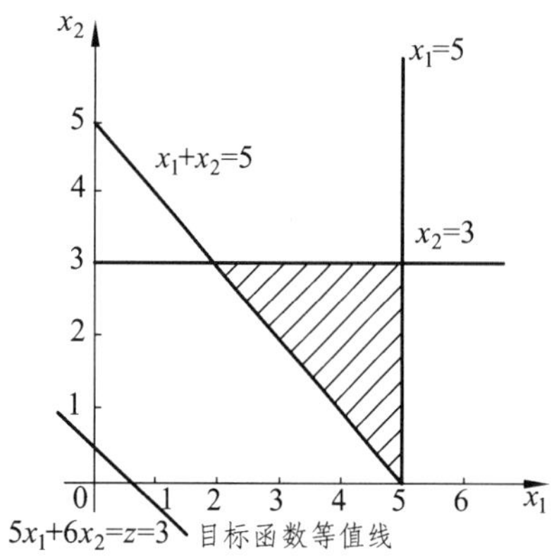

图 3.1-1　可行域及目标函数等值线

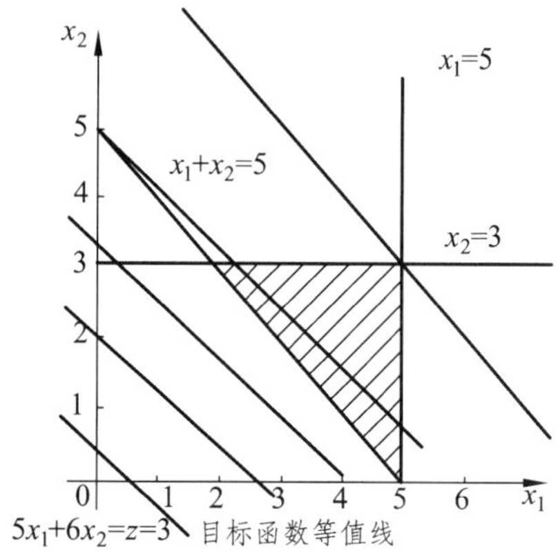

图 3.1-2　平移等值线获得最优解

线性规划问题的可行域一般是凸多边形，若存在最优解，则一定可在可行域某顶点上得到。若在两个顶点上同时得到最优解（如图 3.1-3 中 A、B 点），则两顶点的连线上的任一点都是最优解。

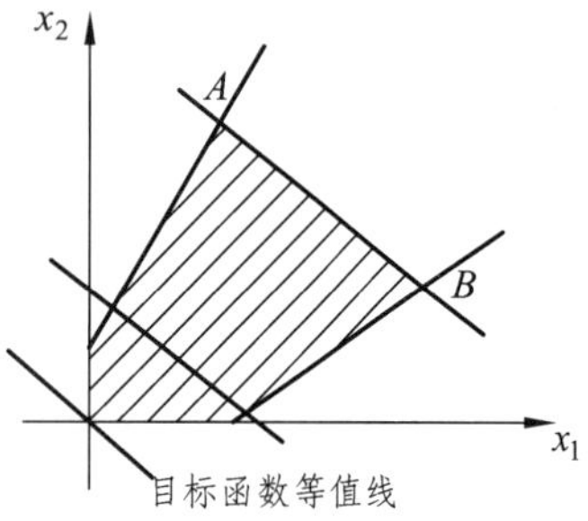

图 3.1-3　无穷多最优解示意图

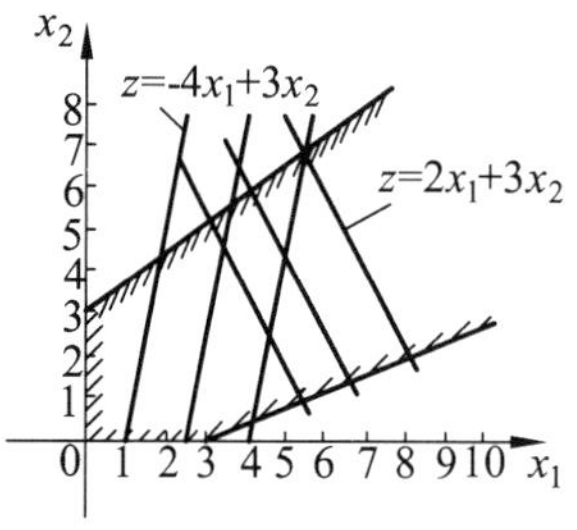

图 3.1-4　可行域无界情况的解

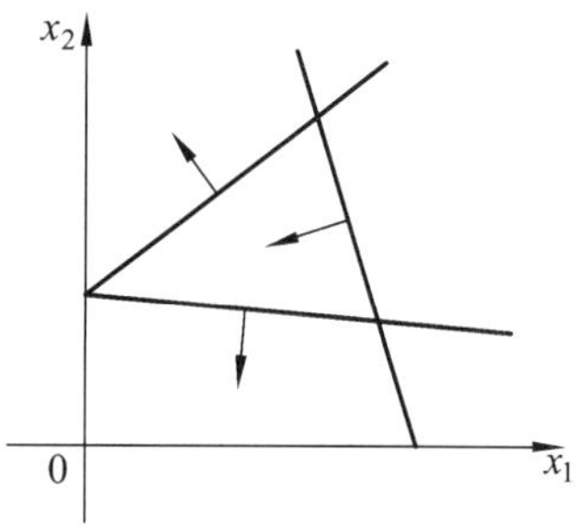

图 3.1-5　无可行解情况

在有些线性规划问题中，约束条件所构成的可行域可能是无界的，这时可能有最优解，也可能无最优解，如图 3.1-4 所示可行域是无界的，若目标函数为 $\max z = 2x_1 + 3x_2$，则无最优解（无界解）；若目标函数为 $\max z = -4x_1 + 3x_2$，则最优解在 A 点。

有些线性规划问题，其约束条件是相互矛盾的，不能构成可行域，则问题无可行解，如图 3.1-5 所示。

3.1.3　线性规划模型的单纯形法

1. 线性规划模型的标准形式

图解法简单直观，但只能求解双变量线性规划问题，当含有多个变量时，需采用数学方法求解。

因为线性规划问题的目标函数和约束条件在内容和形式上存在许多差异，为了讨论统一的求解方法，提出具有标准形式的线性规划模型。其他形式的线性规划问题，先转化为标准形式，然后求解。

规定线性规划问题的标准形式如下：

$$\max z = c_1x_1 + c_2x_2 + \cdots + c_nx_n \qquad (3.1\text{-}4)$$

$$\begin{cases} a_{11}x_1 + a_{12}x_2 + \cdots + a_{1n}x_n = b_1 \\ a_{21}x_1 + a_{22}x_2 + \cdots + a_{2n}x_n = b_2 \\ \cdots\cdots \\ a_{m1}x_1 + a_{m2}x_2 + \cdots + a_{mn}x_n = b_m \\ x_1, x_2, \cdots, x_n \geqslant 0; \end{cases} \tag{3.1-5}$$

上述模型同样可以简写为：

$$\max = z = CX$$

$$\begin{cases} AX = b \\ X \geqslant 0 \end{cases} \tag{3.1-6}$$

在线性规划模型的标准形式中，目标函数为最大值（或最小值）（本书后面均以最大值作为标准形式进行讨论），约束条件全为等式，约束条件的右端常数全为非负值，决策变量的取值全部为非负值。

对于不符合标准形式的线性规划模型，一般可以按照以下方法转化为标准形式：

① 目标函数为 min 型。若目标函数为 min z，可以令 $z' = -z$，将其转化为求 $\max z'$。例如：

$$\min z = -3x_1 + 7x_2$$

令 $$Z = -Y \Rightarrow \max Y = 3x_1 - 7x_2$$

② 约束条件为不等式。

约束条件为不等式，引入独立的、非负的控制变量（添加松弛变量或减去剩余变量），可将不等式约束转化为等式约束。例如：

$$7x_1 + 4x_2 + 6x_3 \leqslant 150$$

$$5x_1 + 3x_2 \geqslant 100$$

$$\Rightarrow 7x_1 + 4x_2 + 6x_3 + x_4 = 150$$

$$5x_1 + 3x_2 - x_5 = 100$$

添加的松弛变量 $x_4 \geqslant 0$，减去的剩余变量 $x_5 \geqslant 0$。

③ 约束条件右端常数为负值。可以将该约束的两端同时乘以-1。例如：

$$7x_1 + 4x_2 - 6x_3 \leqslant -150$$

$$5x_1 + 3x_2 = -100$$

$$\Rightarrow \quad -7x_1 - 4x_2 + 6x_3 \geqslant 150$$

$$-5x_1 - 3x_2 = 100$$

④ 决策变量的取值无约束或为负值。若决策变量 x_j 的取值无约束，可以令 $x_j = x_j' - x_j''$，其中 $x_j' \geqslant 0$，$x_j'' \geqslant 0$；若决策变量 x_j 的取值为负值，可以令 $x_j' = -x_j$，分别将其代入线性规划模型即可。

例题 3.1-3：将下述线性规划模型转化为标准形式：

$$\min z = -x_1 + 2x_2 - 3x_3$$

$$\begin{cases} x_1 + x_2 + x_3 \leqslant 7 \\ x_1 - x_2 + x_3 \geqslant 2 \\ -3x_1 + x_2 + 2x_3 \leqslant 5 \\ x_1 \geqslant 0, x_2 \leqslant 0, x_3 \text{ 取值无约束} \end{cases}$$

解：在上述模型中，令 $Y=-z$， $x_4=-x_2$， $x_3=x_5-x_6$，该问题的标准形式为：

$$\max Y = x_1 + 2x_4 + 3(x_5 - x_6)$$

$$\begin{cases} x_1 - x_4 + x_5 - x_6 + x_7 = 7 \\ x_1 + x_4 + x_5 - x_6 - x_8 = 2 \\ -3x_1 - x_4 + 2x_5 - 2x_6 + x_9 = 5 \\ x_i \geqslant 0, i = 1,4,5 \dots 9 \end{cases}$$

2. 线性规划问题的基本性质

标准形式的线性规划问题可以采用单纯形法进行求解，为理解单纯形法的基本思想及解题步骤，先介绍几个基本概念及有关定理。

几个基本概念：

标准形式的线性规划问题约束条件如下：

$$\begin{cases} a_{11}x_1 + a_{12}x_2 + \cdots + a_{1n}x_n = b_1 \\ a_{21}x_1 + a_{22}x_2 + \cdots + a_{2n}x_n = b_2 \\ \cdots\cdots \\ a_{m1}x_1 + a_{m2}x_2 + \cdots + a_{mn}x_n = b_m \end{cases} \tag{3.1-7}$$

A 是约束方程组的 $m \times n$ 阶系数矩阵，矩阵中对应列向量记为 P_i。

$$\begin{matrix} P_1 & P_2 & \dots P_n \end{matrix}$$

$$A = \begin{bmatrix} a_{11} & a_{12} \cdots a_{1n} \\ a_{21} & a_{22} \cdots a_{2n} \\ \cdots\cdots & \\ a_{m1} & a_{m2} \cdots a_{mn} \end{bmatrix}$$

设 A 系数矩阵的秩为 m（ $m \leqslant n$ ），D 是 A 中 $m \times n$ 阶非奇异子矩阵，若 $|D| \neq 0$，则称 D 是线性规划问题的一个基，D 中列向量相应的变量为基变量，其他变量为非基变量。如：

$$\max Z = -x_1 - 3x_2 - x_3$$

$$\begin{cases} x_1 + x_4 - 3x_5 - x_6 = 6 \\ 6x_1 + 7x_2 + x_3 - x_6 = 8 \\ x_i \geqslant 0, i = 1,2 \cdots 6 \end{cases}$$

$$A = \begin{bmatrix} 1 & 0 & 0 & 1 & -3 & -1 \\ 6 & 7 & 1 & 0 & 0 & -1 \end{bmatrix}$$

在 A 中取第 3 列系数（对应 x_3 变量）、第 4 列系数（对应 x_4 变量）构成一个子矩阵，因为：$|D_1| = \begin{vmatrix} 0 & 1 \\ 1 & 0 \end{vmatrix} \neq 0$，所以 D_1 是线性规划问题的一个基。D_1 中列向量相应的变量 x_3、x_4 为基变量，其他变量 x_1、x_2、x_5、x_6 则称为非基变量。

令所有非基变量=0，从约束方程组可求出一个解，称这个解为基本解。如果基本解满足非负条件（ $x_i \geqslant 0$ ），则称其为基本可行解。对应于基本可行解的基称为可行基。

如上例中，D_1 对应的基本解为： $x_1 = x_2 = x_5 = x_6 = 0, x_3 = 8, x_4 = 6$。该基本解所有 $x \geqslant 0$，所以也是基本可行解，D_1 为可行基。

线性规划问题的基不是唯一的，上例中，取 A 中第 1 列系数（对应 x_1 变量）、第 2 列系数

（对应 x_2 变量）构成一个子矩阵，因为：$|D_2|=\begin{vmatrix}1 & 0\\6 & 7\end{vmatrix}\neq 0$，所以 D_2 也是线性规划问题的一个基。对应基变量为 x_1、x_2，非基变量为 x_3、x_4、x_5、x_6，对应的基本解为：

$x_3=x_4=x_5=x_6=0, x_1=6, x_2=-28/7$。因为该解不满足所有 $x\geqslant 0$ 的非负约束，因此该基本解不是基本可行解，D_2 不是可行基。

式（3.1-7）所示约束方程组具有的基本解个数最多是 C_n^m 个，一般来说，基本可行解的数目要小于基本解的数目，最多是相等。

有关于可行解、非可行解、基本解、基本可行解的相互关系见图 3.1-6。

（2）几个基本定理（有关定理的证明请参考有关书籍）

① 线性规划问题的可行域为一个凸多面体。

② 若线性规划问题存在可行解，则一定也存在一个基本可行解；若线性规划问题存在最优解，则一定也存在一个基本最优解（即可以从基本可行解中找到最优解）。

③ 线性规划问题的基本可行解对应于可行域的顶点。

④ 若可行域有界，则线性规划问题的目标函数一定可以在其可行域的一个顶点上达到最优值。

通过上述定理可以得到一种解题思路：通过试运算考察所有可能的基本可行解（即顶点），即可从中确定最优解。

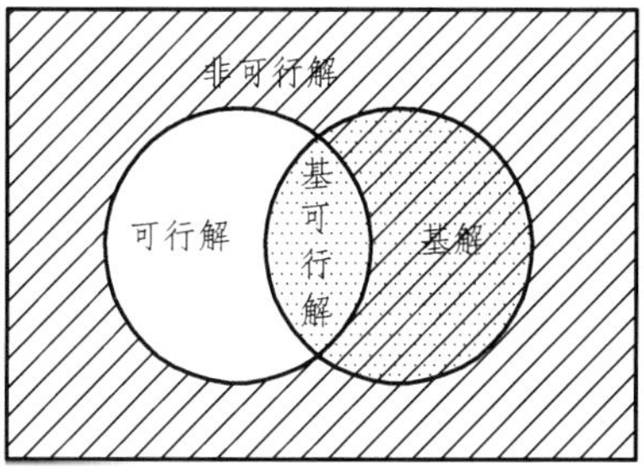

图 3.1-6　可行解、非可行解、基本解、基本可行解的相互关系

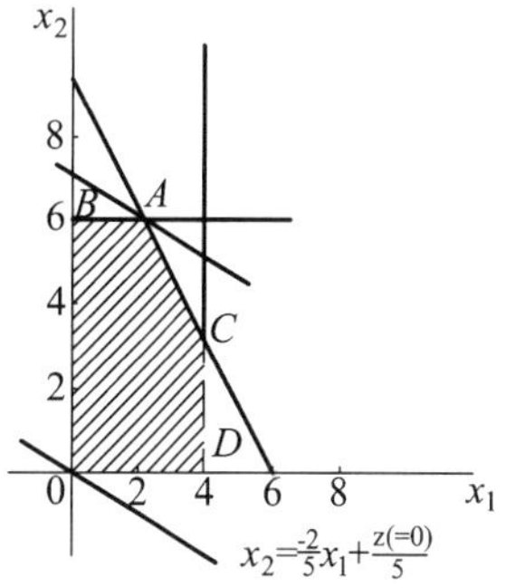

图 3.1-7　例题 3.1-4 图

例题 3.1-4

$$MaxZ=2x_1+5x_2$$
$$\begin{cases}x_1\leqslant 4\\2x_2\leqslant 12\\3x_1+2x_2\leqslant 18\\x_i\geqslant 0, i=1,2\end{cases}$$

采用图解法（图 3.1-7）可获得该问题最优解在 A 点，A 点坐标为 x_1=2，x_2=6，max$Z$=34。将上述线性规划问题转化为标准形式，如下：

$$MaxZ=2x_1+5x_2$$
$$\begin{cases}x_1+x_3=4\\x_2+x_4=6\\3x_1+2x_2+x_5=18\\x_i\geqslant 0, i=1,2,3,4,5\end{cases}$$

其系数矩阵为：$A=\begin{bmatrix}1&0&1&0&0\\0&1&0&1&0\\3&2&0&0&5\end{bmatrix}$

列出 A 矩阵的所有 m 阶子矩阵如下，可以看出该线性规划问题有 8 个基。

$$D_1=\begin{vmatrix}1&0&1\\0&1&0\\3&2&0\end{vmatrix}=-3\quad D_2=\begin{vmatrix}1&0&0\\0&1&1\\3&2&0\end{vmatrix}=-2\quad D_3=\begin{vmatrix}1&0&0\\0&1&0\\3&2&5\end{vmatrix}=5\quad D_4=\begin{vmatrix}1&1&0\\0&0&1\\3&0&0\end{vmatrix}=3$$

$$D_5=\begin{vmatrix}1&0&0\\0&1&0\\3&0&5\end{vmatrix}=5\quad D_6=\begin{vmatrix}0&1&0\\1&0&1\\2&0&0\end{vmatrix}=2\quad D_7=\begin{vmatrix}0&1&0\\1&0&0\\2&0&5\end{vmatrix}=-5\quad D_8=\begin{vmatrix}1&0&0\\0&1&0\\0&0&5\end{vmatrix}=5$$

$$\begin{vmatrix}0&0&0\\1&1&0\\2&0&5\end{vmatrix}=0\text{（非基）}\quad\begin{vmatrix}1&1&0\\0&0&0\\3&0&5\end{vmatrix}=0\text{（非基）}$$

计算 8 个基对应的基本解如下，可以看出基本可行解有 5 个。

$X_1=(2,6,2,0,0)$，D_1 为可行基，基本可行解对应图 3.1-7 中 A 顶点，目标函数 $Z_1=34$

$X_2=(4,3,0,3,0)$，D_2 为可行基，基本可行解对应图 3.1-7 中 C 顶点，目标函数 $Z_2=23$

$X_3=(4,6,0,0,-6)$，D_3 不是可行基；$X_4=(6,0,-2,6,0)$，D_4 不是可行基

$X_5=(4,0,0,6,6)$，D_5 为可行基，基本可行解对应图 3.1-7 中 D 顶点，目标函数 $Z_5=8$

$X_6=(0,9,4,-3,0)$，D_6 不是可行基

$X_7=(0,6,4,0,6)$，D_7 为可行基，基本可行解对应图 3.1-7 中 B 顶点，目标函数 $Z_7=30$

$X_8=(0,0,4,6,18)$，D_8 为可行基，基本可行解对应图 3.1-7 中 O 顶点，目标函数 $Z_8=0$

可以看出 5 个基本可行解分别对应图 3.1-7 中可行域的 5 个顶点。

通过比较 5 个基本可行解对应的目标函数值，可以看出最优解为 X=（2，6，2，0，0），max$Z$=34。最优解正好对应图解法中的 A 顶点。

上述考察所有可能的基本可行解（即顶点）的解题方法，当变量个数 n，约束条件个数 m 较大时，这种方法计算量大，也是不可行的。而单纯形法在此理论依据的基础上，只需通过有限次迭代（即只要考察部分基本可行解或顶点）即可找到最优解。

3. 线性规划单纯形法

单纯形法求解线性规划问题基本过程如图 3.1-8 所示。

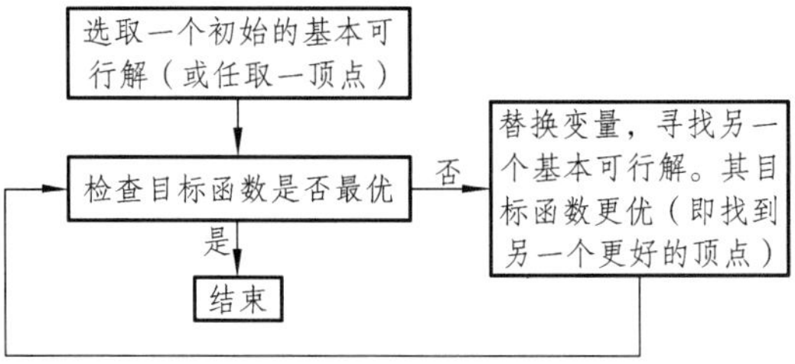

图 3.1-8　单纯形法基本过程

单纯形法关键问题有：怎么获得初始基本可行解？如何判断目标函数是否最优？如何替换变量，寻找另一个更优的基本可行解。

用单纯形法寻求最优解的上述求解过程，可在单纯形表上操作。下面结合例题介绍单纯形法的基本算法。

1）怎么获得初始基本可行解

从标准形式线性规划的约束方程系数矩阵 A 中寻找单位阵，其所对应的基本解一定为基本可行解。如果系数矩阵中没有单位阵，可以通过引入人工变量构造出单位阵（后面介绍）。

例题 3.1-5

$$\text{Max}Z = -x_1 - 3x_2 - x_3$$

$$\begin{cases} x_1 + x_4 - 3x_5 - x_6 = 6 \\ 6x_1 + 7x_2 + x_3 - x_6 = 8 \\ x_i \geqslant 0, i = 1,2,3,4,5,6 \end{cases}$$

其系数矩阵为：$A = \begin{bmatrix} 1 & 0 & 0 & 1 & -3 & -1 \\ 6 & 7 & 1 & 0 & 0 & -1 \end{bmatrix}$

上述例子中，系数矩阵 A 中单位阵对应的基变量为 x_3，x_4，其他为非基变量。其基本可行解为：所有非基变量=0，基变量 x_3、x_4 的解正好等于约束方程右端非负常数 x_3=8，x_4=6。

将上述初始基本可行解在初始单纯形表中表示如下。表中 c_j 为目标函数中系数，与 x_j 变量相对应。将 A 系数矩阵对应 X_j 变量填入表中，对应每个列向量记为（P_1、P_2...P_n）。b_i 为约束方程右端常数。X_b 列为基变量（与单位阵中 1 所对应的变量相对应），C_b 为对应基变量在目标函数中的系数。表中计算该基本可行解的目标函数值 $z = \sum x_{bi} b_i$ 。

例题 3.1-5　单纯形法计算表①

C_b	X_b \ C_j / X_j	−1	−3	−1	0	0	0	b_i	θ_i
		X_1	X_2	X_3	X_4	X_5	X_6		
0	X_4	1	0	0	1	−3	−1	6	
−1	X_3	6	7	1	0	0	−1	8	
$\sigma_j = C_j - C_b P_j$								Z=−8	

2）检查目标函数是否最优

计算单纯形表中检验数 $\sigma_j = C_j - C_b P_j$ 。对于极大化目标函数，当各非基变量的检验数都为非正值时（即≤0）（基变量的检验数都等于 0），该基本可行解即为最优解。例题 3.1-5 的计算如下：

如 X_1 变量的检验数计算：表中 X_1 变量对应的列向量 $P_1 = \begin{pmatrix} 1 \\ 6 \end{pmatrix}$，$C_b$=（0，−1），$C_1$=−1

$$\sigma_1 = C_1 - C_b P_1 = -1 - (0,-1)\begin{pmatrix} 1 \\ 6 \end{pmatrix} = 5$$

其他非基变量检验数同样方法求出，见表②。可以看出不满足所有非基变量的检验数都≤0，因此判别该基本可行解不是最优解。

例题 3.1-5　单纯形法计算表②

C_b	X_b \ C_j / X_j	−1	−3	−1	0	0	0	b_i	θ_i
		X_1	X_2	X_3	X_4	X_5	X_6		
0	X_4	1	0	0	1	−3	−1	6	
−1	X_3	6	7	1	0	0	−1	8	
$\sigma_j = C_j - C_b P_j$		5	4	0	0	0	−1	Z=−8	

以上通过检验数判断最优解的有关数学证明如下：

线性规划问题的约束方程组表示为：

$$\begin{aligned}
&a_{11}x_1 + a_{12}x_2 + \cdots + a_{1n}x_n = b_1 \\
&a_{21}x_1 + a_{22}x_2 + \cdots + a_{2n}x_n = b_2 \\
&\cdots\cdots \\
&a_{m1}x_1 + a_{m2}x_2 + \cdots + a_{mn}x_n = b_m
\end{aligned}$$

经过迭代变换，以上方程组可变成：

$$\begin{aligned}
&x_1 + a'_{1,m+1}x_{m+1} + \ldots + a'_{1,n}x_n = b'_1 \\
&x_2 + a'_{2,m+1}x_{m+1} + \ldots + a'_{2,n}x_n = b'_2 \\
&\cdots\cdots \\
&x_m + a'_{m,m+1}x_{m+1} + \ldots + a'_{m,n}x_n = b_m
\end{aligned}$$

即：

$$\begin{aligned}
&x_1 = b'_1 - a'_{1,m+1}x_{m+1} - \ldots - a'_{1,n}x_n \\
&x_2 = b'_2 - a'_{2,m+1}x_{m+1} - \ldots - a'_{2,n}x_n \\
&\cdots\cdots \\
&x_m = b'_m - a'_{m,m+1}x_{m+1} - \ldots - a'_{m,n}x_n
\end{aligned}$$

用通式表示如下：

$$x_i = b'_i - a'_{i,m+1}x_{m+1} - \ldots - a'_{in}x_n = b'_i - \sum_{j=m+1}^{n} a'_{ij}x_j \ (i = 1,2,\cdots,m)$$

目标函数可表示为：

$$\begin{aligned}
\max Z &= \sum_{j=1}^{n} c_j x_j = \sum_{i=1}^{m} c_i (b_i' - \sum_{j=m+1}^{n} a'_{ij} x_j) + \sum_{j=m+1}^{n} c_j x_j = \sum_{i=1}^{m} c_i b_i' - \sum_{i=1}^{m} c_i \sum_{j=m+1}^{n} a'_{ij} x_j + \sum_{j=m+1}^{n} c_j x_j \\
&= \sum_{i=1}^{m} c_i b_i' + \sum_{j=m+1}^{n} (c_j - \sum_{i=1}^{m} c_i a'_{ij}) x_j
\end{aligned}$$

令 $z_0 = \sum_{i=1}^{m} c_i b'_i$，$\sigma_j = c_j - \sum_{i=1}^{m} c_i a'_{ij}$（即单纯形表中的检验数）

则：$\max Z = z_0 + \sum_{j=m+1}^{n} \sigma_j x_j$

可以看出，若 $X = (b'_1, b'_2, \cdots b'_m, 0, \cdots 0)$ 为一基本可行解，且对于一切 $j=m+1$，$\cdots n$ 有 $\sigma_j \leqslant 0$，则 X 为最优解。若存在 $\sigma_j > 0$，则可能有其他的解使得 $z > z_0$。

3）替换变量，找到另一个更优的基本可行解

（1）确定换入变量，即原来某非基变量替换成基变量。考虑求解过程尽快收敛，使目标函数增加得快，一般选择检验数 $\sigma_j > 0$ 中最大的对应变量换入（也可以任选 $\sigma_j > 0$ 对应的变量为换入变量）。如上例中，选 X_1 为换入变量。

（2）确定换出变量，即原来某基变量替换成非基变量。确定换出变量应保证得到的新的基变量对应的解是基本可行解。必须取 $\theta_i = b_i / a_{ij}$（j 对应前面确定的换入变量）数值中正的最小值对应的变量换出。如上例中，计算见表③，应选 X_3 为换出变量。

例题 3.1-5　单纯形法计算表③

C_j \ X_j ; C_b	X_b	-1	-3	-1	0	0	0	b_i	θ_i
		X_1	X_2	X_3	X_4	X_5	X_6		
0	X_4	1	0	0	1	-3	-1	6	6/1
-1	X_3	6	7	1	0	0	-1	8	8/6
$\sigma_j = C_j - C_b P_j$		5	4	0	0	0	-1	Z=−8	

确定换出变量的准则，数学详细证明略，可参考有关文献。本书仅通过实例简要说明一下，便于理解。如上例单纯形表③中对应约束方程为：

$$x_1 + x_4 - 3x_5 - x_6 = 6$$
$$6x_1 + 7x_2 + x_3 - x_6 = 8$$

上面步骤已确定 x_1 换入作为基变量。

若 x_4 换出作为非基变量，应保证 x_3 仍满足非负条件，即：

$$x_3 = 8 - 6x_1 - 7x_2 + x_6 = 8 - 6x_1 \geqslant 0\text{，则 } 0 \leqslant x_1 \leqslant 8/6$$

同样若 x_3 换出作为非基变量，应保证 x_4 仍满足非负条件，即

$$x_4 = 6 + 3x_5 + x_6 - x_1 = 6 - x_1 \geqslant 0\text{，则 } 0 \leqslant x_1 \leqslant 6/1$$

可以看出，当 x_1=8/6 时，x_3=0 最先转出为非基变量，因此应取 $\theta_i = b_i / a_{ij}$（j 对应前面确定的换入变量）数值中正的最小值对应的变量换出。

（3）进行增广矩阵的初等变换，使约束条件系数矩阵中新的基变量对应具有新的单位矩阵。这样也就找到了另一个更优的基本可行解。

上例中：原基变量（x_4、x_3）对应的增广矩阵见图 3.1-9（a），经过增广矩阵的初等变换，与新的基变量（x_4、x_1）对应的增广矩阵应具有如图 3.1-9（b）的单位阵。

$$\begin{array}{c|cccccc|c} & x_1 & x_2 & x_3 & x_4 & x_5 & x_6 & b \\ x_4 & 1 & 0 & 0 & 1 & -3 & -1 & 6 \\ x_3 & 6 & 7 & 1 & 0 & 0 & -1 & 8 \end{array}$$

（a）

$$\begin{array}{c|cccccc|c} & x_1 & x_2 & x_3 & x_4 & x_5 & x_6 & b \\ x_4 & 0 & * & * & 1 & * & * & * \\ x_1 & 1 & * & * & 0 & * & * & * \end{array}$$

（b）

图 4.1-9　增广矩阵中的单位阵

变换时，首先以新换入基变量（x_1）对应的单位阵系数 1 为目标进行初等变换，见图 3.1-10（a）。然后以新换入基变量（x_1）对应的单位阵系数 0 为目标进行初等变换，且保证基变量（x_4）对应系数不变，见图 3.1-10（b）。

$$
\begin{array}{c}
\quad x_1\ x_2\ x_3\ x_4\ x_5\ x_6\ b \\
\begin{array}{c} x_4 \\ x_1 \end{array}\left|\left(\begin{array}{cccccc} 0 & * & * & 1 & * & * \\ \boxed{1} & * & * & 0 & * & * \end{array}\right)\right|\begin{array}{c} * \\ * \end{array}
\end{array}
\qquad
\begin{array}{c}
\quad x_1\ x_2\ x_3\ x_4\ x_5\ x_6\ b \\
\begin{array}{c} x_4 \\ x_1 \end{array}\left|\left(\begin{array}{cccccc} \boxed{0} & * & * & 1 & * & * \\ 1 & * & * & 0 & * & * \end{array}\right)\right|\begin{array}{c} * \\ * \end{array}
\end{array}
$$

（a）　　　　　　　　　　（b）

图 4.1-10　增广矩阵的初等变换

上例中，与新的基变量（x_4、x_1）对应的新的增广矩阵如下：

$$
\begin{array}{c}
\quad x_1\quad x_2\quad x_3\quad x_4\ x_5\quad x_6\quad b \\
\begin{array}{c} x_4 \\ x_1 \end{array}\left|\left(\begin{array}{cccccc} 0 & \frac{-7}{6} & \frac{-1}{6} & 1 & -3 & \frac{-5}{6} \\ 1 & \frac{7}{6} & \frac{1}{6} & 0 & 0 & \frac{-1}{6} \end{array}\right)\right|\begin{array}{c} \frac{28}{6} \\ \frac{8}{6} \end{array}
\end{array}
$$

将变换好的系数矩阵填入单纯形表中（见表④），得到另一个更优的基本可行解，从表中看出新的基本可行解 x_4=28/6，x_1=8/6，其他非基变量=0，目标函数 $z=\sum x_{bi}b_i$ =−8/6。

然后再计算检验数，判断该解是否最优，如不是最优则再替换变量寻找新的更优的基本可行解，如此循环迭代一直到找到最优解。

例题 3.1-5　单纯形法计算表④

C_b	X_b \ C_j	−1	−3	−1	0	0	0	b_i	θ_i
	X_j	<u>X_1</u>	X_2	X_3	X_4	X_5	X_6		
0	X_4	1	0	0	1	−3	−1	6	6/1
−1	<u>X_3</u>	6	7	1	0	0	−1	8	<u>8/6</u>
$\sigma_j=C_j-C_bP_j$		<u>5</u>	4	0	0	0	−1	Z=−8	
0	X_4	0	−7/6	−1/6	1	−3	−5/6	28/6	
−1	X_1	1	7/6	1/6	0	0	−1/6	8/6	
$\sigma_j=C_j-C_bP_j$								Z=−8/6	

4）单纯形法的进一步讨论

（1）约束方程系数矩阵 A 中没有单位阵。

如采用试算法，通过初等变换，要保证系数矩阵中出现单位阵且满足线性规划标准形式（右端常数为非负），效率可能很低，不可行。这里结合例题介绍一种大 M 法求解（还有一种两阶段法的求解方法，本书不再介绍，可参考有关文献）。

例题 3.1-6：

$$\max Z=5x_1+6x_2+7x_3+7x_4$$
$$x_1+2x_2+x_3+4x_4 \geqslant 10$$
$$2x_1+4x_3+5x_4 \leqslant 20$$
$$2x_1+3x_2+5x_3=15$$
$$3x_1+4x_3+x_4 \geqslant 16$$
$$x_1, x_2, x_3, x_4 \geqslant 0$$

解：转为标准形式如下：

$$\max Z=5x_1+6x_2+7x_3+7x_4$$
$$x_1+2x_2+x_3+4x_4-x_5=10$$
$$2x_1+4x_3+5x_4+x_6=20$$
$$2x_1+3x_2+5x_3=15$$
$$3x_1+4x_3+x_4-x_7=16$$
$$x_1, x_2, \cdots, x_7 \geqslant 0$$

约束方程系数矩阵如下：

$$\left(\begin{array}{ccccc|c|c} 1 & 2 & 1 & 4 & -1 & 0 & 0 \\ 2 & 0 & 4 & 5 & 0 & 1 & 0 \\ 2 & 3 & 5 & 0 & 0 & 0 & 0 \\ 3 & 0 & 4 & 1 & 0 & 0 & -1 \end{array}\right)$$

如果在约束方程中加入人工变量 x_8、x_9、x_{10}，见如下新的约束方程：

$$x_1+2x_2+x_3+4x_4-x_5\boxed{+x_8}=10$$
$$2x_1+4x_3+5x_4+x_6=20$$
$$2x_1+3x_2+5x_3\boxed{+x_9}=15$$
$$3x_1+4x_3+x_4-x_7\boxed{+x_{10}}=16$$
$$x_1, x_2, \cdots, x_{10} \geqslant 0$$

则可得到单位阵：

$$\left(\begin{array}{ccccc|c|c|ccc|} 1 & 2 & 1 & 4 & -1 & 0 & 0 & 1 & 0 & 0 \\ 2 & 0 & 4 & 5 & 0 & 1 & 0 & 0 & 0 & 0 \\ 2 & 3 & 5 & 0 & 0 & 0 & 0 & 0 & 1 & 0 \\ 3 & 0 & 4 & 1 & 0 & 0 & -1 & 0 & 0 & 1 \end{array}\right)$$

如果最优解中引入的人工变量值等于 0，则新的约束方程与原问题是一致的。

为确保最优解中引入的人工变量值等于 0，构造如下新的目标函数：

$$\max Z=5x_1+6x_2+7x_3+7x_4-Mx_8-Mx_9-Mx_{10}$$

式中 M 是个很大的数。也就相当于如果人工变量有一个不等于 0（>0），则目标函数 Z 难以达到最大。

这样将原问题转化为引入人工变量后的新问题，其最优解是一致的。但新的线性规划问题中有单位阵，可以很快确定初始基本可行解，可以按单纯形法求解步骤在单纯形表中求解。

例题 3.1-7：用大 M 法求解下列线性规划

$$\max Z = -\frac{1}{50}x_1 - \frac{1}{100}x_2 - \frac{1}{40}x_3$$

$$1.5x_1 + 2x_2 + x_3 \leqslant 14\ 00$$

$$x_1 + x_2 + x_3 = 1\,000$$

$$x_1、x_2、x_3 \geqslant 0$$

解：加入人工变量，并转为标准形式如下：

$$\max Z = -\frac{1}{50}x_1 - \frac{1}{100}x_2 - \frac{1}{40}x_3 - Mx_5$$

$$1.5x_1 + 2x_2 + x_3 + x_4 = 1\,400$$

$$x_1 + x_2 + x_3 + x_5 = 1\,000$$

$$x_i \geqslant 0, i = 1,2...5$$

按单纯形法求解步骤在单纯形表中求解，见下表。

例题 3.1-7　大 M 法单纯形表计算

C_b \ C_j	X_b \ X_j	$-1/50$	$-1/100$	$-1/40$	0	$-M$	b_i	θ_i
		X_1	X_2	X_3	X_4	X_5		
0	X_4	1.5	2	1	1	0	1 400	1 400/2
$-M$	X_5	1	1	1	0	1	1 000	1 000/1
$\sigma_j = C_j - C_b P_j$		$M-1/50$	$M-1/100$	$M-1/40$	0	0	$Z=-1000M$	
$-1/100$	X_2	3/4	1	1/2	1/2	0	700	1400
$-M$	X_5	1/4	0	1/2	-1/2	1	300	600
$\sigma_j = C_j - C_b P_j$		$\frac{1}{4}M - \frac{1}{80}$	0	$\frac{1}{2}M - \frac{1}{50}$	$-\frac{1}{2}M + \frac{1}{200}$	0	$Z=-7-300M$	
$-1/100$	X_2	1/2	1	0	1	-1	400	
$-1/40$	X_3	1/2	0	1	-1	2	600	
$\sigma_j = C_j - C_b P_j$		$-1/400$	0	0	$-3/200$	$-M+1/25$	$Z=-19$	

原问题最优解为 $x_1=0$，$x_2=400$，$x_3=600$，$\max Z=-19$

（2）单纯形法计算步骤及对解的判别。

见图 3.1-11。

（3）退化现象。

单纯形法计算中用 θ 规则确定换出变量时，有时存在两个以上相同的最小比值，这样在下一次迭代中就有一个或几个基变量等于零，这就出现了退化解。这时换出变量=0，迭代后目标函数值不变。当出现退化时，进行多次迭代，可能会出现计算过程的循环，便永达不到最优解。尽管计算过程的循环现象极少出现，但还是有可能的，针对此问题，1974 年勃兰特（Bland）提出勃兰特规则，按此规则计算可避免出现循环。具体参考有关文献。

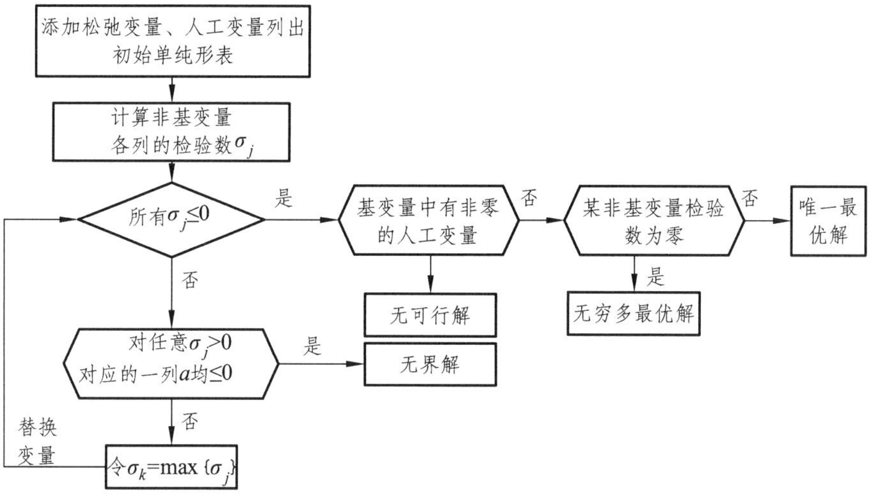

图 3.1-11　单纯形法计算步骤及对解的判别

3.2　特殊类型线性规划

3.2.1　运输问题表上作业法

1. 运输问题的数学模型

在交通运输过程中，经常会有大宗货物的调运问题。如何编制调运方案，使货物从供应地运到各消费地的总运费最小，就是我们要解决的问题。一般说来，这种物流中的运输问题可以用以下数学语言描述。

已知有 m 个供应地点 A_i，i=1，2⋯m，可供应某种物资，其供应量分别为 a_i，i=1，2⋯m；有 n 个销地 B_j，j=1，2⋯n，其需要量分别为 b_j，j=1，2⋯n；从 A_i 到 B_j 运输单位物资的运价（单价）为 c_{ij}。若用 x_{ij} 表示从 A_i 到 B_j 的运量，那么在供需平衡的条件下，要求得总运费最小的调运方案，可以得到以下数学模型：

$$\min z = \sum_{i=1}^{m}\sum_{j=1}^{n} c_{ij}x_{ij} \tag{3.2-1}$$

$$\begin{aligned} s.t.\quad & \sum_{i=1}^{m} x_{ij} = b_j, j = 1,2,\cdots,n \\ & \sum_{j=1}^{n} x_{ij} = a_i, i = 1,2,\cdots,m \\ & x_{ij} \geqslant 0 \end{aligned} \tag{3.2-2}$$

从这个运输问题的数学模型可以看出，这是一个线性规划问题，因为它的系数矩阵比较特殊，因而可以用一种比较简便的方法计算，习惯上称为表上作业法。

2. 运输问题表上作业法

表上作业法实质上是单纯形法，主要也是按 3 个步骤进行迭代计算：（1）找出初始基本可行解（初始运输方案），表上作业法相当于给出 $m+n-1$ 个数字格（即基变量）；（2）求各非基变量的检验数，表上作业法相当于计算空格（即非基变量）的检验数，判断是否达到最优解；（3）确定换入变量和换出变量，找出新的基本可行解，表上作业法相当于数字格与空格相互替换，通过调整得到新的更优的运输方案。

下面结合例题来分析表上作业法求解过程。

例题 3.2-1　单位运价表（元）

仓库＼超市	B_1	B_2	B_3	B_4
A_1	3	11	3	10
A_2	1	9	2	8
A_3	7	4	10	5

例题 3.2-1：某物流公司有三个仓库，每天向四个超市供应某种货物。已知三个仓库 A_1, A_2 和 A_3 的货物储藏量分别为 7 箱、4 箱和 9 箱。该物流公司把这些货物分别送往 B_1, B_2, B_3 和 B_4 四个超市，各超市销量分别为 3 箱、6 箱、5 箱和 6 箱。单位运价情况见表。试用表上作业法求解满足供需要求的最佳调运方案，使总运费最小。

解：仓库货物总储藏量 20 箱，各超市总销量为 20 箱，这是一个产销平衡的运输问题。

第一步，求初始运输方案。初始解一般可通过西北角法、最小元素法、伏格尔法等方法得到。

1）西北角法

在表①中，首先考虑最西北角空格的运输量，即将 A_1 的产品供应给 B_1，可填入数字 3，B_1 销量全部满足，则划去 B_1 对应的第一列，第一行 A_1 的储量剩余 4。如表西北角法①所示。

例题 3.2-1　初始运输方案-西北角法①

仓库＼超市	B_1	B_2	B_3	B_4	储量
A_1	3				~~7~~ 4
A_2					4
A_3					9
销量	3	6	5	6	

② 再考虑最西北角空格的运输量，即将 A_1 的剩余产品供应给 A_2，可填入数字 4，A_1 的储量全部用完，划去第一行。如下表西北角法②所示。

例题 3.2-1　初始运输方案-西北角法②

仓库＼超市	B_1	B_2	B_3	B_4	储量
A_1	3	4			7
A_2					4
A_3					9
销量	3	~~6~~ 2	5	6	

③ 依次按西北角位置确定运输量，最终得到一个初始运输方案，如下表西北角法③所示。

这个初始方案的总运费为：3×3+4×11+2×9+2×2+3×10+6×5=135 元

例题 3.2-1　初始运输方案-西北角法③

仓库＼超市	B_1	B_2	B_3	B_4	储量
A_1	3	4			7
A_2		2	2		4
A_3			3	6	9
销量	3	6	5	6	

2）最小元素法

最小元素法的基本思想是就近配送，即从单位运价表中最小的运价开始确定供需关系，然后次小，一直到给出初始运输方案为止。以上述例子进行如下分析。

（1）首先从单位运价表中找到最小的运价为 1，这表示先将 A_2 的产品供应给 B_1，（A_2，B_1）交叉空格处可填数字 3，B_1 销量已得到满足，在单位运价表中划去 B_1 列。如下表最小元素法①所示。

例题 3.2-1　初始运输方案-最小元素法①

仓库＼超市	B_1	B_2	B_3	B_4	储量
A_1					7
A_2	3				4
A_3					9
销量	3	6	5	6	

单位运价	B_1	B_2	B_3	B_4
A_1	3	11	3	10
A_2	1	9	2	8
A_3	7	4	10	5

（2）再从单位运价表中找到没有划去的最小的运价为 2，这表示再将 A_2 的产品供应给 B_3，（A_2，B_3）交叉空格处可填数字 1，A_2 储量全部用完，在单位运价表中划去 A_2 行。如下表最小元素法②所示。

例题 3.2-1 初始运输方案-最小元素法②

仓库＼超市	B_1	B_2	B_3	B_4	储量
A_1					7
A_2	3		1		4
A_3					9
销量	3	6	5	6	

单位运价	B_1	B_2	B_3	B_4
A_1	3	11	3	10
A_2	1	9	2	8
A_3	7	4	10	5

（3）依次再从单位运价表中找到没有划去的最小运价，在相应位置给出运输量。这样一步步地进行下去，直到单位运价表上的所有元素都划上线为止，最终得到一个初始运输方案，如下表最小元素法③所示。

这个初始方案的总运费为：3×1+6×4+4×3+1×2+3×10+3×5=86 元

3）伏格尔法

最小元素法的缺点是：为了节省一处的费用，有时造成在其他处要花几倍的运费。伏格尔法考虑到，假如一产地的产品不能按最小运费就近供应，就考虑次小运费，这就有一个差额，差额越大，说明不能按最小运费调运时，运费增加越多，因而对差额最大处，就应当采用最小运费调差。伏格尔法的步骤如下。

例题 3.2-1　初始运输方案-最小元素法③

超市 仓库	B_1	B_2	B_3	B_4	储量
A_1			4	3	7
A_2	3		1		4
A_3		6		3	9
销量	3	6	5	6	

① 首先，根据单位运价表，分别计算出各行各列的最小运费和次小运费的差额，并填入表中的最右列和最下行。如下表伏尔格法①所示。

例题 3.2-1　初始运输方案-伏格尔法①

单位运价	B_1	B_2	B_3	B_4	行差额
A_1	3	11	3	10	0
A_2	1	9	2	8	1
A_3	7	4	10	5	1
列差额	2	5	1	3	

② 从行或列差额中选出最大者，选择它所在的行或列的最小元素，上表中 B_2 列是最大差额所在列。B_2 列中最小元素为 4，可确定 A_3 的产品先供应 B_2 的需要，（A_3，B_2）交叉空格处可填数字 6，B_2 销量已得到满足，在单位运价表中划去 B_2 列。如下表伏尔格法②所示。

例题 3.2-1　初始运输方案-伏格尔法②

超市 仓库	B_1	B_2	B_3	B_4	储量
A_1					7
A_2					4
A_3		6			9
销量	3	6	5	6	

单位运价	B_1	B_2	B_3	B_4	行差额
A_1	3	11	3	10	0
A_2	1	9	2	8	1
A_3	7	4	10	5	1
列差额	2	5	1	3	

③ 对单位运价表中没有划去的元素再分别计算各行、各列的最小运费和次小运费的差额，从行或列差额中选出最大者，在（A_3，B_4）交叉空格处可填数字 3，在单位运价表中划去 A_3 行。如下表伏尔格法③所示。

例题 3.2-1　初始运输方案-伏格尔法③

单位运价	B_1	B_2	B_3	B_4	行差额
A_1	3	11	3	10	0
A_2	1	9	2	8	1
A_3	7	4	10	5	2
列差额	2	5	1	3	

超市 仓库	B_1	B_2	B_3	B_4	储量
A_1					7
A_2					4
A_3		6		3	9
销量	3	6	5	6	

④ 重复以上步骤，直到给出初运输方案为止。见下表的伏尔格法④。

这个方案的总运费为：3×1+6×4+5×3+2×10+1×8+3×5=85 元

可以看出，伏格尔法求出的初始解比其他方法求出的初始解更接近最优解。

例题 3.2-1　初始运输方案-伏格尔法④

超市 / 仓库	B_1	B_2	B_3	B_4	储量
A_1			5	2	7
A_2	3			1	4
A_3		6		3	9
销量	3	6	5	6	

以上三种方法得到的初始运输方案，一定满足以下特征：数字格恰好是 $m+n-1$ 个（基变量）；不存在由数字格作顶点构成的闭回路。

另外以上三种方法在求解过程中如果同时划去了一行及一列，则须选择在该行或列的某个空格填上 0，作为数字格（基变量）。

第二步，最优解的判别。判别的方法是计算运输方案表中空格的检验数。求空格检验数的方法有闭回路法、位势法。

1）闭回路法

在给出运输方案的计算表上，有 $m+n-1$ 个数字格（表示基变量），其余为空格（表示非基变量）。从每一空格出发找一条闭回路：即以某空格为起点，用水平或垂直线向前划，碰到数字格可转 90°后，继续前进，直到回到起始空格。

例题 3.2-1　闭回路法计算检验数①

超市 / 仓库	B_1	B_2	B_3	B_4	储量
A_1			4	3	7
A_2	3		1		4
A_3		6		3	9
销量	3	6	5	6	

以例题 3.2-1 用最小元素法获得的初始运输方案为例，见表闭回路法①，空格（A_3, B_1）的闭回路如表中箭头线所示。

例题 3.2-1　闭回路法计算检验数②

单位运价	B_1	B_2	B_3	B_4
A_1	3	11	3	10
A_2	1	9	2	8
A_3	7	4	10	5

在单位运价表中相应找出闭回路顶点所对应位置的运价值，见表闭回路法②，以起始空

格开始为奇数位，它的下一个顶点为偶数位，后面顶点依次奇偶相间，奇数位取正值（表中方框示意），偶数位取负值（表中圆圈示意），各数累加的和就为该空格检验数。空格（A_3,B_1）的检验数=7-5+10-3+2-1=10。

同样，可以计算出其他空格的检验数，见表闭回路法③。

例题 3.2-1　闭回路法计算检验数③

超市 仓库	B_1	B_2	B_3	B_4	储量
A_1	1	2	4	3	7
A_2	3	1	1	−1	4
A_3	10	6	12	3	9
销量	3	6	5	6	

运输问题目标函数为极小化，当所有检验数都不小于零（≥0）时，方案即为最优运输方案。当检验数还存在负值时，说明该方案不是最优，需要调整。

由于需要给每一个空格找出一条闭回路，因而当供需点很多时，用这种方法计算是很烦琐的。

2）位势法

在给出运输方案的计算表上，首先计算各行、各列位势值，然后计算空格检验数。

（A_i,B_j）的检验数=（A_i,B_j）单位运价 $-A_i$ 行位势 $-B_j$ 列位势。

根据 $m+n-1$ 个基变量检验数=0，可列出 $m+n-1$ 个以下方程：

（A_i,B_j）数字格的检验数=（A_i,B_j）单位运价 $-A_i$ 行位势 $-B_j$ 列位势=0

而行位势、列位势未知量共 m+n 个，因此先假定其中一个位势值已知，则可通过方程组解出其他位势值。

以例题 3.2-1 用最小元素法获得的初始运输方案为例（见下表位势法①），假设 A_1 行位势为 0，通过方程组可计算得到各行、列位势值见下表位势法①。如数字格（A_1,B_3）的检验数=（A_1,B_3）单位运价（3）－A_1 行位势（0）－B_3 列位势=0，可求得 B_3 列位势=3。

各空格（A_i,B_j）的检验数=（A_i,B_j）单位运价－A_i 行位势－B_j 列位势，计算结果见下表位势法②。如：（A_3,B_1）的检验数=（A_3,B_1）单位运价（7）－A_3 行位势（−5）－B_1 列位势（2）=10。

例题 3.2-1　位势法计算检验数①

超市 仓库	B_1	B_2	B_3	B_4	行位势
A_1			4	3	0
A_2	3		1		−1
A_3		6		3	−5
列位势	2	9	3	10	

例题 3.2-1 位势法计算检验数②

超市 仓库	B_1	B_2	B_3	B_4	行位势
A_1	1	2	4	3	0
A_2	3	1	1	-1	-1
A_3	10	6	12	3	-5
列位势	2	9	3	10	

第三步，非最优基本可行解的改进（迭代）（闭回路调整法）

该步骤相当于将 1 个空格（非基变量）转变为数字格（基变量），另将 1 个数字格（基变量）转变为空格（**非基变量**），从而获得更优的一个基本可行解（即新的更好的运输方案）。

前面例题 3.2-1 用最小元素法获得的初始运输方案，通过空格检验数计算结果可以看出，该方案不是最优，需进行改进。以此为例说明闭回路调整法的计算过程。

选择检验数为负值的一个空格，该空格与数字格之间一定能找到唯一的一个闭回路，见表闭回路调整法①箭头线所示。以空格开始为奇数位，沿闭回路的下一个顶点为偶数位，后面顶点依次进行奇偶相间的标示。见表①。

例题 3.2-1 闭回路调整法①

超市 仓库	B_1	B_2	B_3	B_4	行位势
A_1	1	2	4 奇	3 偶	0
A_2	3	1	1 偶	-1 奇	-1
A_3	10	6	12	3	-5
列位势	2	9	3	10	

找到偶数位数字格中运输量最小的值 θ（$\theta=1$）。将空格变为数字格，运输量为 θ；其他奇数位数字格的运输量在原来基础上 $+\theta$；偶数位数字格的运输量在原来基础上 $-\theta$，然后将其中运输量为 0 的数字格转变为空格。由此得到新的运输方案。见表闭回路调整法②。

例题 3.2-1 闭回路调整法②

超市 仓库	B_1	B_2	B_3	B_4	行位势
A_1			5	2	
A_2	3			1	
A_3		6		3	
列位势					

得到新的运输方案，再回到第二步进行最优解的判别，是最优解则停止计算，还不是最优解则继续第三步，如此循环直至找到最优解。

3. 供需不平衡的运输问题及其解法

前面的问题是供需（产销）平衡问题，即 $\sum_{i=1}^{m} a_i = \sum_{j=1}^{n} b_j$，但实际问题往往不平衡，或供大于需，或需大于供。只要把供需不平衡问题转化成供需平衡问题，就可以用上述方法解决，具体方法如下。

（1）当仓库供应量大于超市需求量时，只要增加一个假想的超市 $j=n+1$（实际上是储存），该超市总需求量为：

$$\sum_{i=1}^{m} a_i - \sum_{j=1}^{n} b_j \qquad (3.2\text{-}3)$$

而在单位运价表中从各仓库到该假想超市的单位运价为 $c'_{i,n+1}=0$。这样就转化为一个供需平衡的运输问题。

（2）当超市需求量大于仓库供应量时，只要在供需平衡表中增加一个假想的仓库 $i=m+1$，该仓库供应量为：

$$\sum_{j=1}^{n} b_j - \sum_{i=1}^{m} a_i \qquad (3.2\text{-}4)$$

而单位运价表上从该假想仓库到各超市的运价为 $c'_{m+1,j}=0$，同样可以转化为一个供需平衡的运输问题。

3.2.2 整数规划与 0-1 规划

1. 整数规划与求解

整数规划是这样一类线性规划问题，其求算结果中部分或全部决策变量为整数。

例题 3.2-2：某工厂制造三种规格的金属容器，每件利润见表，制造金属容器所用金属板、劳动力、机器等资源情况见表。问各种规格的容器应分别生产多少，使获得利润最大？

例题 3.2-2 表

容器规格 / 资源	小号	中号	大号	资源总量
金属板	2	4	8	500 块
劳动力	2	3	4	300 人
机器	1	2	3	100 台
利润	4 元/件	5 元/件	6 元/件	

设小号、中号、大号三种规格的金属容器分别生产 x_1,x_2,x_3 件，列出该问题数学模型：

$$\max Z = 4x_1+5x_2+6x_3$$
$$2x_1+4x_2+8x_3 \leqslant 500$$
$$2x_1+3x_2+4x_3 \leqslant 300$$
$$x_1+2x_2+3x_3 \leqslant 100$$
$$x_1、x_2、x_3 \geqslant 0,\ \text{且为整数}$$

以上问题即为整数规划问题。

对于整数规划问题的求解，采用“舍入化整”的方法是不可行的。如以下问题：

$$\max Z = 12x_1 + 9x_2$$
$$4x_1 + 5x_2 \leqslant 20$$
$$2x_1 + x_2 \leqslant 8$$
$$x_1, x_2 \geqslant 0\text{且均为整数}$$

上述问题如去掉整数约束条件（原问题的松弛问题），通过单纯形法可求得松弛问题最优解为：$x_1 = 10/3, x_2 = 4/3$，通过舍入化整可得到 4 个整数点（3，2）（4，1）（4，2）（3，1）。这 4 个整数点均不是原问题的最优解（原问题最优解为（4，0）），甚至前三个解都不是可行解。

整数规划问题可采用分枝定界法、割平面法求解，下面介绍这些方法主要步骤。

（1）分枝定界法：可用于求解纯整数规划（所有变量均为整数）和混合整数规划（部分变量为整数）。

分枝定界法主要思路：去掉整数约束，求相应线性规划的最优解，如该解不符合整数约束条件，就将原问题分为几个部分，每个部分增加约束条件，缩小可行域的范围，然后再分别求解。下面结合例题，以图解法的方式对分枝定界法步骤进行介绍，便于理解。

例题 3.2-3：

$$\max Z = 4x_1 + 3x_2$$
$$4x_1 + x_2 \leqslant 10$$
$$2x_1 + 3x_2 \leqslant 8$$
$$x_1, x_2 \geqslant 0\text{且均为整数}$$

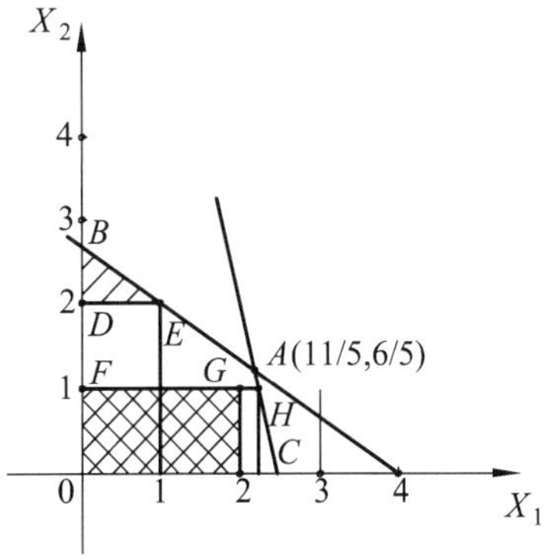

例题 3.2-3 图

分枝定界法步骤：

① 对原问题 W 去掉整数约束转化为问题 W'，求解 W'。若 W' 无可行解，则原问题 W 也无可行解。

② 若 W' 有最优解，检查是否符合整数约束，若符合，则得到 W 的最优解。若不符合，进行下一步。

如例题 3.2-3，通过图解法，去掉整数约束后 W' 问题的可行域为 OBAC 所围范围，A 点（11/5，6/5）为最优解，不符合整数约束。

③ 在 W' 的最优解中，选择一个不符合整数约束的变量 $x_j = b_j$，将 W' 分解为两个问题，其中一个为 W' 问题增加约束 $x_j \leqslant [b_j]$（b_j 取整数部分），另一个为 W' 问题增加约束 $x_j \geqslant [b_j]+1$，求解这两个问题。

如例题 3.2-3，取 $x_2 = 6/5$，将 W' 分解为两个问题分别求解：其中一个增加约束 $x_2 \leqslant 1$，可行域为 *FHCO*，最优解在 *H* 点（9/4，1），*Z*=12。另一个增加约束 $x_2 \geqslant 2$，可行域为 *DBE*，最优解在 *E* 点（1，2），*Z*=10。

④ 在所有分解后的问题中，选择目标函数值最大的问题为 W' 问题，转入第②步。如此循环，直到找到最优整数解。

如例题 3.2-3，将可行域为 *FHCO* 的问题作为 W' 问题，取 $x_1 = 9/4$，将 W' 分解为两个问题：一个增加约束 $x_1 \leqslant 2$，可行域为 *FGJO*，最优解在 *G* 点（2,1），*Z*=11。另一个增加约束 $x_1 \geqslant 3$，无可行解。

可以看出，例题 3.2-3 在所有分解后的问题中，目标函数值最大的整数解为（2,1），max*Z*=11。

例题 3.2-3 只有 2 个变量，采用了图解法求解，是为了便于理解分枝定界法的基本思想，对于有 2 个以上多变量问题，可以采用单纯形法求解。下面再举一例整数规划问题，采用分枝定界法求解。

例题 3.2-4：

$$\max Z = 5x_1 + 8x_2$$
$$x_1 + x_2 \leqslant 6$$
$$5x_1 + 9x_2 \leqslant 45$$
$$x_1、x_2 \geqslant 0，且为整数$$

解：上述问题的松弛问题（去掉整数约束）为：

$$\max Z = 5x_1 + 8x_2$$
$$x_1 + x_2 \leqslant 6$$
$$5x_1 + 9x_2 \leqslant 45$$
$$x_1、x_2 \geqslant 0$$

通过图解法或单纯形法求得最优解为：

$$x_1 = 2.25$$
$$x_2 = 3.75$$
$$z = 41.25$$

分枝定界法求解过程如图（例题 3.2-4 图）所示：

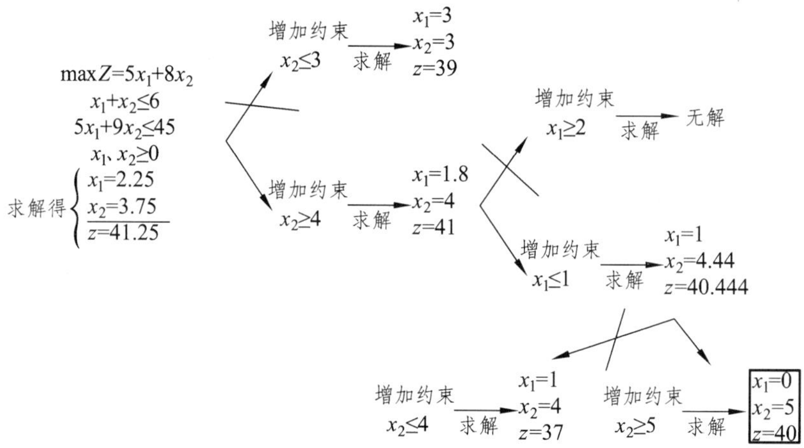

例题 3.2-4 图

（2）割平面法：可用于求解纯整数规划。

1958 年高莫瑞（R.E.Gomory）提出了求解纯整数规划问题的割平面法，又称为 Gomory 割平面法。割平面法仍然是运用单纯形法求解整数规划问题，首先不考虑变量是整数的约束，先求出松弛问题的最优解（如图 3.2-1 中可行域 *ABCO* 的最优点为 *B* 点，非整数解），然后通过添加约束条件使原可行域切割掉一部分（如图中阴影部分），这部分仅包含非整数可行解，而没有割掉任何整数可行解。从而使得最终可行域的整数顶点正好是问题的最优解（如图 3.2-1 中缩小后可行域 *ADCO* 的最优点为 *D* 点，是整数解）。

下面通过例题来说明割平面法求解步骤。

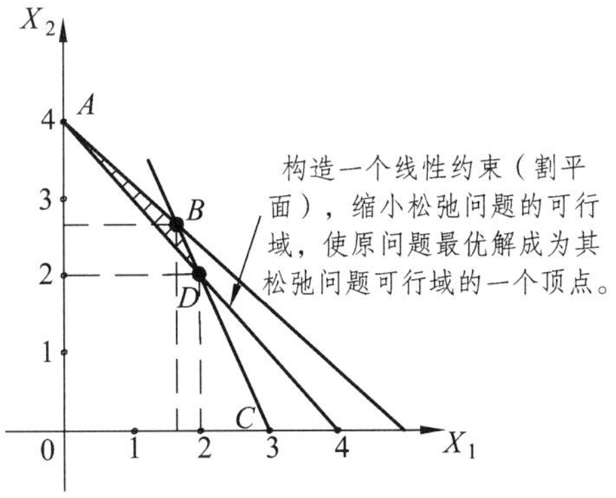

图 3.2-1　割平面法示意图

例题 3.2-5：

$$\begin{aligned} &\max Z = 4x_1 + 3x_2 \\ &x_1 + 5/4x_2 \leqslant 5 \\ &2x_1 + x_2 \leqslant 6 \\ &x_1, x_2 \geqslant 0 \text{且均为整数} \end{aligned}$$

解：原问题的松弛问题的标准形式：

$$\begin{aligned} &\max Z = 4x_1 + 3x_2 \\ &4x_1 + 5x_2 + x_3 = 20 \\ &2x_1 + x_2 + x_4 = 6 \\ &x_1, x_2, x_3, x_4 \geqslant 0 \end{aligned}$$

利用单纯形法求解该松弛问题，单纯形表如下（只列出初始表与最终表）。

例题 3.2-5　松弛问题单纯形表

C_b	X_b \ C_j	4	3	0	0	b_i	θ_i	项目
	X_j	X1	X2	X3	X4			
0	X_3	4	5	1	0	20		初始表
0	X_4	2	1	0	1	6		
$\sigma_j = C_j - C_bP_j$		4	3	0	0	Z=0		
3	X_2	0	1	1/3	-2/3	8/3		最终表
4	X_1	1	0	−1/6	5/6	5/3		
$\sigma_j = C_j - C_bP_j$		0	0	−1/3	−4/3	Z=44/3		

在最终表中找出基变量取值不满足整数要求的约束方程。将方程中系数及常数表示整数与正的真分数之和。

如上表中：$x_2 = 8/3$ 不满足整数要求，对应约束方程为：

$$x_2 + \frac{1}{3}x_3 - \frac{2}{3}x_4 = \frac{8}{3} \Rightarrow (1+0)x_2 + (0+\frac{1}{3})x_3 + (-1+\frac{1}{3})x_4 = 2 + \frac{2}{3}$$

将所有整数项移至方程左边，所有分数项移至方程右边。可以分析出，对于整数解，方程左边式子一定为≤0 的整数，由此得到割平面约束方程：

$$x_2 - x_4 - 2 = \frac{2}{3} - (\frac{1}{3}x_3 + \frac{1}{3}x_4) \leqslant 0 \Rightarrow x_2 - x_4 - 2 \leqslant 0$$

化为标准形式为：$x_2 - x_4 + x_5 = 2$

对原问题的松弛问题再增加一个割平面约束方程（缩小可行域）继续求解，例题模型如下：

$$\begin{aligned}
&\max Z = 4x_1 + 3x_2 \\
&4x_1 + 5x_2 + x_3 = 20 \\
&2x_1 + x_2 + x_4 = 6 \\
&x_2 - x_4 + x_5 = 2 \\
&x_1, x_2, x_3, x_4, x_5 \geqslant 0
\end{aligned}$$

如果得到最优整数解，则得到原问题最优整数解，如最优解不满足整数约束，则再找割平面约束方程，进一步缩小可行域进行求解，如此循环一直到最终获得最优整数解。

2. 0-1 规划与隐枚举法

线性规划模型中决策变量取值为 0 或 1 的整数规划即 0-1 规划。

例题 3.2-6：某建筑公司在同一时间内可参加四项工程的投标，这些项目要求的工期相同。问该公司对哪几种项目投标可能获得的总利润最大？各工程项目预期利润、所需施工量情况以及建筑公司的施工能力见下表（例题 3.2-6）。

例题 3.2-6 表

工程项目	预期利润（万元）	砌筑量（m^3）	混凝土量（m^3）	抹灰量（m^3）
A_1	5	4 200	280	2 500
A_2	8	2 300	880	480
A_3	7.5	4 800	300	1 500
A_4	9	2 300	900	5 200
施工能力		12 000	1600	9 000

解：对该问题建立数学模型如下：

$$设\ x_i = \begin{cases} 1, 对项目A_i\ 投资 \\ 0, 对项目A_i\ 不投资 \end{cases}$$

$$\begin{aligned}
&\max Z = 5x_1 + 8x_2 + 7.5x_3 + 9x_4 \\
&4\,200x_1 + 2\,300x_2 + 4\,800x_3 + 3\,200x_4 \leqslant 1\,2000 \\
&280x_1 + 880x_2 + 300x_3 + 900x_4 \leqslant 1\,600 \\
&2\,500x_1 + 480x_2 + 1\,500x_3 + 5\,200x_4 \leqslant 9\,000 \\
&x_i = 0 \text{ 或 } 1, i = 1,2,3,4
\end{aligned}$$

对于 0-1 规划问题，每个变量只取 0，1 两个值，变量取值的 0、1 组合是有限的。由此提出 0-1 规划问题的枚举法：即列出各变量分别取 0 或 1 值的每一种组合，然后在满足约束条件的变量的 0-1 组合中找出使目标函数达到最优值的组合，即最优解。

如果 0-1 规划问题决策变量数目多，0-1 组合数量大，枚举法计算量大，不可取。而隐枚举法只需要检查 0-1 变量取值组合的一部分即可得到问题的最优解。下面结合例题介绍隐枚举法求解方法。

例题 3.2-7：

$$\max Z = 3x_1 - 2x_2 + 5x_3$$
$$x_1 + 2x_2 - x_3 \leqslant 2$$
$$x_1 + 4x_2 + x_3 \leqslant 4$$
$$x_1 + x_2 \leqslant 3$$
$$4x_2 + x_3 \leqslant 6$$
$$x_i = 0 \text{ 或 } 1, i = 1,2,3,4$$

解：第一步：对于极大化目标函数，为了尽量减少隐枚举法的计算量，首先将目标函数各项按系数从小到大的顺序重新排列，每个约束方程左边各项也按此重新排列。

$$\max Z = -2x_2 + 3x_1 + 5x_3$$
$$2x_2 + x_1 - x_3 \leqslant 2$$
$$4x_2 + x_1 + x_3 \leqslant 4$$
$$x_2 + x_1 \leqslant 3$$
$$4x_2 + x_3 \leqslant 6$$
$$x_i = 0 \text{ 或 } 1, i = 1,2,3$$

第二步：按字典顺序给出各变量（按第一步调整好的顺序）取值为 0 或 1 的所有组合，见表隐枚举法①。

例题 3.2-7 表　0-1 规划隐枚举法①

0-1 取值组合 (x_2,x_1,x_3)	目标函数值	约束条件左端值				判别	
	（0）	（1）	（2）	（3）	（4）	是否满足条件	Z 值
0，0，0							
0，0，1	5	−1	1	0	1	√	5
0，1，0							
0，1，1							
1，0，0							
1，0，1							
1，1，0							
1，1，1							

第三步：任取一组满足约束条件的 0-1 变量组合，计算其目标函数及约束条件左端值填入表中（0）~（4）列。如（0，0，1）满足（1）~（4）四个约束条件，是可行解，计算其目标函数值 z=5，将其值作为过滤条件，填入 Z 列。见表①。

第四步：从上至下依次考察其他 0-1 变量组合。设某组解为 x_2,x_1,x_3，先计算其目标函数，若其值大于 Z 列最大值，则再依次考察（1）、（2）、（3）、（4）约束条件是否满足。如果全部通过，则将对应 0-1 解的目标函数填入 Z 列，作为新的过滤条件；如有一个约束条件不满足，则直接进行下一组 0-1 变量组合的考察。如计算目标函数更小，则不用再考察（1）（2）（3）（4）约束条件是否满足，直接考察下一组 0-1 变量组合。一直到所有 0-1 变量组合全部分析完。

则 Z 列最大值所对应的解是最优解。计算结果见表隐枚举法②，最优解 $(x_2,x_1,x_3)=(0,1,1)$，$\max Z=8$。

例题 3.2-7 表　0-1 规划隐枚举法②

0-1 取值组合	目标函数值	约束条件左端值				判别	
(x_2,x_1,x_3)	（0）	（1）	（2）	（3）	（4）	是否满足条件	Z 值
0，0，0	0					×	
0，0，1	5	−1	1	0	1	√	5
0，1，0	3					×	
0，1，1	8	0	2	1	1	√	8
1，0，0	−2					×	
1，0，1	3					×	
1，1，0	1					×	
1，1，1	6					×	

3.2.3　指派问题与匈牙利法

1. 模型与求解

在交通运输活动中，经常会遇到这样的问题，有 n 项运输任务，恰好有 n 辆车可承担这些运输任务，由于车型、载重以及司机对道路熟悉程度等方面的不同，效率也不一样，于是产生了应指派哪辆车去完成哪项运输任务，使总效率最高（或费用最小，或时间最短）的问题，这类问题被称作指派问题。类似的问题有，n 项配送任务，怎样指派到 n 个超市上分别完成的问题；n 条航线，怎样指定 n 艘船去航行的问题等。

这类指派问题数学模型表示如下：

令：$x_{ij}=\begin{cases}1 & \text{当指派第}\,i\,\text{人去完成第}\,j\,\text{项任务}\\ 0 & \text{当不指派第}\,i\,\text{人去完成第}\,j\,\text{项任务}\end{cases}$

c_{ij} 表示指派第 i 人去完成第 j 项任务时的效率（或时间、成本等）。

当问题要求极小化时的数学模型是：

$$\min z=\sum_i\sum_j c_{ij}x_{ij} \tag{3.2-5}$$

$$\sum_i x_{ij}=1,\quad j=1,2,\cdots,n$$

$$\sum_j x_{ij}=1,\quad i=1,2,\cdots,n \tag{3.2-6}$$

$$x_{ij}=0\text{ 或 }1$$

约束条件式（3.2-6）说明第 j 项任务只能由 1 人去完成；第 i 人只能完成 1 项任务。

指派问题是 0-1 规划的特例，也是运输问题的特例。当然可用整数规划，0-1 规划或运输问题的解法去求解，这就如同用单纯型法求解运输问题一样是不合算的。利用指派问题的特点可有更简便的解法。

指派问题的最优解具有这样的性质：若从效率矩阵（c_{ij}）的一行（列）各元素中分别减去该行（列）的最小元素，得到新的效率矩阵（b_{ij}），那么以（b_{ij}）为效率矩阵求得的最优解和用原效率矩阵求得的最优解是相同的。

效率矩阵（c_{ij}）对应目标函数为：$\min Z=\sum_i\sum_j c_{ij}x_{ij}$

假设效率矩阵（c_{ij}）第 k 行各元素分别减去一个常数 a，得到新的效率矩阵（b_{ij}），其目标函数可表示为：

$$\begin{aligned}\min Z' &= \sum_i\sum_j b_{ij}x_{ij}\\ &= \sum_{i(i\neq k)}\sum_j c_{ij}x_{ij}+\sum_j (c_{kj}-a)x_{kj}\\ &= \sum_{i(i\neq k)}\sum_j c_{ij}x_{ij}+\sum_j c_{kj}x_{kj}-a\sum_j x_{kj}\\ &= \sum_i\sum_j c_{ij}x_{ij}-a=\min Z-a\end{aligned}$$

可以看出最优目标函数 $\min Z'$ 对应的最优解一定也是目标函数 $\min Z$ 对应的最优解。

利用这个性质，得到指派问题求解思路：可使原效率矩阵变换为含有很多 0 元素的新效率矩阵，而最优解保持不变。如在新的效率矩阵（b_{ij}）中，能找到位于不同行不同列的 n 个独立的 0 元素，则令这 n 个独立的 0 元素所对应的决策变量取值为 1，其他决策变量取值为 0，将其代入目标函数中得到 $Z'=0$，它一定是最小的。这就是以（b_{ij}）为效率矩阵的指派问题的最优解，其实也就是原问题的最优解。

库恩（W. W. Kuhn）于 1955 年提出了指派问题的解法，他引用了匈牙利数学家康尼（D. Koning）一个关于矩阵中 0 元素的定理：系数矩阵中独立 0 元素的最多个数等于能覆盖所有 0 元素的最少直线数，这解法被称作匈牙利法，以后在方法上虽有不断改进，但仍沿用这名称。

下面结合例题阐述指派问题匈牙利法的具体求解过程。

例题 3.2-8：某运输企业现有 4 项运输任务 A、B、C、D，现有甲、乙、丙、丁 4 辆车，他们完成任务所需时间如表所示。问应指派何人去完成何工作，使所需总时间最少？

例题 3.2-8　完成任务所需时间表

人员 \ 任务	A	B	C	D
甲	7	10	9	11
乙	6	11	10	5
丙	18	12	10	11
丁	12	13	14	8

解：第一步：使指派问题的效率矩阵经变换，在各行各列中都出现 0 元素。采用以下方法实现。

首先从效率矩阵的每行元素中减去该行的最小元素；然后从所得矩阵的每列元素中减去该列的最小元素。

$$(c_{ij})=\begin{bmatrix}7&10&9&11\\6&11&10&5\\18&12&10&11\\12&13&14&8\end{bmatrix}\xrightarrow{\text{减去每行最小元素}}\begin{bmatrix}0&3&2&4\\1&6&5&0\\8&2&0&1\\4&5&6&0\end{bmatrix}\xrightarrow{\text{减去每列最小元素}}\begin{bmatrix}0&1&2&4\\1&4&5&0\\8&0&0&1\\4&3&6&0\end{bmatrix}=(b_{ij})$$

第二步：找出 n 个独立 0 元素

经第一步变换后，（b_{ij}）效率矩阵中每行每列都有了 0 元素，但需要找出 n 个独立的 0 元素。常用的步骤如下：

（1）在（b_{ij}）效率矩阵中，从只有一个 0 元素的行开始，给这个 0 元素加[ ]，这表示对这行所代表的人，只有一种任务可指派。然后用线划去[ ]所在的列，这表示这列所代表的任务已指派完，不必再考虑别人了。逐行按此操作，找出只有一个 0 元素（没有被线划去的）的行，给 0 元素加[ ]，然后划去相应列。

（2）再逐列考察，给只有一个 0 元素（没有被线划去的）的列的 0 元素加[ ]，然后用线划去[ ]所在行。

例题 3.2-8 的（1）、（2）过程步如下：

$$\begin{bmatrix} [0] & 1 & 2 & 4 \\ 1 & 4 & 5 & [0] \\ 8 & [0] & 0 & 1 \\ 4 & 3 & 6 & 0 \end{bmatrix} \begin{bmatrix} [0] & 1 & 2 & 4 \\ 1 & 4 & 5 & [0] \\ 8 & [0] & 0 & 1 \\ 4 & 3 & 6 & 0 \end{bmatrix} \rightarrow \begin{bmatrix} [0] & 1 & 2 & 4 \\ 1 & 4 & 5 & [0] \\ 8 & [0] & 0 & 1 \\ 4 & 3 & 6 & 0 \end{bmatrix}$$

（3）反复进行（1），（2）两步，直到所有 0 元素都被划掉为止。若独立[0]元素的个数等于 n，那么指派问题的最优解已得到。若独立[0]元素的个数$<n$，则转入第（4）步。

（4）将（b_{ij}）效率矩阵再进行变换，在没有被线划掉的各元素中，找出最小的元素值 β，没有被线划掉的各元素$-\beta$，被两条线划去的元素$+\beta$，其他元素值不变。得到新的效率矩阵 $(b_{ij})_2$，与原问题效率矩阵是等效的。对新的效率矩阵$(b_{ij})_2$按步骤（1）、（2）、（3）再寻找独立 0 元素。如此循环，一直到获得 n 个独立[0]元素，即得到指派问题的最优解。

如例题 3.2-8，新的效率矩阵及寻找独立 0 元素如下：

$$(b_{ij})_2 = \begin{bmatrix} 0 & 0 & 1 & 4 \\ 1 & 3 & 4 & 0 \\ 9 & 0 & 0 & 2 \\ 4 & 2 & 5 & 0 \end{bmatrix} \text{寻} \begin{pmatrix} [0] & 0 & 1 & 4 \\ 1 & 3 & 4 & [0] \\ 9 & [0] & 0 & 2 \\ 4 & 2 & 5 & 0 \end{pmatrix}$$

$$(b_{ij})_3 = \begin{bmatrix} 0 & 0 & 1 & 5 \\ 0 & 2 & 3 & 0 \\ 9 & 0 & 0 & 3 \\ 3 & 1 & 4 & 0 \end{bmatrix} \text{寻} \begin{pmatrix} 0 & [0] & 1 & 5 \\ [0] & 2 & 3 & 0 \\ 9 & 0 & [0] & 3 \\ 3 & 1 & 4 & [0] \end{pmatrix}$$

第三步：指派问题的最优解，即决策变量（x_{ij}）矩阵中对应独立 0 元素的变量取值 1，其他变量取值 0。

$$(x_{ij}) = \begin{bmatrix} 0 & 1 & 0 & 0 \\ 1 & 0 & 0 & 0 \\ 0 & 0 & 1 & 0 \\ 0 & 0 & 0 & 1 \end{bmatrix}$$

这表示：应派甲车去完成 B 项运输任务，乙车去完成 A 项运输任务，丙车去完成 C 项运输任务，丁车去完成 D 项任务。

指派问题的匈牙利法在计算过程中可能出现一种情况（见图 3.2-2），在找独立 0 元素过程中，总有 0 元素不能被线划掉。这种情况说明指派问题存在多解。没有被线划掉的 0 元素之间一定可以构成一个闭回路(见图中箭头线所示),沿此闭回路间隔给 0 加[ ]即可(见图 3.2-3)。

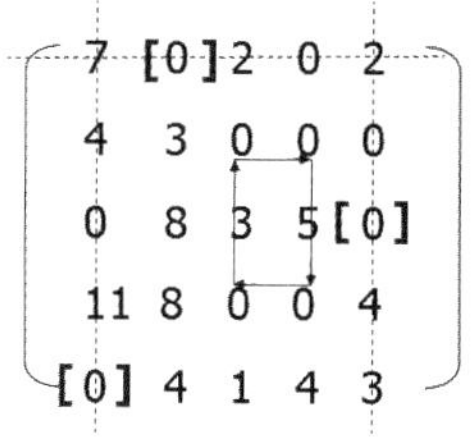

图 3.2-2

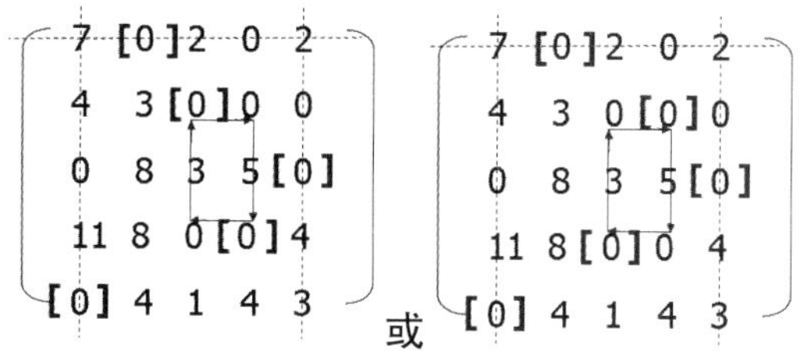

图 3.2-3

2. 任务数与执行任务人数不相等

指派问题的匈牙利法适用于任务数与执行任务人数相等的情况。对于任务数与执行任务人数不相等的情况，下面结合例题说明其解法。

例题 3.2-9：设有三项任务，可以安排四个人去完成，各人完成各项工作所费的时间如例题 3.2-9 表所示，问应指派哪个人去完成哪项任务，所需总时间最少?

解：第一步：添加 $m-n$ 个虚拟任务，并赋予各人完成虚拟任务所费的时间为 0，这样将问题转化为人数与任务数相等的指派问题。

例题 3.2-9　完成任务所需时间表

任务 / 人员	A	B	C
甲	2	15	13
乙	10	4	14
丙	9	14	16
丁	7	8	11

$$(c_{ij})=\begin{bmatrix}2 & 15 & 13 & 0\\10 & 4 & 14 & 0\\9 & 14 & 16 & 0\\7 & 8 & 11 & 0\end{bmatrix}$$

第二步：运用匈牙利法求解（略）。

例题 3.2-10：设有四项任务，可以安排三个人去完成，各人完成各项工作所费的时间如表（例题 3.2-10 表）所示，问应指派哪个人去完成哪项任务，所需总时间最少?

例题 3.2-10　完成任务所需时间表

任务 / 人员	A	B	C	D
甲	2	15	13	4
乙	10	4	14	15
丙	9	14	16	13

解：第一步：添加 $n-m$ 个虚拟的人，并赋予各虚拟人完成各项任务所费的时间为 0，这样将问题转化为人数与任务数相等的指派问题。

$$(c_{ij})=\begin{bmatrix}2 & 15 & 13 & 4\\10 & 4 & 14 & 15\\9 & 14 & 16 & 13\\0 & 0 & 0 & 0\end{bmatrix}$$

第二步：利用匈牙利法求解（略）。

3.3　动态规划

动态规划是研究多阶段决策过程的最优化问题的一种方法。该方法把实际问题恰当地划分为若干个阶段（一般根据时间和空间划分），建立具有递推关系的数学模型，应用贝尔曼最优化原理，求得问题的解。动态规划的方法在交通运输、工程技术、经济等部门都有广泛的应用，特别是对离散性问题用动态规划来解更优越。

本节主要介绍动态规划的基本概念、基本方法、贝尔曼最优化原理以及动态规划问题逆序解法。

3.3.1 动态规划研究的问题

下面用最短路问题来说明什么是动态规划。

例题 3.3-1：给出一个路线网络，如图 3.3-1 所示。从 A 点要铺设一条道路到 E 点，图中两点连线上的数字表示两点间的距离（或费用），试选择一条由 A 到 E 铺设线路，使总距离最短（或总费用最省）。

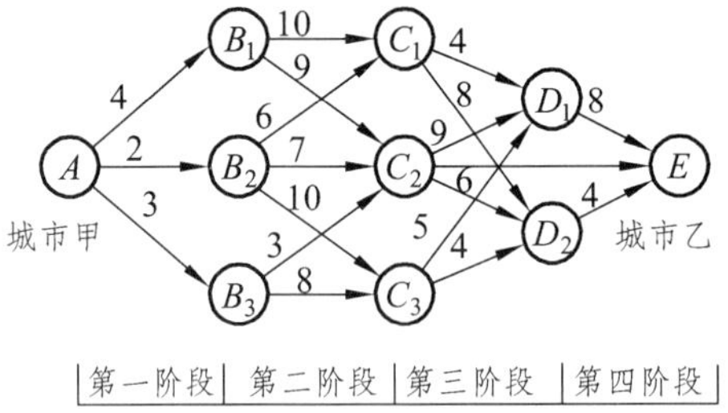

图 3.3-1 路线网络

可采用穷举法，把由 A 到 E 的每一条可能线路算出来，进行比较，即可找出最短线路。本题共有 14 条不同线路，比较这 14 条不同线路的距离值，可找出最短线路是：A-B_3-C_2-D_2-E，最短距离为 16。

但是当线路网络段数很多时，用穷举法计算就变得相当繁杂了，甚至在计算机上也难以实现。

这是一个多阶段（四阶段）的决策问题。由 A 到 E 可分为四个阶段：A 到 B 为第一阶段，有三个选择：AB_1、AB_2、AB_3。如果选择 AB_1 这一决策（线路），则 B_1 是第一阶段的终点，也是第二阶段的始点。第二阶段从 B_1 出发，有一个可供选择的决策集合 $\{B_1C_1,\ B_1C_2\}$。如果选择 B_1C_2 为第二阶段的决策，则 C_2 就是第二阶段的终点，第三阶段的始点。依次类推。

这样将整个过程划分为若干个相互有联系的阶段，每一个阶段都需要做出决策（选择线路），一个阶段决策确定以后，就直接影响后面各阶段引进的线路和整个线路的长短。

每个阶段确定一个决策，整个过程就构成了一个决策序列，通常称为一个策略。由于每一个阶段可供选择的决策往往不止一个，因而形成了许多可供选择的策略。每一个对应策略就有一个确定的效果（整个线路的长度）。不同的策略，效果也不同。多阶段决策问题就是要在允许选择的策略中，找出一个最优策略，使得在预定目标下，达到最好的效果。

上述这一类问题，阶段常常可用时间阶段表示。各个时段，采取不同决策是随时间而变化的。这就是"动态"的含义。

动态规划是在时间推移工程中，每一阶段选择最恰当的决策，使整个过程的决策构成最优决策序列（最优策略），达到整体最优的效果。

在一定条件下，动态规划也可以解决一些与时间无关的静态规划问题，只要人为地引进"时间"因素，就可以变成一个多阶段决策问题，从而用动态规划方法进行求解。如以下例题。

例题 3.3-2：现有资金 5 亿元，欲投资到三个项目上，每个项目在不同的投资情况下有不同的年回收额，见例题 3.3-2 表，问如何投资才能获得最大年回收额？

该问题也可以看成是与时间有关的多阶段决策问题，第一阶段决策给第一个项目的投资额，第二阶段决策给第二个项目的投资额，第三阶段决策给第三个项目的投资额。

3.3.2 动态规划的基本概念与基本方程

1. 动态规划的基本概念

1）阶段

对于多阶段决策问题，按问题的特点可将其划分为若干个相互联系的阶段，此阶段就是问题所处的地段或时段。描述阶段的变量称为阶段变量，用 k 表示。如例题 3.3-1，k=1，2，3，4。例题 3.3-2，k=1，2，3。

例题 3.3-2 表

投资 x（亿元）		0	1	2	3	4	5
三个项目的年回收额	g_1（x）	0	3	7	9	12	13
	g_2（x）	0	5	10	11	11	11
	g_3（x）	0	4	6	11	12	12

2）状态

状态就是在各阶段开始时问题的自然状况。如例题 3.3-1 中，各阶段的起始位置就是该问题的状态。例题 3.3-2 中，上一阶段决策后还余下多少投资额给下一阶段来决策，就是下一阶段的状态。

描述状态的变量称为状态变量。通常用 S_k 表示第 k 阶段的可能的状态集合，用 s_k 表示第 k 阶段的某一具体的状态。如例题 3.3-1 中，$S_2=\{B_1, B_2, B_3\}$，即第二阶段可能有 3 种起始位置状态，具体是什么位置状态与上一阶段的决策有关。例题 3.3-2 中 $S_2=\{0, 1, 2, 3, 4, 5\}$，即如果第一阶段决策给第一个项目投资了 2 亿元，余下 3 亿元就是第二个阶段的状态，$s_2=3$；如果第一阶段决策给第一个项目投资了 0 亿元，余下 5 亿元就是第二个阶段的状态，$s_2=5$。

对于动态规划，状态是最关键的一个参数，它既反映前面各阶段决策的结局，又是本阶段做出决策的出发点和依据，状态是动态规划问题各阶段信息的传递点和结合点。

3）决策

决策是指某阶段初从给定的状态出发，决策者在面临的若干种不同方案中做出的选择。描述决策的变量称为决策变量。用 $u_k(s_k)$ 表示第 k 阶段在状态为 s_k 处所做出的决策，用 $D_k(s_k)$ 表示第 k 阶段在状态 s_k 处所有可行决策构成的决策集合，显然有 $u_k(s_k)\in D_k(s_k)$。例题 3.3-1 中，如第二阶段状态 $s_2=B_3$，则 $D_2(s_2)=\{B_3C_2, B_3C_3\}$，如决策是往 C_2 前进，则 $u_2(s_2)=B_3C_2$；例题 3.3-2 中，如第二阶段状态 $s_2=3$，则 $D_2(s_2)=\{0, 1, 2, 3\}$，如决策是给第二个项目投资 2 亿元，则 $u_2(s_2)=2$。

4）状态转移方程

描述相邻两阶段状态与决策相互关系的方程称为状态转移方程。不同的问题，这种关系的形式是不同的，对于某一具体问题，状态转移方程的形式一般也是确定的。状态转移方程可描述为：

$$s_{k+1}=T_k(s_k,u_k) \tag{3.3-1}$$

它描述了由 k 阶段到 k+1 阶段的状态转移规律，T_k 称为状态转移函数。

例题 3.3-2 中，状态转移函数可用具体数学公式表达为 $s_{k+1}=s_k-u_k$，如在第二阶段有 3 亿元资金（s_2=3），决策给第二个项目投资 2 亿元（$u_2(s_2)$=2），则后面第三阶段的状态为 $s_3=s_2-u_2=3-2=1$。

例题 3.3-1 中状态转移函数无法用具体数学公式表达，但应根据问题明确具体状态转移关系。

5）策略

对于 n 阶段决策问题，从初始状态出发到终点状态的全过程中，每阶段的决策所构成的决策序列就被称为一个整体策略，简称策略，记为：

$$p_{1,n}(s_1)=\{u_1(s_1),u_2(s_2),\cdots,u_n(s_n)\} \tag{3.3-2}$$

另外，称下式所描述的为后部 k 段子策略

$$p_{k,n}(s_k)=\{u_k(s_k),u_{k+1}(s_{k+1}),\cdots,u_n(s_n)\} \tag{3.3-3}$$

称下式所描述的为前部 k 段子策略

$$p_{1,k}(s_1)=\{u_1(s_1),u_2(s_2),\cdots,u_k(s_k)\} \tag{3.3-4}$$

6）阶段指标、过程指标、最优指标

衡量问题的优劣必须有数量指标。

（1）阶段指标函数是对应某一阶段状态和从该状态出发的一个阶段的决策的某种效益度量，用 $v_k(s_k,u_k)$ 表示。如例题 3.3-1 中，$s_2=B_2,u_2(s_2)=B_2C_1$，则 $v_2(s_2,u_2)=6$；例题 3.3-2 中，$s_2=3$，$u_2(s_2)=2$，则 $v_2(s_2,u_2)=10$。

（2）过程的指标函数是指从状态 x_k 出发至过程最终，当采取某种子策略时，按预定标准得到的效益值，用 $V_{k,n}$ 表示。过程指标一般有两种形式：阶段指标和的形式、阶段指标积的形式。

① 阶段指标和的形式。

$$\begin{aligned}V_{k,n}&=\sum_{i=k}^{n}v_i(s_i,u_i)\\&=v_k(s_k,u_k)+\sum_{i=k+1}^{n}v_i(s_i,u_i)=v_k(s_k,u_k)+V_{k+1,n}\end{aligned} \tag{3.3-5}$$

② 阶段指标积的形式

$$\begin{aligned}V_{k,n}&=\prod_{i=k}^{n}v_i(s_i,u_i)\\&=v_k(s_k,u_k)\cdot\prod_{i=k+1}^{n}v_i(s_i,u_i)=v_k(s_k,u_k)\cdot V_{k+1,n}\end{aligned} \tag{3.3-6}$$

（3）最优指标函数。

所谓最优指标函数，是指对某一确定状态选取最优策略后得到的指标函数值，实际上也是对应某一最优子策略的某种效益度量。最优指标值用 $f_k(s_k)$ 表示：

$$f_k(s_k) = optV_{k,n} \tag{3.3-7}$$

2. 动态规划的最优化原理

20 世纪 50 年代，P.Bellman 等人根据多阶段决策问题的研究成果，提出了最优化原理，该原理作为动态规划的理论基础，解决了很多类型决策过程的最优化问题。

求解动态规划的贝尔曼最优化原理如下：作为整个过程的最优策略具有这样的性质，无论过去的状态和决策如何，对先前决策所形成的某一状态而言，余下的诸决策必构成最优策略。该原理也可以简单描述为：最优策略的子过程策略也是最优的。

如图 3.3-2 所示，假设采取了最优策略，得到了某个系统运动的最优轨线，该最优轨线将状态空间中的点 X_0（起点）与点 X_T（终点）连接起来，现在最优轨迹上取某个中间点 X_v，从而将最优线分为Ⅰ、Ⅱ两段，则子轨线Ⅱ也是最优的。

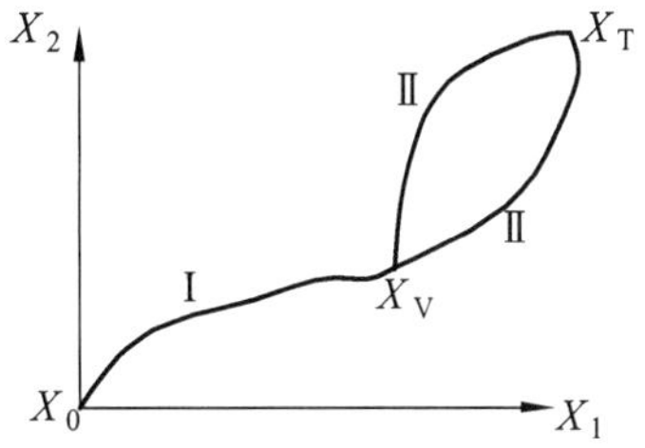

图 3.3-2　系统运动最优轨迹

最优性原理的证明是很容易的，可以用反证法。假设从中间点 X_v 到终点 X_T 的最优轨线是Ⅱ′而不是Ⅱ，那么必然有Ⅰ+Ⅱ′优于Ⅰ+Ⅱ，这与Ⅰ+Ⅱ为最优轨线相矛盾。于是最优性原理得到证明。

3. 动态规划的基本方程

根据上述动态规划最优化原理，可提出 n 阶段决策问题的递推关系，即动态规划的基本方程。

对于指标函数为阶段指标和的形式的问题，动态规划的基本方程为：

$$\begin{cases} f_k(s_k) = \underset{u_k \in D_k(s_k)}{opt} \left\{ v_k(s_k, u_k) + f_{k+1}(s_{k+1}) \right\} \\ f_{n+1}(s_{n+1}) = 0 \end{cases} \tag{3.3-8}$$

对于指标函数为阶段指标积的形式的问题，动态规划的基本方程为：

$$\begin{cases} f_k(s_k) = \underset{u_k \in D_k(s_k)}{opt} \left\{ v_k(s_k, u_k) \cdot f_{k+1}(s_{k+1}) \right\} \\ f_{n+1}(s_{n+1}) = 1 \end{cases} \tag{3.3-9}$$

3.3.3　动态规划解法

根据状态变量的取值是离散还是连续的，动态规划可分为连续型、离散型两类。

求解动态规划问题的方法有逆序解法和顺序解法，其关键在于正确写出动态规划的递推关系式，故递推关系式有逆推和顺推两种形式。一般地说，当初始状态被给定时，用逆推比较方便；当终止状态被给定时，用顺推比较方便。其实用顺推法与逆推法在本质上没有区别，它相当于将实际的起点视为终点，将实际的终点视为起点，而按逆推解法进行。

下面就通过两个具体例子主要介绍动态规划问题的逆推解法。

例题 3.3-3：某一交警部门共有 12 支巡逻队，负责 4 个事故多发路段 A、B、C、D 的交警巡逻。对每个路段可分别派出 2 ~ 4 支巡逻队，并且由于派出巡逻队数的不同，各路段预期在一段时期内可能造成的损失有差别，具体数字如例题 3.3-3 表所示。问该交警部门应往各路段分别派多少支巡逻队，使总的预期损失最小。

例题 3.3-3 预期损失表

巡逻队数＼路段	A	B	C	D
2	18	38	24	34
3	14	35	22	31
4	10	31	21	25

解：把 12 支巡逻队往 4 个路段的派遣问题看成是一个 4 阶段（k=1,2,3,4）决策问题。分析步骤如下：

1）分析各阶段可能的状态

本题阶段状态（s_k）具体含义是每个阶段初拥有的可派遣的巡逻队数，它是前面阶段决策的结果，也是本阶段决策的依据。根据题意分析各阶段可能的状态集合如下：

$$S_1=\{12\} \quad S_2=\{8,9,10\} \quad S_3=\{4,5,6,7,8\} \quad S_4=\{2,3,4,5,6\}$$

本题属于离散型动态规划（状态变量是离散的），初始状态给定，采用逆序解法。

2）分析各阶段的允许决策集合

各阶段的决策变量就是对各路段派出的巡逻队数（u_k），根据题意，各阶段的允许决策集合为：$D_k(s_k)=\{2,3,4\}$（k=1,2,3,4）

3）分析状态转移方程

每个阶段初拥有的可派遣的巡逻队数等于上阶段初拥有的数量减去上阶段派出的巡逻队数，故状态转移方程为：$s_{k+1}=s_k-u_k$

4）分析指标函数

每一个阶段派出巡逻队数为 u_k 时，该阶段路段预期损失值可查表（例题 3.3-3 预期损失表），表中数据即为阶段指标。

本题过程指标应用阶段指标和的形式：$V_{k,4}=v_k(s_k,u_k)+V_{k+1,4}$

第 k 阶段到过程结束的最优子策略对应的最优指标，指总预期损失值最小，故其递推关系式（动态规划的基本方程）可表示为：$f_k(s_k)=\min\limits_{u_k\in D_k(s_k)}\{v_k(s_k,u_k)+f_{k+1}(s_{k+1})\}$

因问题中只有 4 个事故多发路段（4 个阶段），故第 5 阶段初拥有的未派出的巡逻队数对前 4 个路段的预期损失不再有影响，边界条件为：$f_5(s_5)=0$

5）从最后第 4 阶段开始逆推求解

k=4，计算见表①。计算第 4 阶段各种可能状态下（表中 s_4 一列），各允许决策（表中 u_4 一行）对应的指标值 $v_4(s_4,u_4)+f_5(s_5)$，$v_4(s_4,u_4)$ 阶段指标查表（例题 3.3-3 预期损失表），边界条件 $f_5(s_5)=0$。

第 4 阶段，如状态变量 s_4=2，其允许决策集合为：$D_4(s_4)=\{2\}$。如状态变量 s_4=3，允许决策集合为：$D_4(s_4)-\{2,3\}$，其他状态时，允许决策集合为：$D_4(s_4)=\{2,3,4\}$。

通过计算找出各状态下的最优指标 $\min\{v_4(s_4,u_4)+f_5(s_5)$（表中 f_4（s_4）一列）及对应的最优决策（表中 u_4^* 一列）。

k=3，计算见表②。计算第 3 阶段各种可能状态下（表中 s_3 一列），各允许决策（表中 u_3 一行）对应的指标值 v_3（s_3，u_3）+f_4（s_4）。v_3（s_3，u_3）阶段指标查表（例题 3.3-3 预期损失表）；根据状态转移方程，$s_4=s_3-u_3$，f_4（s_4）查上一阶段计算结果，见表①。

例题 3.3-3　动态规划计算表①

u_4 \ s_4	$v_4+f_5(s_5)$			$f_4(s_4)$	u^*_4
	2	3	4		
2	34	—	—	34	2
3	34	31	—	31	3
4	34	31	25	25	4
5	34	31	25	25	4
6	34	31	25	25	4

第 3 阶段，如状态变量 $s_3=4$，允许决策集合为：$D_3(s_3)=\{2\}$，因为根据实际问题要求，每个路段至少应派遣 2 个巡逻队，故第 3 阶段决策时需考虑给第 4 阶段至少留下 2 个巡逻队。同样可以理解当状态变量 $s_3=5$，允许决策集合为：$D_3(s_3)=\{2,3\}$；其他状态时，允许决策集合为：$D_3(s_3)=\{2,3,4\}$。

通过计算找出第 3 阶段各状态下的最优指标 $\min\{v_3(s_3,u_3)+f_4(s_4)$（表中 $f_3(s_3)$ 一列）及对应的最优决策（表中 u_3^*一列）。

例题 3.3-3　动态规划计算表②

u_3 \ s_3	$V_3+f_4(s_4)$			$f_3(s_3)$	u^*_3
	2	3	4		
4	24+34	—	—	58	2
5	24+31	22+34	—	55	2
6	24+25	22+31	21+34	49	2
7	24+25	22+25	21+31	47	3
8	24+25	22+25	21+25	46	4

类似对 $k=2$ 阶段进行计算，见表③。最后对 $k=1$ 阶段进行计算，见表④

例题 3.3-3　动态规划计算表③

u_2 \ s_2	$v_2+f_3(s_3)$			$f_2(s_2)$	u^*_2
	2	3	4		
8	38+49	35+55	31+58	87	2
9	38+47	35+49	31+55	84	3
10	38+46	35+47	31+49	80	4

例题 3.3-3　动态规划计算表④

u_1 \ s_1	$v_1+f_2(s_2)$			$f_1(s_1)$	u^*_1
	2	3	4		
12	18+80	14+84	10+87	97	4

6）确定最优策略

由 $k=1$ 计算表④知第一阶段最优决策为 $u_1^*=4$；根据状态转移方程，第二阶段状态

s_2=12−4=8，由 k=2 计算表③可知，在此状态下，最优决策为 u_2^*=2；根据第二阶段决策，分析第三阶段状态 s_3=8−2=6，由 k=3 计算表②，在此状态下，最优决策 u_3^*=2；第四阶段状态 s_4=6−2=4，由 k=4 计算表①，最优决策为 u_4^*=4。

因此该交警部门派遣巡逻队数的最优策略是：A 路段 4 支，B 路段 2 支，C 路段 2 支，D 路段 4 支，总预期损失为 $f_1(s_1)$=97。

例题 3.3-4：用动态规划求解下述非线性规划问题

$$\max z = \prod_{i=1}^{3} i \cdot x_i$$

$$\begin{cases} x_1 + 3x_2 + 2x_3 \leqslant 12 \\ x_i \geqslant 0 (i = 1,2,3) \end{cases}$$

解：将变量 x_1，x_2，x_3 的取值人为地分为 3 个阶段，x_i 为第 i 阶段的决策变量。引入状态变量 s_i，将约束条件转化为状态转移方程。

$$x_1 + 3x_2 + 2x_3 \leqslant 12$$

$$\Rightarrow \begin{cases} x_1 + 3x_2 + 2x_3 + s_4 = 12 \\ s_4 \geqslant 0 \end{cases}$$

$$\Rightarrow s_1 + s_2 + s_3 + s_4 = 12 + s_1 + s_2 + s_3 - x_1 - 3x_2 - 2x_3$$

$$s_1 + s_2 + s_3 + s_4 = 12 + (s_1 - x_1) + (s_2 - 3x_2) + (s_3 - 2x_3)$$

状态转移方程为：

$$s_1 = 12$$

$$s_2 = s_1 - x_1 = 12 - x_1$$

$$s_3 = s_2 - 3x_2$$

$$s_4 = s_3 - 2x_3$$

本题属于连续型动态规划（状态变量是连续的），初始状态给定，采用逆序解法。

分析各阶段的允许决策集合：

$$s_4 = s_3 - 2x_3 \geqslant 0 \Rightarrow s_3 / 2 \geqslant x_3 \geqslant 0$$

$$s_3 = s_2 - 3x_2 \geqslant 0 \Rightarrow s_2 / 3 \geqslant x_2 \geqslant 0$$

$$s_2 = s_1 - x_1 \geqslant 0 \Rightarrow s_1 \geqslant x_1 \geqslant 0$$

分析指标函数：

阶段指标 $v_k = k \cdot x_k$

本题过程指标应用阶段指标积的形式：

$$V_{k,3} = v_k(s_k, x_k) \cdot V_{k+1,3}$$

最优指标对应目标函数最大，故其递推关系式（动态规划的基本方程）可表示为

$$f_k(s_k) = \max_{x_k \in D_k(s_k)} \left\{ (k \cdot x_k) \cdot f_{k+1}(s_{k+1}) \right\}$$

边界条件为：$f_4(s_4)$=1

从第 3 阶段开始逆推求解

K=3：$f_3(s_3) = \max\limits_{0 \leqslant x_3 \leqslant s_3/2} \left\{ (3 \cdot x_3) \cdot f_4(s_4) \right\} = 3 \cdot s_3 / 2$

最优决策为 $x_3^* = s_3 / 2$

K=2： $f_2(s_2) = \max\limits_{0 \leqslant x_2 \leqslant s_2/3} \{(2 \cdot x_2) \cdot f_3(s_3)\} = \max\limits_{0 \leqslant x_2 \leqslant s_2/3} \left\{(2 \cdot x_2) \cdot \dfrac{3s_3}{2}\right\} = \max\limits_{0 \leqslant x_2 \leqslant s_2/3} \left\{(2 \cdot x_2) \cdot \dfrac{3(s_2 - 3x_2)}{2}\right\}$

解得： $x_2^* = s_2 / 6$， $f_2(s_2) = s_2^2 / 4$

$$K=1\ f_1(s_1) = \max_{0 \leqslant x_1 \leqslant 12} \{(1 \cdot x_1) \cdot f_2(s_2)\} = \max_{0 \leqslant x_1 \leqslant 12} \left\{(1 \cdot x_1) \cdot \frac{s_2^2}{4}\right\} = \max_{0 \leqslant x_1 \leqslant 12} \left\{x_1 \cdot \frac{(12 - x_1)^2}{4}\right\},$$

解得： $x_1^* = 4$， $f_1(s_1) = 64$

所以 $s_1 = 12, x_1^* = 4$； $s_2 = 8, x_2^* = 4/3$； $s_3 = 4, x_3^* = 2$。

3.4 非线性规划

实际生活中许多问题都可以被归结为非线性规划（non-linear programming，NLP），即如果目标函数或约束条件中包含有非线性函数，则这样的极值问题称为非线性极值问题（或称为非线性规划问题或非线性优化问题）。非线性规划的研究始于 20 世纪 40 年代末，计算机技术的出现，促进了这一方法的迅速发展和应用。例如道路工程设计中的工程最优设计、交通系统规划中的各种分配模型、交通信息与系统优化及工程优化排序等问题，所应用到的数学模型很多都是非线性极值问题。

3.4.1 非线性规划模型及有关算法概述

1. 非线性规划模型及解的定义

非线性极值问题数学模型的一般形式如下：

$$\begin{aligned} &\min f(x) \\ &s.t. \begin{cases} g_i(x) \leqslant 0 \ \ (i = 1, 2, \cdots, m) \\ h_j(x) = 0 \ \ (j = 1, 2, \cdots, p) \end{cases} \end{aligned} \tag{3.4-1}$$

式中 $x = (x_1, x_2, \cdots, x_n)^T \in E^n$， E^n 是 n 维欧式空间。$f(x)$ 是目标函数，$g_i(x)$、$h_j(x)$ 是约束函数，这些函数中至少有一个是非线性的。用 S 表示满足式（3.4-1）约束条件的 x 点的集合，即：

$$S = \{x \in E^n \mid g_i(x) \leqslant 0, i = 1, 2, \cdots, m; h_j(x) = 0, j = 1, 2, \cdots, p\} \tag{3.4-1}$$

S 称为式（3.4-1）的可行域，S 中的点 x 称为式（3.4-1）的可行点或可行解。

如果 n=1，则称式（3.4-1）为一维非线性极值问题，否则称为多维（n 维）非线性极值问题。如果 $S = E^n$，则称式（3.4-1）为非线性无约束极值问题（或无约束极值问题），否则称为非线性约束极值问题（或约束极值问题）。

求 $f(x)$ 的极大值问题等价于 $-f(x)$ 的极小值问题。

定义：可行点 $x^* \in S$，若对每一个 $x \in S$，均有 $f(x) \geqslant f(x^*)$，则称 x^* 为式（3.4-1）的最优解或称为全局最优解或极小点。

定义：可行点 $x^* \in S$，若存在 x^* 的某个 $\varepsilon > 0$ 领域：

$$N_\varepsilon(x^*) = \{x \,|\, \|x - x^*\| < \varepsilon\}$$

使得对每个 $x \in S \cap N_\varepsilon(x^*)$，有 $f(x) \geqslant f(x^*)$，则称 x^* 为式（3.4-1）的局部最优解或称为局部极小点。

当极值问题的目标函数有两个以上时，称为多目标极值问题。例如有两个目标函数的非线性极值问题的数学表达式为：

$$\min f_1(x)$$
$$\min f_2(x)$$
$$s.t.\begin{cases} g_i(x) \leqslant 0 & (i = 1,2,\cdots m) \\ h_j(x) = 0 & (j = 1,2,\cdots p) \end{cases}$$

多目标极值问题的求解方法一般是将其化为单目标极值问题，通常根据专家的咨询，确定各目标函数的系数（权重），将多目标问题化为单目标问题。

假设上述问题经过专家咨询后，确定各目标函数的系数为 μ_1 和 μ_2，则可将上述多目标极值问题化为下述单目标极值问题，就可以运用单目标极值问题的方法求解了。

$$\min\{\mu_1 f_1(x) + \mu_2 f_2(x)\}$$
$$s.t.\begin{cases} g_i(x) \leqslant 0 & (i = 1,2,...m) \\ h_j(x) = 0 & (j = 1,2,...p) \end{cases}$$

2. 有关算法概述

非线性规划问题比线性规划问题求解起来更复杂。对于线性规划，如有最优解，一定存在于其可行域的边界上，而且一定至少有一个最优解在可行域的顶点上出现。因此存在求解问题的普遍有效的方法（单纯形法）。而对于非线性规划问题，如有最优解，未必一定存在于其可行域的边界上，也可出现在可行域的内部（见例 3.4-1 图和例 3.4-2），而且解附近的情况比较复杂。因此没有普遍有效的求解方法。至今尚无解决一切非线性规划问题的通用算法。

例题 3.4-1：$\min f(x) = (x_1-1)^2 + (x_2-1)^2$

$0 \leqslant x_1 \leqslant 2$

$0 \leqslant x_2 \leqslant 2$

例题 3.4-2：$\min f(x) = (x_1-1)^2 + (x_2-1)^2$

$(x_1-2)^2 + (x_2-1)^2 \leqslant 1$

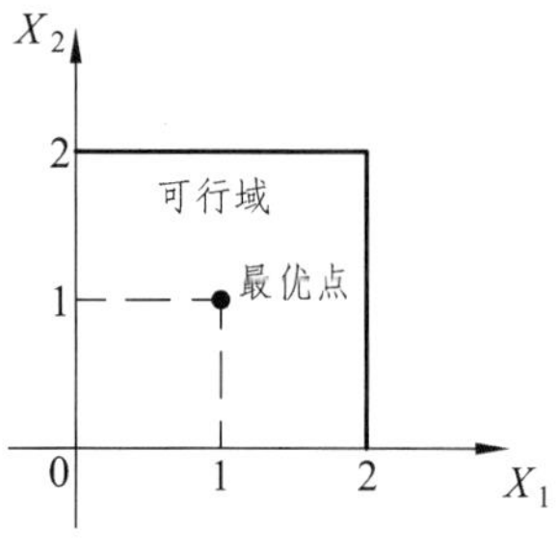

例题 3.4-1　可行域及最优点

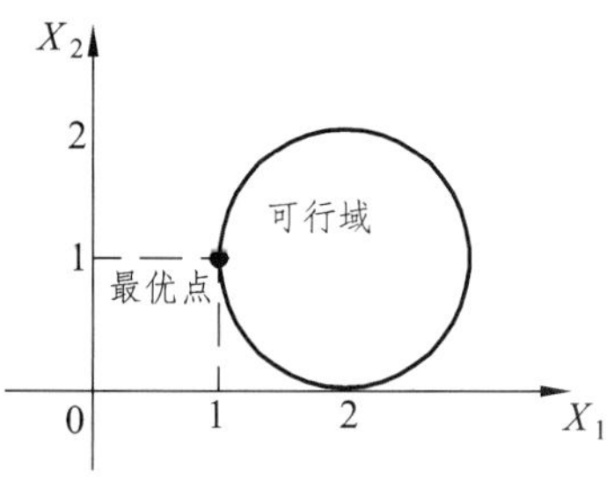

例题 3.4-2　可行域及最优点

非线性规划问题根据有约束、无约束，以及目标函数、约束条件的具体特征不同，相应研究出了各种不同的求解算法。对于无约束极值问题，简单的可考虑解析法的求解方法，但实际大多问题函数复杂，解析法不易求解或不可行，需采用下降算法等各种数值迭代算法。对于有约束极值的问题，情况更复杂，有的方法将非线性有约束问题转化为线性极值问题，借用线性规划问题求解方法；有的将有约束问题转化为无约束极值问题，借用无约束极值问题的求解算法；也有的根据问题具体特征直接采用各种下降算法求解。

无论是无约束极值问题还是有约束极值问题，求解的许多算法都有一个共同点，就是通过下降迭代法得出近似最优解或近似局部最优解。

下降迭代法的基本思想是：首先给出式（3.4-1）的最优解或局部最优解的一个初始估计 $x^{(0)}$（称为初始点），然后通过某种迭代算法得到一系列的可行点 $x^{(1)}$, $x^{(2)}$, …, $x^{(k)}$, …点列 $\{x^{(k)}\}$ 的极限就是式（3.4-1）的一个最优解或局部最优解 x^*。

如何得到这个点列呢？即在有了点 $x^{(k)}$后，如何迭代得到点 $x^{(k+1)}$呢？现假定已经迭代得到点 $x^{(k)}$，若从点 $x^{(k)}$出发，沿任何方向移动时，在 S 中都不存在可行点使目标函数值下降，则 $x^{(k)}$是式（3.4-1）的一个局部最优解，迭代结束。若从 $x^{(k)}$出发至少存在一个方向，在 S 中沿此方向存在可行点使目标函数值有所下降，则可选定能使目标函数值下降的某个方向 $s^{(k)}$，然后沿此方向移动适当的一步，得到下一个迭代点 $x^{(k+1)}$，即在射线 $x=x^{(k)}+\lambda s^{(k)}$上选取一个新的可行点：$x^{(k+1)}=x^{(k)}+\lambda_k s^{(k)}$，使 $f(x^{(k+1)})<f(x^{(k)})$，式中 $s^{(k)}$是一个向量，称为搜索方向；λ_k是一个实数，称为搜索步长或步长。当 $s^{(k)}$ 和 λ_k 确定后，$x^{(k)}$ 就可以唯一确定 $x^{(k+1)}$，这样便得到了目标函数值下降且逼近式（3.4-1）的最优解或局部最优解的序列 $\{x^{(k)}\}$，这种算法称为下降迭代算法。求解式（3.4-1）的下降迭代算法很多，其差别就在于选取搜索方向 $s^{(k)}$ 和步长 λ_k 的方法不同，特别是 $s^{(k)}$ 选取的方法不同。

下降迭代算法的一般步骤如下：

（1）选取初始点 $x^{(0)}$。

（2）如果 $x^{(k)}$ 已求得，且 $x^{(k)}$不是最优解，设法选取一个搜索方向 $s^{(k)}$，使得目标函数是下降的。

（3）确定搜索方向 $s^{(k)}$ 后，在射线 $x=x^{(k)}+\lambda s^{(k)}$（$\lambda>0$）上选取一适当的步长 λ_k，使

$$f(x^{(k)}+\lambda s^{(k)})\leqslant f(x^{(k)})$$

如此得到下一个点 $x^{(k+1)}=x^{(k)}+\lambda s^{(k)}$。在多数算法中，$\lambda_k$ 的选取总是使目标函数在 $x^{(k)}$ 的值下降最多，即沿射线 $x=x^{(k)}+\lambda s^{(k)}$求 $f^{(x)}$的极小值，这是求关于单个变量 λ 函数的极小值问题。这种确定步长 λ_k 的方法称为一维搜索或线搜索。

（4）检验所得点 $x^{(k+1)}$ 是否为原非线性规划的最优解，或满足精度要求的近似最优解。若满足，则迭代结束，否则继续迭代。

检验的方法一般是根据相继两次迭代的结果来检验是否满足迭代精度，检验的方法因所采用的算法不同而不同。一般常用的方法有：

（1）相继两次迭代的绝对误差：

$$\left\|x^{(k+1)}-x^{(k)}\right\|<\varepsilon \text{ 或 } \left\|f(x^{(k+1)})-f(x^{(k)})\right\|<\varepsilon$$

（2）相继两次迭代的相对误差：

$$\frac{\left\|x^{(k+1)}-x^{(k)}\right\|}{\left\|x^{(k)}\right\|}<\varepsilon \text{ 或 } \frac{\left\|f(x^{(k+1)})-f(x^{(k)})\right\|}{\left\|f(x^{(k)})\right\|}<\varepsilon$$

（3）目标函数梯度的模：

若目标函数存在梯度，可根据目标函数在最近迭代点处的梯度模足够小作为结束迭代的准则，即 $\left\|\nabla f(x^k)\right\|<\varepsilon$，式中 $\varepsilon(>0)$ 是事先给出的对近似解的计算精度。梯度为：

$$\nabla f(x^k)=[\frac{\partial f(x^k)}{\partial x_1}\ \frac{\partial f(x^k)}{\partial x_2}\cdots\cdots\frac{\partial f(x^k)}{\partial x_n}]^T \tag{3.4-3}$$

有关不同类别问题的常用算法见图 3.4-3。

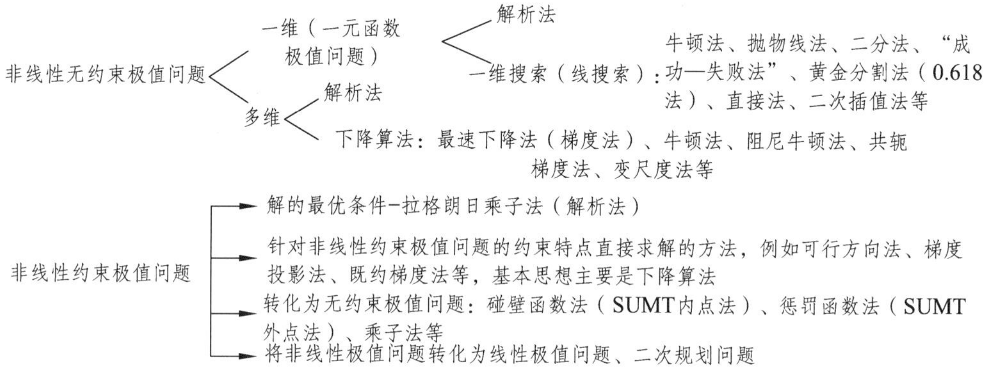

图 3.4-3　非线性极值问题各种算法

后面分别就一维搜索、多维无约束极值问题的部分下降算法、有约束极值问题及其部分算法进行介绍，其他算法介绍可参考有关文献。

3.4.2　一维搜索（线搜索）

一维搜索是求解一维非线性极值问题的基本算法，也是多维非线性极值问题算法的重要组成部分，它的选择是否恰当直接影响到一些算法的计算效果。如前面介绍的下降算法中，确定最优步长 λ_k（确定搜索方向后，找步长使目标函数下降最多）应满足：

$$f(x^{(k)}+\lambda_k s^{(k)})=\min_{\lambda\geqslant 0} f(x^{(k)}+\lambda_k s^{(k)}) \tag{3.4-4}$$

也就是求一元函数 $\varphi(\lambda)=f(x^{(k)}+\lambda_k s^{(k)})(\lambda\geqslant 0)$ 的极小值点 λ_k。

对于一元函数 $\varphi(x)$ 的极值问题：

如 $\varphi'(x_0)=\varphi''(x_0)=\ldots=\varphi^{n-1}(x_0)=0$，$\varphi^n(x_0)\neq 0$

则当 n 为奇数时，在 x_0 处不是极值点是拐点；

当 n 为偶数时，如 $\varphi^n(x_0)<0$ 则在 x_0 处有极大值，如 $\varphi^n(x_0)>0$ 则在 x_0 处有极小值。在极值点上的函数值为局部最大值或最小值。

一元函数极值问题可以根据以上性质用解析法求得最优解。

一维非线性无约束极值问题解析法有时不可用或计算复杂，采用数值迭代方法求得近似最优解也是非常实用有效的。下面介绍几种一维搜索迭代法。

1. 牛顿法

牛顿法的基本思想是：用 $\varphi(x)$ 在已知点 x_0 处的二阶 Taylor 展开式：

$$g(x)=\varphi(x_0)+\varphi'(x_0)(x-x_0)+\frac{1}{2}\varphi''(x_0)(x-x_0)^2$$

来近似代替 $\varphi(x)$，即 $\varphi(x)\approx g(x)$，然后用二次函数 $g(x)$ 的极小点 x_1 作为 $\varphi(x)$ 的近似极小点，见图 3.4-4。

由于 $g'(x)=\varphi'(x_0)+\varphi''(x_0)(x-x_0)$

令 $g'(x)=0$，得：$x_1=x_0-\dfrac{\varphi'(x_0)}{\varphi''(x_0)}$

类似地，若已知 x_k，则有：

$$x_{k+1}=x_k-\frac{\varphi'(x_k)}{\varphi''(x_k)}\,(k=0,1,2,\ldots) \qquad （3.4-5$$

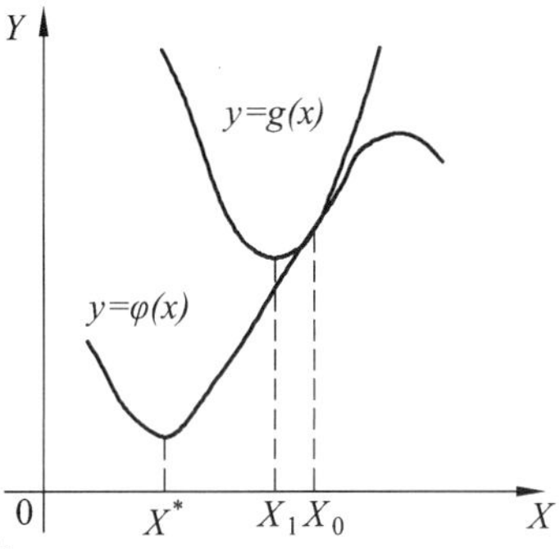

图 3.4-4

按式（3.4-5）进行迭代计算，得到点列 $\{x_k\}$，这种求一元函数 $\varphi(x)$ 极小值问题的一维搜索方法称为牛顿法。当 $|\varphi'(x_k)|<\varepsilon$ 时（其中 $\varepsilon>0$ 为预先给定的近似精度），则迭代结束，x_k 为 $\varphi(x)$ 的近似极小值点，即 $x^*\approx x_k$。

牛顿法的收敛速度快，但是它要求函数二次可微，且需要计算二阶导数。另外还要求初始点 x_0 选得好，否则得到的点列可能不收敛；即使得到的点列收敛，其极限也不一定是函数的极小值点，而只能保证它是函数的驻点（一阶导数为 0 的点）。由微积分可知，驻点可能是极小值点，也可能是极大值点，也可能不是极值点。

2. 抛物线法

抛物线法的基本思想也是用某个二次函数 $g(x)$ 来近似地代替原函数 $\varphi(x)$，并以它的极小值点作为函数 $\varphi(x)$ 的极小值点。它与牛顿法不同的地方在于：牛顿法是用 $\varphi(x)$ 在 x_0 处的二阶 Taylor 展开式 $g(x)$ 来逼近 $\varphi(x)$，即利用点 x_0 的函数值 $\varphi(x_0)$ 及其一阶、二阶导数值 $\varphi'(x_0)$、$\varphi''(x_0)$ 来构造二次函数 $g(x)$，而抛物线法则是利用 $\varphi(x)$ 在三个点 x_0、x_1、x_2 处的函数值来构造二次函数 $g(x)$，使它满足：

$$g(x_i)=\varphi(x_i)\ \ (i=0,1,2) \qquad （3.4-6）$$

假设 $g(x)=a_0+a_1x+a_2x^2$，则 $g'(x)=a_1+2a_2x$。令 $g'(x)=0$，得：

$$\bar{x}=-\frac{a_1}{2a_2} \qquad （3.4-7）$$

式（3.4-7）就是 $\varphi(x)$ 近似极小值点的计算公式（即在迭代过程中迭代点的计算公式）。由式（3.4-7）可知，要求得近似极小值点 $\bar{x}$，只需算出 a_1、a_2 即可。将 $g(x)$ 带入式（3.4-6），得到关于 a_0、a_1、a_2 的方程组，然后求解得：

$$a_1=b_1-a_2(x_1+x_0),\ a_2=\frac{b_2-b_1}{x_2-x_0}$$

式中：$b_1=\dfrac{\varphi(x_1)-\varphi(x_0)}{x_1-x_0}$，$b_2=\dfrac{\varphi(x_2)-\varphi(x_1)}{x_2-x_1}$

将 a_1、a_2 代入式（3.4-7）或利用下式：

$$\bar{x}=\frac{1}{2}\left(x_1+x_0-\frac{b_1}{a_2}\right)$$

即可求得 $f(x)$ 的近似极小值点 $\bar{x}$ 。

抛物线法求解 $\min\varphi(x)$ 极小值点的基本迭代过程如下：

（1）设定计算精度 $\varepsilon>0$ 。取三个初始迭代点 $x_1<x_0<x_2$ 满足：

$$\varphi(x_0)<\varphi(x_i)\ \ (i=1,2)$$

显然，所要求的极小值点一定在区间$[x_1，x_2]$内。

（2）计算 a_1、a_2 和 $\bar{x}$ 及函数值 $\varphi(\bar{x})$.

（3）若 $|\varphi(\bar{x})-\varphi(x_0)|<\varepsilon$，则迭代结束，取极小值点 $|x^*\approx\bar{x}$，否则，在点 x_0、x_1、x_2 和 $\bar{x}$ 中，去掉函数值最大的点，然后将其余三点重新标明成 x_0、x_1、x_2，使其满足 $x_1<x_0<x_2$ 且 $\varphi(x_0)<\varphi(x_i)\ (i=1,2)$ 。转入步骤（2），继续进行迭代，直到获得近似极小值点为止。

步骤（3）中的收敛准则还可采用 $|x_0-\bar{x}|<\varepsilon$ 或 $|\varphi(\bar{x})-g(\bar{x})|<\varepsilon$ 。

抛物线法与牛顿法一样，它并不能保证算法一定收敛，即在迭代过程中可能出现上一次迭代点 x_k 与下一次迭代点 x_{k+1} 充分接近，但 x_{k+1} 并不一定是 $\varphi(x)$ 的近似极小值点。

3. 直接法

前面介绍的牛顿法、抛物线法等是精确的一维搜索方法，而直接法是不精确一维搜索方法的一种。由于精确的一维搜索需要付出较高的代价，且对加速收敛作用不太大，而不精确一维搜索的方法简单，有时收敛速度比精确一维搜索方法快得多，况且在实际计算中，有的做不到精确的一维搜索，或没有必要做到这一点，因此不精确一维搜索方法受到了广泛的重视和青睐。

下面针对求解式（3.4-1）的下降迭代算法，结合求第 k 步迭代步长 λ_k 对应的一维极小值问题。

介绍直接法计算步骤如下：

记 $\nabla f(x^k)=[\frac{\partial f(x^k)}{\partial x_1}\ \ \frac{\partial f(x^k)}{\partial x_2}\cdots\frac{\partial f(x^k)}{\partial x_n}]^T$ 为函数 $f(x)$ 在点 x 处的梯度，并假设式（3.4-4）中的点 $x^{(k)}$ 及搜索方向 $s^{(k)}$ 已经求得，并已计算出函数值 $f(x^{(k)})$ 和梯度 $\nabla f(x^{(k)})$ 。

（1）选定两个常数 c_1、c_2 使得 $0<c_1<c_2<1$，令 $a=0$，$b=+\infty$，$\lambda=1$，$i=0$。

（2）令 $x^{(k+1)}=x^{(k)}+\lambda s^{(k)}$，计算 $f(x)$ 在点 $x^{(k+1)}$ 处的函数值 $f(x^{(k+1)})$ 和梯度 $\nabla f(x^{(k+1)})$ 。检验当前 λ 是否使函数值 $f(x^{(k+1)})$ 满足下降要求：

$$f(x^{(k)})-f(x^{(k+1)})\geqslant -c_1\lambda\nabla f(x^{(k)})^T s^{(k)} \tag{3.4-8}$$

及 $f(x)$ 在点 $x^{(k+1)}$ 处的方向导数 $\nabla f(x^{(k+1)})$ 满足下面的要求：

$$\nabla f(x^{(k+1)})^T s^{(k)}\geqslant c_2\nabla f(x^{(k)})^T s^{(k)} \tag{3.4-9}$$

如果同时满足，则令 $\lambda_k=\lambda$，计算结束。如果 λ 不满足式（3.4-8），则转入步骤（3）。如果 λ 满足式（3.4-8），而不满足式（3.4-9），则转入步骤（4）。

（3）令 $b=\lambda,\ \lambda=\dfrac{\lambda+a}{2},\ i=i+1$，转入步骤（2）。

（4）令 $a=\lambda,\ \lambda=\min\left(2\lambda,\dfrac{\lambda+a}{2}\right),\ i=i+1$，转入步骤（2）。

例题 3.4-3：设 $f(x)=100(x_2-x_1^2)^2+(1-x_1)^2$，已求得 $x^{(k)}=(0,0)^T$，$s^{(k)}=(1,0)^T$。试确定在点 $x^{(k)}$，沿搜索方向 $s^{(k)}$ 的步长 λ_k。

解：$\nabla f(x)=\begin{bmatrix}-400(x_2-x_1^2)x_1-2(1-x_1)\\ 200(x_2-x_1^2)\end{bmatrix}$

$$f(x^{(k)})=f(0,0)=1,\ \nabla f(x^{(k)})=(-2,0)^T,\nabla f(x^{(k)})^T s(k)=-2$$

（1）选 $c_1=0.1, c_2=0.5$，令 $a=0,\ b=+\infty,\ \lambda=1,\ i=0$，然后开始迭代。

（2）迭代点 $x^{(k+1)}=x^{(k)}+\lambda s^{(k)}=(1,0)^T$，计算函数值 $f(x^{(k+1)})=f(1,0)=100$。因为：

$$f(x^{(k)})-f(x^{(k+1)})=1-100=-99<-c_1\lambda\nabla f(x^{(k)})^T s^{(k)}=0.2$$

所以，当前 $\lambda=1$ 不满足式（3.4-8）。

（3）令 $b=1,\ \lambda=\dfrac{1}{2}(1+0)=0.5$，重新计算得：

$$x^{(k+1)}=x^{(k)}+\lambda s^{(k)}=(0.5,0)^T,\ f(x^{(k+1)})=f(0.5,0)=6.25$$

此时，$f(x^{(k)})-f(x^{(k+1)})=1-6.25=-5.25<-c_1\lambda\nabla f(x^{(k)})^T s^{(k)}=0.1$

仍不满足式（3.4-8）。

（4）令 $b=0.5,\ \lambda=\dfrac{1}{2}(0.5+0)=0.25$，重新计算得：

$$x^{(k+1)}=x^{(k)}+\lambda s^{(k)}=(0.25,0)^T,\ f(x^{(k+1)})=f(0.25,0)=0.953$$

而：$f(x^{(k)})-f(x^{(k+1)})=1-0.953=0.047<-c_1\lambda\nabla f(x^{(k)})^T s^{(k)}=0.05$

仍不满足式（3.4-8）。

（5）令 $b=0.25,\ \lambda=\dfrac{1}{2}(0.25+0)=0.125$，重新计算得：

$$x^{(k+1)}=x^{(k)}+\lambda s^{(k)}=(0.125,0)^T,\ f(x^{(k+1)})=f(0.125,0)=0.79$$

而：$f(x^{(k)})-f(x^{(k+1)})=1-0.79=0.21>-c_1\lambda\nabla f(x^{(k)})^T s^{(k)}=0.025$

这时的 λ 已满足式（3.4-8）。再计算梯度 $\nabla f(x^{(k+1)})=(-0.969,-3.125)^T$ 则

$$\begin{aligned}\nabla f(x^{(k+1)})^T s^{(k)}&=(-0.969,-3.125)\times(1,0)^T\\&=-0.969>c_2\nabla f(x^{(k)})^T s^{(k)}=0.5\times(-2)=-1\end{aligned}$$

所以这时的 λ 也满足式（3.4-9），从而迭代结束，得第 k 步的搜索步长为 $\lambda_k=0.125$。

3.4.3 多维无约束极值问题下降算法

多维非线性无约束规划问题模型如下：

$$\begin{aligned}&\min f(x)\\&s.t.\ \ x\in E^n\end{aligned}\tag{3.4-10}$$

对于多元函数 $f(x)$ 的极值问题，其极值点存在的必要条件为：函数 $f(x)$ 在点 x^* 处的梯度满足 $\nabla f(x^*)=0$，满足 $\nabla f(x^{(*)})=0$ 的点称为平稳点（或驻点），在区域内部，极值点必为平稳点，但平稳点不一定是极值点。其极值点存在的充分条件为：函数 $f(x)$ 在点 x^* 处的海森矩阵为 $H(x^*)$，若 $\nabla f(x^{(*)})=0$，且对任何非零向量 Z，二次型 $Z^T H(x^*)Z>0$（相当于说海森矩阵正定），则点 x^* 为极小值点（严格局部极小点）。

多元函数极值问题可以根据以上性质用解析法求得极值。当目标函数在可行域内为一凸函数时（有关凸函数定义见其他参考文献），函数的极值就是其最优值。

例题 3.4-4：求 $f(x)=x_1^4-2x_1^2x_2+x_1^2+x_2^2-2x_1+5$ 的极值点。

解：
$$\left.\begin{aligned}\frac{\partial f(x)}{\partial x_1}&=4x_1^3-4x_1x_2+2x_1-2=0\\ \frac{\partial f(x)}{\partial x_2}&=-2x_1^2+2x_2=0\end{aligned}\right.\quad\Rightarrow x^*=(x_1,x_2)=(1,1)$$

$$H(x^*)=\begin{bmatrix}12x_1^2-4x_2+2 & -4x_1\\ -4x_1 & 2\end{bmatrix}=\begin{bmatrix}10 & -4\\ -4 & 2\end{bmatrix}$$

因为海森矩阵 $H(x^*)$ 正定，所以 $x^*=(x_1,x_2)=(1,1)$ 是极小值点。

实际许多问题更复杂：如求偏导数很难；目标函数的凸性难判断；目标函数不满足凸性条件；多变量函数的极值问题需求解方程组，方程组求解困难。因此多维无约束极值问题采用解析法求精确解不一定可行，通常借助于数值解法，通过迭代搜索，得到近似最优解。

一般求解无约束极值问题的算法都是下降算法，是比较常用、有效的算法，包括最速下降法（梯度法）、牛顿法、阻尼牛顿法、共轭梯度法、变尺度法等。下面介绍部分下降算法。

1. 最速下降法（梯度法）

最速下降法是最早用来求解多变量函数的极值问题的一种方法。后来提出的不少方法基本上都是这种算法的改进算法。

设函数 $f(x)$ 连续可微，它在点 x 处的梯度为 $\nabla f(x)=\left(\frac{\partial f}{\partial x_1},\frac{\partial f}{\partial x_2},\mathrm{L}\ ,\frac{\partial f}{\partial x_n}\right)^T$，海森矩阵为 $\nabla^2 f(x)=\left(\frac{\partial^2 f}{\partial x_i\partial x_j}\right)_{n\times n}$。由于函数 $f(x)$ 沿负梯度方向 $-\nabla f(x)$ 下降最快，所以取它作为每次迭代的搜索方向，即 $s^{(k)}=-\nabla f\left(x^{(k)}\right)$。因此梯度法的基本思路是：任给一个初始点 $x^{(0)}$，计算 $s^{(0)}=-\nabla f\left(x^{(0)}\right)$，从 $x^{(0)}$ 出发沿方向 $s^{(0)}$ 在射线 $x^{(0)}+\lambda s^{(0)}$ $(\lambda\geqslant 0)$ 上求得 $f(x)$ 的第一个近似极小值点 $x^{(1)}$，$x^{(1)}=x^{(0)}+\lambda_0 s^{(0)}$，再以 $x^{(1)}$ 为起点，重复上述过程求得 $f(x)$ 的第二个近似极小值点 $x^{(2)}=x^{(1)}+\lambda_1 s^{(1)}$，…直到得到满意的结果为止。

最速下降法（梯度法）的迭代步骤如下：

给定初始点 $x^{(0)}$，迭代精度 $\varepsilon>0$，令 $k=0$.

（1）计算梯度 $\nabla f=(x^{(k)})$。若 $\left\|\nabla f=(x^{(k)})\right\|<0$，则迭代结束，式（3.4-10）的近似极小值点取为 $x^*=x^{(k)}$，否则转入步骤（3）。

（2）用一维搜索法求函数 $\varphi(\lambda)=f\left[x^{(k)}-\lambda\nabla f(x^{(k)})\right]$ 的一个极小值点 λ_k，使：

$$f\left[x^{(k)}-\lambda\nabla f(x^{(k)})\right]<f(x^{(k)})$$

（3）令 $x^{(k+1)}=x^{(k)}-\lambda_k\nabla f(x^{(k)}),k=k+1$ 转入步骤（2）。

由于负梯度方向的最速下降性，很容易使人们认为负梯度方向是理想的搜索方向，从而最速下降法是一种理想的求解算法。其实不然，这是因为当用最速下降法迭代趋近极小值点时，其搜索路径呈直角锯齿状。在迭代开始时下降比较快，但是当迭代点列接近极小值点时收敛速度会很慢。

例题 3.4-5：用最速下降法求下面函数的极小点。已知 ε=0.1

$$f(x)=(x_1-1)^2+(x_2-1)^2$$

解：（1）取初始点 $x^{(0)}=(x_1,x_2)=(0,0)$。

$$\nabla f(x^{(0)})=\begin{bmatrix}2(x_1-1)\\2(x_2-1)\end{bmatrix}=\begin{bmatrix}-2\\-2\end{bmatrix}$$

$$\|\nabla f(x^{(0)})\|^2=(\sqrt{(-2)^2+(-2)^2})^2=8>\varepsilon$$

（2）确定步长：采用解析法分析（也可采用一维搜索法）。

$$x^{(1)}=\begin{pmatrix}0\\0\end{pmatrix}-\lambda=\begin{pmatrix}2\lambda\\2\lambda\end{pmatrix}$$

$$f(x^{(1)})=+(2\lambda-1)^2$$

$$\frac{df(x^{(1)})}{d\lambda}=0\Rightarrow\lambda=\frac{1}{2}$$

（3）$x^{(1)}=\begin{pmatrix}2\lambda\\2\lambda\end{pmatrix}=\begin{pmatrix}1\\1\end{pmatrix}$

（4）$\nabla f(x^{(1)})=\begin{bmatrix}2(x_1-1)\\2(x_2-1)\end{bmatrix}=\begin{bmatrix}0\\0\end{bmatrix}$

$\|\nabla f(x^{(1)})\|^2=(\sqrt{0^2+0^2})^2=0<\varepsilon$，故 $x^{(1)}$ 为极小点。

2. 牛顿法

前面介绍了求解一维极值问题的牛顿法，可根据它推广到多维的情况，这个方法也是求解无约束极值问题的最早算法之一。

牛顿法的基本思想是：同一维极值问题类似，在局部用一个二次函数 $\varphi(x)$ 近似地代替目标函数 $f(x)$，然后用 $\varphi(x)$ 的极小值点作为 $f(x)$ 的近似极小值点。

牛顿法的计算步骤与最速下降法相似，只是采用的迭代公式不同。设 $x^{(k)}$ 为 $f(x)$ 的一个近似极小值点，将函数 $f(x)$ 在 $x^{(k)}$ 点进行 Taylor 展开，并略去高于二次的项，则得：

$$f(x)\approx\psi(x)=f\left(x^{(k)}\right)+\nabla f\left(x^{(k)}\right)^T\left(x-x^{(k)}\right)+\frac{1}{2}\left(x-x^{(k)}\right)^T\nabla^2 f\left(x^{(k)}\right)^T\left(x-x^{(k)}\right)$$

容易求得：

$$\nabla\psi(x)=\nabla f\left(x^{(k)}\right)+\nabla^2 f\left(x^{(k)}\right)\left(x-x^{(k)}\right)$$

令 $\nabla\psi(x)=0$，得 $\psi(x)$ 的极小值点为：

$$\widehat{x}=x^{(k)}-\left[\nabla^2 f\left(x^{(k)}\right)\right]^{-1}\nabla f\left(x^{(k)}\right)$$

容易知道：当目标函数是二次函数时，如果它的极小值点存在，则用牛顿法只需迭代一次就可得到它的极小值点。

牛顿法要比最速下降法的收敛速度快，但是它要求 $f(x)$ 二阶连续可微，而且在迭代中要计算海赛矩阵的逆阵 $[\nabla^2 f(x)]^{-1}$，在这种情况下是困难的。另外，初始点 $x^{(0)}$ 不能离极小值点 x^* 太远，否则迭代可能不收敛，为了克服这个缺点，人们对牛顿法作了修正，提出了阻尼牛顿法，又称为修正牛顿法。

3. 阻尼牛顿法（修正牛顿法）

在上面的牛顿法中，步长 λ_k 总是取 1，而在阻尼牛顿法中，是通过每步迭代时沿方向：

$$s^{(k)} = -\left[\nabla^2 f\left(x^{(k)}\right)\right]^{-1} \nabla f\left(x^{(k)}\right)$$

进行一维极小化搜索来决定 λ_k 的，即取 λ_k 使：

$$f\left(x^{(k)} + \lambda_k s^{(k)}\right) = \min_{\lambda \geqslant 0} f\left(x^{(k)} + \lambda s^{(k)}\right)$$

并用迭代公式：

$$x^{(k+1)} = x^{(k)} - \lambda_k \left[\nabla^2 f\left(x^{(k)}\right)\right]^{-1} \nabla f\left(x^{(k)}\right)$$

来代替牛顿法中的迭代公式。阻尼牛顿法保持了牛顿法快速收敛的优点，且不要求初始点选得很好，因而在实际应用中取得了较好的效果，当然其迭代公式中也没有避免计算海赛矩阵的逆阵 $[\nabla^2 f(x)]^{-1}$。

阻尼牛顿法的计算步骤如下：

（1）给定初始点 $x^{(0)}$，迭代精度 $\varepsilon > 0$，令 $k = 0$。

（2）计算梯度 $\nabla f\left(x^{(k)}\right)$。若 $\left\|\nabla f = \left(x^{(k)}\right)\right\| < 0$，则迭代结束，式（3.4-10）的近似极小值点取为 $x^* = x^{(k)}$；否则转入步骤（3）。

（3）计算 $[\nabla^2 f(x)]^{-1}$ 及 $s^{(k)} = -\left[\nabla^2 f\left(x^{(k)}\right)\right]^{-1} \nabla f\left(x^{(k)}\right)$，然后对函数：

$$\varphi(\lambda) = f\left(x^{(k)} + \lambda s^{(k)}\right)$$

进行一维极小值点的搜索，来决定出步长 λ_k。

（4）令 $x^{(k+1)} = x^{(k)} + \lambda_k s^{(k)}, k = k+1$，转入步骤（2）。

3.4.4 有约束极值问题

有约束极值问题是实际应用中常遇到的一类数学规划问题，它的解法是人们最为关心的。关于这方面的研究很多，其算法相当复杂，但目前尚没有一种对一切有约束极值问题的求解都普遍有效的算法，而且从理论上来说，许多方法求得的解大多不能保证是全局最优解，而只能是局部最优解。

求解非线性约束极值问题的方法很多，有几种处理思路：一是将其转化为无约束极值问题，例如惩罚函数法；二是将非线性极值问题转化为线性极值问题或用二次规划来逐次逼近，将复杂的约束问题转化为简单问题来处理；三是针对非线性约束极值问题的约束特点直接求解的方法，例如可行方向法、梯度投影法、既约梯度法等。

下面主要介绍求解非线性约束极值问题的一些比较常用且有效的算法。

在介绍算法之前，先讨论一下约束极值问题最优解或局部最优解的性质。

1．解的最优性条件

非线性规划解的最优性条件是指全局最优解或局部最优解的必要条件和充分条件。非线性规划解的最优性条件很重要，因为许多求解的方法都与最优性条件有密切的关系。

一般非线性约束极值问题描述如式（3.4-1），用S表示式（3.4-1）的可行域，见式（3.4-2），$S \neq E^n$。

1）起作用约束、不起作用约束

设 $x^{(0)}$ 为式（3.4-1）的可行点，即 $x^{(0)} \in S$，定义：

$$I\left(x^{(0)}\right) = \{i \mid g_i x^{(0)} = 0, 1 \leqslant i \leqslant m\} \qquad (3.4\text{-}11)$$

当$i \in I(x^{(0)})$时，对应的约束 $g_i(x) \leqslant 0$ 称为在 $x^{(0)}$ 处的紧约束或起作用约束（ $x^{(0)}$ 处于由这一约束条件形成的可行域边界上），而 $I(x^{(0)})$ 称为点 $x^{(0)}$ 的紧约束指标集。显然 $I(x^{(0)}) \subset \{1, 2, \cdots, m\}$。若 $x^{(0)}$ 是一个可行解，满足 $g_i x^{(0)} < 0$，则 $x^{(0)}$ 不是处于由这一约束条件形成的可行域边界上，对应的约束条件 $g_i x^{(0)} \leqslant 0$ 是 $x^{(0)}$ 点的不起作用约束。等式约束 $h_j(x)=0$ 对所有可行点来说都是起作用约束（紧约束）。

下面通过例子理解有关紧约束的概念。

例题 3.4-6

$$\min f(x) = (x_1 - 1)^2 + x_2^2$$

$$\text{s.t.}\begin{cases} g_1(x) = -x_1 \leqslant 0 \\ g_2(x) = -x_2 \leqslant 0 \\ g_3(x) = x_1 - x_2 \leqslant 0 \\ g_4(x) = x_1^2 + x_2^2 - 2 \leqslant 0 \end{cases}$$

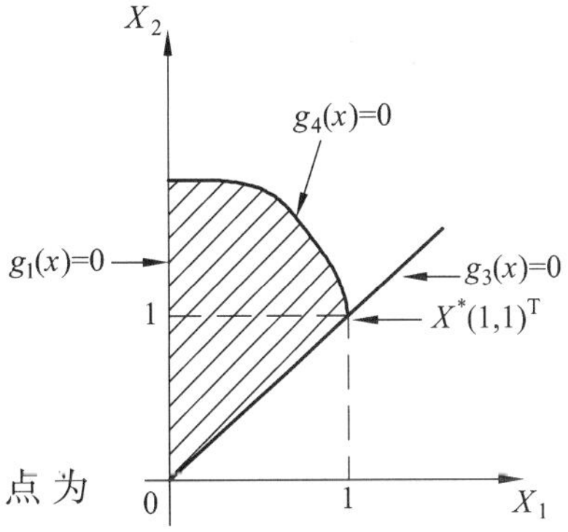

图 3.4-5

其可行域 S 如图 3.4-5 所示。其最优点为 $x^* = \left(\frac{1}{2}, \frac{1}{2}\right)^{\mathrm{T}}$，可以看出这里 $I(x^*) = (3)$， $g_3(x^*) \leqslant 0$ 为 x^* 点的紧约束。

2）可行点、可行方向、可行下降方向

对模型（3.4-1），S 是可行域，设 $x^{(0)}$ 是一个可行点（满足所有约束），此点的某一个方向为 D，若存在 $\lambda_0 > 0$，对任意 $\lambda \in [0, \lambda_0]$，均有 $x^{(0)} + \lambda D \in S$，则称 D 是 $x^{(0)}$ 点的一个可行方向。

设 $x^{(0)}$ 是一个可行点，对该点的任一方向 D 来说，若存在 $\lambda_0 > 0$，对任意 $\lambda \in [0, \lambda_0]$，均有 $f(x^{(0)} + \lambda D) < f(x^{(0)})$，则称 D 是 $x^{(0)}$ 点的一个下降方向。

如满足 $\nabla g_i(x^{(0)})^T D > 0$， $i \in I(x^{(0)})$，可保证 D 是 $x^{(0)}$ 点的可行方向（数学证明略）。

如满足 $\nabla f(x^{(0)})^T D < 0$，可保证 D 是 $x^{(0)}$ 点的下降方向（数学证明略）。

若某点存在可行下降方向，它就不会是极小点，若某点为极小点，则在该点不存在可行下降方向。

定理：设 x^* 是非线性规划一个局部极小点，目标函数在 x^* 处可微，且起作用约束在 x^* 处可微，不起作用约束在 x^* 连续，则在 x^* 点不存在可行下降方向，即不存在向量 D 同时满足 $\nabla g_i(x^{(*)})^T D>0$ ，$i\in I(x^{(*)})$ 以及 $\nabla f(x^{(*)})^T D<0$。

D 同时满足 $\nabla g_i(x^{(*)})^T D>0$ ，$i\in I(x^{(*)})$ 以及 $\nabla f(x^{(*)})^T D<0$ 的几何意义：方向 D 与 x^* 点处目标函数负梯度方向夹角为锐角，与 x^* 点处起作用约束梯度方向夹角也为锐角。假设 x^* 是极小点，在 x^* 有 1 个起作用约束，则 $\nabla g_1(x^*)$ 必与 $-\nabla f(x^*)$ 在一条直线上且方向相反，即存在实数 $u_1\geqslant 0$ ，使 $\nabla f(x^*)-u_1\nabla g_1(x^*)=0$。否则该点一定存在可行下降方向。

假设 x^* 是极小点，在 x^* 有 2 个起作用约束，则 $\nabla f(x^*)$ 必处于 $\nabla g_1(x^*)$、$\nabla g_2(x^*)$ 的夹角之内，否则该点一定存在可行下降方向。因此如果 x^* 是极小点，且 $\nabla g_1(x^*)$、$\nabla g_2(x^*)$ 线性无关，则可将 $\nabla f(x^*)$ 表示成 $\nabla g_1(x^*)$ 和 $\nabla g_2(x^*)$ 的非负线性组合，也就是存在实数 $u_1\geqslant 0$ ，$u_2\geqslant 0$ ，使 $\nabla f(x^*)-u_1\nabla g_1(x^*)-u_2\nabla g_2(x^*)=0$

3）库恩-塔克条件（K-T 条件）

定理 1：最优性的一阶必要条件。

设 x^* 是式（3.4-1）的一个可行解，$f(x)$、$g_i(x)[i\in I(x^*)]$ 在点 x^* 点可微，$g_i(x)[i\notin I(x^*)]$ 在点 x^* 连续，$\nabla g_i(x^*)[i\in I(x^*)]$，$\nabla hj(x^*)$ $(j=1,2,\cdots,p)$ 线性无关，若 x^* 是式（3.4-1）的局部最优解，则存在实数 u_i,v_j [其中 $i\in I(x^*)$；$j=1,2,\cdots,p$] 使得：

$$\nabla f(x^*)+\sum_{i\in I}u_i\nabla g_i(x^*)+\sum_{j=1}^{p}v_j\nabla h_j(x^*)=0$$

$$u_1^*\geqslant 0\quad [i\in I(x^*)]$$

如果 $i\notin I(x^*)$ 时，$g_i(x)$ 在点 x^* 可微，则上述条件可改写成为：

$$\nabla f(x^*)+\sum\nolimits_{i=1}^{m}u_i\nabla g_i(x^*)+\sum\nolimits_{j=1}^{p}v_i\nabla h_j(x^*)=0 \qquad (3.4\text{-}12a)$$

$$u_1^*\geqslant 0\quad (i=1,2,\cdots,m) \qquad (3.4\text{-}12b)$$

$$u_1^* g_i(x^*)=0\quad (i=1,2,\cdots,m) \qquad (3.4\text{-}12c)$$

式（3.4-12）称为 Kunhn-Tucker 最优性必要条件，满足式（3.4-12）的点称为 Kunhn-Tucker 点，简称为 K-T 点。式（3.4-12c）称为互补松弛条件。为此引入 Lagrange 函数：

$$L(x,u,v)=f(x)+\sum\nolimits_{i=1}^{m}u_i g_i(x)+\sum\nolimits_{j=1}^{p}v_j h_j(x) \qquad (3.4\text{-}13)$$

式中 $u=(u_1,\ u_2,\cdots,u_m)$，$v=(v_1,\ v_2,\cdots,v_p)^T$ 称为 Lagrange 乘子向量。

由定理 1（最优性的一阶必要条件）可知：若 x^* 是式（3.4-1）的最优解，则存在 u^* $(\geqslant 0)$，v^* 使 (x^*,u^*,v^*) 是 $L(x,u,v)$ 的稳定点。

定理 2：最优性的充分条件

设 $x^*\in S$ ，在 x^* 点处式（3.4-12）K-T 条件成立，即存在数 $u_i\geqslant 0$ $[i\in I(x^*)]$ 和 v_j $(j=1,2,\cdots,p)$，使得：

$$\nabla f(x^*)+\sum_{i\in I}u_i\nabla g_i(x^*)+\sum_{j=1}^{p}v_j\nabla h_j(x^*)=0$$

令 $J=\{j\mid v_j>0\},K=\{j\mid v_j<0\}$，设 $f(x)$ 在点 x^* 是凸函数，$g_i(x)$ $(i\in I)$ 在点 x^* 也是凸函

数，$h_j(x)$ $[j\in J]$在点 x^* 也是凸函数，$h_j(x)$ $[j\in K]$在点 x^* 是凹函数，则 x^* 是式（3.4-1）的全局最优解。

关于定理 1 和定理 2 的证明及函数在一点处为凸函数和凹函数的定义可查阅有关多元微积分方面的资料。

例题 3.4-7：

$$\min f(x)=(x_1-3)^2+(x_2-2)^2$$

$$s.t.\begin{cases}g_1(x)=x_1^2+x_2^2-5\leqslant 0\\ g_2(x)=-x_1\leqslant 0\\ g_3(x)=-x_2\leqslant 0\\ h_1(x)=x_1+2x_2-4=0\end{cases}$$

解：易见 $x^{(0)}=(2,1)^T\in S$，且只有一个不等式约束 $G_1(x)\leqslant 0$ 是紧约束。下面来验证点 $x^{(0)}$ 是 K-T 点。

因 $\nabla f\left(x^{(0)}\right)=\begin{bmatrix}-2\\-2\end{bmatrix},\nabla g_1\left(x^{(0)}\right)=\begin{bmatrix}4\\2\end{bmatrix},\nabla h_1\left(x^{(0)}\right)=\begin{bmatrix}1\\2\end{bmatrix}$，所以由式（3.4-132$a$）得：

$$\begin{bmatrix}-2\\-2\end{bmatrix}+u_1\begin{bmatrix}4\\2\end{bmatrix}+v_1\begin{bmatrix}1\\2\end{bmatrix}=0\text{，即}\begin{cases}4u_1+v_1=2\\2u_1+v_1=2\end{cases}$$

所以 $u_1=\dfrac{1}{3},v_1=\dfrac{2}{3},u_2=u_3=0$，因此 $x^{(0)}$ 是 K-T 点。

容易看出 f、g_1、h_1 均为凸函数，所以在 $x^{(0)}$，定理 2 中的条件是满足的，因此点 $x^{(0)}$ 也是此问题的全局最优解，最优值为 $f\left(x^{(0)}\right)$。

另一点 $x^{(1)}=(0,2)^T$。这时，$I\left(x^{(1)}\right)=\{2\}$，即紧约束为 $g_2(x)\leqslant 0$，然后计算：

$$\nabla f\left(x^{(1)}\right)=\begin{bmatrix}-6\\0\end{bmatrix},\nabla g_2\left(x^{(1)}\right)=\begin{bmatrix}-1\\0\end{bmatrix},\nabla h_1\left(x^{(1)}\right)=\begin{bmatrix}1\\2\end{bmatrix}$$

由式（3.4-12a）得：

$$\begin{bmatrix}-6\\0\end{bmatrix}+u_1\begin{bmatrix}-1\\0\end{bmatrix}+v_1\begin{bmatrix}1\\2\end{bmatrix}=0\text{，即}\begin{cases}v_1-u_1=6\\2v_1=0\end{cases}$$

所以 $v_1=0,\ u_2=-6<0$。因此，在点 $x^{(1)}$，式（3.4-12）不成立，所以 $x^{(1)}$ 不是 K-T 点，也就不可能是最优解了。

2. 约束最优化方法

对前述非线性有约束极值问题（3.4-1）的求解方法，常用的有几类方法：拉格朗日乘子法：它是将原问题转化为求拉格朗日函数的驻点；制约函数法：将原问题转化为一系列无约束问题来求解；可行方向法：通过逐次选取可行下降方向去逼近最优点的迭代算法；近似型算法：将原问题化为一系列线性规划问题求解，或将原问题化为一系列二次规划问题求解。

下面针对部分算法进行介绍。

1. 制约函数法-惩罚函数（SUMT 外点法）

惩罚函数法是求解式（3.4-1）的一种重要而常用的方法。这种方法是通过将式（3.4-1）

转化为一系列无约束极值问题来求解的，所以称为序列无约束极小化技术，或称 SUMT 法。惩罚函数法是序列无约束极小化技术之一，又称 SUMT 外点法。

惩罚函数法是如何将约束极值问题转化为一系列无约束极值问题的呢？它是通过构造所谓约束极值问题的惩罚函数来转化的。首先介绍式（3.4-1）的惩罚函数构造。

设式（3.4-1）的函数 f、$g_i(i=1,2,\cdots,m)$、$h_j(j=1,2,\cdots,p)$ 均有一阶连续偏导数，构造式（3.4-1）的惩罚函数为：

$$f(x,M)=f(x)+Mp(x) \tag{3.4-14}$$

式中 $M>0$ 为常数，称为惩罚影子，$p(x)$ 是定义在 E^n 上的一个函数，称为惩罚项，它满足：

① $p(x)$ 是连续函数；

② 对任意 $x\in E^n$, $p(x)\geqslant 0$；

③ 当且仅当 $x\in S$，$p(x)=0$，其中 S 是式（3.4-14）的可行集。

对于式（3.4-14），这样的函数是能够构造的。例如，对等式约束，定义函数：

$$g_{i+p}^{+}(x)=[h_j(x)]^2 \quad (j=1,2,\cdots,p) \tag{3.4-15}$$

对不等式约束，定义函数：

$$g_{i+p}^{+}(x)=\begin{cases}0, & g_i(x)\leqslant 0\\ [g_i(x)]^2, & g_i(x)>0\end{cases} \quad (i=1,2,\cdots,m) \tag{3.4-16}$$

于是，惩罚函数为：

$$f(x,M_k)=f(x)+M_k\sum_{i=1}^{p+m}g_i^{+}(x) \tag{3.4-17}$$

式中 $M_k>0, M_1<M_2<\cdots<M_k<M_{k+1}<\cdots$，且 $\lim_{k\to\infty}M_k=+\infty$。

从构造容易验证，这样的惩罚项 $p(x)=\sum_{i=1}^{p+m}g_i^{+}(x)$ 具有上述的三条性质。而且当 x 满足约束条件，即 $x\in S$ 时，则 $g_i^{+}(x)=0\ (i=1,2,\cdots,p+m)$；当约束条件不满足，即 $x\notin S$ 时，则至少有一个 $i(1\leqslant i\leqslant p+m)$，使 $g_i^{+}(x)>0$，从而 $p(x)>0$。约束条件被破坏得越厉害，则 $p(x)>0$ 的值越大，从而 $f(x,M)=f(x)+Mp(x)$ 也越大，即对于约束条件被破坏是一种惩罚，M 越大，则惩罚得越厉害。反之，当约束条件满足时，则 $p(x)=0$，这时不管 $M>0$ 取多大的值，$f(x,M)=f(x)$，就是说，当约束条件满足时不受惩罚，由此可见惩罚项及惩罚函数的意义。

一般用惩罚函数法来求解式（3.4-14）的计算步骤如下：

① 选取 $M_1>0$，精度 $\varepsilon>0, C\geqslant 2$，初始点 $x^{(0)}$，令 $k=1$。

② 以 $x^{(k-1)}$ 为初始点，求解无约束极值问题：

$$f(x,M_k)=f(x)+M_k\sum_{i-1}^{p+m}g_i^{+}(x) \tag{3.4-18}$$

设其最优解为 $x^{(k)}=x(M_k)$。

③ 计算 $\tau_1=\max_{1\leqslant j\leqslant p}\left[\left|h_j\left(x^{(k)}\right)\right|\right]$，$\tau_2=\max_{1\leqslant i\leqslant m}\left[g_i\left(x^{(k)}\right)\right]$，$\tau=\max(\tau_1,\tau_2)$

④ 若 $\tau<\varepsilon$，则迭代结束，取 $x^{*}=x^{(k)}$；否则令 $M_{k+1}=CM_k$, $k=k+1$，转入步骤②。

在上面的算法中，式（3.4-18）中的惩罚项是 $p(x)=\sum_{i=1}^{p+m}g_i^{+}(x)$，它也可用其他的方法来定义，只要能保证 $p(x)$ 具有前面所述的三条性质就行。另外，算法的结束准则是 $\tau < \varepsilon$，也可以为 $M_k p(x^{(k)}) < \varepsilon$。

理论上可以证明，在迭代过程中，由求解式（3.4-18）的极小值点产生的序列，其任意一个极限点都是式（3.4-1）的一个最优解。

例题 3.4-8：用惩罚函数法求解如下非线性约束极值问题。

$$\min f(x) = (x_1 - 3)^2 + (x_2 - 2)^2$$

$$s.t. h(x) = x_1 + x_2 - 4 = 0$$

解：令 $F(x, M) = (x_1 - 3)^2 + (-2)^2 + M(x_1 + x_2 - 4)^2$，则：

$$\frac{\partial F}{\partial x_1} = 2(x_1 - 3) + 2M(x_1 + x_2 - 4)$$

$$\frac{\partial F}{\partial x_2} = 2(x_2 - 3) + 2M(x_1 + x_2 - 4)$$

令 $\frac{\partial F}{\partial x_1} = 0,\ \frac{\partial F}{\partial x_2} = 0$，得：

$$x_1 = \frac{5M + 3}{2M + 1},\ x_2 = \frac{3M + 2}{2M + 1}$$

令 $M \to +\infty$，得：

$$x^* = \lim_{M \to +\infty} x(M) = \left(\frac{5}{2}, \frac{3}{2}\right)^T$$

易见 $h(x^*) = 0$，所以 x^* 即为要求的 $f(x)$ 的极小值点，极小值为 1/2。

外点法：$F(x, M)$ 在整个 n 维欧氏空间内进行优化，初始点可任意选择。不满足约束（可行域之外）就加大惩罚，由可行域 S 的外部逐步趋于原问题的极小点。

2. 可行方向法-梯度投影法

梯度投影法是一种可行方向法。它的基本思想是：从非线性约束极值问题可行域的可行点出发，沿此可行点的可行下降方向进行搜索。当迭代出发点在可行域的内部时，则负梯度方向可作为可行下降方向，然后沿此方向搜索；当迭代出发点不在可行域的内部而是在约束域的边界上时，则将此点处的负梯度投影到某个子空间，这样的投影一定是迭代点的可行下降方向，然后再沿此方向进行搜索。

下面介绍 Rosen 的梯度投影法。1960 年，Rosen 针对线性约束的极值问题首先提出梯度投影法，1961 年他又将他的办法推广到处理非线性约束的情况。这里只介绍线性约束极值问题的 Rosen 梯度投影法。

考虑线性约束的极值问题：

$$\min f(x)$$

$$\text{s.t.} \begin{cases} Ax \leqslant a \\ Bx = b \end{cases} \qquad (3.4\text{-}19)$$

式中 f: $E^n \to R$ 是 n 元可微函数，A 是 $m \times n$ 矩阵，B 是 $l \times n$ 矩阵，$a \in E^m$，$b \in E^l$。仍用 S

表示式（3.4-19）的可行域。

梯度投影法的基本思想是：当迭代点 $x^{(k)}$ 在可行域 S 的内部时，取 $s=-\nabla f\left(x^{(k)}\right)$ 为迭代方向；当点 $x^{(k)}$ 在 S 的边界上时，取 $-\nabla f\left(x^{(k)}\right)$ 在这些边界面的交集上的投影为迭代的方向。

为了具体说明上述方法，首先介绍投影矩阵的概念。

定义：设 P 是 $n\times n$ 矩阵，如果 $P=P^T$，且 $P^2=P$，则称 P 为投影矩阵。

例如，假设 M 是一个 $m\times n$ 矩阵，其秩为 m，则易知矩阵 $Q=(MM^T)^{-1}M$ 与 $P=I-M^T(MM^T)^{-1}M$ 均是投影矩阵。

下面介绍 Rosen 梯度投影法求解式（3.4-19）的理论依据，其证明从略，有兴趣的读者可参考有关文献。

定理：设 x 是式（3.4-19）的一个可行解，且有 $A_1x=a_1, A_2x<a_2$，而 $A^T=(A_1^T, A_2^T)$，$a^T=(a_1^T, a_2^T)$，矩阵 $M^T=(A_1^T, B^T)$ 为满秩的。令 $P=I-M^T(MM^T)^{-1}M$，I 为单位矩阵，再令 $\omega=-(MM^T)^{-1}M\nabla f(x), \omega^T=(u^T, v^T)$，其中 u 和 v 分别对应于 A_1 和 B。设 $P\nabla f(x)=0$，则：

（1）若 $u\geqslant 0$，则 x 是一个 K-T 点。

（2）若 u 中存在负分量，设 u_j 是 u 的一个分量，令 $\widehat{M}^T=(\widehat{A}_1^T, B)$，其中 $\widehat{A}_1^T$ 是由 A_1 中去掉第 j 行后得到的矩阵，再令：

$$\widehat{P}=I-\widehat{M}^T(\widehat{M}\widehat{M}^T)^{-1}\widehat{M}, s=-\widehat{P}\nabla f(x)$$

则是 s 一个可行下降方向。

再给出梯度投影法求解式（3.4-19）的算法前，先引入一些记号。在式（3.4-19）中，设：

$$A=\begin{bmatrix} a_{11} & a_{12} & \cdots & a_{1n} \\ a_{21} & a_{22} & & a_{2n} \\ \vdots & & \ddots & \vdots \\ a_{m1} & a_{m2} & \cdots & a_{mn} \end{bmatrix}=\begin{bmatrix} a_1^T \\ a_2^T \\ \vdots \\ a_{mn} \end{bmatrix}, c=\begin{bmatrix} a \\ b \end{bmatrix}=\begin{bmatrix} c_1 \\ c_2 \\ \vdots \\ c_{m+1} \end{bmatrix},$$

$$B=\begin{bmatrix} a_{m+1,1} & a_{m+1,2} & \cdots & a_{m+1,n} \\ a_{m+2,1} & a_{m+2,2} & & a_{m+2,n} \\ \vdots & & \ddots & \vdots \\ a_{m+l,1} & a_{m+l,2} & \cdots & a_{m+l,n} \end{bmatrix}=\begin{bmatrix} a_{m+1}^T \\ a_{m+2}^T \\ \vdots \\ a_{m+n} \end{bmatrix}$$

式中 $a_i=(a_{i1}, a_{i2}, \cdots, a_{in})^T$，$i=1,2,\cdots,m+l$。设 $x^{(k)}$ 是式（3.4-19）的可行解，令：

$$I_k=I(x^{(k)})=\{i\mid a_i^Tx^{(k)}=c_i\}$$

I_k 称为在点 $x^{(k)}$ 的指标集。用 M_k 表示以 a_i^T 为行所组成的矩阵。

Rosen 梯度投影法的具体计算步骤如下：

（1）选定 $x^{(1)}$ 为式（3.4-19）的一个可行解，给定计算精度 $\varepsilon>0, k=1$。

（2）在点 $x^{(k)}$ 处，将 A 和 a 分解成 $A^T=(A_1^T, A_2^T)$ 与 $a^T=(a_1^T, a_2^T)$，使得 $A_1x^{(k)}=a_1$，$A_2x^{(k)}<a_2$，并计算 $\nabla f\left(x^{(k)}\right)$。

（3）若 $\left\|\nabla f=\left(x^{(k)}\right)\right\|<\varepsilon$，则 $x^{(k)}$ 为近似的 K-T 点，计算结束。否则计算 $I_k=\{i \mid a_i^T x^{(k)}=c_i\}$，若 I_k 为空集，则令 $P=I$；若 I_k 非空，则计算矩阵 M_k［即有 $M_k^T=(A_1^T, B^T)$］，令 $P=I-M^T(MM^T)^{-1}M$。

（4）若 $P\nabla f\left(x^{(k)}\right)\neq 0$，令 $s^{(k)}=-P\nabla f\left(x^{(k)}\right)$，转入步骤（5）。若 $P\nabla f(x)=0$，则令：

$P\nabla f\left(x^{(k)}\right)\neq 0$ 如果 $u\geqslant 0$，则停止计算，$x^{(k)}$ 为 K-T 点；如果 u 有某个分量 $u_j<0$，令 $\widehat{M}_k$ 是在 M_k 中去掉与 u_j 对应的第 j 行而得到的矩阵，再令：

$$\widehat{P}=I-\widehat{M}_k^T(\widehat{M}_k\widehat{M}_k^T)^{-1}\widehat{M}_k, s^{(x)}=-\widehat{P}\nabla f(x)$$

转入步骤（5）。

（5）计算 $\lambda_{\max}$。如果对任意的 i，有 $a_i^T s^{(k)}\leqslant 0$，则 $\lambda_{\max}=+\infty$，否则：

$$\lambda_{\max}=\min\left\{\frac{c_i-a_i^T x^{(k)}}{a_i^T s^{(k)}}\middle| i\neq J_k,\ a_i^T s^{(k)}>0\right\}$$

然后求解一维搜索问题：

$$\min f\left(x^{(k)}+\lambda s^{(k)}\right)$$

$$\text{s.t.}\, 0\leqslant\lambda\leqslant\lambda_{\max}$$

得解 λ_k，令 $x^{(k+1)}=x^{(k)}+\lambda s^{(k)}$，$k=k+1$，转入步骤（2）。

例题 3.4-9 用梯度投影法求解如下的极小值问题。

$$\min f(x)=2x_1^{\ 2}+x_2^{\ 2}-2x_1x_2-4x_1-6x_2$$

$$s.t.\begin{cases} x_1+x_2\leqslant 2\\ x_1+5x_2\leqslant 5\\ -x_1\leqslant 0\\ -x_2\leqslant 0\end{cases}$$

解：$\dfrac{\partial f}{\partial x_1}=4x_1-2x_2-4,\ \dfrac{\partial F}{\partial x_2}=4x_1-2x_2-6$

（1）第一次迭代：取 $x^{(1)}(0,0)^T$，则：

$$M_1=A_1=\begin{bmatrix}-1 & 0\\ 0 & -1\end{bmatrix}, I_1=\{3,4\}, \nabla f\left(x^{(k)}\right)=(-4,-6)^T=u$$

$$P=I-A_1^T(A_1A_1^T)^{-1}=\begin{bmatrix}0 & 0\\ 0 & 0\end{bmatrix}$$

则有 $P\nabla f\left(x^{(k)}\right)=(0,0)^T$，所以

$$\omega=-(A_1A_1^T)^{-1}A_1\nabla f\left(x^{(1)}\right)=(-4,-6)^T=u$$

取 $u_4=-6$，从 A_1 中去掉与 u_4 对应的行得到：

$$\widehat{M}1=(-1,0),\ \widehat{P}=I-\widehat{M}_1^T(\widehat{M}_1\widehat{M}_1^T)^{-1}\widehat{M}_1=\begin{bmatrix}0 & 0\\ 0 & 1\end{bmatrix}$$

得到下降可行方向：

$$s^{(1)} = -\hat{P}\nabla f\left(x^{(1)}\right) = -\begin{bmatrix} 0 & 0 \\ 0 & 1 \end{bmatrix}\begin{bmatrix} -4 \\ -6 \end{bmatrix} = \begin{bmatrix} 0 \\ 6 \end{bmatrix}$$

计算得 $\lambda_{\max} = \min\left(\frac{2}{6}, \frac{5}{30}\right) = \frac{1}{6}$，求解一维搜索：

$$\min f\left(x^{(1)} + \lambda s^{(1)}\right) = 72\lambda^2 - 36\lambda$$

$$\text{s.t.}0 \leqslant \lambda \leqslant \frac{1}{6}$$

得最优解 $\lambda_1 \leqslant \frac{1}{6}$，于是得 $x^{(2)} = x^{(1)} + \lambda_1 s^{(1)} = (0, 1)^T$。

（2）第二次迭代：

在 $x^{(2)}$ 点，$\nabla f\left(x^{(2)}\right) = (-6, -2)^T$，$I_2 = \{2, 3\}$，$M_2 = A_2 = \begin{bmatrix} 1 & 5 \\ -1 & 0 \end{bmatrix}$，

$$P = I - M_2^T (M_2 M_2^T)^{-1} M_2 = \begin{bmatrix} 0 & 0 \\ 0 & 0 \end{bmatrix}$$

则 $P\nabla f\left(x^{(2)}\right) = (0, 0)^T$，从而

$$\omega = -(M_2 M_2^T)^{-1} M_2 \nabla f\left(x^{(2)}\right) = \left(\frac{2}{5}, -\frac{28}{5}\right)^T = u$$

因为 $u_2 = -\frac{28}{5} < 0$，所以从 A_2 中去掉行 $(-1, 0)$，得到 $\hat{M}_2 = (1, 5)$，于是

$$\hat{P} = I - \hat{M}_2^T (\hat{M}_2 \hat{M}_2^T)^{-1} \hat{M}_2 = \begin{bmatrix} \frac{25}{26} & -\frac{5}{26} \\ -\frac{5}{26} & \frac{1}{26} \end{bmatrix}$$

得 $-P\nabla f\left(x^{(2)}\right) = \left(\frac{70}{13}, -\frac{14}{13}\right)^T = \frac{14}{13}(5, -1)^T$，所以取 $s^{(2)} = (5, -1)^T$。

计算得 $\lambda_{\max} = \min\left(\frac{1}{4}, 1\right) = \frac{1}{4}$，求解一维搜索：

$$\min f\left(x^{(2)} + \lambda s^{(2)}\right) = 62\lambda^2 - 28\lambda - 4$$

$$\text{s.t.}0 \leqslant \lambda \leqslant \frac{1}{4}$$

得最优解 $\lambda_7 \leqslant \frac{7}{31}$，于是得 $x^{(3)} = x^{(2)} + \lambda_7 s^{(2)} = \left(\frac{35}{31}, \frac{24}{31}\right)^T$。

（3）第三次迭代：

在 $x^{(3)}$ 点，$\nabla f\left(x^{(3)}\right) = \left(-\frac{32}{31}, -\frac{160}{31}\right)^T$，$I_2 = \{2\}$，$M_3 = A_3 = (1, 5)$，则

$$P = I - M_3^T (M_3 M_3^T)^{-1} M_3 = \frac{1}{26}\begin{bmatrix} 25 & 5 \\ -5 & 1 \end{bmatrix}$$

得到 $s^{(3)}=-P\nabla f\left(x^{(3)}\right)=(0,0)^T$ ，从而

$$\omega=-(M_3M_3^T)^{-1}M_3\nabla f\left(x^{(3)}\right)=\frac{32}{31}=u$$

因为 $u>0$ ，所以 $x^{(3)}=\left(\frac{35}{31},\frac{24}{31}\right)^T$ 是 K-T 点，又因为 $f(x)$ 是凸函数，因此 $x^{(3)}$ 就是要求的最优解。

3. 近似型算法

本书在该类算法中着重介绍一下二次规划法。

二次规划是非线性极值问题中比较特殊的情形，它的目标函数是二次函数，约束是线性的。由于二次规划简单且有比较有效的算法，某些非线性极值问题可以转化为求解一系列二次规划极值问题，即用二次规划来逐步逼近非线性规划，这种方法称为二次逼近法或序列二次规划法。现在二次逼近法已成为求解某些非线性极值问题比较重要的约束优化算法之一。下面对二次规划法做简要介绍，对二次逼近法，读者可参考有关资料。

二次规划是指约束是线性而目标函数是二次函数的如下极值问题：

$$\min Q(x)=\frac{1}{2}x^TGx+c^Tx$$

$$\text{s.t.}\begin{cases}a_i^Tx\leqslant b_i & (i=1,2,\cdots,m)\\ a_i^Tx=b_i & (i=m+1,\cdots,p)\end{cases} \tag{3.4-20}$$

式中，G 为 n 阶对称矩阵，$c,a_1,a_2,\cdots,a_p$ 均为 n 维常数列向量，且假设 $a_1,a_2,\cdots,a_m$ 线性无关，$b_1,b_2,\cdots,b_p$ 为已知常数。而 $x=(x_1,x_2,\cdots,x_n)^T\in E^n, m\leqslant n, p\geqslant m$ 。用 S 表示式（3.4-20）的可行域。二次规划问题也简称为 QP 问题。

式（3.4-20）的约束可能不相容，也可能没有有限的最小值，这时称 QP 问题无解。对于矩阵 G，若 $G\geqslant 0$（半正定），则式（3.4-20）就是一个凸 QP 问题，只要存在整体解，则它是唯一的；若 G 不定，则问题式（3.4-20）是一个一般的 QP 问题。

定义：设 $\bar{x}$ 是式（3.4-20）的一个可行解，若某个 $i\in\{1,2,\cdots,p\}$，使得 $a_i^Tx=b_i$ 成立，则称它为点 $\bar{x}$ 处的有效约束，称在点 $\bar{x}$ 处所有有效约束的指标组成的集合 $J=J(\bar{x})=\{i\mid a_i^T\bar{x}=b_i\}$ 为点 $\bar{x}$ 处的有效约束指标集，简称为点 $\bar{x}$ 处的有效集。

显然，对于任何可行点 $\bar{x}$ ，所有等式约束都是有效约束，只有不等式约束才可能是非有效约束。

二次规划根据线性约束的不同，也有几种算法。下面介绍一种有效指标集法。理论上可以证明：若 x^* 是正定式（3.4-20）的最优解，且在点 x^* 处的有效集为 J^* ，则 x^* 是如下等式约束问题的唯一解。

$$\min Q(x)=\frac{1}{2}x^TGx+c^Tx$$

$$\text{s.t. } a_i^Tx=b_i \quad i\in(J^*) \tag{3.4-21}$$

式（3.4-20）最优解的这个性质是有效集法的依据。从这个性质可以看到，求解（3.4-20）

要通过求解具有等式约束的式（3.4-21）来实现。下面先介绍求解一般等式约束二次规划的 Lagrange 乘子法。

一般等式约束正定二次规划为：

$$\min Q(x)=\frac{1}{2}x^T Gx+c^T x$$

$$\text{s.t. } a_i^T x=b_i \quad i\in I=(1,2,\cdots,m) \tag{3.4-22}$$

这里 $a_1,a_2,\cdots,a_m$ 线性无关，G 为 n 阶对称正定矩阵，$m\leqslant n$。令 $A=(a_1,a_2,\cdots,a_m)$，$b=(b_1,b_2,\cdots,b_m)^T$，则可以证明：x^* 是式（3.4-22）的最优解的充分必要条件是存在 Lagrange 乘子 $\lambda^*=\left(\lambda_1^*,\lambda_2^*,\cdots,\lambda_m^*\right)^T$，使 $\left(x^*,\lambda_1^*\right)$

$$\begin{cases}Gx+c+\sum_{i\in I}\lambda_i a_i=0\\ a_i^T x-b_i=0\ \ (i\in I)\end{cases} \tag{3.4-23}$$

由此，求解式（3.4-22），只要求解式（3.4-23）。

例题 3.4-10：求解二次规划。

$$\min Q(x)=\frac{1}{2}\left(x_1^2+x_2^2+x_3^2\right)$$

$$\text{s.t.}\begin{cases}x_1+2x_2-x_3=4\\ x_1-x_2+x_3=-2\end{cases}$$

解：$G=\begin{bmatrix}1&0&0\\0&1&0\\0&0&1\end{bmatrix}$，$c=\begin{bmatrix}0\\0\\0\end{bmatrix}$，$A=(a_1,a_2)$，$b=\begin{bmatrix}4\\-2\end{bmatrix}$，$\lambda=\begin{bmatrix}\lambda_1\\ \lambda_2\end{bmatrix}$

与式（3.4-23）相应的方程组为：

$$\begin{bmatrix}1&0&0&1&1\\0&1&0&2&-1\\0&0&1&-1&1\\1&2&-1&0&0\\1&-1&1&0&0\end{bmatrix}\begin{bmatrix}x_1\\x_2\\x_2\\ \lambda_1\\ \lambda_2\end{bmatrix}=\begin{bmatrix}0\\0\\0\\4\\-2\end{bmatrix}$$

求解上面方程组，得到其唯一解 $x_1=\frac{2}{7},x_2=\frac{10}{7},x_3=-\frac{6}{7},\lambda_1=-\frac{4}{7},\lambda_2=\frac{2}{7}$，因此原问题的最优解为 $x^*=\left(\frac{2}{7},\frac{10}{7},-\frac{6}{7}\right)^T$，相应的 Lagrange 乘子向量为 $\lambda^*=\left(-\frac{4}{7},\frac{2}{7}\right)^T$。

现在介绍求解式（3.4-20）的有效集算法。一般正定二次规划的有效集法的基本思想是：对一般正定式（3.4-20），由其解的性质，只要能找到解 x^* 满足的有效集 J^*，就可通过求解等式约束的 QP 问题得到 x^*。因此，可以先求出式（3.4-20）的一个可行点 $x^{(1)}$，并求出点 $x^{(1)}$ 处的有效集 J_1。然后按照目标函数值减少的原则，对有效集不断进行调整，直到得到 J^* 为止，从而获得式（3.4-20）的最优解 x^*。

下面是正定二次规划问题式（3.4-20）有效集解法的计算步骤。

（1）选定式（3.4-20）的初始可行点 $x^{(1)}$，确定点 $x^{(1)}$ 处的有效集 J_1，使 $a_i\ (i\in J_1)$ 线性无关，令 $k=1$。

（2）求解相应的等式约束正定二次规划

$$\min Q(s)=\frac{1}{2}s^T Gs+\left(Gs^{(k)}+c\right)^T s$$

$$\text{s.t. } a_i^T s=0 \quad i\in J_k) \tag{3.4-24}$$

得其解为 $s^{(k)}$。

（3）若 $s^{(k)}=0$ 则计算相应的乘子 $\lambda_i^{(k)}\ \ i\in J_k)$，转入步骤（4）；否则转入步骤（5）。

（4）若 $\forall i\in J_k\cap I$，都有 $\lambda_i^{(k)}\geqslant 0$，则 $x^{(k)}$ 为式（3.4-20）的最优解，计算结束；否则求出 $\lambda_q^{(k)}=\min\left\{\lambda_i^{(k)}\middle|i\in J_k\cap I\right\}$，令 $x^{(k+1)}=x^{(k)}$，$J_{k+1}=J_k\backslash\{q\},k=k+1$，转入步骤（2）。

（5）令 $\overline{x}^{(k)}=x^{(k)}+s^{(k)}$，如果 $\overline{x}^{(k)}$ 满足 $a_i^T\overline{x}^{(k)}\leqslant b_i$，$i\in I\backslash J_k$，则令 $x^{(k+1)}=\overline{x}^{(k)}$，并求出点 $x^{(k+1)}$ 处的有效集 J_{k+1}，令 $k=k+1$，转入步骤（2）；否则转入步骤（6）。

（6）计算步长 α_k：

$$\alpha_k=\min\left\{-\frac{a_i^T x^{(k)}-b_i}{a_i^T s^{(k)}}\middle|i\in I\backslash J_k, a_i^T s^{(k)}>0\right\}$$

令 $x^{(k+1)}=x^{(k)}+\alpha_k s^{(k)}$，并求点 $x^{(k+1)}$ 处的有效集 J_{k+1}，令 $k=k+1$，转入步骤（2）。

3.3.5 非线性规划在道路交通工程中的应用

在公路桥梁设计、交通控制、交通运输工程、城市交通网络规划等领域内都存在非线性极值问题，所以非线性规划在道路交通工程中的应用极其普遍。下面仅举一个交通配流方面应用的例子，让读者有所了解。

在进行城市交通网络规划时，路网规划和优化的基础是交通需求量（O-D 流量）在现有道路网上的合理分配。静态城市交通网络配流模型分为网络平衡配流模型和非平衡配流模型。平衡配流遵循用户平衡和系统最优原则，即 Wardrop 第一、第二原理。网络平衡配流模型很多，几乎都是非线性约束极值问题。这里主要介绍与 Wardrop 第一原理相应的平衡分配模型的建立及解法。

Wardrop 第一原理：网络达到平衡状态时，每组 OD 的各条被利用的路径具有相等而且最小的走行时间；没有被利用的路径的走行时间大于或等于最小走行时间。

第一原理反映了道路网利用者选择路线的一种准则。平衡分配模型即是求满足这种平衡准则的路段交通流量。

1. 平衡分配模型的建立

Beckmann 提出了一种满足 Wardrop 准则的数学规划模型。正是这组数学规划模型奠定了研究交通分配问题的基础。后来的许多分配模型都是在 Beckmann 模型的基础上扩充得到的。

首先介绍模型中使用的变量。

X_a：路段 a 上的交通流量；

t_a：路段 a 的走行时间；

$t_a(\cdot)$：路段 a 的走行时司函数，因而 $t_a = t_a(X_a)$；

f_k^{rs}：出发地为 r，目的地为 s 的 OD 间的第 k 条路径上的交通流量；

C_k^{rs}：出发地为 r，目的地为 s 的 OD 间的第 k 条路径的总走行时间；

$\delta_{a,k}^{rs}$：0-1 变量，如果路段 a 在出发地为 r 目的地为 s 的 OD 间的第 k 条路径上，则 $\delta_{a,k}^{rs}=1$，否则 $\delta_{a,k}^{rs}=0$；

q_{rs}：r 与 s 间的 OD 交通量。

N：网络中节点的集合；L：网络中路段的集合；R：网络中出发地的集合；S：网络中目的地的集合；ψ_{rs}：r 与 s 之间的所有路径的集合；

分析模型应满足的基本约束条件。

交通流守恒条件：即各 OD 间的交通量应该全部分配到网络中去，或者说 OD 间各条路径上的交通总量应等于 OD 交通量。公式表示为：

$$\sum_{k\in\psi_{rs}} f_k^{rs} = q_{rs} \qquad \forall r,s$$

$$f_k^{rs} \geqslant 0, \forall k,r,s$$

变量之间的关系式有：

$$X_a = \sum_r \sum_s \sum_k f_k^{rs} \delta_{a,k}^{rs} \qquad \forall a \in L$$

$$C_k^{rs} = \sum_a t_a \delta_{a,k}^{rs} \qquad \forall k \in \psi_{rs}, \forall r \in R, \forall S \in D$$

Beckmann 提出的平衡分配模型如下：

$$\min Z(x) = \sum_a \int_0^{X_a} t_a(\omega) d\omega \tag{3.4-25}$$

$$\begin{cases} X_a = \sum_r \sum_s \sum_k f_k^{rs} \cdot \delta_{a,k}^{rs} \quad \forall a \\ \sum_k f_k^{rs} = q_{rs} \quad \forall r,s \\ f_k^{rs} \geqslant 0 \quad \forall r,s \end{cases} \tag{3.4-26}$$

上述模型目标函数很难对它做出直观的或经济上的解释，一般认为它只是一种数学手段，借助于它来求解平衡分配问题。

可以证明该模型的解满足平衡分配的解。

构造拉格朗日函数：

$$\begin{aligned} L(X,u,\eta,\sigma) = Z(X) + \sum_{rs} u_{rs}(q_{rs} - \sum_k f_k^{rs}) \\ + \sum_a \eta_a (X_a - \sum_r \sum_s \sum_k f_k^{rs} \cdot \delta_{a,k}^{rs}) + \sum_r \sum_s \sum_f f_k^{rs} \sigma_k^{rs} \end{aligned} \tag{3.4-27}$$

式中，$u_{rs}, \eta_a, \sigma_k^{rs}$ 为拉格朗日乘子。根据库恩-塔克条件（最优性的一阶必要条件，见式（3.4-12）），上述拉格朗日函数在极值点上必须满足以下条件：

$$\frac{\partial L}{\partial X_a} = 0, \forall a \tag{3.4-28}$$

$$\begin{cases}\sigma_k^{rs} f_k^{rs} = 0, \forall k, r, s \\ \sigma_k^{rs} \leqslant 0, \forall k, r, s\end{cases} \quad (3.4\text{-}29)$$

由式（3.4-28）的求导，结合（3.4-26）（3.4-29）几个关系式，可以推出以下式子（具体过程略）：

$$f_k^{rs}(C_k^{rs} - u_{rs}) = 0 \text{ 且 } C_k^{rs} - u_{rs} \geqslant 0, \forall k, r, s$$

其中 $C_k^{rs} = \sum_a t_a \delta_{a,k}^{rs}$，表示 k 路径的总走行时间。

可以看出，当 $f_k^{rs} = 0$ 时，$C_k^{rs} \geqslant u_{rs}$；而当 $f_k^{rs} > 0$ 时，$C_k^{rs} = u_{rs}$。这就是说，当模型（3.4-25）达到最优解时，对应于 O-D 对 rs 的拉格朗日乘子 u_{rs} 总是小于或等于连接 O-D 对 rs 的任意路径的费用，因此这里的 u_{rs} 其实就是在平衡状态下的 O-D 对 rs 的之间的平衡出行费用。

显然，以上推导出的一阶必要条件表达了 Wardrop 第一原理所述的平衡准则。还可以证明模型（3.4-25）具有最优解的唯一性（数学证明略）。

2. 平衡分配模型的解法

Beckmann 提出的关于交通分配的数学规划模型沉睡了 20 年之后才由 LeBlanc 等学者将 Frank-Wolfe 算法用于求解 Beckmann 模型，最终形成了目前的广泛应用的一种既严格又实用的解法，该解法通常称为 F W 法。

对于非线性规划模型即使现在也没有普遍通用的解法。只是针对某些特殊的非线性规划模型才有可靠的解法。而 Beckmann 模型正是一种特殊的非线性模型。

F-W 法是用线性规划逐步逼近非线性规划的方法。该方法是一种迭代法。在每步迭代中，先找到一个最速下降方向，然后再找到一个最优步长，在最速下降方向上截取最优步长得到下一步迭代的起点。重复迭代直至找到最优解为止。

F-W 法的前提条件是模型的约束条件必须都是线性的。通过将目标函数 $\min Z = f(X)$ 在 X_0 处的一阶泰勒展开：

$$f(X) = f(X^{(0)}) + \nabla f(X^{(0)})^T (X - X^{(0)}) \quad (3.4\text{-}30)$$

将目标函数近似表达成式（3.4-31）所示的线性函数，由此将 Beckmann 模型近似化为线性规划模型求解，其最优解 $\bar{X}$ 与 $X^{(0)}$ 的连线为最速下降方向，然后通过一维搜索找最优步长 λ，得到下一步迭代起点：$X^{(1)} = X^{(0)} + \lambda(\bar{X} - X^{(0)})$。如此循环，直到 $X^{(n+1)} X^{(n)}$ 十分接近为止。

因此，F-W 方法的基本思路是根据一组线性规划的最优解而确定下一步的迭代方向，然后根据目标函数的一维极值问题求最优迭代步长。由于该方法在每一步迭代中都必须求解一组线性规划问题的解，在一般的线性规划模型中，该方法由于计算量过大而不适用。只是在近似的线性规划模型易于求解时，该方法才有应用价值。而交通分配模型正好具有这一特点，其线性规划模型的求解实际上就是在各路段的走行时间一定的情况下使网络的总走行时间最小的交通量分配问题（数学证明略，可参考其他有关文献）。在这种情况下，将 OD 交通量全部沿 OD 间的最短路径上分配即可使目标函数最小化，而这正是 0-1 分配法（最短路分配法）。0-1 分配的主要步骤和计算量即是寻找最短路径（参考其他有关文献）。

F-W 法求解 Beckmann 模型的步骤可归纳如下：

（1）初始化。按照 $t_a^0 = t_a(x_a^0 = 0)\forall a$ ，实行一次 0-1 分配。得到各路段的交通流量 $\{x_a^1\}$ ，令 n=1；

（2）更新。令 $t_a^n = t_a(x_a^n)\forall a$ ；

（3）寻找下一步的迭代方向。按照 $\{t_a^n\}$ 实行一次 0-1 分配，并得到一组附加交通流量 $\{y_a^n\}$；

（4）确定步长。求满足下式的 α_n

$$\sum_a (y_a^n - x_a^n)\cdot t_a[x_a^n + \alpha_n(y_a^n - x_a^n)] = 0 \qquad 0 \leqslant \alpha_n \leqslant 1$$

（5）确定新迭代点。令 $x_a^{n+1} = x_a^n + \alpha_n(y_a^n - x_a^n) \ \forall a$

（6）收敛性检验。如果 $\{x_a^{n+1}\}$ 已满足规定的收敛准则，停止计算。$\{x_a^{n+1}\}$ 即是要求的平衡解；否则令 n=n+1，返回（2）。

3.5 其他优化方法简介

3.5.1 遗传算法

遗传算法是一类借鉴生物界的进化规律——适者生存、优胜劣汰机制演化而来的随机搜索算法。它是由美国 Michigan 大学的 Holland 教授于 1975 年首先提出的一种新的全局优化搜索算法。

遗传算法处理的对象不是参数本身，而是对参数集进行编码后的个体。由于应用了编码技术，可直接对结果对象进行操作，不存在求导和函数连续性的限定，因此适用于各类优化问题。遗传算法具有内在的隐并行性，与其他优化算法相比，具有更好的全局寻优能力；采用概率化的寻优方法，能自动获取和指导优化的搜索空间，自适应地调整搜索方向，不需要确定的规则。

遗传算法具有其他方法不具备的优点，但由于遗传算法采用根据适应度值的大小来决定个体是否被复制的选择机制，这样容易出现来源于同一种群的个体被大量繁殖的情况，形成近亲繁殖，造成算法的局部搜索和过早收敛，从而导致全局寻优过程失败，特别是对于多峰值问题，容易出现这种现象。

遗传算法处理优化问题的步骤主要有：

（1）根据初始化种群大小，给出交叉和变异概率，确定适应度函数。

（2）选定决策变量，进行编码。一个解的编码称为一条染色体，又称为基因型个体，一定数量的个体组成种群，群体中个体的数目称为种群大小，组成编码的元素称为基因。

（3）选择操作，又称再生或复制。选择的目的是把优秀的个体直接遗传到下一代，最常用的选择操作为轮盘赌算法，即按照个体适应度值比例进行选择。

（4）交叉操作。即随机选择两条染色体（父代），将其一点或多点的基因互换而产生两个新个体。

（5）变异操作。变异是基因中的某一点或多点发生突变，这样使得某些解的编码发生变化，使解具有更大的遍历性。

（6）对子代群体重复步骤（3）~（5）的操作，进行新一轮的遗传进化过程，直到迭代收敛（适应值趋于稳定）即找到了最优解或准最优解。

例题 3.5-1：利用遗传算法求函数 $f(x)=x^2$ 在[0，31]上的最大值及取得最大值的点。

解：（1）编码。

不妨限定变量 x 仅取 0 ~ 31 的整数，将 x 用 5 位二进制数表示，即将可行解用字符串表示，相当于遗传学中的染色体。

（2）产生初始种群。

随机地产生几个初始值，不妨假设得到 4 个点 01101、11000、01000、10011，称它们为 4 个个体组成的初始种群。

（3）计算适值。

初始种群中各个体的数值分别为 13、24、8、19，它们相应的目标函数值分别为 f（13）=169，f（24）=576，f（8）=64，f（19）=361，称 $f(x)$ 值为 x 对应的字符串（染色体）的适值（适应度）。此时的最大值为 f（24）=576。

（4）复制。

按照适者生存理论，复制的原则是适值越高的染色体，其复制的可能及复制的数越多，具体计算是利用随机方法来实现的。先由：

$$p_i=\frac{f(x_i)}{\sum_{i=1}^{n}f(x_i)}$$

计算相应的选择率（选择复制的概率），分别为 0.14，0.49，0.06，0.31。再由：

$$p_i=\frac{f(x_i)}{\frac{1}{n}\sum_{i=1}^{n}f(x_i)}$$

计算期望的复制个数，分别为 0.58，1.97，0.22，1.23，根据四舍五入的规则，复制个数取整数，分别为 1，2，0，1。经复制后种群称为 01101、11000、11000、10011，此时的最大值为 f（24）=576。

（5）交叉。

简单的交叉分两步实现。在由等待分配的染色体中，第一步将新复制产生的染色体两两配对，第二步是随机选择交叉点，对匹配的染色体进行交叉繁殖，产生新的染色体。例如图 3.5-1 中，经交叉后种群称为 01100、11001、11011、10000，此时的最大值 f（27）=729。

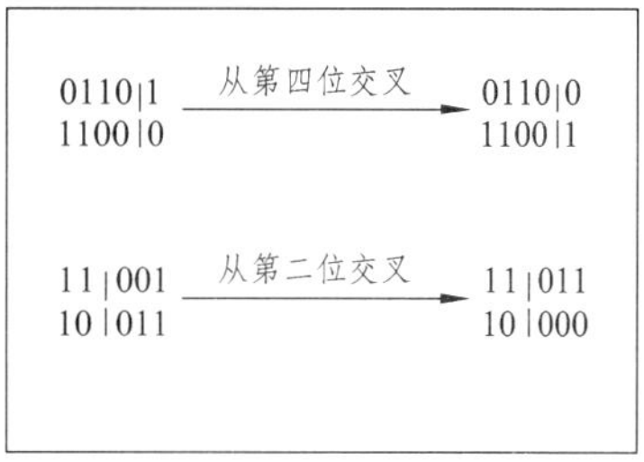

图 3.5-1

（6）变异。

变异就是某个染色体某一位的值偶然的（概率很小）随机地改变，即在某些特定位置上简单地把 1 变为 0 或把 0 变为 1。根据经验，为了取得较好的结果，变异的频率为每一个千位的转送中，只变异一位，即变异的概率为 0.001。例中，由 4 个五位串组成的种群共有 20 位，则变异的期望值为 0.02 位，因此本例的单代遗传实验中没有变异发生。

（7）迭代。

经过复制、交叉、变异操作后得到新一代种群，对此种群再计算适值，这一过程称为迭代。本例经过一次迭代后得最大值 $f(27)=729$。根据新一代个体的适值，可以按照预先确定的评判规则来估计是否已得到最优解，如果没有，则回到步骤（3）计算适值，继续进行复制、交叉、变异操作，直至满足评判条件。

遗传算法的工作流程示意图如图 3.5-2 所示。

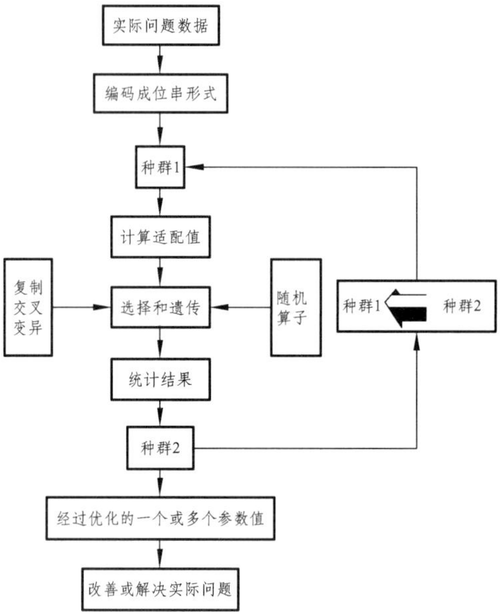

图 3.5-2

3.5.2 爬山法

爬山法是指经过评价当前的问题状态后，限于条件，不是去缩小，而是去增加这一状态与目标状态的差异，经过迂回前进，最终达到解决问题的总目标。就如同爬山一样，为了到达山顶，有时不得不先上矮山顶，然后再下来，这样翻越一个个的小山头，直到最终达到山顶。可以说，爬山法是一种以退为进的方法，往往具有退一步进两步的作用，后退乃是为了更有效地前进。

让我们来看一个基本的爬山法过程以及它和邻域概念的相关之处。爬山法同所有的局部搜索算法一样，都是运用迭代改进的技术。该方法应用于搜索空间的单个点——当前点。每次迭代从当前点的邻域选取一个新点。如果这个新点的评估值优于当前点，则它就变成当前点：否则就选取当前点邻域中的其他点来进行比较。该方法在没有进一步改善的可能或者在人们丧失了时间和耐心的时候终止。

很明显，这种爬山法只能提供局部最优解。并且这些解还依赖于起始点的选取。此外，也没有一个通用的过程来界定它与全局最优解之间的差距有多大，因为全局最优解是未知的。如果问题只收敛于局部最优解，那么就不得不从大量不同的起始点来开爬山，并寄希望于在最初所选取的点中总有一些会通向全局最优。我们可以随机地选取这些起始点，也可采用一些网格式规则模式，还可以根据一些可获得的信息，如基于以前的搜索结果（其他人解决同样问题的一些成果）来选取起始点。

现在有各种版本的爬山算法，它们主要是在新解与当前解进行比较的方式上有所不同。

爬山法的基本步骤为：

（1）生成第一个可能的解。若是目标，则停止，否则转下一步。

（2）从当前可能的解出发，生成新的可能解集。

① 用测试函数测试新的可能解集中的元素。若是解，则停止；否则转到步骤②；

② 若不是解，则将它与至今已测试过的解比较。若它最接近解，则保留作其为最佳元素；若它不最接近解，则舍弃。

（3）以当前最佳元素为起点，转到步骤（2）。

爬山法在生成的元素中寻找最优解，这种最优是局部最优。爬山法会产生下述问题：

① 找到的是局部最大值，如图 3.5-3（a）所示。

② 碰到平顶时无法处理，如图 3.5-3（b）所示。

遇到平顶是在某一局部点周围 $f(x)$=常数，此时无法决定要搜索的最佳方向。

③ 碰到山脊时无法处理。

山脊是在搜索空间中的一块带状地区，在此带状地区的 $f(x)$恒等于周围的 $f(x)$值碰到山脊的克服办法：

（1）退回较大一步，即允许回溯；

（2）向前跨一大步

（3）多设几个初始点，从几个初始点同时或先后进行搜索。

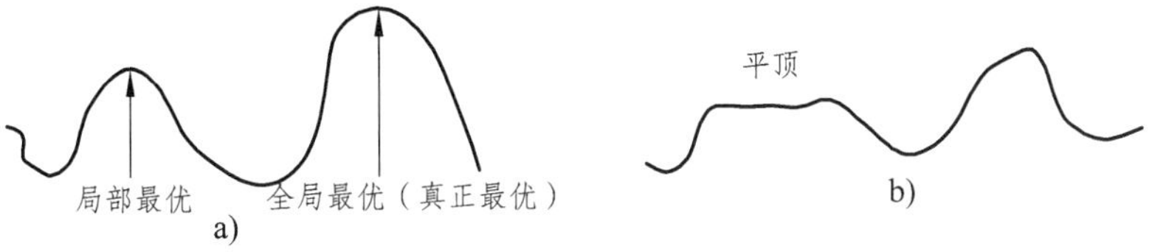

（a）搜索中遇到局部最优点　　（b）搜索中遇到平顶

图 3.5-3

3.6 求解优化问题的常用软件工具

3.6.1 几种常用软件简介

目前可以用于求解线性规划、非线性极值问题的软件多为国外公司或机构开发的产品，主要有 Excel Solver、MATLAB、MATHEMATICA、SAS、What's Best!、LINGO、AIMMS、INTPT、LSGRG for AMPL and AMPL Plus、LSSOL 等；国内有七维高科有限公司开发的 1stOpt 等。上述软件在使用上各具特点，本书针对几种常用软件做简要介绍。

1. Excel Solver

Excel Solver 是微软公司委托 Fronline System 公司专门为 Excel 软件开发的一款规划求解插件。用户可以自定义安装，MS-Office 所使用的是标准版本规划求解工具，Fronline System 公司同时提供增强的 premium Solver 工具。Excel Solver 的最大优势在于集成在 MS-Office 标准版内，用户安装后可以直接使用，无须另外购买；同时，以 Excel 为工作平台，无须掌握专业输入语言，使得熟悉 Excel 操作的用户能够快速使用。

Excel Solver 标准版在可使用状态下会在 Excel 的“工具”菜单中显示“规划求解”选项，其具体安装步骤如下。

（1）在 Office 自定义安装状态下，进入 Excel 安装选项——加载宏，在下拉列表中点击盘符图标可以更改“规划求解”的安装状态。

（2）完成规划求解安装后，需进一步执行加载操作才可在 Excel 中调用。加载过程是选择 Excel 中的“工具”菜单，点击“加载宏”，弹出加载宏对话框，“规划求解”工具在默认状态下处于未选中即未加载状态，点击选择框使之处于选中状态并确定完成加载。

（3）在已安装并加载状态下，“规划求解”显示在 Excel 的“工具”菜单中，此时即可正常使用规划求解工具。如在工具菜单中未发现规划求解，可以检查加载宏列表，查看是否有名为 Solver 的加载项列于其中并执行相应的加载操作。

Excel Solver 工具可用于解决复杂的方程差值的各类线性或非线性的有约束优化的问题，但与专业优化软件相比，其功能上还存在一定差距；然而其易用性已得到了众多普通用户的青睐。关于 Excel 中“规划求解”工具的具体应用，有兴趣的读者可参考相关书籍或 Excel 帮助文档。

2. What's Best!

由于 Excel 的广泛应用，在 Excel 上建模然后求解成为时下最流行的运筹学问题求解方式，所以很多专业公司致力于 Excel 插件的研究和开发。除了 Excel Solver 外，比较著名的还有出品 LINDO 和 LINGO 的 LINDO SYSTEMS 公司，他们开发的 What's Best!软件也是此类 Excel 加载宏之一。

What's Best!软件可以有效地求解大规模的复杂模型。它的线性规划、非线性规划和整数规划求解引擎是专门为大规模的商业使用设计的，并且已经得到了广泛的应用。

What' s Best!软件的最大优势在于基于 Excel 开发，界面友好，对于已经熟悉 Excel 操作的用户很快就可以开始建模；同时，软件在完成建模后以电子表格的方式提供给使用者，极大地便利了优化模型的推广和共享。

3. LINGO

LINGO（Linear Interactive and General Optimizer，交互式线性和通用优化求解器）同样为美国 LINDO SYSTEMS 公司开发的一套专门用于求解最优化问题的软件包。LINGO 可用于求解线性规划和二次规划，还可以用于求解非线性规划，也可以用于一些线性和非线性方程组的求解以及代数方程求根等。由于是基于第四代语言开发，LINGO 软件以其易用性、稳定性，赢得了国际上许多著名公司的青睐。

LINGO 内建了强大的求解引擎，包括了线性、非线性、二次、二次限制和整数最佳化，运算执行速度突出。在求解非线性最优化问题时，应用了顺序线性规划法（SLP）、广义既约梯度法（GRG）以及多点搜索（Multistart）三种算法，而后两种算法为可选。LINGO 实际上是最优化问题的一种建模语言，包括许多常用的函数可供使用者建立优化模型时调用，并提供与其他数据文件（如文本文件、EXCEL 文件、数据库文件等）的接口，易于输入、求解和分析大规模最优化问题。由于上述特点，LINGO 软件在教学、科研和工业、商业、服务等领域得到广泛应用。

LINGO 优化模型往往由五部分组成：集合定义部分（SET-ENDSETS）、目标函数与约束部分、数据输入部分（DATA-ENDDATA）、初始值设定部分（INIT-ENDINIT）以及计算部分（CALC-ENDCALC）。作为一种建模语言，优化模型各部分的输入需要遵循一定的格式和规则。本书对此不做介绍，有兴趣的读者可查看有关文献的相关内容。

4. Matlab

Matlab 产品家族是美国 Mahworks 公司开发的用于概念设计、算法开发、建模仿真、实时实现的理想的集成环境。由于其完整的专业体系和先进的设计开发思路，使得 Matlab 在多种领域都有广阔的应用空间，特别是在 Matlab 的主要应用方向——科学计算、建模仿真以及信息工程系统的设计开发上已经成为行业内的首选设计工具，全球现有超过五十万的企业用户和上千万的个人用户，广泛地分布在航空航天、金融财务、机械化工、电信、教育等各个行业中。

在 Matlab/Simulink 基本环境之上，MathWorks 公司为用户提供了丰富的扩展资源，这就是大量的 Toolbox 和 Blockset，其中包括了专门用于求解优化问题的优化工具箱（Optimization Toolbox）。该工具箱可以用来解决线性、非线性最小化，曲线拟合、二次规划等诸多复杂计算问题。

由于 Matlab 的功能强大，因此对用户计算机性能的要求较高，同时在循环计算解决大

型非线性优化问题时与专业非线性规划软件（例如 LINGO）相比效率稍低。对于 MATLAB 中优化工具箱有兴趣的读者，可以参考相关专业书籍。

总而言之，由于非线性优化问题的复杂性，目前尚没有软件能够做到尽善尽美。既有各相关软件的官方网站多数都提供试用版，有兴趣的读者可以下载学习。

5. SAS

SAS（STATISTICAL ANALYSIS SYSTEM）是由美国 NORTH CAROLINA 州立大学 1966 年开发的统计分析软件，是一个模块化、集成化的大型应用软件系统。它由数十个专用模块构成，功能包括数据访问、数据储存及管理、应用开发、图形处理、数据分析、报告编制、运筹学方法、计量经济学与预测等等。SAS 系统基本上可以分为四大部分：SAS 数据库部分；SAS 分析核心；SAS 开发呈现工具；SAS 对分布处理模式的支持及其数据仓库设计。SAS 系统主要完成以数据为中心的四大任务：数据访问；数据管理（SAS 的数据管理功能并不很出色，而是数据分析能力强大所以常常用微软的产品管理数据，再导成 SAS 数据格式. 要注意与其他软件的配套使用）；数据呈现；数据分析。

SAS 系统具有灵活的功能扩展接口和强大的功能模块，在 BASE SAS 的基础上，还可以通过增加如下不同的模块从而增加不同的功能：SAS/STAT（统计分析模块）、SAS/GRAPH（绘图模块）、SAS/QC（质量控制模块）、SAS/ETS（经济计量学和时间序列分析模块）、SAS/OR（运筹学模块）、SAS/IML（交互式矩阵程序设计语言模块）、SAS/FSP（快速数据处理的交互式菜单系统模块）、SAS/AF（交互式全屏幕软件应用系统模块）等等。其中的 SAS/OR（运筹学模块）为决策支援工具，用于计划管理、线性及非线性规划与资源最佳化分配等功能。

6. Eviews

Eviews 是 Econometrics Views 的缩写，直译为计量经济学观察，通常称为计量经济学软件包。它的本意是对社会经济关系与经济活动的数量规律，采用计量经济学方法与技术进行“观察”。另外 Eviews 也是美国 QMS 公司研制的在 Windows 下专门从事数据分析、回归分析

和预测的工具。使用 Eviews 可以迅速地从数据中寻找出统计关系，并用得到的关系去预测数据的未来值。Eviews 的应用范围包括：科学实验数据分析与评估、金融分析、宏观经济预测、仿真、销售预测和成本分析等。

Eviews 引入了流行的对象概念，操作灵活简便，可采用多种操作方式进行各种计量分析和统计分析，数据管理简单方便。其主要功能有：采用统一的方式管理数据，通过对象、视图和过程实现对数据的各种操作；输入、扩展和修改时间序列数据或截面数据，依据已有序列按任意复杂的公式生成新的序列；计算描述统计量：相关系数、协方差、自相关系数、互相关系数和直方图；进行 T 检验、方差分析、协整检验、Granger 因果检验；执行普通最小二乘法、带有自回归校正的最小二乘法、两阶段最小二乘法和三阶段最小二乘法、非线性最小二乘法、广义矩估计法、ARCH 模型估计法等；对二择一决策模型进行 Probit、logit 和 Gompit 估计；对联立方程进行线性和非线性的估计；估计和分析向量自回归系统；多项式分布滞后模型的估计；回归方程的预测；模型的求解和模拟；数据库管理；与外部软件进行数据交换。

下面主要针对其中一种常用软件 Matlab 进行基础应用介绍。

3.6.2 使用 Matlab 求解优化问题应用介绍

优化工具箱是 Matlab 的关键部分，它是 Matlab 强大功能得以实现的载体和手段，也是对 Matlab 基本功能的重要扩充。其中，优化工具箱涉及函数的最小化或最大化问题，即函数的极值问题。本节主要介绍使用 Matlab 对基本极值问题求解的方法。

1. 用 Matlab 解一元函数的无约束优化问题

设一元函数元约束优化问题为：

$\min f(x)$

$s.t.\quad a \le x \le b$

常用格式如下：

（1）x=fminband（‘fun’，a，b）;

（2）x=fminbnd（‘fun’，a，b，options）;

（3）[x，fval]=fminbnd（…）;

（4）[x，fval，exitflag]=fminbnd（…）;

（5）[x，fval，exitflag，output]=fminbnd（…）;

其中（3）（4）（5）的等式右边可选用（1）或（2）的等式右边.

函数 fminbnd 的算法基于 0.618 法和二次插值法，它要求目标函数必须是连续函数，并可能只给出局部最优解。

控制参数 option 的设置

（1）Display：显示水平，取值为“off”时，不显示输出；取值为“iter”时，显示每次迭代的信息；取值为“final”时，显示最终结果。默认值为“final”。

（2）MaxFunEvals：允许进行函数评价的最大次数，取值为整数。

（3）MaxIter：允许进行迭代的最大次数，取值为正整数。控制参数 options 可以通过函数 optimset 创建或修改。命令格式如下：

① options=optimset（‘optimfun’），创建一个含所有参数名，并与优化函数 optimfun 相关

的默认值的选项结构 options。

② options=optimset（‘param1’，value1，‘param2’，value2，…），创建一个名称为 options 的优化选项参数，其中指定的参数具有指定值，所有未指定的参数取默认值。

③ options=optimset（oldops，‘param1’，value1，‘param2’，value2，…），创建名称为 oldops 的参数的拷贝，用指定的参数修改 oldops 中相应的参数。

例 3.6-1 对边长为 3 m 的正方形铁板，在 4 个角剪去相等的正方形以制成方形无盖水箱，问什么剪法能使水箱的容积最大?

解：设剪去的正方形边长为 x，则水箱的容积为 $x(3-2x)^2$，建立的约束优化模型为：

$$\min f(x) = -x(3-2x)^2$$
$$s.t.\quad 0 \leqslant x \leqslant 1.5$$

先编写 M 文件 func1.m 如下

```
function   z=func1（x）
z=-x*（3-2*x）*（3-2*x）
```

Matlab 程序如下：

```
[x_max，f_min]=fminbnd（'func1'，0，1.5）
```

运算结果为：

```
x_max =0.5000
f_min =-2.0000
```

因此剪去的正方形边长为 0.5 m 时，能使水箱的最大容积达到 2 m^3。

2. 用 Matlab 解无约束优化问题

设无约束优化问题（一元或多元函数）标准形为：

$$\min f(x)$$

常用格式如下：

（1）x=fminunc（‘fun’，x0）；或 x=fminsearch（‘fun’，x0）；

（2）x= fminunc（‘fun’，x0，options）；或 x=fminsearch（‘fun’，x0，options）；

（3）[x，fval]= fminunc（…）；或[x，fval]=fminsearch（…）

（4）[x，fval，exitflag]=fminunc（…）；或[x，fval，exitflag]=fminsearch（…）；

（5）[x，fval，exitflag，output]= fminunc（…）；或[x，fval，exitflag，output]= fminsearch（…）；

说明：fminsearch 是用单纯形法寻优。而对于 fminunc 的算法：

（1）fminunc 为无约束优化提供了大型优化和中型优化算法，由于 options 中的参数 LargeScale 控制；

LargeScale='on'（默认值），使用大型算法；

LargeScale='off（默认值），使用中型算法。

（2）fminunc 为中型优化算法的搜索方向提供了 4 种算法，由 options 中的参数 HessUpdate 控制：

HessUpdate='bfgs'（默认值），拟牛顿法的 BFGS 公式；

HessUpdate='dfp'，拟牛顿法的 DFP 公式；

HessUpdate='steepdesc'，最速下降法；

（3）fminunc 为中型优化算法的步长以为搜索提供了两种算法，由 options 中的参数 LineSearchType 控制：

LineSearchType='quadcubic'（默认值），混合的二次和三次多项式插值；

LineSearchType='cubicpoly'，三次多项式插值。

例 3.6-2 用 Matlab 解多元无约束优化问题

$$\min f = x_1^2 + x_2^2 - x_1x_2 - 10x_1 - 4x_2$$

解：程序如下：

建立目标函数 fun3.m

```
function f=fun3（x）
f=x（1）^2+x（2）^2-x（1）*x（2）-10* x（1）-4* x（2）;
```

建立求解程序：qiujie3.m

```
x0=[1，1]
[x，f] = fminunc（@fun3，x0）
```

在 command window 输入

```
qiujie3
x=8.0000        6.0000
f=-52.0000
```

3. 用 Matlab 求解有约束极值问题

1）一般非线性规划

一般非线性规划标准形为：

$$\begin{aligned}
&\min f(x)\\
&Ax \leqslant b\\
&Aeq\ x = Beq\\
&C(x) \leqslant 0\\
&Ceq(x) = 0\\
&VLB \leqslant x \leqslant VUB
\end{aligned}$$

其中 $C(x), Ceq(x)$ 均为非线性函数组成的向量。

用 Matlab 求解上述问题，基本步骤为：

（1）首先建立 M 文件 fun. m，定义目标函数 $f(x)$：

```
function f = fun（x）;
        f=f(x);
```

若约束条件中有非线性约束：$C(x), Ceq(x)$，则建立 M 文件 nonlcon.m

（2）定义函数 $C(x), Ceq(x)$：

```
function [C，Ceq]=nonlcon（x）
C=…
Ceq=…
```

（3）建立主程序，非线性规划求解的函数是 fmincon，命令的基本格式如下：

① x=fmincon（fun，x0，A，b）;

② x=fmincon（fun，x0，A，b，Aeq，Beq，VLB，VUB，nonlcon，options）;

③ [x，fval]=fmincon（ ... ）;

④ [x，fval，exitflag，output，Lagrange]=fmincon（ ... ）;

其中：x 为最优解，fval 为目标函数在解 x 处得值。exitflag：描述程序运行情况。exitflag 大于 0 。则程序收敛于解 x。exitflag 等于 0 则程序停止于最大次数。Exitflag 小于 0 则问题无可行解。Output：输出程序运行的某些信息。Lambda：解 x 处的 Lagrange 乘子。

注：

① fmincon 函数提供了大型优化算法和中型优化算法. 默认时，若在 fmincon 函数中提供了梯度，并且只有上下界存在或只有等式约束，fmincon 函数选择大型算法. 当既有等式约束又有梯度约束时，使用中型算法.

② fmincon 函数的中型算法使用的是序列二次规划法. 在每一步迭代中求解二次规划子问题，并用 BFGS 法更新 Hessian 矩阵。

③ fmincon 函数可能会给出局部最优解，这与初值的选取有关.

例 3.6-3 求下列非线性规划

$$\begin{cases} \min f(x) = {x_1}^2 + {x_2}^2 + 8 \\ {x_1}^2 - x_2 \geqslant 0 \\ -x_1 - {x_2}^2 + 2 = 0 \\ x_1, x_2 \geqslant 0. \end{cases}$$

解：转化成无约束极值问题

（1）编写 M 文件 test.m

```
function g=test（x）;
M=50000;
f=x（1）^2+x（2）^2+8;
g=f-M*min（x（1），0）-M*min（x（2），0）-M*min（x（1）^2-x（2），0）...
        +M*abs（-x（1）-x（2）^2+2）;
```

（2）在 Matlab 命令窗口输入[x，y]=fminunc（'test'，rand（2，1））即可求得问题的解。

```
M=50000
x =
      1.6779
      0.5676
y =
    11.1380
M=1000000
x =
      1.0356
      0.9820
y =
    10.0494
```

2）二次规划

Matlab 中二次规划的数学模型可表述如下：

$$\min \ \frac{1}{2}x^T Hx + f^T x, \qquad \text{s.t.} \quad Ax \leqslant b$$

这里 H 是实对称矩阵，f, b 是列向量，A 是相应维数的矩阵。

Matlab 中求解二次规划的命令格式：

[x，fval]=quadprog（H，f，A，b，Aeq，beq，LB，UB，x0，OPTIONS）

X 的返回值是向量 x，FVAL 的返回值是目标函数在 X 处的值（具体细节可以参看在 Matlab 指令中运行 help quadprog 后的帮助）。

例 3.6-4：求解二次规划

$$\begin{cases} \min f(x) = 2x_1^{\ 2} - 4x_1x_2 + 4x_2^{\ 2} - 6x_1 - 3x_2 \\ x_1 + x_2 \leqslant 3 \\ 4x_1 + x_2 \leqslant 9 \\ x_1, x_2 \geqslant 0 \end{cases}$$

解：编写如下程序：

```
H=[4，-4；-4，8]；
f=[-6；-3]；
A=[1，1；4，1]；
b=[3；9]；
[x，fval]=quadprog（H，f，A，b，[]，[]，zeros（2，1））
```

求得：

$$x = \begin{bmatrix} 1.950\,0 \\ 1.050\,0 \end{bmatrix}, \ \text{Min} f(x) = -11.025\,0$$

3.7 系统优化方法在道路交通工程中的应用

例题 3.7-1：道路优化设计问题。

某地段的地面剖面如图中折线 $ABCD$ 所示，拟在 AD 之间修一条公路，最大纵坡不大于 10%，并且 $i_1 \geqslant 0$，$i_2 \leqslant 0$，$i_3 \geqslant 0$，填挖方不平衡（ΔV）需要增加额外费用 $6\Delta V$ 元/m³（公路填挖宽度为 10 m），纵坡引起汽车额外的油料费用（设计年限内的总费用）为 3 000$|i|$元/m，i 为总坡度。如何设计纵坡使附加费用最少？

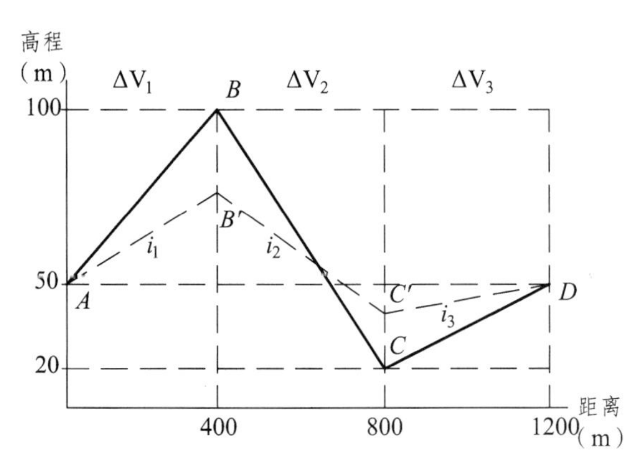

例题 3.7-1 图

解：设公路纵断面为 $AB'C'D$，因公路坡度不大，公路长度可按水平距离计算，即：

$$AB' = B'C' = C'D = 400 \text{ m},$$

设 B'、C' 高程为 x_1, x_2，各路段填挖方不平衡土方量（正时为挖，负时为填）为：

$$\Delta V_1 = 10\times\frac{1}{2}\times400\times(100-x_1)=2\,000\times(100-x_1)$$

$$\Delta V_2 = 10\times\frac{1}{2}\times400\times(100-x_1+20-x_2)=2\,000\times(120-x_1-x_2)$$

$$\Delta V_1 = 10\times\frac{1}{2}\times400\times(20-x_2)=2\,000\times(20-x_2)$$

因填挖不平衡的附加费用为：$\Delta M_1 = 6\,|\,\Delta V_1+\Delta V_2+\Delta V_3\,| = 24\,000\times|\,120-x_1-x_2\,|$

公路纵坡为：$i_1=\frac{x_1-50}{400},i_2=\frac{x_2-x_1}{400},i_3=\frac{50-x_2}{400}$

因纵坡引起的附加费用为：

$$\Delta M_2 = i_1\times3\,000\times400-i_2\times3\,000\times400+i_3\times3\,000\times400=6\,000(x_1-x_2)$$

该问题目标函数为：$\min Z=\Delta M_1+\Delta M_2=24\,000\,|\,120-x_1-x_2\,|+6\,000(x_1-x_2)$

要求最大纵坡不能大于 10%，并且 $i_1\geqslant0$，$i_2\leqslant0$，$i_3\geqslant0$，

即 $0\leqslant i_1\leqslant0.1, 0\geqslant i_2\geqslant-0.1, 0\leqslant i_3\leqslant0.1$，可得该问题的约束条件为：

$$\begin{cases}0\leqslant\frac{x_1-50}{400}\leqslant0.1\\0\geqslant\frac{x_2-x_1}{400}\geqslant-0.1\\0\leqslant\frac{50-x_2}{400}\leqslant0.1\end{cases}\text{或}\begin{cases}x_1\leqslant90\\x_2\geqslant10\\x_1-x_2\leqslant40\\x_1\geqslant50\\x_2\leqslant50\\x_1-x_2\geqslant0\end{cases}$$

该问题模型的目标函数含有绝对值符号，可以通过去绝对值号把它化为两个线性规划问题求解。

问题 A

$$\min Z=24\,000(120-x_1-x_2)+6\,000(x_1-x_2)$$

$$\begin{cases}x_1+x_2\leqslant120\\x_1\leqslant90\\x_2\geqslant10\\x_1-x_2\leqslant40\\x_1\geqslant50\\x_2\leqslant50\\x_1-x_2\geqslant0\\x_1,x_2\geqslant0\end{cases}$$

问题 B

$$\min Z=-24\,000(120-x_1-x_2)+6\,000(x_1-x_2)$$

$$\begin{cases}x_1+x_2\geqslant120\\x_1\leqslant90\\x_2\geqslant10\\x_1-x_2\leqslant40\\x_1\geqslant50\\x_2\leqslant50\\x_1-x_2\geqslant0\\x_1,x_2\geqslant0\end{cases}$$

分别求解问题 A 与问题 B，目标函数更小的解即为原问题的最优解。最优解为 $x_1=70\text{ m}, x_2=50\text{ m}$。

例题 3.7-2：公交车交接班问题。

在线营运公交车辆的驾驶员与乘务员交接班问题是每个公交服务公司比较普遍的营运管理问题。公交公司为了提高服务水平和工作效率，一般希望在较短的时间内完成所有在线营运公交车辆某两个工作时段之间的驾乘人员的交接班。考虑到各组驾乘人员上下班的方便，同时也为了提高交接班的效率，各在线公交车辆交接班地点不一定要设在公交线路的起终点，

也可以是各路公交车辆行驶线路上的站点。一般来说，完成所有在线公交车辆交接班的总时间，与各在线公交车辆交接地点的选择以及驾乘人员与在线各公交车辆的合理交接匹配有关，一组合作驾乘人员到某辆公交车指定线路上的站点交接班的时间，是指驾乘人员从家里出发到完成交接班所花费的时间。评价一个公交车辆驾乘人员交接班方案的优劣指标并不是唯一的，可以根据不同公交公司的管理策略来选定。有一种评价方法，兼顾驾乘人员和公交公司两者的利益，采用完成在线各路公交车辆交接班的总时间最少为指标。决定一个在线公交车辆交接班方案主要有两个因素，一个是各在线公交车辆交接班站点的选定，另一个是各组驾乘人员与各在线公交车辆的交接匹配。由于每条线路公交车辆适合交接班的站点是有限的，当确定了各在线公交车辆交接班站点后，最优交接班方案就主要体现在各组驾乘人员与各路在线车辆合理的交接匹配上。而此时，如果采用上述评价指标，则确定最优交接班方案问题即为指派问题。

例如：有 5 组公交车司乘员与 5 辆在线公交车的司乘员进行交接班。交接时间效率矩阵如下，求使交接班总时间最少的最优交接班方案。

$$(t_{ij})=\begin{pmatrix}20&15&17&15&17\\16&22&12&6&10\\15&32&24&22&18\\30&21&12&13&20\\8&11&17&27&19\end{pmatrix}$$

解：采用匈牙利法。第一步：从该效率矩阵的每行元素减去该行的最小元素得到矩阵 (t_{ij}^1)，再将 (t_{ij}^1) 矩阵的每列元素减去该列的最小元素，得到矩阵 (t_{ij}^2) 如下：

$$(t_{ij}{}^2)=\begin{pmatrix}5&[0]&2&0&0\\10&16&6&[0]&2\\[0]&17&9&7&1\\18&9&[0]&1&6\\0&3&9&19&9\end{pmatrix}$$

找出 (t_{ij}^2) 矩阵中独立零元素，可以看出找到的独立零元素的个数是 4，还不足 5，因此要再变换矩阵，得到矩阵 (t_{ij}^3)。

$$(t_{ij}{}^3)=\begin{pmatrix}6&[0]&2&0&0\\11&16&6&[0]&2\\[0]&16&8&6&0\\19&9&[0]&1&6\\0&2&8&18&8\end{pmatrix}$$

在 (t_{ij}^3) 矩阵中找独立零元素，得到 5 个独立零元素，则相应的最优解方阵为：

$$(x_{ij})=\begin{pmatrix}0&1&0&0&0\\0&0&0&1&0\\0&0&0&0&1\\0&0&1&0&0\\1&0&0&0&0\end{pmatrix}$$

司乘员交接班的最优匹配方案为：A1 组司乘员去交接 B2 在线公交车辆，A2 组去交接 B4，A3 组去交接 B5，A4 组去交接 B3，A5 组去交接 B1。

例题 3.7-3：航运船只配备问题。

某航运公司承担六个港口城市 A、B、C、D、E、F 的四条固定航线的物资运输任务。已知各条航线的起终点城市及每天航班数，见表 3.7-3①。假定各条航线使用相同型号的船只，各城市间的航程天数见表 3.7-3②。又知每条船只每次装卸货各需 1 天，则该航运公司至少应配备多少条船，才能满足所有航线的运货要求？

例题 3.7-3 表①　每天航班数

航线	起点城市	终点城市	每天航班数
1	E	D	3
2	B	C	2
3	A	F	1
4	D	B	1

例题 3.7-3 表②　各城市间的航程天数

起点	终点					
	A	B	C	D	E	F
A	0	1	2	14	7	7
B	1	0	3	13	8	8
C	2	3	0	15	5	5
D	14	13	15	0	17	20
E	7	8	5	17	0	3
F	7	8	5	20	3	0

解：该航运公司所需配备船只分为两部分。

（1）载货航程需要的周转船只数。例如航线 1，在港口 E 装货 1 天，E→D 航程 17 天，在 D 卸货 1 天，总计 19 天。每天 3 个航班，故该航线周转船只需要 57 条。各条航线周转所需船只数见表 3.7-3③，以上累计共需周转船只 91 条。

例题 3.7-3 表③

航线	装货天数	航程天数	卸货天数	小计	航班数	需周转船只数
1	1	17	1	19	3	57
2	1	3	1	5	2	10
3	1	7	1	9	1	9
4	1	13	1	15	1	15

（2）各港口之间调度所需船只数。有些港口每天到达船只数多于需要船只数，例如港口 D，每天到达 3 条，需求 1 条；而有些港口到达数少于需求数，例如港口 B。各港口每天余缺船只数的计算见表 3.7-3④。为使配备船只数最少，应做到周转的空船数为最少。因此建立以下

运输问题，其产销平衡表见表 3.7-3⑤。

例题 3.7-3 表④

港口城市	每天达到	每天需求	余缺数
A	0	1	-1
B	1	2	-1
C	2	0	2
D	3	1	2
E	0	3	-3
F	1	0	1

例题 3.7-3 表⑤

港口	A	B	E	每天多余船只
C				2
D				2
F				1
每天缺少船只	1	1	3	

单位运价表应为相应各港口之间的船只航程天数，见表 3.7-3⑥。用表上作业法求出空船的最优调度方案见表 3.7-3⑦。

例题 3.7-3 表⑥

港口	A	B	E
C	2	3	5
D	14	13	17
F	7	8	3

例题 3.7-3 表⑦

港口	A	B	E	每天多余船只
C	1	1	1	2
D			1	2
F			1	1
每天缺少船只	1	1	3	

由以上计算分析可知，最少需周转的空船数为 $2\times1+13\times1+5\times1+17\times1+3\times1=40$（条）。这样在不考虑维修、储备等情况下，该公司至少应配备 131 条船。

思考题

1. 线性规划和非线性规划的异同点是什么？

2. 如果存在最优解，则从最优解的分布上看，线性规划的最优解和非线性规划最优解在可行域上的分布各有什么特点？

3. 什么是局部最优解？什么是全局最优解？

习　题

1. 设某人有 400 万元金额，计划在四年内全部用于投资中去。已知在一年内若投资用去 x 万元就能获得 $\sqrt{x}$ 万元的效用。每年没有用掉的金额，连同利息（年利息 10%）可再用于下一年的投资。而每年已打算用于投资的金额不计利息。试制定金额的使用计划，而使四年内获得的总效用最大。用动态规划方法求解。

2. 某市区交通期望图有三个始点和三个终点，始点发生的出行交通量 a_i，终点吸引的交通量 b_j 及始终点之间的旅行费用如习题 3-2 表所示。问如何安排出行交通量 f_{ij} 才能使总的旅行费用最小？

习题 3-2 表

终点 / 始点	D_1	D_2	D_3	a_i
O_2	10	4	7	40
O_3	9	8	4	30
b_j	20	30	50	$\sum 100$

3. 用单纯形法求以下线性规划问题。

$$\max S = x_1 + 2x_2 + 3x_3 - x_4$$

$$s.t.\begin{cases} x_1 + 2x_2 + 3x_3 = 15 \\ 2x_1 + x_2 + 5x_3 = 20 \\ x_1 + 2x_2 + x_3 + x_4 = 10 \\ x_1, x_2, x_3, x_4 \geqslant 0 \end{cases}$$

4. 结合图解法用分枝定界法求以下整数规划问题。

$$\max S = -2x_1 + x_2$$

$$s.t.\begin{cases} x_1 - x_2 \leqslant 0 \\ -3x_1 + x_2 \leqslant 3 \\ x_1 + 2x_2 \leqslant 30 \\ x_1, x_2 \geqslant 0 \text{ 且为整数} \end{cases}$$

5. 用隐枚举法求解下列规划问题

$$\min S = 4x_1 + 3x_2 + 2x_3$$

$$s.t.\begin{cases} 2x_1 - 5x_2 + 3x_3 \leqslant 4 \\ 4x_1 + x_2 + 3x_3 \geqslant 3 \\ x_2 + x_3 \geqslant 1 \\ x_1, x_2, x_3 = 1 \text{ 或 } 0 \end{cases}$$

6. 某筑路工地同时开挖两段路堑，A 路堑采用牵引式挖掘机，运行费用 394 元/d，挖掘能力 200 m^3/d。B 路堑采用液压式挖掘机，运行费用 1 110 元/d，挖掘能力 1 000 m^3/d。因受运土车辆的限制，挖掘土方量不能超过 10 000 m^3/d，为保证施工进度，路堑 A 每天挖土量≥1 600 m^3，路堑 B 每天挖土量≥3 000 m^3。工地有 12 名机械手，问如何分配这几名机械手使得每天的运行费用最省？

7. 某运输公司有 5 辆汽车分别担负五条运输线的运输任务，由于车辆性能、路线等级及司机水平不同，不同车辆在不同运输线上所需的运输费用是不一样的，试问如何分配这五辆汽车才能使总的运输费用最少？

习题 3-7 表

运输线 车辆	R_1	R_2	R_3	R_4	R_5
T_1	5	6	9	3	4
T_2	7	4	6	3	5
T_3	3	4	5	3	6
T_4	6	7	4	9	7
T_5	7	9	8	10	5

8. 求解以下非线性极值问题，并再试用 Matlab 软件进行计算，对比结果。

（1）用抛物线法求下面函数的极小点，已知初始区间[0，2]，中间点：c=1，$\varepsilon = 0.2$

$$f(x) = 3x^3 - 4x + 2$$

（2）用梯度法求 $f(X) = 4x_1 + 6x_2 - 2x_1^2 - 2x_1x_2 - 2x_2^2$ 的极大点。

（3）用牛顿法求 $f(X) = 2(x_1 + x_2)^2 + 2(x_1^2 + x_2^2)$ 的极小值，$X^{(0)} = (5,2)^T$。

（4）求解非线性规划问题：

$$\max f(x) = (x-4)^2$$
$$g_1(x) = x - 1 \geqslant 0$$
$$g_2(x) = 6 - x \geqslant 0$$

（5）求解二次规划问题：

$$\max f(X) = 4x_1 + 6x_2 - 2x_1^2 - 2x_1x_2 - 2x_2^2$$
$$x_1 + 2x_2 \leqslant 2$$
$$x_1, x_2 \geqslant 0$$

（6）用可行方向法求解：

$$\min f(X) = x_1^2 + x_2^2 - 4x_1 - 4x_2 + 8$$
$$g_1(X) = 4 - x_1 - 2x_2 \geqslant 0$$

（7）用内点法求解：

$$\min f(X) = x_1 + x_2$$
$$g_1(X) = -x_1^2 + x_2 \geqslant 0$$
$$g_2(X) = x_1 \geqslant 0$$

第 4 章　交通网络优化分析

4.1　网络优化概述

图与网络系统是研究图和网络模型特点、性质和方法的理论。许多工程系统可以形象地用一些点以及点与点之间的连线构成的图或网络来表示，例如公路运输系统、城市公交系统、农田灌溉系统、城市给排水系统、通信系统等。可以利用图和网络的特点来解决实际工程系统中的问题。

图的基本概念，定义：图（G）是由一些点（V）及一些点之间的连线（E）（不带箭头或带箭头）所组成的。为了区别起见，把两点之间的不带箭头的连线称为边，带箭头的连线称为弧。

如果一个图是由点及边构成的，则称为无向图，如图 4.1-1 图所示。如果一个图是由点和弧构成的，则称为有向图，如图 4.1-2 所示。

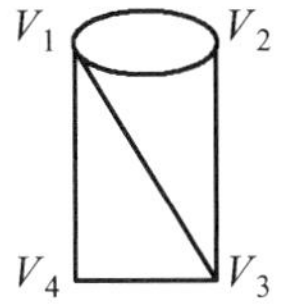

图 4.1-1　无向图示意图

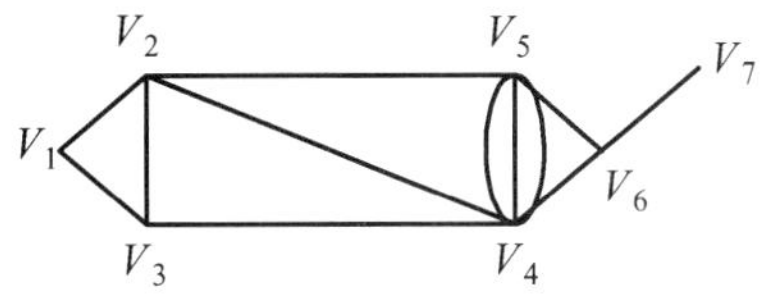

图 4.1-2　有向图示意图

给定一个图 $G=(V,E)$，点 $V=\{v_1,v_2,...v_n\}$，边 $E=\{e_1,e_2,...e_m\}$。

图中点与边的连续交替序列称为链，起点与终点重合的链称为圈。

图 G 中，若任何两点之间，至少有一条链，则称 G 为连通图，否则称为不连通图。

一条边的 2 个连接点重合称为环。两点之间有 2 条及以上的边相连，称为多重边。无环、无多重边的图称为简单图。

图中与边有关的数量指标（权重），可用以表示“阻抗”（长度、时间、费用等），含有边的权重信息的图称为赋权图。如图 4.1-3 中边的权重表示距离长度。

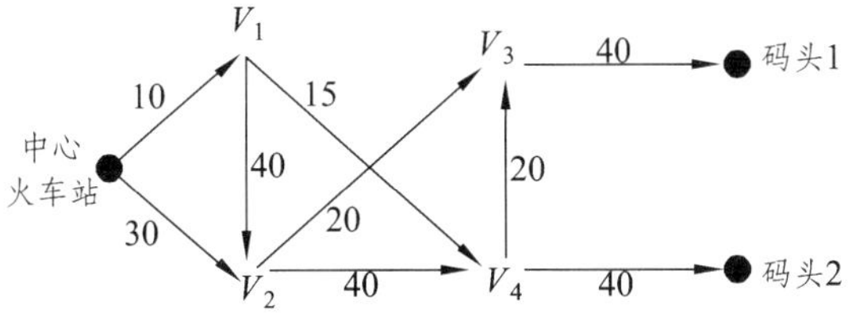

图 4.1-3　赋权图

子图：图 $G=(V,E)$ 的子图 $G_1=(V_1,E_1)$ 是指这样一个图，满足条件：$V_1\subseteq V,E_1\subseteq E$。

支撑子图（或部分图）：图 $G=(V,E)$ 的支撑子图（或部分图）$G_2=(V_2,E_2)$ 是指这样一个图，满足条件：$V_2=V,E_2\subset E$。

树：无圈的连通图，或任意两点间有且仅有一条链。

图的支撑树（或部分树）：就是具有树的特征的支撑子图（或部分图）。

如图 4.1-4 中，$G1$、$G2$、$G3$ 三个图是 G 图的子图，$G2$、$G3$ 是 G 图的支撑子图，$G3$ 图是树，是 G 图的支撑树。

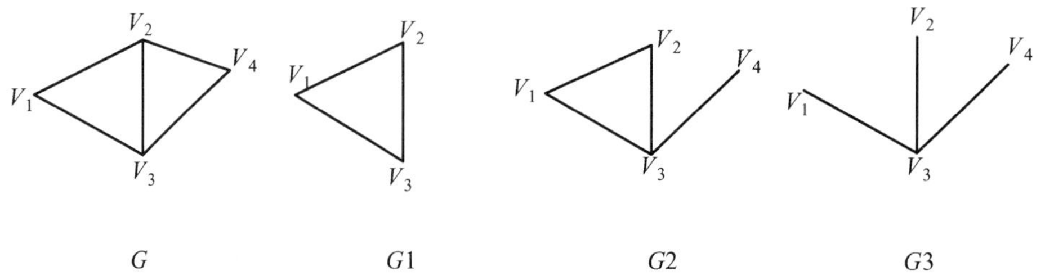

图 4.1-4

网络 D：由点集 V、弧集 A（标明了方向的两点间的连线称为弧）、弧容量集 C（网络中每条弧有个容量参数）组成，表示为：

$$D=(V,A,C)$$

如某道路网络如图 4.1-5 所示，图中数据为车道数，每个车道的通行能力为 2 000 pcu/h，表示弧容量。

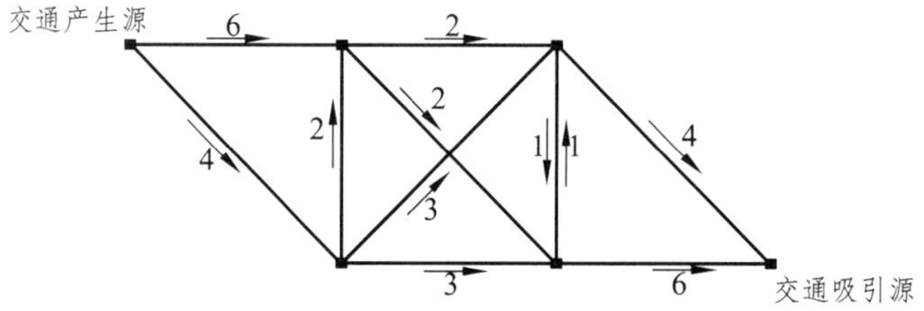

图 4.1-5

4.2 最小树问题

最小树：指图中这样的一棵支撑树，该树的所有边的权重之和最小。

求最小树方法：

（1）避圈法：避圈加小边，连通为止。

将图中所有点点出，先选取一条权重最小的边加上，以后每一步，总从未被选取的边中选一条与已选取的边不构成圈的权数最小的边加到图中，一直到图连通为止。

（2）破圈法：找圈去大边，无圈为止。

从图中任选一个圈，从圈中去掉一条权数最大的边，重复这个步骤，直至图中不存在圈为止。

最小树的权重之和是唯一确定的，但最小树的形状可能不唯一。

例题 4.2-1：沿以下道路网铺设煤气管道，要求将 V_1-V_6 六个居民点连成网。图中数字代表道路长

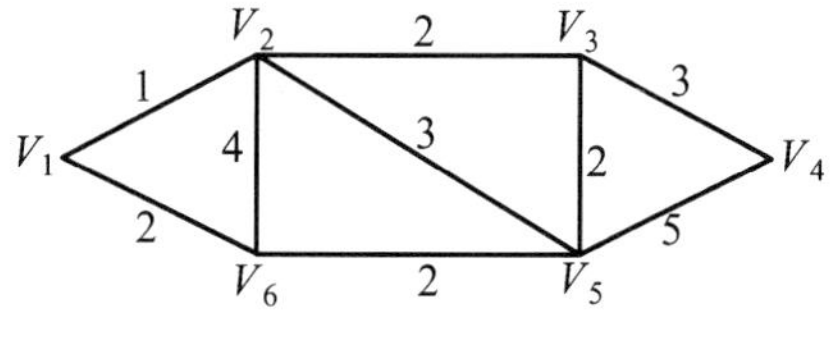

例题 4.2-1 路网图

度。求最优的铺设方案。

解：最优的铺设方案是煤气管道总长度最短的方案。相当于求道路网图的最小树。按避圈法或破圈法求最小树，得到煤气管道总长度最短为 10，具体铺设方案有多种，如图例题 4.2-1 图所示。

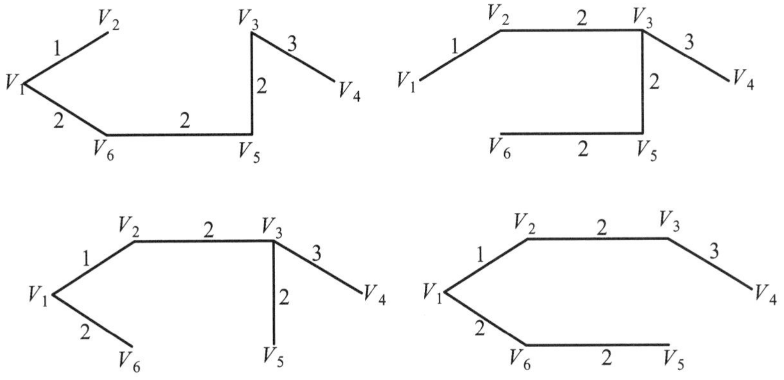

例题 4.2-1 图　最小树图

4.3　最短路问题

4.3.1　最短路问题的含义

在图与网络分析中最常见的是最短路问题。

路：是链的一个特例，路中所有弧的方向与前进的方向一致。如果路的起点与终点重合，称为回路。

路权：路中所有弧的权重之和。

假定图 4.3-1 是一个由城市 v_1 到城市 v_7 的有向交通图，弧旁的数字表示各条路线的距离，那么最短路问题就是寻找一条从城市 v_1 到城市 v_7 的最短路径。如果弧旁的数字不是代表距离，而是时间，那么所求的最短路是指总时间最短；如果弧旁的数字代表费用，那么最短路问题就是求一系列活动的总费用最少。因此在这里的最短路的概念是广义的。把与弧相联系的距离、时间和费用等称为弧的权，那么最短路问题一般可进行如下描述：

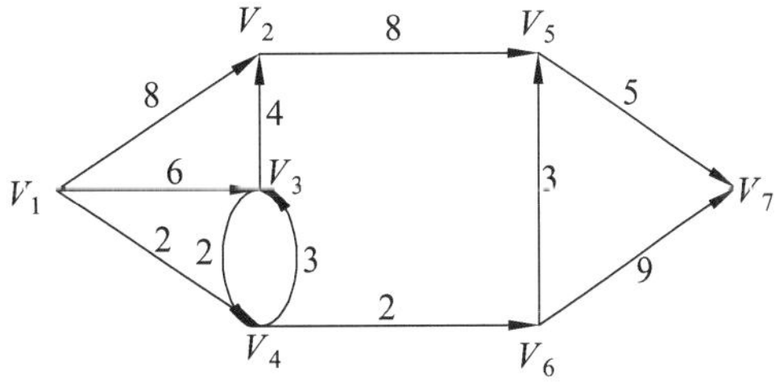

图 4.3-1

设 V_A 和 V_B 是图 $G=\{V,E\}$ 中的任意两点，图中各边的权为 $w_{ij}([v_i,v_j]\in E)$，最短路的问题就是寻找从 V_A 到 V_B 的道路 P，使该路的路权之和 $W(P)=\sum\limits_{[v_i,v_j]\in P} w_{ij}$ 为最小。

4.3.2　求解最短路问题的方法

1. 狄克斯托算法（标号法）

下面介绍的狄克斯托（Dijkstra）标号法是求解最短路问题的有效算法之一。它的基本思路是逐点求最短路。例如图 4.3-1 中，如果 $v_1 \to v_4 \to v_6 \to v_5 \to v_7$ 是从 $v_1 \to v_7$ 的最短路，那么由 v_1 点出发沿这条最短路到达中间的任一点，也是从 v_1 点到达该任意点的最短路。否则的话在这两点之间还存在其他最短路，那么 $v_1 \to v_4 \to v_6 \to v_5 \to v_7$ 就不是从 v_1 到 v_7 的最短路，与原假设矛盾。因此，从起点开始逐点寻找到邻近点的最短路，直到将最短路延伸到指定的终点为止，就自然找到了从起点到终点的最短路。

求解最短路问题的标号法是狄克斯托于 1959 年提出的，适用于各边上的权 $w_{ij} > 0$ 的情况，它被公认为是最有效的算法之一。

标号法实际操作中是通过标号来寻求最短路。每个点的标号共分为两种：一种叫临时标号，用 T 表示；一种叫永久标号，用 P 表示。T 标号表示从始点到该点最短路的上界，根据到该点路线的不同它有可能变化。P 标号表示从始点到该点的最短路权，它的值不再改变。标号过程分两步：

第一步，首先从始点 v_1 开始，令 $P(v_1) = 0$ 为永久标号，其余各点赋予 T 标号：$T(v_i) = \infty$。

第二步：修改 T 标号。假定 v_i 是新产生的 P 标号点，考察以 v_i 为始点的所有弧段 $v_i\ v_j$。如果 v_j 是 P 标号点，则对 v_j 点不再进行标号；如果 v_j 点是 T 标号点则进行如下修改：

$$T(v_j) = \min[T(v_j), P(v_i + w_{ij})] \tag{4.3-1}$$

其中，方括号内的 T（v_j）代表 v_j 点旧的 T 标号值。

第三步，产生新的 P 标号点；其原则是在现有的 T 标号中将值最小者改为 P 标号。

重复以上第二步、第三步，直到终点的 T 标号改为 P 标号为止。

下面结合例题来说明求最短路的狄克斯托标号法的具体步骤。

例题 4.3-1：求图（例题 4.3-1 图）中 $v_s \to v_t$ 的最短路。

首先从始点 v_s 开始，令 $P(v_s) = 0$ 为永久标号，其余各点赋予 T 标号：$T = \infty$，见例题 4.3-2 图。

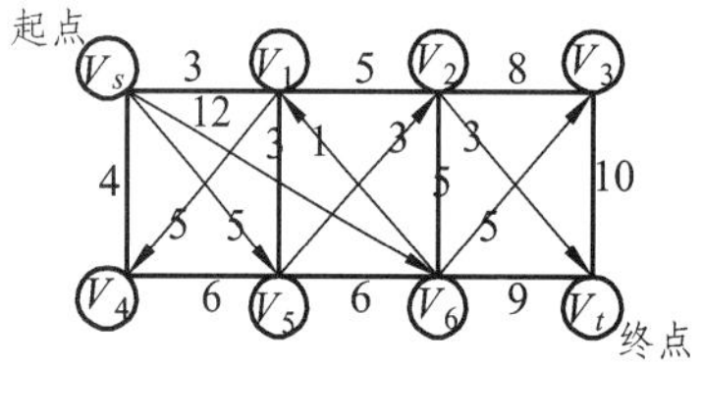

例题 4.3-1 图

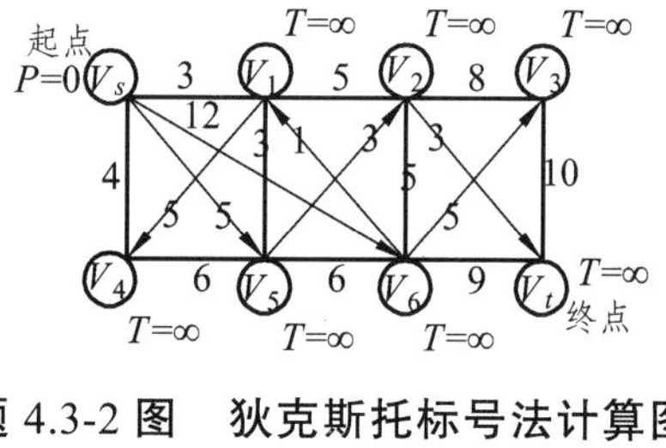

例题 4.3-2 图　狄克斯托标号法计算图①

1）第一次迭代步骤

考察以永久标号点 v_s 为始点的弧（$v_s v_1$),（$v_s v_4$),（$v_s v_5$),（$v_s v_6$）。因 v_1, v_4, v_5, v_6 均为 T 标号点，所以修改这四点的 T 标号如下：

$$\begin{aligned}
T(v_1) &= \min[T(v_1), P(v_s) + w_{s1}] = \min[\infty, 0+3] = 3 \\
T(v_4) &= \min[T(v_4), P(v_s) + w_{s4}] = \min[\infty, 0+4] = 4 \\
T(v_5) &= \min[T(v_5), P(v_s) + w_{s5}] = \min[\infty, 0+5] = 5 \\
T(v_6) &= \min[T(v_6), P(v_s) + w_{s6}] = \min[\infty, 0+12] = 12
\end{aligned}$$

在所有的 T 标号中，$T(v_1) = 3$ 最小。令 $P(v_1) = 3$，这说明由 v_s 点到 v_1 点的最短已找到，最短路长是 3。

在图上进行 T 标号修正过程中，为便于最后反向追踪最短路线，在 v_j 点 T 标号修正值后面同时记上前面永久标号点 v_i 信息。见图②。

2）第二次迭代步骤

考察以新的 P 标号点 v_1 为始点的所有弧段 (v_1v_2) 、(v_1v_4) 和 (v_1v_5) 。v_2 、v_4 和 v_5 均为 T 标号点，故对这两个点 T 标号修改如下：

$$T(v_2)=\min[T(v_2),P(v_1)+w_{12}]=\min[\infty,3+5]=8$$

$$T(v_4)=\min[T(v_4),P(v_1)+w_{14}]=\min[4,3+5]=4$$

$$T(v_5)=\min[T(v_5),P(v_1)+w_{15}]=\min[5,3+3]=5$$

v_2 点 T 标号修正，v_4 和 v_5 点 T 标号保留原来的不变。

在所有的 T 标号中，以 $T(v_4)=4$ 最小，故令 $P(v_4)=4$ 。见图③。

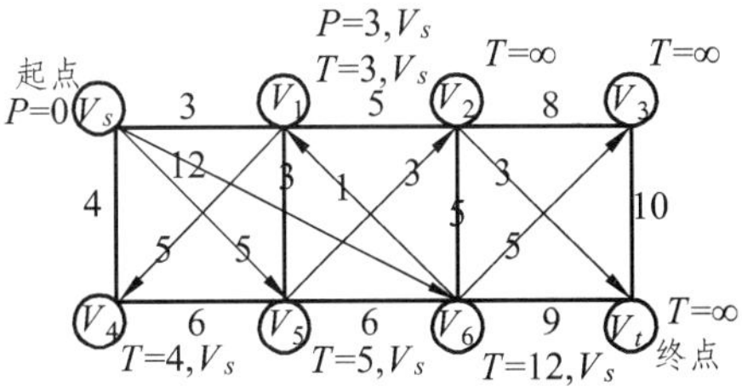

例题 4.3-3 图　狄克斯托标号法计算图②

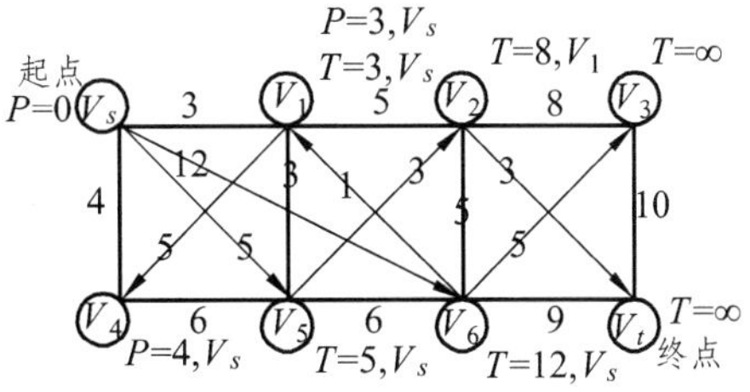

例题 4.3-4 图　狄克斯托标号法计算图③

3）第三次迭代步骤如下：

考察以新的 P 标号点 v_4 为始点的所有弧段，只有 (v_4v_5) 对应 v_5 点为 T 标号点，故对这个点 T 标号修改如下：

$$T(v_5)=\min[T(v_5),P(v_4)+w_{45}]=\min[5,4+6]=5$$

v_5 点 T 标号保留原来的不变。

在所有的 T 标号中，以 $T(v_5)=5$ 最小，故令 $P(v_5)=5$ 。见图例 4.3-4。

4）重复以上的步骤，第四次迭代结果，见图例 4.3-5。

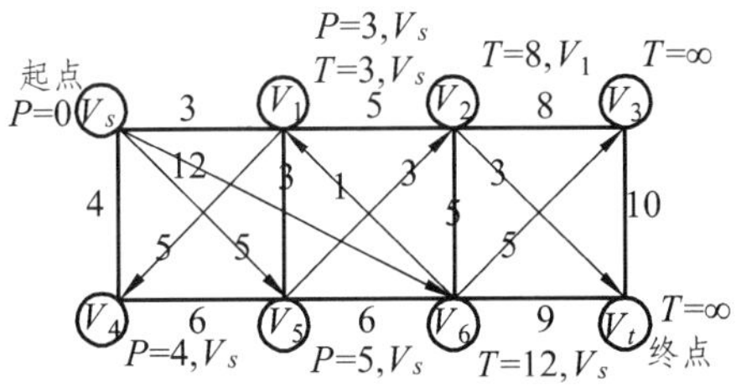

例题 4.3-4　狄克斯托标号法计算图④

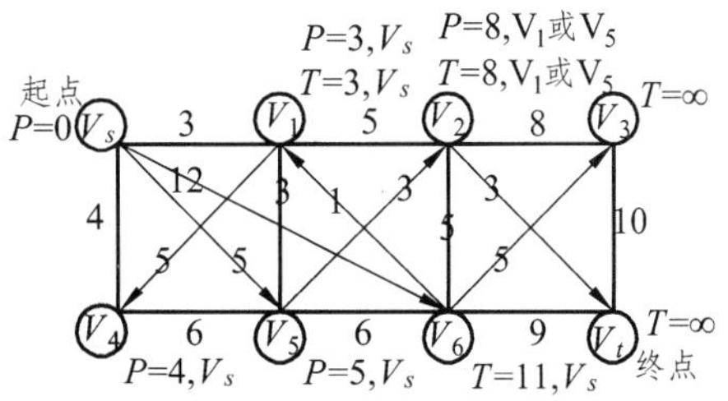

例题 4.3-5　狄克斯托标号法计算图⑤

5）第五次迭代结果，见图例题 4.3-6。

终点 v_t 获得 P 标号，运算结束。从 v_s 点到 v_t 点的最短路为 11。其路径是 $v_s\rightarrow v_1\rightarrow v_2\rightarrow v_t$ 或 $v_s\rightarrow v_5\rightarrow v_2\rightarrow v_t$ 。

狄克斯托标号法可获得一点对多点的最短路结果，即起点到任意点之间的最短路可以通过标号法获得。但标号法只适用于 $w_{ij}>0$ 的情况。当网络中出现 $w_{ij}<0$ 的路权时，可采用福特

（Ford）算法或距离矩阵法。下面介绍一下距离矩阵法，福特（Ford）算法可参考其他有关文献。

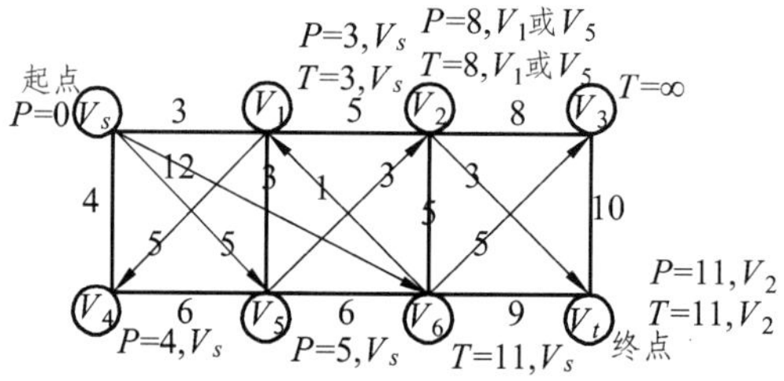

例题 4.3-6　狄克斯托标号法计算图⑥

2. 距离矩阵法

在有些最短路问题中，不仅需要知道从起点到终点的最短路线，而且需要知道网络中各个点之间的最短路线。如在城市交通规划中，进行出行交通量分配时，就需要知道各个出行节点之间的最短路线。对于这种情况，可用前面介绍的 Dijkstra 算法求解，但用这种算法解任意点之间的最短路问题比较复杂，有 n 个节点就需要重复计算 n 次。这里介绍一种借助于距离矩阵求解各点之间的最短路。

距离矩阵法步骤如下：

（1）初始化：构造一个距离矩阵：

$$D_0=[d_{ij}]$$

$$d_{ij}=\begin{cases}0,\ i=j\\ \infty,\ i\text{与}j\text{无边相连}\\ w_{ij},\ i\text{与}j\text{间边的权重}\end{cases}$$

若考虑方向性$i\to j$,则$d_{ij}=w_{ij},d_{ji}=\infty$

（2）递推计算：$\begin{array}{l}d_{ij}^{(k)}=\min[d_{im}^{(k-1)}+d_{mj}^{(k-1)}]\\ m=1,2,3...n\end{array}$　（4.3-2）

按以上递推公式，由 D_0 计算 D_1，由 D_1 计算 D_2，如此重复。

（3）当 $D_k=D_{k-1}$ 时终止计算。最终距离矩阵中 d_{ij} 值即是 i、j 点之间的最短路权。最短路线需通过反向追踪来确定。

例题 4.3-7：求图（例题 4.3-7 图）中任意两点之间的最短路。

解：由图可知构造初始距离矩阵为：

$$D^{(0)}=[d_{ij}]=\begin{pmatrix}0&6&2&\infty\\ \infty&0&\infty&4\\ \infty&1&0&8\\ \infty&\infty&\infty&0\end{pmatrix}$$

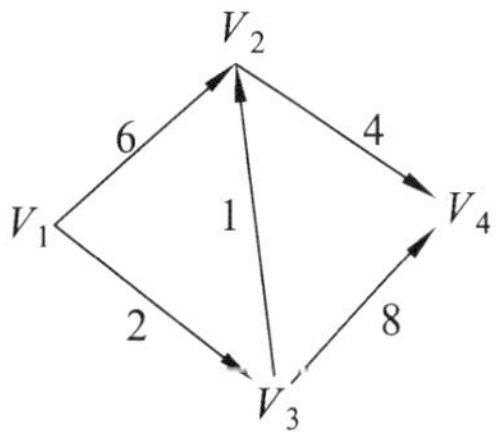

例题 4.3-2 图

进行第一轮递推计算，如：

$$d_{12}=\min[d_{11}+d_{12},d_{12}+d_{22},d_{13}+d_{32},d_{14}+d_{42}]=\min[6,6,3,\infty]=3$$

$$d_{34}=\min[d_{31}+d_{14},d_{32}+d_{24},d_{33}+d_{34},d_{34}+d_{44}]=\min[\infty,5,8,8]=5$$

其他矩阵元素类似计算，得到：

$$D^{(1)}=\begin{pmatrix}0&3&2&10\\\infty&0&\infty&4\\\infty&1&0&5\\\infty&\infty&\infty&0\end{pmatrix}$$

进行第二轮递推计算，由 D_1 递推计算得到 D_2：

$$D^{(2)}=\begin{pmatrix}0&3&2&7\\\infty&0&\infty&4\\\infty&1&0&5\\\infty&\infty&\infty&0\end{pmatrix}$$

进行第二轮递推计算，由 D_2 递推计算得到 D_3：

$$D^{(3)}=\begin{pmatrix}0&3&2&7\\\infty&0&\infty&4\\\infty&1&0&5\\\infty&\infty&\infty&0\end{pmatrix}$$

因为 $D_2=D_3$，所以终止计算，D_3 就是最短距离矩阵。

可通过反向追踪确定最短路线，如：找 $V_1\to V_4$ 的最短路线：

由最短距离矩阵 D_3 可知，$V_1\to V_4$ 最短路权=7

由路网图可知，可到达 V_4 点的相邻点有 V_2、V_3，$w_{34}=8, w_{24}=4$

由最短距离矩阵 D_3 可知，$V_1\to V_2$ 最短路权 d_{12}=3，$V_1\to V_3$ 最短路权 d_{13}=2，

通过比较：$\begin{matrix}d_{13}+w_{34}=2+8\neq 7\\ d_{12}+w_{24}=3+4=7\end{matrix}$

可确定在最短路线上 V_4 点的前面一个点为 V_2。

由此方法一直往前推，可知 $V_1\to V_4$ 的最短路线为：V_1—V_3—V_2—V_4。

4.4 最大流问题

4.4.1 基本概念和定理

最大流问题是一类应用极为广泛的问题，例如在某交通系统允许通过的最多车辆数、某供水系统的最大水流量等。如果把图 4.4-1 看成是公路运输网，v_s 是起点，v_t 是终点，v_1，v_2，v_3，v_4 是交叉口，问应如何安排各路段的流量，才能使 v_s 到 v_t 的交通量达到最大？

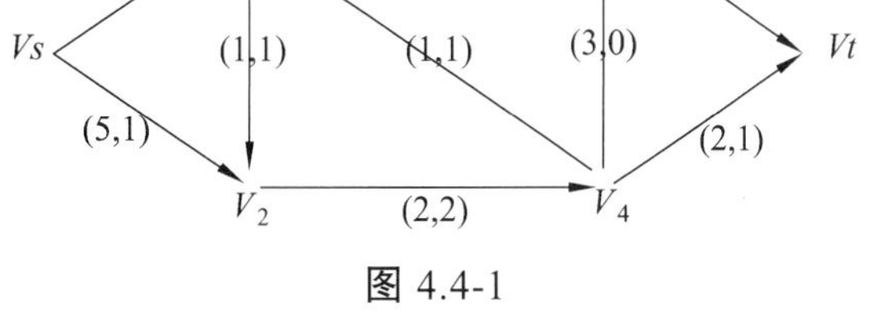

图 4.4-1

在交通系统中每条路段的最大通过能力即容量是有限制的，实际流量不能超过容量，上述问题就是要探讨如何利用交通系统的通行能力，使得起点 v_s 到终点 v_t 的流量达到最大，通常把这类问题称为最大流问题。

1. 网络与网络流

网络是由点集、弧集、弧容量集组成。网络流 f 指定义在弧集合上的一个函数，即各弧上的流量的集合：$f=\{f_{ij}\}$，f_{ij} 为弧 (v_i, v_j) 上的流量。如图 4.4-1 所示为一个网络，图中括号里前面数字表示弧的容量（C_{ij}），后面数字表示弧上的流量（f_{ij}）。

2. 可行流与最大流

可行流应满足 2 个条件：

（1）$0 \leqslant f_{ij} \leqslant C_{ij}$；

（2）对于网络中每个中间点，总流出量=总流入量；

网络起点的净输出量=终点的净吸收量=V（f），V（f）称为可行流的流量。

网络最大流问题就是要寻找这样一个可行流 $\{f_{ij}\}$，使其流量达到最大。

3. 增广链

若给定一个可行流 $f=\{f_{ij}\}$，则将网络中使 $f_{ij}=C_{ij}$ 的弧称为饱和弧，$f_{ij}<C_{ij}$ 的弧称为非饱和弧，$f_{ij}=0$ 的弧称为零流弧，$f_{ij}>0$ 的弧称为非零流弧。如图 4.4-7 中弧（V_1，V_2）是饱和弧也是非零流弧、（V_3，Vt）是非饱和弧也是非零流弧，（V_3，V_4）是零流弧。

若 μ 是网络中从发点 v_s 到收点 v_t 的一条链，定义链的方向是 v_s 到 v_t，则链上的弧被分为两类，一类是弧的方向与链的方向一致，叫做前向弧，前向弧的全体记为 μ^+；另一类弧与链的方向相反，称为后向弧，后向弧的全体记为 μ^-。如图 4.4-1 中 V_1—V_2—V_3—V_t 是一条链，其中（V_1，V_2）、（V_3，V_t）是前向弧，（V_2，V_3）是后向弧。

若 μ 满足：所有前向弧非饱和，所有后向弧非零流，则称之为从发点 v_s 到收点 v_t 的一条增广链。如图 4.4-1 中 Vs—V_2—V_3—V_t 是一条增广链，Vs—V_1—V_2—V_4—V_t 也是一条增广链。

（4）割集与割量

割集：在网络中横切一些弧，将网络分成两半，不管怎么切割，只要将 Vs、Vt 分开即可，点集 V 分为 S、T 两个集合，被切割的弧（起点在 S，终点在 T）的集合为割集。

割量：割集中所有弧的弧容量之和，记为 C（S，T）。

图 4.4-2 所示网络中，弧上数字表示弧容量。图中列举了该网络的几种割集及对应割量，可以看出割集不是唯一的，但割集是从发点到终点的必经之路。

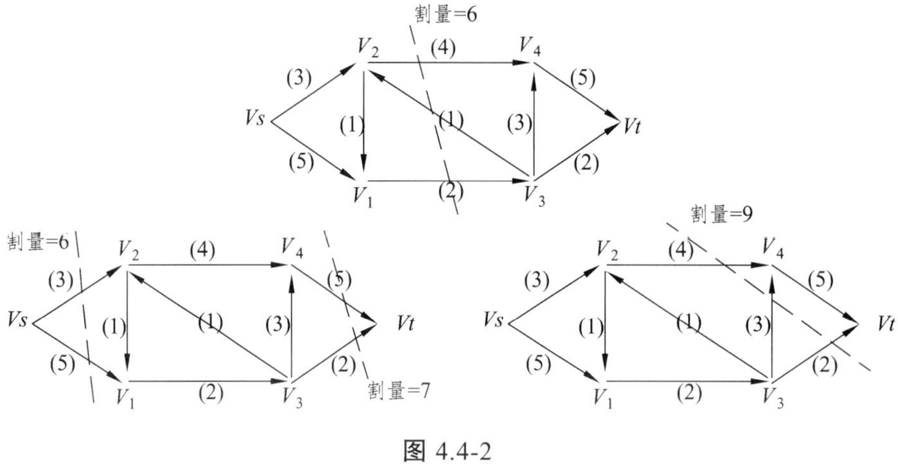

图 4.4-2

5. 定理

定理 1：如网络中还存在增广链，则网络中还没有达到最大流。或当且仅当网络中不存在增广链时，网络达到最大流。

定理 2：最大流-最小割定理：任一网络中，$Vs \to Vt$ 的最大流量等于分离 Vs、Vt 的最小割集的容量。即割集是必经之路，取通过能力最小的必经之路确定最大流量。

定理 2 告诉我们，只要能找到网络的一个最小割量，那么就可得到网络的最大流量。但对于复杂的网络，直接在网络图上找最小割集不容易。所以一般根据定理 1，采用标号法来寻找增广链，确定网络最大流。

4.4.2　求最大流的标号算法

1. 标号过程

（1）给起点 v_s 标上 $(0, \delta_s = +\infty)$；括号里前一个标记表示该点的前一个点，对于起点，前面没有点，用 0 表示，括号里后一个 δ 值表示到该点位置可以调整增加的流量值。对于起点，认为可以增加的流量 $+\infty$。

（2）选择一个已标号的点 V_i，如果在前向弧（V_i，V_j）上，有 $f_{ij}<C_{ij}$（相当于前向弧非饱和），则给 V_j 标号（V_i，δ_j），其中 $\delta_j = \min$（δ_i，$C_{ij}-f_{ij}$）；如果在反向弧（V_j，V_i）上，有 $f_{ji}>0$（相当于后向弧非零流），则给 V_j 标号（$-V_i$，δ_j），其中 $\delta_j = \min$（δ_i，f_{ji}）。不断重复（2），直至终点 V_t 被标号或不再有顶点可以标号时为止。

若终点 v_t 被标号，流量值为 δ_t，表明存在一条起点 v_s 到终点 v_t 的增广链。转入调整过程。若终点 v_t 没有获得标号，而标号过程无法进行下去时，则表明已经不存在增广链，算法结束，当前可行流即为最大流。

2.调整过程

$$
令 f_{ij}' = \begin{cases} f_{ij} + \delta_t & \text{增广链上的前向弧} \\ f_{ij} - \delta_t & \text{增广链上的后向弧} \\ f_{ij} & \text{不在增广链上的其它弧} \end{cases}
$$

则得到一个新的可行流 f'。

3. 去掉所有标号，再对新的可行流 f' 重复 1、2 过程，一直到找到最大流为止

例题 4.4-1：求图中所示网络的最大流。图中括号里前面数字表示弧的容量，后面数字表示弧上的流量（该网络中已有可行流分布，流量 $V(f)=16$）。

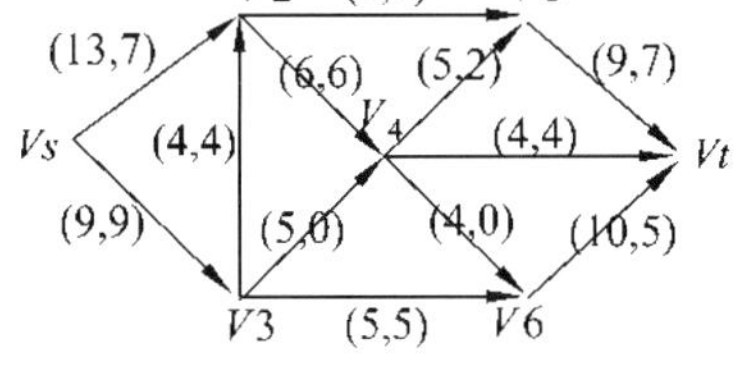

例题 4.4-1 图

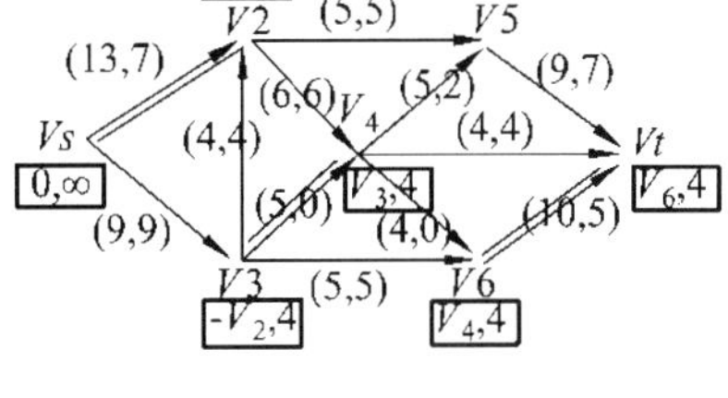

例题 4.4-1　最大流计算图①

解：第一轮：

（1）标号，找到增广链 Vs-V_2-V_3-V_4-V_6-Vt，$\delta_t = 4$，见图①。

（2）调整，见图②。

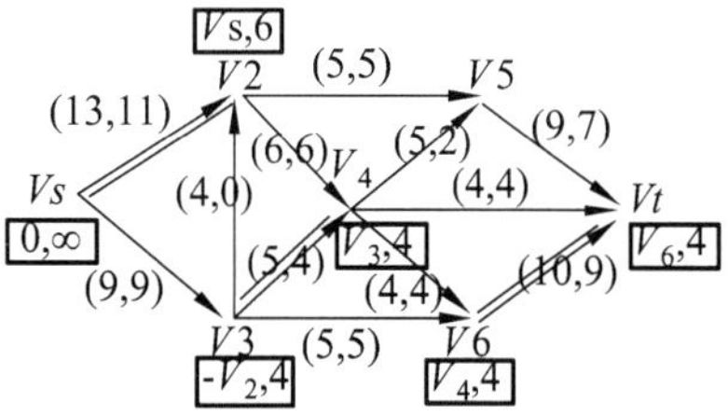

例题 4.4-1　最大流计算图②

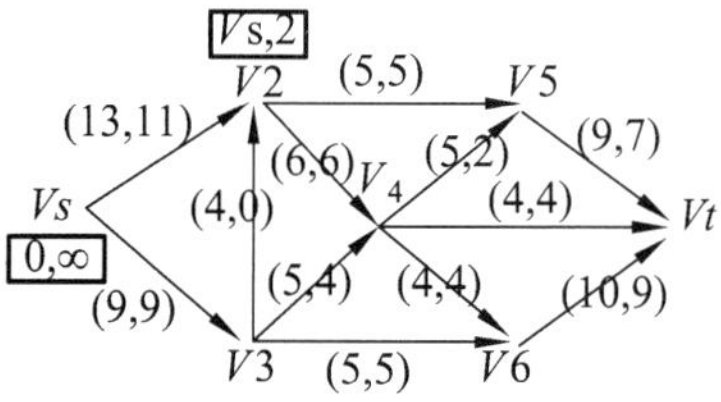

例题 4.4-1　最大流计算图③

第二轮：

（1）标号，见图③。

已找不到增广链，由此得到网络最大流 $V(f) = 20$。与此同时，还可以找到最小割集 $\{(v_2, v_5), (v_2, v_4), (v_s, v_3)\}$，对应割量为 $C(S, T)$=5+6+9=20。见图④。

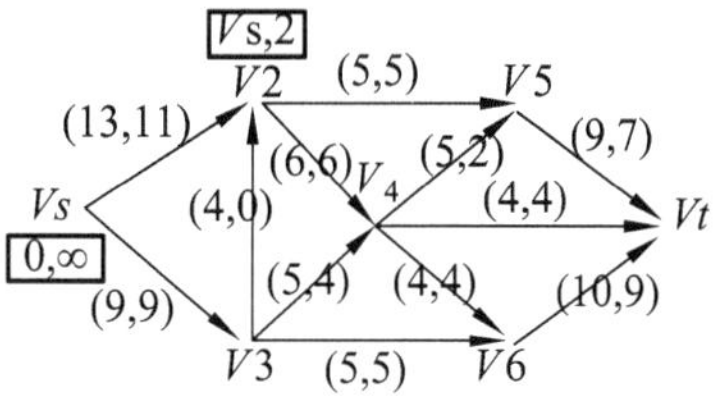

例题 4.4-1 最小割集图④

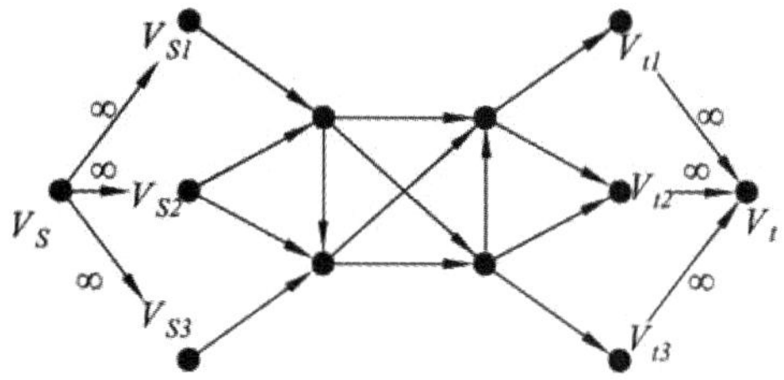

图 4.4-3

用标号法找增广链以寻找最大流，不仅能求得从发点到收点的最大流，而且同时可找到最小割集，最小割集中的弧均为饱和弧，网络最大流即等于这个最小割集的割量，也就是最小割集中所有饱和弧的弧容量之和。

最小割集是影响网络流量的咽喉，在这里弧容量最小。若要提高网络的通行能力，必须从改造这个咽喉部位入手。

对于有多个发点、多个收点情况的网络（如图 4.4-3），可以虚拟一个总发点，实际发点与虚拟发点之间的弧容量为∞；虚拟一个总收点，实际收点与虚拟收点之间的弧容量为 ∞ 。这样便可运用前面所述方法寻找网络最大流。

4.4.3　最小费用最大流问题

在网络中，符合网络最大流量的网络流可能有多种运行方案。如图 4.4-4 所示网络其最大流 $V(f)$=24。而网络最大流分布方案有多种，如图 4.4-5 所示。

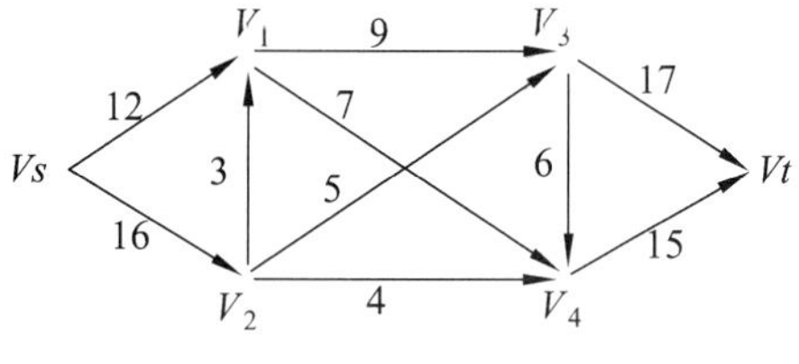

图 4.4-4

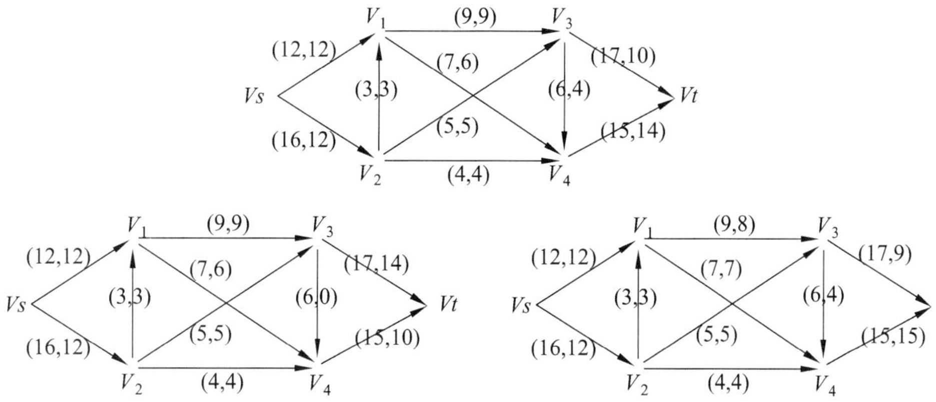

图 4.4-5

定义：在网络中每一条弧给定一个单位流量的费用 $b_{ij} \geqslant 0$。网络流的总输送费用为：

$$b(f) = \sum b_{ij} f_{ij} \tag{4.4-1}$$

设可行流 f 沿一条增广链 μ 调整单位流量（$\Delta=1$），得到新的可行流 f'，即 $V(f')=V(f)+1$ 时，费用 $b(f')$ 比 $b(f)$ 增加了：

$$b(f') - b(f) = \sum_{\mu^+} b_{ij}(f_{ij}' - f_{ij}) - \sum_{\mu^-} b_{ij}(f_{ij}' - f_{ij}) = \sum_{\mu^+} b_{ij} - \sum_{\mu^-} b_{ij} \tag{4.4-2}$$

因此把 $\sum_{\mu^+} b_{ij} - \sum_{\mu^-} b_{ij}$ 称为这条增广链 μ 的费用。

如何找出费用最小的最大流方案。从可行流 f=0 开始，将前面标号法步骤中的标号寻找增广链的过程改为寻找最小费用增广链的过程，然后沿此增广链确定调整流量，重复迭代，直至达到最大流，就是我们所要求的最小费用最大流。

如何找出关于 f 的最小费用增广链？其方法如下：

构造一个长度网络 $L(f)$，将寻找 $Vs \to Vt$ 的最小费用增广链问题转化为寻找该长度网络 $L(f)$ 中 $Vs \to Vt$ 的最短路问题。

构造长度网络方法：

（1）保持原网络各顶点不动，每两点之间各连正反向两条弧。

（2）对正向弧（与原网络方向一致），如为非饱和弧，则弧长=b_{ij}，如为饱和弧，则弧长=∞；

（3）对于反向弧，如为非零流弧，则弧长=$-b_{ij}$，如为零流弧，则弧长=∞。

在构造出的网络中寻找 $Vs \to Vt$ 的最短路，这就是 $Vs \to Vt$ 的最小费用增广链。调整流量后，以新的网络流为基础，重新构造长度网络，找 $Vs \to Vt$ 的最短路，沿此最短路（即最小费用增广链）再调整流量，如此往复，一直到构造长度网络后，找不到 $Vs \to Vt$ 的最短路为止，即 $Vs \to Vt$ 不存在增广链，说明网络达到最大流。

例题 4.4-2：找出图（例题 4.4-2 图）中所示网络的最小费用最大流。图中括号里前面数字表示费用，后面数字表示容量，当前网络流量 $V(f)$=0。

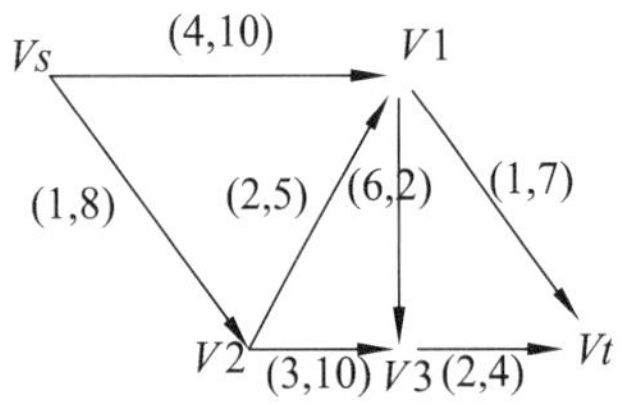

例题 4.4-2 图

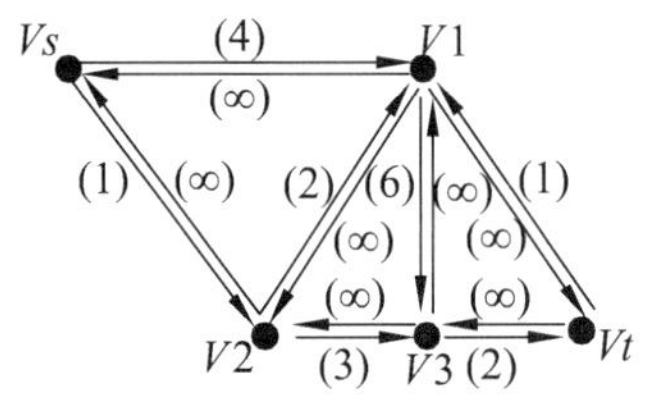

例题 4.4-2　最小费用最大流计算图①

解：第一轮构造长度网络，见图①；

去掉∞的边，构造长度网络可简化，见图②：

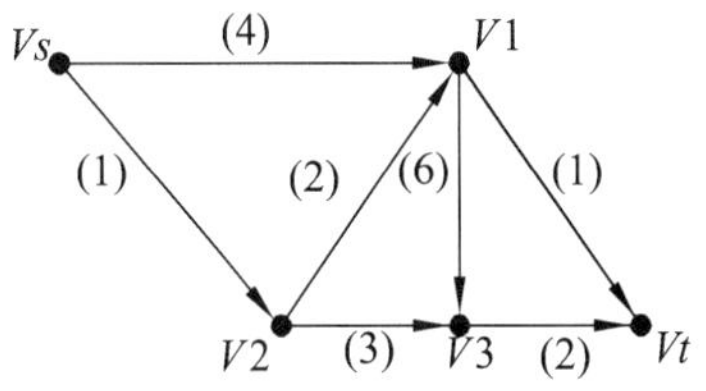

例题 4.4-2　最小费用最大流计算图②

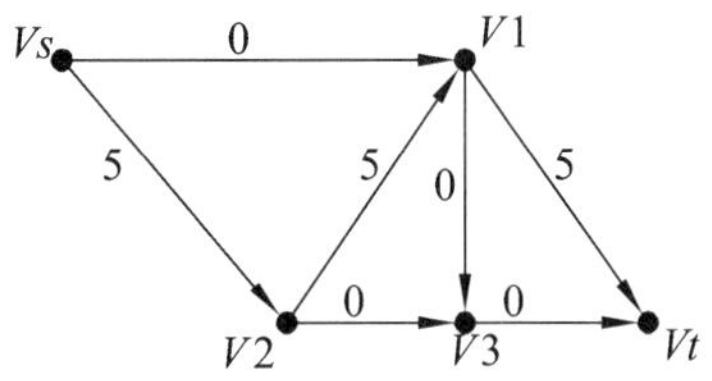

例题 4.4-2　最小费用最大流计算图③

寻找图② $v_s \to v_t$ 最短路为：V_s-V_2-V_1-V_t

沿最小费用增广链 V_s-V_2-V_1-V_t 调整流量，得到网络流 $V(f)$=5，见图③。

第二轮构造长度网络，见图④，寻找最短路为：V_s-V_1-V_t

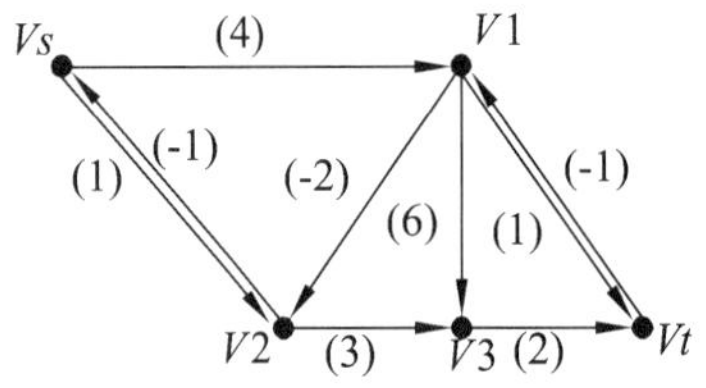

例题 4.4-2　最小费用最大流计算图④

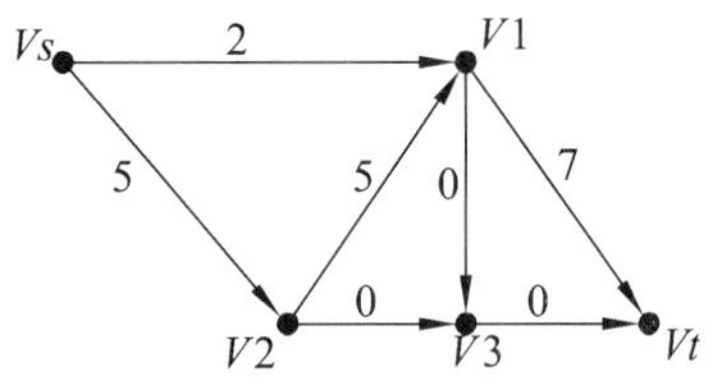

例题 4.4-2　最小费用最大流计算图⑤

调整流量，得到网络流 $V(f)$=7，见图⑤。

如此循环（中间迭代过程略），最后得到网络流 $V(f)$=11，见图⑥。

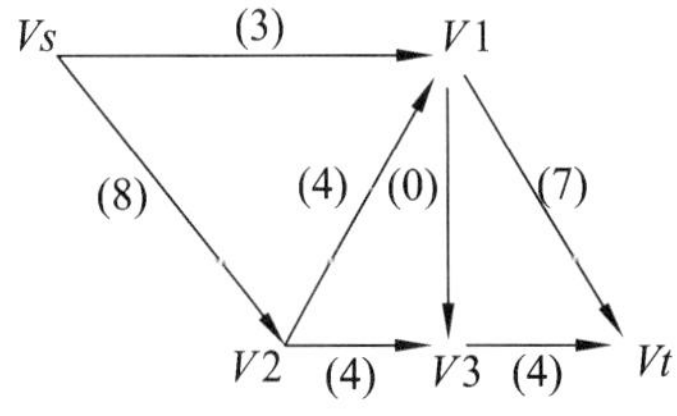

例题 4.4-2　最小费用最大流计算图⑥

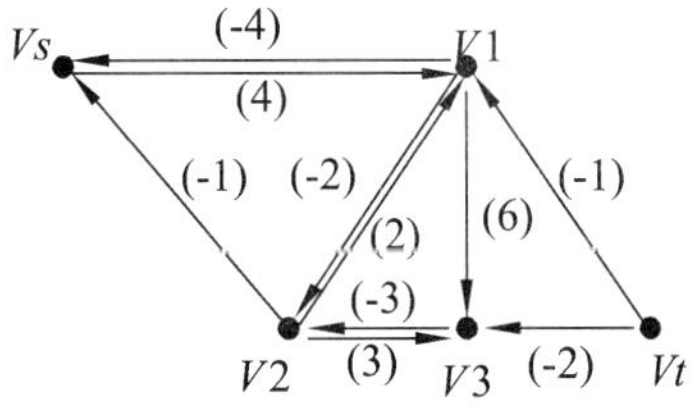

例题 4.4-2　最小费用最大流计算图⑦

最后一轮构造长度网络，见图⑦。$Vs \to Vt$ 已不存在通路。所以找到流量为 11 的最小费用流就是最小费用最大流。

4.5 网络优化方法在道路交通工程中的应用

例题 4.5-1：确定西藏日喀则市干线公路网络骨架方案，要求该地区各县市之间至少有一条连通的路。

解：根据交通运输与社会经济相互促进、相互制约的关系，交通运输相对繁忙的路段，必然连接着社会经济活跃强度相对较高的节点，同时要满足投资费用最少这一约束原则，区域公路网主骨架应当以连接区域各重要节点的最小树为基础。

（1）通过调查分析该地区社会、经济、自然、地理等特点，得出该地区 18 个县市节点重要度 Di，如日喀则市 0.145 5；南木林县 0.111 3；江孜县 0.104 6；拉孜县 0.071 1……

（2）在节点重要度基础上，确定连接各节点的路段重要度，类比万有引力场理论，计算路段重要度指标：$F_{ij}=k\cdot D_iD_j/L_{ij}^2$，式中 L_{ij} 指两节点之间的距离，k 为系数。F_{ij} 值越大说明越要优先考虑节点 i、j 之间的连通。

（3）运用最小树算法确定该地区公路网主骨架（见例题 4.5-1 图）。以 F_{ij}^{-1} 作为连接各节点的路段的权重，权重越小的边（即重要度 F_{ij} 越高）越先考虑加上。

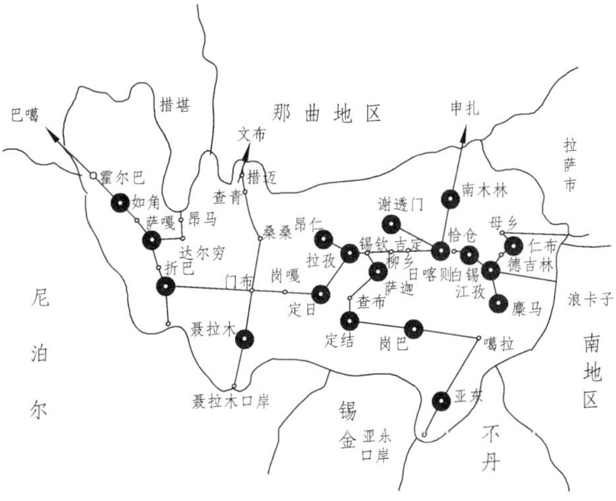

例题 4.5-1 图

例题 4.5-2：某新建公路设计年限为 20 年，道路使用若干年后，路面需更新（重铺路面）。把设计年限（20 年）分成四个时期，每个时期为五年。假设每个时期内，各年的路面养护费及由于路面损坏而引起的附加行驶费用是不变的，如表①所示；又设路面更新是在某个时期的期末进行的，由于各个时期路面的损坏情况不同，故各个时期的路面更新费用不一样，如表②所示。

试确定该公路使用期限（20 年）内的路面更新计划，使总的费用为最小。

例题 4.5-2 表①

路面更新的年限	第 1 个五年	第 2 个五年	第 3 个五年	第 4 个五年
每年的养护及附加费用（千元/km）	4	6.4	9.6	14.5
五年的总费用（千元/km）	20	32	48	72

例题 4.5-2 表② 各时期更新费

使用五年后更新	使用十年后更新	使用十五年后更新
48（千元/km）	56（千元/km）	60（千元/km）

解：可供选择的路面更新方案是很多的。例如，在各个时期末都更新一次，即分别在第 5 年末、第 10 年末、第 15 年末各更新一次（第 20 年末不用更新，因这时公路已完成它的使命），那么其路面更新费用为 48+48+48=144 千元/km，路面养护费及附加行驶费用为 20+20+20+20=80 千元/km，总的费用为 224 千元/km。

又如，第五年末、第十五年末各更新一次路面，那么其路面更新费用为 48+56=104 千元/km，养护费及附加费用为 20+20+32+20=92 千元/km，总的费用为 196 千元/km。

如果 20 年内不更新路面，则路面的养护费及附加费用为 20+32+48+72=172 千元/km。

由此可见，方案不同，总的费用也不同，那么如何计划路面更新方案才能使总的费用最少呢?这个问题可化成最短路回题来求解。如例题 4.5-2 图所示，图中 V_i 表示“第 i 个时期末路面更新一次”的状态（i=1，2，3）。V_0 表示道路刚建成之状态（这时路面是新的），V_4 表示道路到达设计年限的状态（这时路面不用再更新）。节点间连线上的数字表示各状态之间的路面更新费用、养护费及附加费用的总数。如 $V_0 \to V_1$ 连线上的数据为 68，表示从道路建成到第五年末路面更新一次的总费用，它等于养护费及附加费用 20+路面更新费 48=68 千元/km。又如，$V_1 \to V_3$ 连线上的数据为 108，表示路面在第 5 年末更新后，从第 6 年初到第 15 年末路面再更新一次这段时间内的总费用，它等于养护费（20+32）+更新费（56）=108 千元/km。

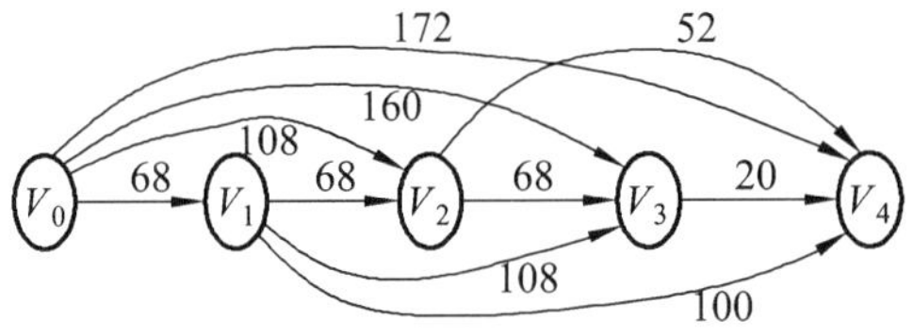

例题 4.5-2 图

在图中，每一条从 V_0 到 V_4 的通路即表示一个路面更新计划。如路 $V_0 \to V_2 \to V_3 \to V_4$，即表示在第 10 年末、第 15 年末各更新一次的方案。各条路的权的总和即表示相应方案的总费用。因此，原问题就变成求图所示的网络的最短路问题。可求出最短路为 $V_0 \to V_2 \to V_4$，即在该道路的使用期限（20 年）内，第 10 年末更新一次路面，其总的费用为最少，总费用为 108+52=160 千元/km。

例题 4.5-3：综合运输中交通运输方式的确定问题

将货物从 A 城市运送至 E 城市，必须途经 B、C、D 三个城市，每两个城市之间有三种运输方式可供选择：铁路、公路、航空。假设运量为 10 个单位，其他基本数据见表①和②。

例题 4.5-3 表① 各城市间单位运费表

路面更新的年限	A→B	B→C	C→D	D→F
铁路	4	5	4	7
公路	3	4	6	6
航空	5	2	6	4

例题 4.5-3 表② 不同运输方式之间的换装费用表

	铁路	公路	航空
铁路	0	3	2
公路	3	0	2
航空	3	2	0

解：根据题意，构造运输网络见例题 4.5-3 图。

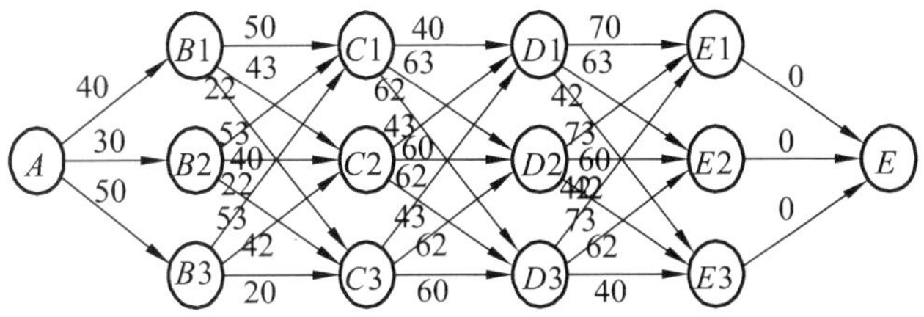

例题 4.5-3 图

图中英文字母 A、B、C、D、E 分别代表 5 个城市，而数字 1、2 和 3 则分别代表三种不同的交通方式：铁路、公路和航空。图中每条边上的路权意义：如 $B_2 \to C_3$ 的费用为 22，其中包括 B 城市到 C 城市采用航空运输方式的 20 个单位费用以及 2 个单位的由公路到航空的换装费用。

可求出 A-E 的最短路为：$A \to B_2 \to C_3 \to D_1 \to E_3 \to E$，即从城市 A 到城市 B 选择公路，从城市 B 到城市 C 选择航空，从城市 C 到城市 D 选择铁路，从城市 D 到城市 E 选择航空。由此可计算得到其最小总费用为：30+22+43+42=137。

思考题

1. 简述可行流、最大流的概念，增广链、最小费用增广链的概念，割集、割量的概念，以及最大流与最小割集之间有什么关联。

2. 简述路、回路、最短路的概念，以及寻找最短路的标号法的步骤及适用条件。

3. 举例说明网络优化方法在交通领域的分析应用。

习 题

1. 有九个城市 $v_1, v_2, \ldots, v_9$，其公路网如图所示。弧旁数字是该段公路的长度，有一批货物从 v_1 运到 v_9，问走哪条路最短？

2. 已知世界六大城市：(Pe)(N)(Pa)(L)(T)(M)。试在由下表所示交通网络的数据中确定最小树。

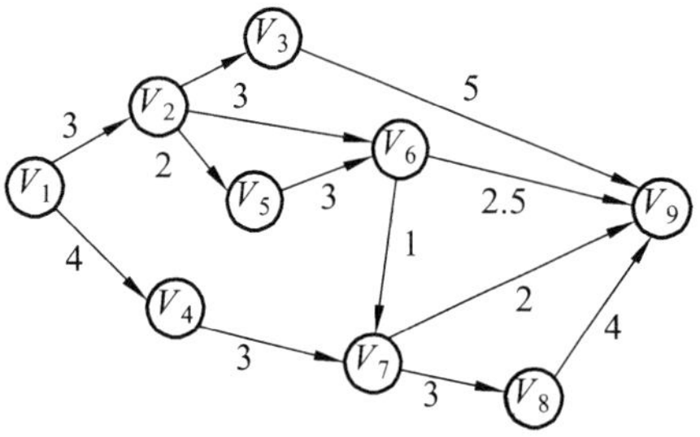

习题 4-1 图

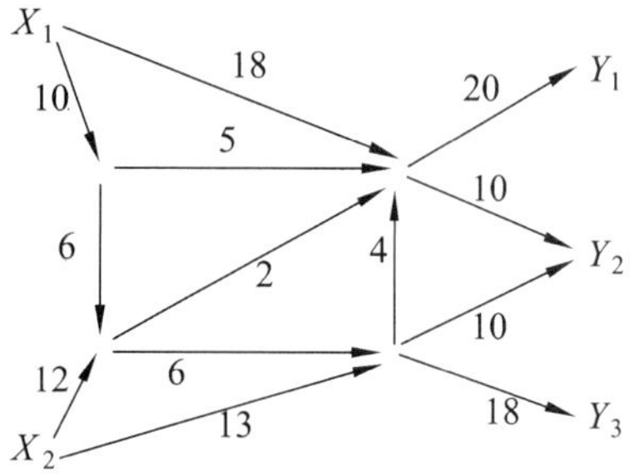

习题 4-3 图

习题 4-2 表

城市	Pe	T	Pa	M	N	L
Pe	*X*	13	51	77	68	50
T	13	*X*	60	70	67	59
Pa	51	60	*X*	57	*X*	20
M	77	70	57	*X*	20	34
N	68	67	36	20	*X*	34
L	50	59	2	55	34	*X*

3. 某矿区有两个堆料场 x_1，x_2 及三个货运码头 y_1，y_2，y_3，堆料场的原煤通过如图所示的交通网络运送到码头。试确定从堆料场到码头的最大运送能力。

4. 设下表为某城市 6 个交通区的出行交通量 O-D 表，该城市的交通网中，各条道路均为双向道路，无方向性，故该交通网可用“表”来表示，如习题 4 表所示。图中数字为汽车在各条道路上行驶所需的时间。现在要把这些出行交通量分配到表所示交通网的各条道路上去，并按其行驶时间最少的路线分配。问分配后路网中流量分布情况？

5. 某道路网络如习题 4 和习题 5 图，图中数据为车道数，每个车道的通行能力为 2 000 pcu/h，求该网络的运输能力。并分析提高该网络运输能力至 20 000 pcu/h 的最佳建设或管理方案。

习题 4 表　出行交通量调查表（千辆/日）

交通吸引点 D 交通发生点 O	A	B	C	D	E	F	$\sum O_i$
A	0	10	11	20	12	8	51
B	10	0	9	8	14	12	53
C	11	9	0	9	9	13	51
D	20	8	9	0	11	16	64
E	12	14	9	11	0	18	64
F	8	12	13	16	18	0	67
$\sum D_j$	51	53	51	64	64	67	350

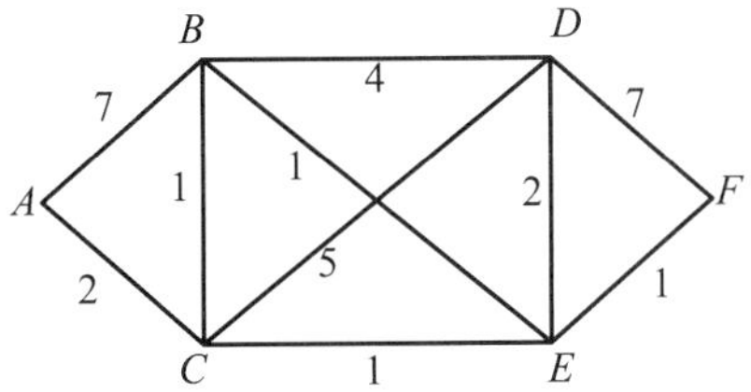

习题 4-4 图

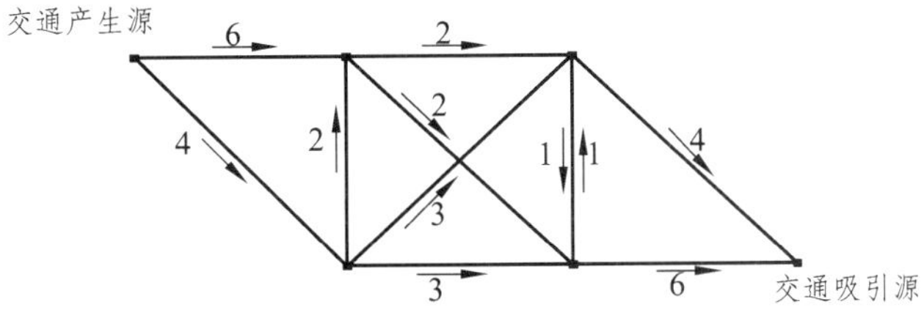

习题 4-5 图

第 5 章　交通系统供需平衡分析

对交通供需关系进行研究，揭示交通系统内部各子系统、交通系统与社会经济大系统之间的相互作用、相互影响机制，是进行交通系统研究的基础。

交通系统供需包括交通资源供应和交通出行需求两方面。交通系统供需分析的最终目的是为了实现交通供给和需求的平衡。近年来随着经济的发展，出现各种形式的交通拥挤，其本质在于交通供需失衡。本章将在深入分析交通供需及其特性的基础上，介绍供需平衡宏观理论。

5.1　交通供给分析

5.1.1　交通供给的基本概念

供给，指把生活中必需的物资、财产、资料等给需要的人使用。交通供给，是指在一定时期内，在一定的价格水平上上，交通运输生产者愿意而且能够提供的交通服务数量。从微观层面上，指单个交通企业/设施能够提供的运输服务数量（与产品的价格和成本有关）；从宏观层面上，指交通运输市场总供给，取决于交通设施的数量和每个设施能够提供的交通服务量的多少。

交通供给包含 4 个方面的内容：

（1）交通结构：包括铁路、公路、水运、航空、管道 5 种方式；

（2）交通供给数量：通常以交通设施的运载能力来表示，说明能够承载货物和旅客的数量与规模；

（3）交通设施布局：交通设施在空间的分布和交通工具的配置状况；

（4）交通管理体制：指导运输业发展而建立的运输所有制结构、运输企业制度、运输资源配置方式以及相应的宏观调节机构、政策和法规等。

5.1.2　交通供给特性分析

交通供给是为了实现客货位移而提供的交通运输设施的综合运力；同时交通设计、交通管理、交通运营等方面的状况又均会影响交通供给。

可以说，交通设施的综合承载力构成交通供给的内涵；而运用各种手段对交通系统进行组织和协调是交通供给的外延。交通设施属于公共产品或者准公共物品，因此其供给主体主要是各级政府部门。交通供给的主体不如需求主体清晰，而影响交通供给的主体很多，例如交通局、规划局、交管部门等。

交通供给具有以下特性。

1. 交通供给的不可储存性

交通运输业的生产者提供的产品是旅客或货物的位移，产品具有无形性的特点，运输的生产与消费同时进行，运输产品不可储存，只能储存运输能力。由于交通需求具有很强的波动性，在一定时期内相对稳定的运输生产能力很难与运输需求和谐匹配，交通供求关系随着需求的波动经常发生变化，相应地造成了交通运输企业平衡生产和服务质量控制上的困难。

2. 交通供给的有效范围较大

交通设施的建设需要大量的资金投入，意味着出行成本中固定成本要比可变成本的比例高许多。在经济学和金融学中，把每增加一个单位产量所导致的总成本的增加量称为边际成本。实际产量未达到一定限度时，边际成本随产量的增加而下降。产量超过一定限度时，边际成本随产量的增加而上升，因为固定成本增加了。

交通系统的“最优供给”与“非最优供给”的边际成本差不多（图 5.1-1）。例如，当道路上的交通量比较小时，如果增加一辆小客车，边际成本几乎仅是小客车运行过程中的燃油费。所以，有效供给对交通供给的生产者来说就有一个较大的范围，只有当需求量变动相当明显时才会超出这个范围。

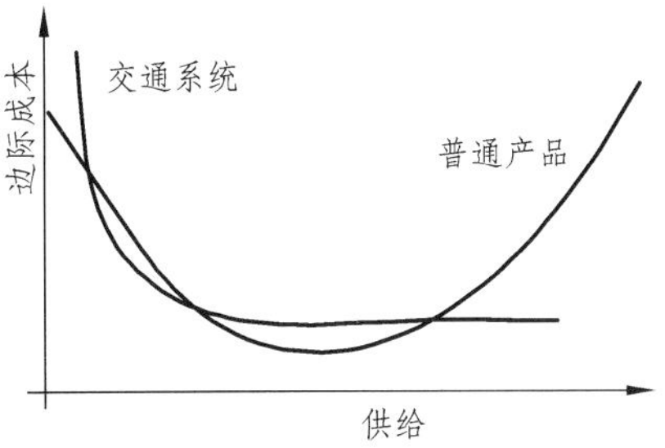

图 5.1-1　供给与边际成本关系图

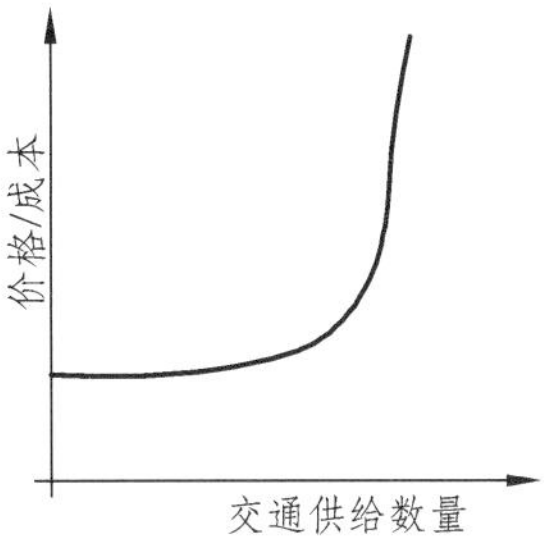

图 5.1-2　供给与成本关系图

1）交通供给的短期价格弹性较大，长期价格弹性较小

供给价格弹性指供给量变化率与价格变化率之比。当固定投资的交通设施建好之后，由于短期内可变成本比重较小，表现为短期成本曲线平缓，供给弹性较大，运输供给可以在短期内随价格变化而增减；但当供给量接近饱和时，则必然会需要增加许多投资在交通设施上，由于运输设施建设周期长，供给能力大幅度增加需要较长时间的调整过程，也就是从长期来看，价格弹性较小、甚至完全无弹性。

2）交通基础设施的整体性

交通基础设施，如铁路、公路、航道、管道等运输线路及车站、机场、港口等，是提供运输供给的物质技术基础，也是互相配合、不可分割的统一整体。从这些基础设施的建设来说，它们是需要统一规划、统一设计、协同施工、相互间配套，共同形成生产能力的。从宏观经济的角度来看，一个国家的综合运输网也是不可分割的统一整体，必须相互协调配合，才能形成现实的供给能力。比如在现实的运输生产活动中，往往由于某种原因会在运输线路上形成一些“限制口”而影响整个运输线路的运送能力，甚至影响整个运输的总体效能。如遇到自然灾害或有交通事故发生，整条运输线路、相关线路甚至整个路网的生产能力都会受到影响。

3）交通供给具有一定的公共性

运输供给具有一定的公共性，表现在以下两个方面：

一是在铁路、公路、航空、水运等运输方式中，存在着大量的公共资本，如运输线路、航道、车站、码头、机场等建设上的投入。这些公共资本多作为公益性的基本建设，大都由政府部门来投资，同时因这些公共资本投资所形成的成本比较难于分摊，一般不在相应运输方式和交通运输企业的营运成本中进行核算，所以通常所计算的运输成本中大都缺少公共资本所形成的成本。然而，公共资本却可以极大地影响运输供给的能力和水平，所以在一般的情况下，交通运输企业享受着这部分社会资本的优惠。由于公共资本一般由政府投入，运输供给水平的控制权理应掌握在政府的手中，成为政府对交通运输业进行管制和宏观调控的重要物质基础。

二是运输供给也为全社会提供"搭便车"的机会。如一条交通线路的投入使用，不仅会给附近的工商企业、居民以至全社会带来诸多直接的方便和好处，使本不能满足的运输需求得到相当程度的满足，而且还会间接地为企业、居民和社会提供诸多良好的机会。沿线工商企业的兴起，房地产价格的上扬，商业的繁荣，文化教育事业的发达等，为经济、社会和文化的发展沿着点、轴、带的模式向外扩张，创造各种有利的机遇。

4）运输供给的外部性

如果某人或企业从事经济活动时给其他个体或社会带来危害或利益，而它们并未因此支付相应的成本或得到相应的报酬，在经济学中这种现象被称为存在外部性。个人或企业不必承担其行为带来的成本是负外部性；个人或企业不能得到其决策和行为带来的额外收益则是正外部性。

交通运输供给具有较强的负外部性特点，表现在两个方面：一方面是当运输生产商超额生产时，一部分运输成本转嫁到消费者身上。由于运输生产者不能储存运输产品，只能储存运输能力，而运输能力在特定时期内是相对稳定的，因此，当运输需求高峰期到来时，运输供给在较大范围内超额生产，增加供给量，但伴随而至的是运输条件的恶化，运输服务质量的下降，使得本应该由交通运输企业承担的成本部分地转嫁到消费者身上。另一方面是由于运输活动带来的空气、水、噪声等环境污染，能源和其他资源过度消耗以及交通堵塞等成本也部分地转移到交通运输业的外部成本中。

5）相互之间的可替代性与不可替代性共存

当通过多种交通运输方式（或通道）都可以完成交通运输过程时，这些交通供给之间便存在相互的竞争，形成一定的替代性。同时各交通运输方式（或通道）又受到各自的时间、空间、经济性约束等因素的制约，形成各有优劣的局面，导致相当范围内的不可替代性。

5.1.3 交通供给能力分析

交通供给能力的大小通常以运输供给量表示。交通供给量是指在一定时间、空间和一定的条件下，供给者愿意且能够提供的交通运输服务数量。

"一定的条件"指影响交通运输供给的诸多因素，如政府对运输业的政策、运输服务的价格、运输服务成本，其中价格是最重要因素，所以交通运输供应量函数一般表示为：

$$S=S(P) \tag{5.1-1}$$

其中：S 为交通供给；P 为交通运输价格。

一般交通供给函数变化特征见图 5.1-3，S 与 P 的变化方向相同。

在运输价格不变的情况下，受其他因素，如技术进步、劳动生产率提高、组织方式改进等的影响，运输供给数量发生变化，运输供给曲线发生移动，见图 5.1-4，反映了社会总的运输能力、规模发生了质变。

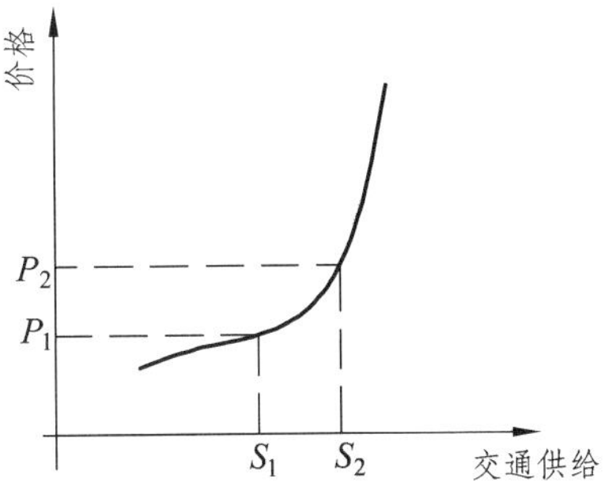

图 5.1-3　交通供给量的变动图

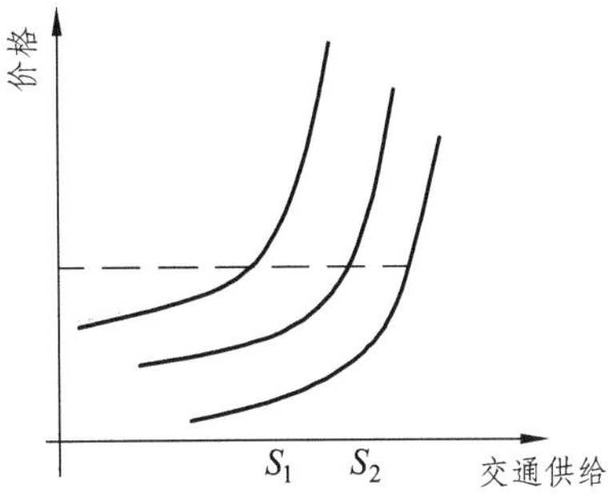

图 5.1-4　交通供给曲线的变动图

交通供给曲线可以分为企业供给曲线和行业供给曲线，分别表示企业和行业提供服务的数量和运输价格的关系。行业供给曲线是由企业供给曲线叠加而成，即在同一价格下的企业供给量相加，得到该价格下的行业供给量。这种情况下，社会总的运输供给生产能力、规模并没有发生质的变化。

5.2　交通需求分析

“需求”是经济学中的一个概念。交通需求（transportation demand）是指人类社会经济生活中人、货物对空间位移的需求。

5.2.1　交通需求的特性分析

1. 派生性

在人们的实际需求中，存在着包括运输需求在内的各种各样的需求。在经济学原理中，如果一种商品或者劳务的需求是另外一种商品或者劳务需求派生出来的，则该商品的需求为派生性需求，引发派生性需求的商品称为本源性需求。本源需求是指人类能够直接消费的需求，消费品大多数可以满足人类的本源需求；派生需求是由本源需求派生出来的需求，通常为工具性需求。

交通需求的目的不是为了出行本身，而是为了实现其生产、生活的其他需求，完成交通需求的空间位移只是中间一个不可少的环节。例如上班、走亲访友、购物、上学等出行需求。交通需求也存在的本源性需求。但类似的交通需求所占比例极小，为了出行而出行的比例很少。因此，交通需求总体上是一种派生性需求。

2. 交通需求的广泛性

现代人类生产和生活的各个方面、各个环节都离不开物和人的空间位移。人类克服空间距离的阻隔而从事经济社会活动几乎是一项无时不有、无处不在的经常性工作，而这种努力总是以人员、货物的流动为标志的，由此产生交通需求广泛存在的客观物质基础。交通运输行业是任何经济社会活动赖以存在的基础。无论是宏观经济活动、中观经济活动，还是微观经济活动，无论是人们的生产活动，还是社会活动及文化交往，莫不如此，所以，交通需求广泛地存在于人类的各种活动之中，并随着人类经济社会活动的发展变化而变化。

3. 交通需求的多样性

人们活动的目的形式是多种多样的，所产生的作用、关系也是丰富多彩的，由此产生的交通需求在方向、范围、强度和质量上也是各不相同的。交通需求分为两大类：客运需求和货运需求。

货运需求中，由于货物不同的物理、化学性质，以及在重量、体积、形状上的不同，需要不同的包装、保管和运输条件来保存它的使用价值，因而在运输过程中必须采取不同的技术措施。如油品等液体货物需要用槽车罐车、油船、管道来运输，化学品、危险品以及长大件货物等也都要求有特殊的运输条件。

在客运需求中，由于旅客的旅行目的、年龄、收入水平、职业等不同而形成不同的客运需求，如旅客的旅游运输需求、普通运输需求、通勤运输需求等。

另外，不同的交通运输工具也对应着不同的交通需求。由于不同交通运输工具满足的需求是不同的，因而形成了铁路交通运输需求、道路交通运输需求、航空交通运输需求、水运运输交通需求和管道交通运输需求等。每一种运输方式内，也因交通运输工具的差异而形成交通需求的差别，如豪华高档车和中、低档车，以及大型和小型车的差别等。因客、货运输起讫点的距离不同，可形成长途运输需求和中、短途运输需求。因旅客和货主对送达时间的要求不同而形成快速运输需求和普通运输需求等。

4. 交通需求的时空特定性

1）空间特定性

交通需求是对货物或旅客进行空间位移的要求，而且这种位移是运输消费者指定的两点之间带有一定方向性的需求，即所谓运输需求的空间特定性。

交通需求是土地利用的函数，土地利用强度高的地域交通需求大，反之交通需求小。因此，城市区域内的交通拥堵现象相较于乡村地区的交通拥堵更普遍。现代城市商业和服务业往往集中在中心城区，而居住区在中心城区外围，区域间土地使用强度的差异决定了交通需求空间分布的不均匀性。

交通需求发生源、吸引源之间的交通强度是不一样的，其分布取决于地理位置、人口数量和土地开发强度。城市的生长本质上是循序渐进的土地开发过程，因此导致交通需求的发生和吸引强度发生变化，这就要求有相应的交通通道，完成交通需求的运输。

在短期内通常认为起讫点的交通需求量分布是相对固定的，并且其结构分布也是相对固定的。从长期来说，在进行未来道路系统的规划时，必须对规划目标年的起讫交通量分布进行预测，未来起讫点交通量分布是制定交通规划方案的基础性资料。

对于货物交通需求来说，交通运输需求在方向上往往是不平衡的，如通往林区、采矿场及煤矿的线路上，一般是进货少、出货多，或者是空车去、重车回，形成单边运输；通往加工工业基地及大城市的线路上，往往是运去原材料和燃料的重量远远大于运出的产品的重量，出现“一头沉”的情况。

2）时间特定性

同样的，交通需求在时间上也有一定的要求，这就是交通需求的时间特定性。交通需求的时间分布呈现不均衡状态。在一天之内、一年之内，甚至较长时期内，都是如此，因而有交通需求的高峰和平峰之分、甚至淡季和旺季之分。

从客运需求来看，周末和重要节日前后的客运需求明显高于其他时间；市内交通的高峰期往往是学生上学、职工上下班的时间。春季浏览风景的旅客要比一年中的其他季节多；寒暑假期间，学生的运输需求集中；春节期间，回家探亲客流量急剧增大。

对货运需求来说，由于大多数作为货物的物质产品在生产和消费上都有季节性，有的在生产上是均衡的，消费上却不均衡，这些都造成了交通需求在时间上的不均衡性。如化肥、农药等；有的在生产上不均衡，消费上却是均衡的，如粮食、蔬菜；有的生产和消费都不均衡，如水果等。从相对意义上看，这种季节性对所有货物都存在。如空调，虽然常年都可以购买，但在夏季其需求量会更大，而在冬季会进入一年的低谷期；在春节期间，食品的消费需求也比其他时候旺盛等。

交通需求的时空特定性，决定了交通需求存在不平衡性、易变性。尤其是城市交通需求的空间分布呈现“向心”特征和时间分布的“潮汐”现象尤为突出。如何在时空上合理配置交通运势能力，是现代交通工程学研究的重要课题之一。

5.2.2　交通需求的时空演化

1. 交通需求的时间演化

交通需求的时间演化是指交通需求总量和交通需求结构随着时间的变化趋势（见图5.2-1）。按照出行目的，交通需求分为基本需求和弹性需求两大类。基本需求指以上班、上学等为目的的生存性需求，而弹性需求指以娱乐、购物、休闲、旅行等为目的的交通需求。交通需求总量与城市化水平、城市的规模、土地利用和社会经济水平有关。基本需求与弹性需求的相对比重则主要与社会经济水平有关，社会经济水平愈高，在交通需求总量中，弹性需求所占比例愈高，基本需求所占比例愈低。

按照交通需求总量增加的主要动力因素和基本需求与弹性需求的相对关系，可以把交通需求发展过程分为三个阶段：形成期、成长期、成熟期。

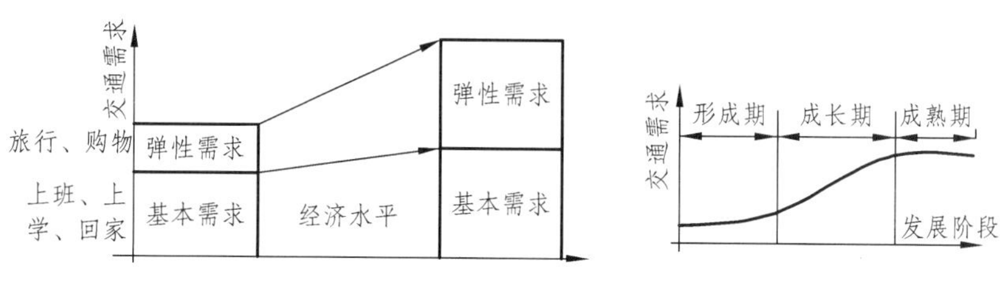

图 5.2-1　交通需求总量的发展轨迹

形成期处于城市化初期。该阶段的社会经济水平和人民生活水平较低，交通需求基本上是以生存需求为主。此时交通需求总量增长缓慢，增长动力主要是城市规模的扩大。此阶段基本交通需求在交通总量中占绝对的优势。

成长期处于城市化中期。在该阶段，随着城市化进程的加快、社会经济发展迅速、人民生活水平显著提高，交通需求除了以上班、上学等为目的的生存需求以外，以购物、休闲等为目的的弹性需求逐渐为人们所选择。此时交通需求总量增长较快，增长动力是除了城市规模的扩大外，还包括对人们精神生活水平的提高，此阶段弹性交通需求在交通总量中所占比例逐步上升。

成熟期处于城市化后期。该阶段的社会经济水平和人民生活水平高度发达，交通需求已满足人们的需求。此时交通需求总量回归到增长缓慢阶段，增长动力主要是城市规模的扩大。此阶段基本交通需求和弹性交通需求的相对关系趋于稳定。

2. 交通需求的空间演化

城市交通需求按照城市交通的起讫点空间位置不同分为境内交通需求、对外交通需求、过境交通需求。见图 5.2-2。

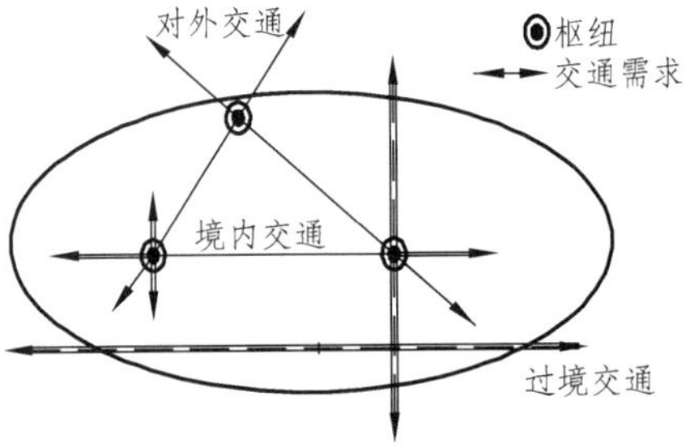

图 5.2-2　城市交通空间分布示意图

随着我国机动化进程的发展，私人机动化出行的比重越来越大，境内交通需求迅速增长，导致大中城市交通拥堵现象越来越严重。如何缓解城市交通拥挤，提出的诸如公交优先、拥挤收费、P&R、票价优化、停车收费，以及交通分流、限制过境交通、客货运枢纽布局优化等各种措施，以期分散交通拥堵区域的交通流量，缓解中心城区交通压力。这些措施均对交通出行需求总量以及城市交通空间分布产生影响。

伴随着城市化水平的日益提高，城市空间不断拓展，以及外围生活配套设施和城市功能的逐步完善，城市形态的转型势在必行。过去以行政隶属为基础的单一城市体系将被以经济中心为核心的多级分散型的城镇群体系所替代，将从以往的单核城市转为有许多卫星城的多中心城市。中心城市成为地区的交通集散枢纽，促使城市化在地域上更为合理地发展。城镇群体系的生成与发育，不仅使城市交通需求量大幅度增长，更重要的影响还在于城市交通需求的空间构成的变化。城镇群体系的形成和发展首先要以一个或多个城市为依托，这就要求中心城市辐射功能不断强化，城市对外交通需求在城市交通总体需求中的地位将会显著上升，对外交通的重要性将会愈加凸显，尤其是就其功能性而言，因此城市的发展也带来了交通需求在总量上和空间上的变化。

5.2.3　交通需求总量

交通需求量是指在特定的时间、空间条件下，社会经济生活在客货空间位移方面的需求大小，只有掌握社会经济生活（需求方）对客货位置移动的要求量，才能构造与之相适应的交通供给系统。决定交通需求总量的社会经济因素可以概括为土地利用构成和交通系统服务水平（或交通费用）。交通需求函数可表示为：

$$D=D(A, S) \text{ 或 } D=D(A, C) \quad (5.2\text{-}1)$$

式中　*A* 表示土地利用状况（包括用地总量、功能分区、建筑类型、社会经济活动强度等）;

S 表示交通系统服务水平；*C* 表示交通费用。

一般来说，服务水平与交通设施供给量成正比，与出行量成反比。在土地利用格局 *A* 基本固定情况下，需求函数变化曲线见图 5.2-3。交通系统服务水平的提高或交通费用的降低会促使交通需求总量增加。这里还要介绍实际交通需求与潜在交通需求两个概念，实际交通需求是现实世界中实现了的交通需求，潜在交通需求是经济发展产生的客观需求，但由于存在由于供给能力不足导致客货流需求未被满足，因此实际交通需求不完全代表社会经济生活对交通的需求，有的时候交通设施扩容会激发出一些潜在交通需求的产生，而出现交通状况并无明显改善的现象。

在一定供给服务水平下，社会经济系统的变化，如人均收入水平提高、土地利用强度增大等，会使需求函数产生变化，需求量增大。见图 5.2-4。

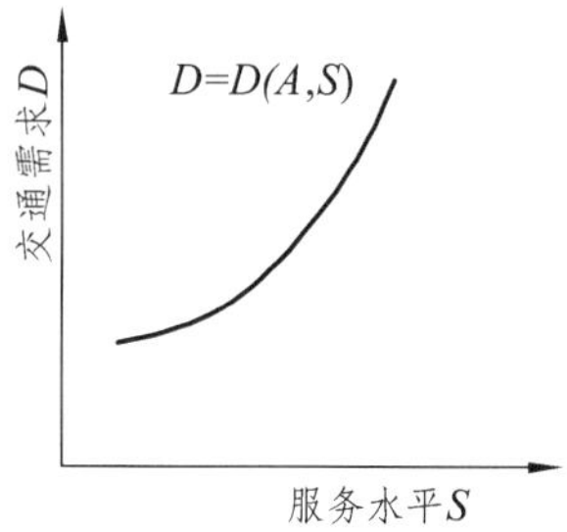

图 5.2-3　交通需求与交通费用的关系

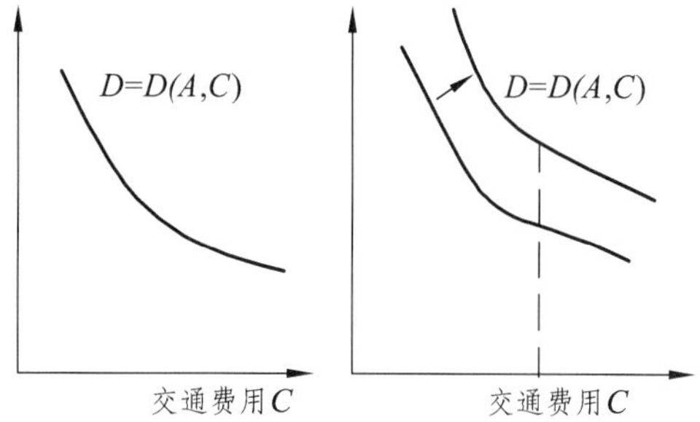

图 5.2-4　土地利用变化引发交通需求变化

5.3　交通供需平衡理论

5.3.1　交通供需平衡的内容

城市交通系统的供给和需求平衡关系到整个社会经济活动的效率。交通供需平衡应该包括四个层面：路网容量与交通需求总量的平衡、路网布局的耦合、道路等级配置的耦合、交通结构的耦合。见图 5.3-1。

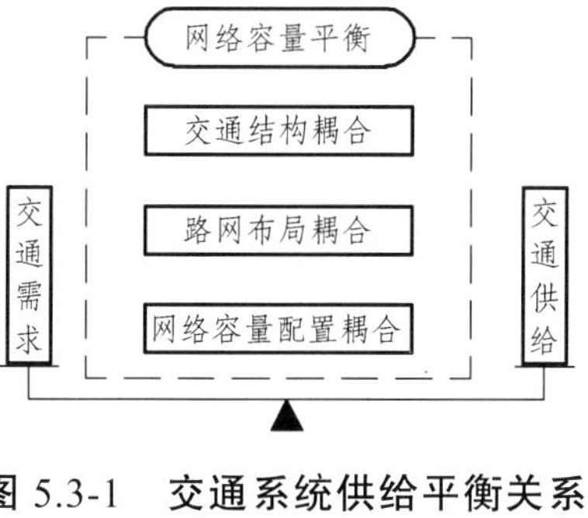

图 5.3-1　交通系统供给平衡关系

1. 网络容量的平衡

路网容量是指在一定的道路和交通条件下，交通个体遵循出行费用最少原则，路网按照与土地使用、客货交通源和集散点的分布相匹配的布局模式，单位时间内能服务的最大标准车辆数。

城市交通系统应为城市社会经济活动所需的人流、物流提供合理的流通通道和流通载体，即需要提供车辆及其移动的空间应当尽量满足交通需求；否则，将制约交通功能，限制城市发展。为此，在总量层次上应当实现交通供给和需求的平衡。

2. 路网布局的耦合

路网布局结构是指城市道路网的几何形状。由于社会经济条件、城市自然条件和建设条件的差异，不同城市的道路系统有不同的路网布局。

在特定的城市布局下存在着特定的交通需求流向，该流向构成一个网状结构。路网布局与交通需求流向在空间结构上的一致程度将对实际的路网容量造成巨大影响。

路网布局的平衡，描述的是道路网布局结构与交通需求流向空间网状结构相匹配；即路网布局与客货源集散点、城市干道与城市客货交通走廊等要一致，以充分发挥城市路网的通行能力。

3. 道路等级配置的耦合

路网等级配置是在道路系统中各等级道路所占的比例。我国公路系统由高速公路、一级公路、二级公路、三级公路和四级公路组成，城市道路系统则由快速路、主干路、次干路和支路组成。以城市道路系统为例，城市道路网的快速路、主干路、次干路和支路的比例应该呈现金字塔的配置。每一层次的道路服务于更高层次的道路，为更高层次道路承担集散作用；各层次道路按照一定的顺序衔接，不能越级相交。

由于不同的城市道路承担的主要交通功能不同：如快速路、主干路：满足中长距离出行，满足机动化出行、实现通过性；次干路和支路：满足中短距离出行，实现服务性功能。因此，城市道路网除了在总量上必须达到一定规模外，还要求路网有合理的等级体系。路网等级配置平衡指路网等级配置能充分满足交通分流的目的，使得道路系统能各尽其职，衔接顺畅，发挥路网总体容量功能。

4. 交通结构的耦合

交通结构是指各种交通方式分担交通需求量的比例。城市用地布局、人口密度、经济水平以及社会环境等条件决定了各种交通方式对交通需求的分担率。

城市交通应该结合各方式的速度、运载能力、成本等约束，形成合理的交通结构，保证使用者能够安全、方便、舒适、准点到达目的地，缓解了交通拥挤、减轻环境负荷。

综上所述，交通供需平衡，是各方面因素的综合平衡。有以下五个平衡要点。

（1）路网容量供需平衡居于主导地位。只有路网容量达到供需平衡，才有可能实现城市道路交通供需平衡；

（2）交通供需平衡不仅仅在总量上的平衡，还体现在结构上的耦合。

（3）总量上符合交通需求的供给系统，其实际供给水平与交通结构、路网布局和等级配置有着密切的相关性。

（4）交通结构、路网布局、等级配置层面的耦合是供需总量平衡在系统结构上的延伸和扩展；

（5）交通结构的耦合、路网布局的耦合、道路等级配置的耦合居于从属地位，起辅助作用，从结构层面促进交通系统的供需平衡，改善交通供给的质量和效率。

5.3.2 供需平衡的市场机制

均衡是一种经济行为（或过程）中的特指状态。均衡状态是指需求方和供给方在同一经济活动中，都能得到相同的满足。当市场上的总需求量与总供给量相等时或者总需求价格与总供给价格相等时，市场就实现了均衡，说明资源配置达到了最佳化。图 5.3-2 中供给曲线和需求曲线相交点 E 点即是均衡点，交通运输市场供需均衡状态反映运输市场的资源配置效率。但是，这种均衡状态往往是暂时的，而总需求与总供给的不一致性（过剩或短缺）也不是永久的，市场作为有机体，总是存在着自行调节机制——市场价格机制，使供给和需求形成某种规律性的运动，出现相对的平衡，即市场平衡。

如图 5.3-2 中，在价格水平 P_1，需求量 Q_D 受价格上涨的影响而下降到 Q_{D1}，相反由于价格提高，供给能力 Q_s 却提高到 Q_{s1}，以致造成供大于求，在图中以标有“过剩”的区段表示。显然从图中可以看出，只要价格 P 大于平衡价格 P_0，都会造成市场上运力过剩的情况。过剩运输供给必然会寻找市场，在竞争中降低价格来吸引需求方，在价格下降过程中，供给量沿着 S 曲线逐渐减少。在供给方压价争夺市场时，需求量却因为价格下降而逐渐增加，这样，供给过剩量也就逐渐减少，直到价格等于 P_0 为止。

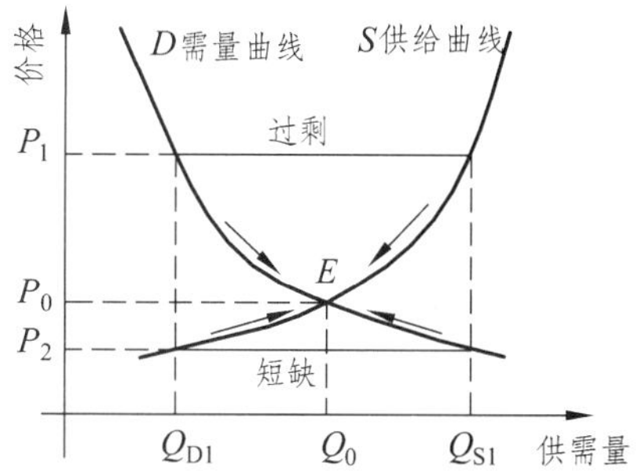

图 5.3-2 简单的交通供需平衡过程

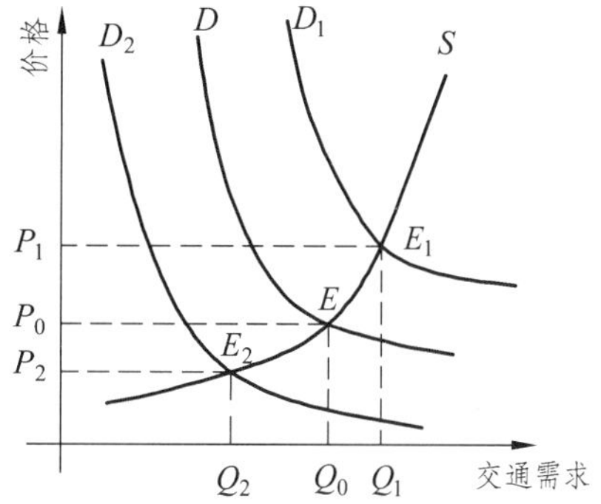

图 5.3-3 需求变动情况下的平衡过程

美国学者安东尼·当斯（Authony Downs）曾分析了高峰期高速公路交通拥堵以及交通拥堵与交通平衡理论之间的关系，提出“高峰期交通拥堵的当斯定律”（Law of Peak-Hour Expressway Congestion）。在交通经济学中，有人用当斯定律（Downs Law）来描述这种情况：当人均收入水平达到一定程度并不再成为（相当部分）家庭汽车消费的主要障碍时，必然会出现一种交通需求和交通基础设施供给之间的竞赛，而在政府不进行管制的情况下，这种竞赛的结果必然是交通拥挤。此定律还可以解读为：在政府对城市交通不进行有效管制和控制的情况下，新建的道路设施会诱发新的交通量，而交通需求总是倾向于超过交通供给。这一解读比较形象地描述了交通供需之间的动态关系。

与任何其他市场一样，运输市场最终也会通过市场运行机制的作用，实现均衡。不平衡是经常出现的，但是通过价格机制来调整供求关系，能够不断地恢复和维持平衡。然后，由于市场盲目冲击力的存在，市场“平衡—不平衡—平衡”的过程反复进行。这就是以价格为自动调节的市场机制的动态运行过程。

5.3.3 供需变动下运输市场的平衡

当某种平衡形成后，随着时间的变化，供给与需求条件会发生变化，导致原供需关系的改变。此时，原来的平衡就要被打破，并朝着新的平衡转变。

常用来分析供需变动下运输市场平衡的方法：确定该事件是使供给曲线还是需求曲线移动，或者是使两者都移动；确定曲线移动的方向；用供求图说明这种移动如何改变均衡价格和均衡数量。

1. 供给曲线不变、需求变动对平衡点的影响

图 5.3-3 中，D 为原需求曲线，S 为供给曲线，D 与 S 相交于平衡点 E，P_0 为原平衡价格，Q_0 为原平衡运量。D_1 为由于需求影响因素的变化导致需求增加之后的需求曲线，新的需求曲线 D_1 与 S 相交于 E_1，相对应的平衡价格为 P_1、平衡运量为 Q_1；显然，$P_1 > P_0$，$Q_1 > Q_0$。也就是说，在交通供给不变的情况下，交通需求增加，平衡价格将上升，平衡运量也相应地增加。

相反，如果由于某些需求影响因素的变化导致需求减小，则可以得到需求减小、需求曲线下移的需求曲线 D_2，D_2 与 S 相交于 E_2，相对应的平衡价格为 P_2、平衡运量为 Q_2；显然，$P_2 < P_0$，$Q_2 < Q_0$。在交通供给不变的情况下，由于需求的减少，使平衡价格下降，则平衡运量相应的会减少。

2. 需求曲线不变、供给变动对平衡点的影响

同样，如图 5.3-4 所示，假定需求曲线不变，供给影响因素的变化导致供给增加（减小），将使供给曲线向右侧（左侧）移动得到 S_1（S_2）。在需求不变的前提下，由于供给的增加使平衡价格下降，平衡运量增加；反之，由于供给减少，使平衡价格上升，平衡运量减少。

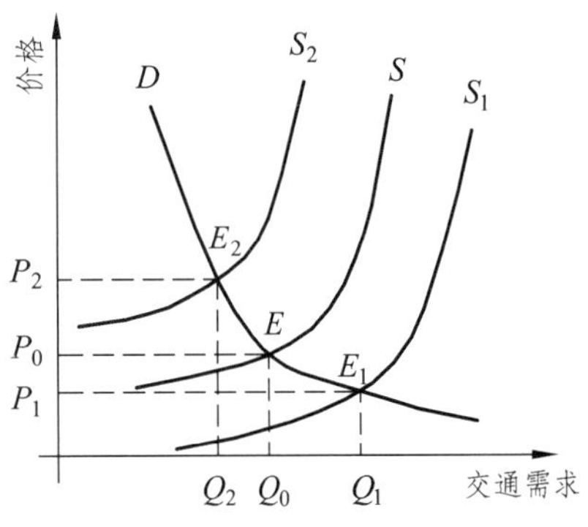

图 5.3-4　供给变动情况下的平衡过程

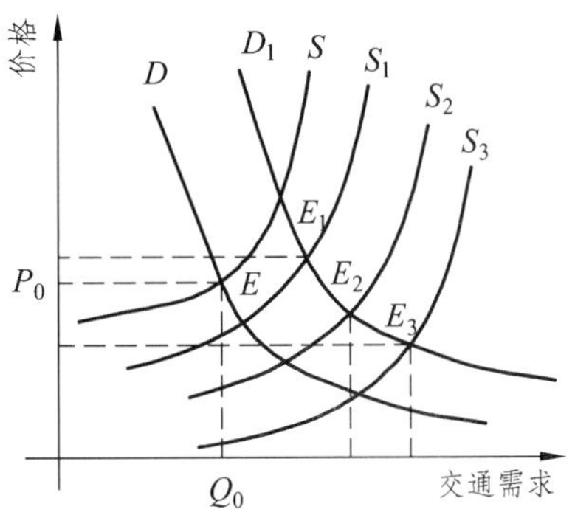

图 5.3-5　需求、供给同时变动情况下的平衡过程

3. 需求与供给同时变动对平衡点的影响

在交通系统中，交通需求和交通供给通常同时发生变化，此时平衡如何变动则取决于需求与供给的变动方向和变动幅度。图 5.3-5 为需求、供给同时变动情况下的平衡过程示意图。可以看出，在需求、供给均增加的情况下，平衡运量一定增加，而平衡价格的变化则取决于需求与供给增加的幅度的相对大小。

同样的方法，我们可以分析在需求和供给的其他变化情形下，平衡价格的变化情况。

思考题

1. 交通系统供需分析的目的是什么？
2. 交通供给和需求分别有何特性？
3. 交通供需平衡包括哪几个层面？
4. 试选我国某一城市分析其发展水平，该城市交通需求处于何种交通时空演化阶段？

第 6 章　交通预测分析

6.1　预测分析概述

预测是对未来所发生事情进行的合理估计。它根据历史和现状资料，推测在一定条件下将会出现何种现象或产生何种结果，即在研究事物发生、发展所呈现的规律性以及分析现状条件、环境因素制约和影响的基础上，推测事物未来演变的状态和发展的趋势。在交通系统分析中，对未来交通需求进行科学合理的预测分析，是规划建设或改善交通系统的重要基础。

6.1.1　预测的基本原理

预测是根据历史规律判断未来，科学预测的认识基础可以表述为以下几条原理：

1. 可知性原理

人们不但可以认识预测对象的过去和现在，而且还认为事物都有一个延续发展的原则，可以通过其历史和现状以及这种延续性推测其未来。关键是要掌握事物发展的客观规律，注意事物发展全过程的统一，即过去、现在和将来的有机的统一。

2. 可能性原理

预测对象的发展有各种各样的可能，而不是只存在单一的可能性。对预测对象所做的预测，实际上是对它的发展的各种可能性进行预测。

3. 相似性原理

将预测对象与类似的已知事物的发展状况相类比，从而推测预测对象的未来。

4. 关联性原理

事物之间都有着相互依存的关系，同一事物在不同发展阶段也有一定的因果关系，称为事物的关联性。在预测过程中，常常通过对这些关系的研究，对预测对象做出某种判断。

5. 系统性原理

预测过程中要强调预测对象内在与外在的系统性，要突出系统的功能和系统的完整性。缺乏系统观点的预测，将导致顾此失彼的决策。

6.1.2　预测的基本要素

1. 时间

不同的预测方法适用于不同的预测期限。一般来说，定性预测较多地考虑用于长期预测，而定量预测适宜于各个预测期。

2. 数据

不同的预测方法，适用于不同的数据类型。有的数据按一定周期变化，有的是随机波动的。因此，在选择预测方法时，应注意提供的数据形式。

3. 模型

大多数预测方法都要求运用某种模型。每种模型的应用前提是不同的，在不同的问题中应用这些模型，其功效也是不同的。

4. 费用

预测是一个研究过程，预测费用的多少将影响对预测方法的选择。

5. 精度

定量预测的精度或准确度对决策者是重要的。不同情况下对预测结果的精度要求可能是不同的。

6. 实用性

预测是为决策服务的，只有理解容易、使用方便、结果可信的预测方法才能被广泛使用。

6.1.3 预测程序

一般而言，预测过程可按如下程序进行：

（1）确定所要研究的系统范围，明确预测的目的，根据需要和可能，说明通过预测解决的问题。

（2）鉴别、选择和确定预测因素，从大量影响因素中，挑选出与预测目的有关的主要影响因素。

（3）确定逻辑关系，选择预测方法。

（4）建立模型。以较低的费用建立效益较高的模型，以达到较好反映客观实际的目的。但是模型越细，所要求的信息越多，计算工作量越大，因此对模型的要求应适度。

（5）检验模型。通常采用历史数据检验模型的合理性和客观性，将预测结果和实际情况相比较，找出模型的不足点，并加以修正。

（6）假定因素和条件。通过模型对某些假设进行运算，确定某些情况发生变化时预测结果的变化情况。

6.1.4 预测方法的选择

在选择预测方法时，应以考虑预测对象和预测技术本身的特点作为出发点，并权衡预测对象及预测结果的应用价值。在面临具体预测对象时，还要考虑以下几个方面的问题。

（1）预测对象是处于历史的延续，还是处于基本情况发生变化的转折点。

（2）预测精度与所需费用直接相关，在达到要求精度的前提下，尽可能选择简单方便、费用较少的预测方法。

（3）要考虑所需资料的多少以及收集资料所花费的时间和费用，通常是从所需资料不多的方法入手。

通常情况下，用不同预测方法计算得到的预测结果是不同的。因此，实际工作中应在条件允许的情况下，采用多种方法进行预测，并对不同预测方法得到的结果进行分析，从中确定采用的结果。下面具体介绍几种预测分析方法。

6.2 预测分析方法

6.2.1 经验法

经验法是运用预测者或专家的专业知识及经验，直观地针对预测对象过去和现在发生的情况进行综合分析，从中找出规律，对发展远景做出预测。此方法直观简单且操作方便，是应用时间较长的一类预测方法。

1. 德尔斐法（Delphi 法）

德尔斐法又称专家调查法或专家意见法，是 20 世纪 60 年代美国著名的咨询公司——兰德公司提出的预测方法，该方法命名由古希腊预言神殿所在的历史名城德尔斐而来。

德尔斐法是就一定的问题函请相关领域的专家提出意见或看法，然后将专家的答复意见或新设想加以科学地综合、整理、归纳，以匿名的方式将所归纳的结果反馈给各专家再次征询意见。如此经过多轮反复，直到意见趋于比较集中，得到一种比较一致的、可靠性较高的意见。适用于中、长期预测。

1）特点

（1）匿名性：专家成员只通过函件交流，以便消除权威的影响。专家之间不得相互讨论，不发生横向联系，只能与组织人员发生联系。

（2）反馈性：一般要经过几轮的函询与反馈，预测小组对每一轮各位专家的结果做出统计和处理，作为反馈材料再寄给每位专家，达到相互启发的目的。

（3）统计性：为了给出定量预测的结果，采用统计方法处理每一轮的专家意见，预测结果具有统计性特点。

2）具体做法

（1）拟定调查课题。

根据预测目的，制定具体、明确、便于答复的调查表。此外，应准备一些与预测项目有关的背景资料，供专家回答问题时参考。此外，这些资料应有一定的代表性，尽可能反映全面情况并且只能是客观地提供，不做任何评论，以免影响专家独立思考。

（2）选择专家。

专家是指本专业中有较高理论水平或有丰富实践经验的人。专家人数太少起不到集思广益的作用，太多会使意见很难集中，因此一般以 10 ~ 50 人为宜且在回答问题时互相之间无联系。

（3）反馈调查。

将调查表和背景资料发给每一位专家，请专家按照调查表内容发表自己的意见，并请他们提出其他可参考资料按期寄回。然后汇集专家意见并加以分析和综合，但不写明专家姓名，连同补充的参考资料，一并再发给各专家，要求他们再发表意见。如此反复多次，直至专家意见趋于一致，取得满意的结果为止。

3）优缺点介绍

优点：简单易行，可靠性较好，能够充分发挥人的智慧和经验，适用于没有足够信息资料的中、长期预测。对于难以用精确的数学模型处理，需要征求意见的人数较多、成员较分散、经费有限、难以多次开会或因某种原因不宜当面交换意见的问题，用该方法预测的效果较好。

缺点：受人为的主观因素影响较大（如受权威人士的影响，受心理状态、个人兴趣、主观偏见的影响等）；预测需要的时间较长；由于不同的专家个体，其主观评估意见和一致性不可能完全一样，因此预测结果缺乏严格的科学分析，具有一定的不稳定性。

4）注意事项

（1）确保专家意见独立性，专家之间的横向保密性是保证德尔斐法预测成功的关键；

（2）确保专家选择的广泛性和权威性，并能保证专家有足够的时间填写调查表；

（3）为专家提供充分的背景资料，对专家介绍该方法，重点介绍其特点、实质、反馈作用。

2. 类比法

类比法又称比较类推法，是根据类似事物的经验和规律，结合预测对象的具体条件，运用这些规律对预测对象的未来进行分析和预测的方法。类比法预测的基本思想是：利用不同事物所具有的共性，由此事物的性质对彼事物进行推断。其具体步骤如下：

（1）弄清关键特点，考察不同事物之间的关键特点是否相似；

（2）考查类比环境，在所要解决问题的场合下，类比是否有效及不同事物的关键特点是否相似。若不相似不能采用类比预测的方法。为了保证有效类比，需要逐项比较类比模型与类比物（预测对象）的环境条件，包括技术、经济、政治、文化等。

6.2.2 弹性系数法

弹性系数法是通过变量之间变化率的关系来预测未来的变化的，即在对一个因素发展变化预测的基础上，通过弹性系数对另一个因素的发展变化作出预测的一种间接预测方法。目前，弹性系数预测方法在制定规划、研究策略等方面有着重要用途。

1. 弹性系数及其特点

在一个系统中若有两个变量 x_1、x_2，其各自的变化率之比称为弹性系数，其表达式为：

$$e=\frac{\Delta x_2/x_2}{\Delta x_1/x_1} \tag{6.2-1}$$

式中　Δx_1、Δx_2——变量 x_1、x_2 单位时间变化量。

弹性系数具有以下特点：

当 $e>0$ 时，表示 x_2 的变化率随 x_1 同向变化；

当 $e=0$ 时，表示 x_2 的变化率不随 x_1 变化；

当 $e<0$ 时，表示 x_2 的变化率随 x_1 反向变化；

当 $|e|=1$ 时，表示 x_2 的变化率与 x_1 变化率相同；

当 $|e|>1$ 时，表示 x_2 的变化率大于 x_1 的变化率；

当 $|e|<1$ 时，表示 x_2 的变化率小于 x_1 的变化率。

2. 弹性系数预测

$$E=i_1/i_2 \tag{6.2-2}$$

i_1：交通运输量增长率

i_2：国民经济增长率

大量统计分析表明，弹性系数在一定时期内相对稳定，经济越发达地区弹性系数越小。已知弹性系数，通过对未来国民经济增长率的分析，则可预测未来交通运输量增长率。

6.2.3 时间序列法

时间序列法是一种经常采用的定量分析方法，它是将预测对象按照时间先后顺序依次排列起来，构成一组统计的时间序列，然后应用某种数学方法建立模型，并用此模型来预测推断该变量未来发展的变化趋势和变化规律，这就是时间序列预测法。

时间序列预测法的原理：一方面承认事物发展的延续性，因为任何事物的发展总是同它的过去有着密切的关系，因此，运用过去时间序列的数据进行统计分析就能够推测事物的发展趋势；另一方面，又充分考虑到由偶然因素影响而产生的随机性，为了消除随机波动的影响，利用历史数据进行统计分析，并对数据进行适当的处理，进行趋势预测。另外时间预测一般可以反映以下三种实际变化规律：一是趋势变化，如客运量、货运量的增长趋势；二是周期性变化，如客运量的季节性变化；三是随机性变化，如各种偶然性因素引起的变化。

时间序列预测法简单易行、便于掌握，但不能反映事物的内在联系，也不能分析两个以上因素的相关关系，只适用于短期预测，另外还需注意以下三点：一要注意数据的完整性，二要注意数据资料的可比性，三要保证数据资料的一致性。只有满足了上述三点要求，才能应用这组数据去引申历史，推断未来。

1. 趋势外推法

趋势外推法也称趋势延伸法，它是根据预测变量的历史时间序列揭示出的变化趋势外推到未来，以确定预测值的预测方法。如果时间序列呈现出一定的规律性，就可以运用趋势外推法进行预测。这种方法基于两条基本假设：一是假设事物的发展过程没有跳跃式变化；二是假定事物的发展因素也决定事物未来的发展，其条件是不变或变化不大。

趋势外推法预测时一般包括六个阶段：选择预测趋势线的函数类型；收集数据；拟合曲线；趋势外推；预测结果分析和说明；研究预测结果在决策和规划中的应用。

趋势外推的实质是利用某种函数分析描述预测对象某参数的发展趋势。常用的函数形式有直线、多项式、指数曲线、生长曲线等。这里介绍生长曲线模式。

生长曲线模型起初是用于长期的技术发展预测的。预测学家发现技术的发展过程如生物生长过程一样，经历发生、发展、成熟三个阶段，而每个阶段的发展速度是不同的，开始较慢，中间较快，后期越来越慢，具有这种变化特征的曲线叫生长曲线。因整个曲线呈 S 形，故也称 S 曲线。

生长曲线函数形式有很多种，常用的函数有皮尔（R.Pearl）模型、龚铂兹（B.Gompertz）模型。

1）皮尔模型

$$y_t = \frac{L}{1 + a \cdot e^{-bt}} \tag{6.2-3}$$

式中　a、b——常数；

t——时间变量；

L——预测变量 y_t 的极限值，$y_t \leqslant L$（$L > 0$）。

皮尔曲线如图 6.2-1 所示：

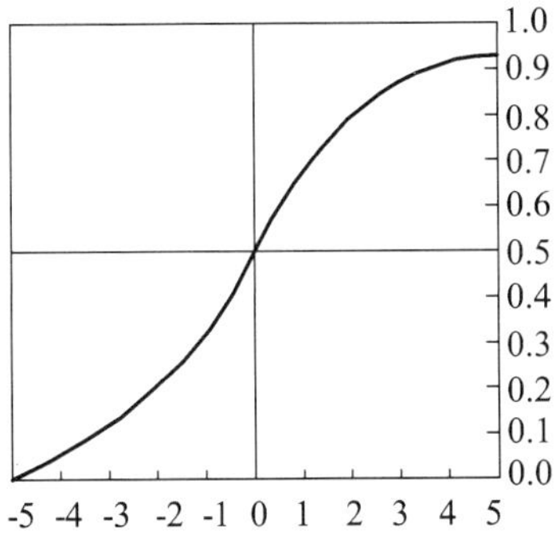

图 6.2-1 皮尔曲线

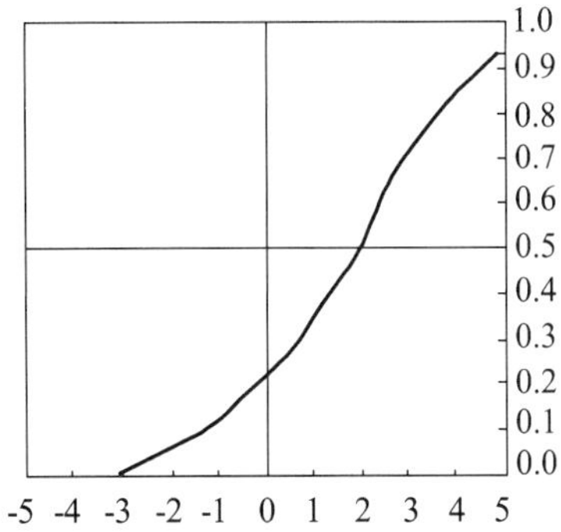

图 6.2-2 龚铂兹曲线

由图可看出，皮尔曲线具有以下特点：

① 当 $t \to -\infty$ 时，$y_t \to 0$。

② 当 $t \to \infty$ 时，$y_t \to L$。

③ 曲线拐点在 $t = \ln(a/b)$ 处，这时 y_t=0.5L。

④ 曲线相对于拐点对称，上半部分是下半部分的反映，如图所示（其中参数 L=a=b=1.0）。曲线对称意味着参数 a 在时间轴上（横轴）上决定曲线的位置，参数 b 决定曲线的斜率。

2）龚铂兹曲线

龚铂兹曲线是双层指数，又称双指数曲线。

$$y_t = L \cdot e^{-be^{-kt}} \tag{6.2-4}$$

龚铂兹曲线如图 6.2-2 所示：

由图可看出，龚铂兹曲线具有以下特点：

① 当 $t \to -\infty$ 时，$y_t \to 0$。

② 当 $t \to \infty$ 时，$y_t \to L$。

③ 曲线拐点在 $t = \ln(b/k)$ 处，这时 $y_t = L/e$。

④ 曲线相对于拐点不对称。

2. 移动平均法

移动平均法是将观察期的数据，根据时间序列，逐项推移，依次计算包含一定跨越期的序时平均数，以反映长期趋势的方法。它的思想是：每次移动平均总是在上次移动平均的基础上，去掉一个最远期的数据，增加一个紧挨跨越期后面的新数据，保持跨越期不变，每次只向前移动一步，逐项移动，滚动前移。当时间序列的数值由于受到周期变动和不规则变动的影响，起伏较大，不易显示出发展趋势时，可用移动平均法消除这些因素的影响，分析、预测序列的长期趋势。

这里主要介绍简单移动平均法和加权移动平均法。

1）简单移动平均法

简单移动平均法是按照时间顺序，对包含一定项数的历史序列值取算数平均数作为下一期的预测值。数学模型为：

$$S_{t+1}=\frac{X_t+X_{t-1}+\cdots+X_{t-N+1}}{N} \tag{6.2-5}$$

式中　S_t：t 时间上的预测值；

X_t：t 时间上的实际值；

N：取平均的数据个数（即观测点数）。

从式 6.2-5 中可以看出，简单移动平均法对序列中最近 N 项观测值的每一项给予相等的权重（重要性），而对 $t-N$ 时期以前的观测值则完全不给予权重。

t 时间的移动平均数还可以用下式表示：

$$S_{t+1}=\frac{X_t}{N}-\frac{X_{t-N}}{N}+S_t$$

可以看出，根据移动平均数计算的每个新的预测值，是对以前的移动平均数预测值的调整。随着 N 的增大，预测值间的调整越小，平滑的效果越明显。

移动平均法对模型变化的反应取决于观测点数 N。一方面，随着 N 的减小，预测系统对模型变化的反应速度加快，但是抗干扰能力下降，估计值的预测精度降低。预测精度和预测系统对预测模型变化的反应速度是相互矛盾的，二者不能兼得。对于 N 值一般应根据具体情况，采用折中的办法确定。根据预测对象的实际发展趋势，N 值大体有以下四种选择方法：

① 水平式：趋势保持不变，移动平均值是无偏差的，S 值与 N 值无关。

② 脉冲式：趋势仅在一段时间内突然增加或减少，随后又保持不变，N 值取得越大，S 值的误差就越小，因此 N 值应取大些。

③ 阶梯式：趋势仅在开始一段时间保持不变，然后增加或减少到一个水平后又保持不变，N 值越小，S 值的预测误差就越小，因此 N 值应取小些。

④ 斜坡式：趋势周期递增或递减，S 总是比实际趋向落后，因此 N 值的取值应越小越好。

移动平均法的缺点主要表现在：

① 为了计算移动平均数，需要储存最近 N 项观测值，需占用较大存储空间。

② 观测值较少时，得到的预测值往往不真实。

③ 平均时间间隔难以确定。

移动平均法适用于接近平稳的时间序列预测。平稳的时间序列就是关于时间参数 t 是均匀的，或其均值函数是常数，与时间无关。移动平均法的优点是计算简单，一般用于短期预测。缺点是只能预测最近一期的数值，逐期移动、逐期预测，因此要求保存大量的历史资料。

2）加权移动平均法

一般情况下，最近期的数据比远期的数据包含了更多未来情况的信息，能更多地反映经济变化的趋势。在简单移动平均公式中，每期数据在平均中的作用是平等的，把各期数据等同看待是不尽合理的，应考虑各期数据的重要性，对近期数据给予较大的权重，对远期的数据给予较小的权重，对于权数因子的确定，完全靠预测者对序列做全面的了解和分析而定，然后再进行移动平均，这就是加权移动平均预测法。

加权移动平均法的数学模型为：

$$S_t=\frac{\sum_{i=t-1}^{i=t-n}W_iX_i}{\sum_{i=1}^{n}W_i} \tag{6.2-6}$$

式中　W_i——与 X_i 相对应的权值。

加权移动平均法与移动平均法一样，只能预测最近一期的数据。

3. 指数平滑法

指数平滑法是一种特殊的加权平均法，故基本原理同移动平均法相同，都是通过对历史数据进行平滑来消除随机因素的影响，权数由对离预测期较近的历史数据到离预测期较远的历史数据按指数规律递减。这种方法更加灵活，既不需要存储很多历史数据，又考虑到各期数据的重要性，且使用了全部历史资料。

一次指数平滑法的数学模型为：

$$S_{t+1} = \alpha X_t + (1-\alpha)S_t = S_t + \alpha(X_t - S_t) \tag{6.2-7}$$

式中　α：系数（$0<\alpha<1$）；

$X_t - S_t$：前期预测值的误差。

α 的大小对预测值的影响与移动平均法中计算平均数的观测值个数 N 对预测效果的影响相同。当 α 值趋近于 1 时，新预测值中将包含一个相当大的调整，即用前次预测中所产生的误差进行调整。相反，当 α 值趋近于 0 时，新预测值就没有用前次预测的误差作较大的调整。

一次指数平滑法不需要储存所有的历史数据，只需要 α 值及最近的观测值和预测值即可。

式（6.2-7）还可以扩展为：

$$\begin{aligned} S_{t+1} &= \alpha X_t + (1-\alpha)[\alpha X_{t-1} + (1-\alpha)S_{t-1}] \\ &= \alpha X_t + \alpha(1-\alpha)X_{t-1} + \alpha(1-\alpha)^2 X_{t-2} + \alpha(1-\alpha)^3 X_{t-3} + \ldots \end{aligned} \tag{6.2-8}$$

由式（6.2-8）可以看出，指数平滑法还克服了移动平均法的另一个局限性，即对距离较远的观测值减少了它的权数。这样的权数在实际中更合理些。

当时间序列的数据呈水平式时，简单的平滑法能得到有效的结果，而且费用低廉。但这种方法也存在缺点，主要体现在以下两个方面：

（1）当预测变量的数据模式有较大变化时，指数平滑法的预测效果不能令人满意，在处理长期趋势或非水平模式时没有效果。

（2）没有一个好办法来确定适当的权数 α 值。

6.2.4　回归分析法

回归分析法就是依据数理统计的回归分析理论和方法，找到被预测变量和与它有关的解释变量之间的因果依存关系，通过建立回归分析模型，预测对象未来发展的一种定量方法。反映相关关系的函数式，称为回归方程。在回归方程中，因变量与自变量间为线性关系，称为线性回归。其他关系称为非线性回归。具体选用什么形式的回归方程式，需要根据事物内部的特性具体分析，有时也可以根据散点图观察曲线的变化趋势。

回归分析的基本思想与方法：处在一个系统中的各种变量，可以有两类关系，一类称为函数关系，一类称为相关关系。当事物之间具有确定关系时，则变量之间表现为某种函数关系。而有些事物，虽然它们之间有着密切的联系，但并不能准确地用某一函数式确定其间的关系，称这类事物间具有相关关系。具有相关关系的变量，虽然不能用准确的函数式表达其联系，却可以通过大量实验数据（或调查数据）的统计分析，找出各相关因素的内在规律，从而近似地确定出变量间的函数关系。

与时间序列法相比，回归分析的优点在于可以根据相应于一系列不同变量的数值进行一系列预测；其缺点是除了被预测的单个变量以外，还需要几个相关变量的数据，并需要确定因变量与自变量之间的函数形式。

回归分析的方法若按照回归模型中自变量多少来分，有一元回归与多元回归。其预测包括三个步骤：建立回归方程；数学模型与相关性检验；利用回归方程进行预测。

1. 一元线性回归

一元线性回归预测法也称简单回归预测法、单因素预测法，它是利用已有统计数据资料，建立起只含一个自变量的回归方程，并以这个自变量的一个已知值代入方程去预测该方程的因变量变动趋势的方法。

1）建立回归方程

一元线性回归自变量可以是时间，也可以是其他变量，通常用 X 表示，用 Y 表示待预测的因变量。一元线性回归方程如下：

$$y = a + bx \tag{6.2-9}$$

式中 a、b 为参数。

建立回归方程就是根据变量的历史数据 $\{x_i, y_i \mid i = 1, 2, \ldots N\}$ 确定方程中的参数 a 和 b。根据式（6.2-9），对于每一个 x_i，就有一个对应的估计值（$a + bx_i$），估计值与实际值 $y_i (i = 1, 2, \ldots N)$ 之间存在着离差。设两者之间的离差为 e_i，则：

$$e_i = y_i - (a + bx_i)$$

那么，离差的平方和为：

$$\sum_{i=1}^{n} e_i^2 = \sum_{i=1}^{n} (y_i - a - bx_i)^2$$

离差平方和反映了 n 个数据实际值与回归方程的总偏差程度。根据最小二乘法原理，离差平方和最小的回归方程为最优方程，即满足：

$$\min \sum_{i=1}^{n} e_i^2 = \min \sum_{i=1}^{n} (y_i - a - bx_i)^2$$

可推出参数 a 和 b 计算公式如下：

$$b = L_{XY} / L_{XX} \tag{6.2-10}$$

$$a = \overline{y} - b\overline{x} \tag{6.2-11}$$

$$\begin{cases} \overline{x} = \dfrac{1}{n}\sum_{i=1}^{n} x_i \qquad \overline{y} = \dfrac{1}{n}\sum_{i=1}^{n} y_i \\ L_{XX} = \sum_{i=1}^{n} (x_i - \overline{x})^2 = \sum_{i=1}^{n} x_i^2 - \dfrac{1}{n}\left(\sum_{i=1}^{n} x_i\right)^2 \\ L_{XY} = \sum_{i=1}^{n} (x_i - \overline{x})(y_i - \overline{y}) = \sum_{i=1}^{n} x_i y_i - \dfrac{1}{n}\left(\sum_{i=1}^{n} x_i\right)\left(\sum_{i=1}^{n} y_i\right) \end{cases} \tag{6.2-12}$$

另外，引入

$$L_{YY}=\sum_{i=1}^{n}(y_i-\overline{y})^2=\sum_{i=1}^{n}y_i^2-\frac{1}{n}(\sum_{i=1}^{n}y_i)^2 \quad (6.2\text{-}13)$$

2）相关性检验

一般可采用相关系数进行相关性检验。相关系数是反映两变量间是否存在相关关系，是反映这种相关关系密切程度的统计量。相关系数用 r 表示，计算公式为：

$$r=\frac{L_{XY}}{\sqrt{L_{XX}\cdot L_{YY}}} \quad (6.2\text{-}14)$$

相关系数的符号很重要，正号代表 x 与 y 正相关，x 增加，y 也增加，r 在 0 ~ 1 之间；负号代表 x 与 y 负相关，r 在-1 ~ 0 之间。

当$|r|=1$ 时，表示变量 x 与 y 完全线性相关；

当$|r|=0$ 时，表示变量 x 与 y 之间不存在线性相关关系；

当 $0<|r|<1$ 时，表示变量 x 与 y 之间存在不同程度的线性相关关系。通常认为：

当 $0<|r|\leqslant 0.3$ 时，为微弱相关；

当 $0.3<|r|\leqslant 0.5$ 时，为低度相关；

当 $0.5<|r|\leqslant 0.8$ 时，为显著相关；

当 $0.8<|r|\leqslant 1$ 时，为高度相关；

相关系数反映了变量 x 与 y 之间线性相关的密切程度，$|r|$越接近于 1，就说明 x 与 y 之间的线性相关程度越密切。r 值大，直观地表现为观测点紧密地散布在回归曲线周围，即对回归线的离差小。

3）预测与置信区间估计

有了回归方程，就可以根据未来自变量的值 X_0 确定因变量的值 Y_0，即为预测值。然而，由于过去的观测值没有完全落在回归线上，因此很难期望未来的数值点全部落在回归线的延长线上。一般是在某种置信度水平 $100(1-\alpha)\%$ 上，如 95%（即 α =0.05）、97.5%（即 α =0.025），求预测值所在的区间。

在置信度水平 $100(1-\alpha)\%$ 上，$\hat{Y}_0$ 的置信区间为：

$$Y_p=\hat{Y}_0\pm t_{\alpha/2}S \quad (6.2\text{-}15)$$

式中　Y_p 为 Y_0 的置信区间；$t_{\alpha/2}$ 为统计量。

$$S=\sqrt{\frac{L_{XX}L_{YY}-(L_{XY}{}^2)}{(n-2)L_{XX}}} \quad (6.2\text{-}16)$$

2. 多元线性回归

在许多实际问题中，影响因变量的因素往往有多个，这种一个因变量同多个自变量的回归问题就是多元回归，当因变量与各自变量之间为线性关系时，称为多元线性回归。它是利用统计资料，建立起多元线性回归方程，以已知两个或两个以上的自变量代入方程，来估测另一个因变量的定量预测方法。多元线性回归分析的原理、方法和步骤，同一元线性回归预测基本相同，只是在选定自变量和求解回归方程参数以及统计检验等方面要比一元回归预测复杂得多，因此需借助计算机来完成。

1）多元线性回归模型

当预测对象 Y 受多个因素 X_1，X_2，⋯，X_m 影响时，如果 X_j（j=1, 2, ⋯, m）与 Y 之间具有线性相关关系，则可以建立多元线性回归模型进行分析和预测。多元线性回归模型的一般形式为：

$$Y=a+b_1X_1+b_2X_2+\cdots+b_mX_m \quad (6.2\text{-}17)$$

如果在对变量 Y 与 X_j 的 n 次观测中，获得了如下数据：

$$X=\begin{bmatrix} x_{11} & x_{12} & \cdots & x_{1n} \\ x_{21} & x_{22} & \cdots & x_{2n} \\ \vdots & \vdots & \ddots & \vdots \\ x_{m1} & x_{m2} & \cdots & x_{mn} \end{bmatrix} \quad Y=\begin{bmatrix} y_1 \\ y_2 \\ \vdots \\ y_n \end{bmatrix}$$

则可用 n 次观测数据来标定模型中的 a、b_i（i=1, 2, ... m）参数。

多元线性回归方程中，因变量 Y 对某一自变量的回归系数 b_i（i=1, 2, ...m）表示当其他自变量都固定时，该自变量变化对因变量 Y 影响的大小，又称为偏回归系数。参数 a、b_i（i=1, 2,...m）的确定，与一元线性回归方程参数的确定方法相同，仍采用最小二乘法。

根据最小二乘法，应使：

$$\sum_{j=1}^{n}(Y_j-a-b_1X_{1j}-b_2X_{2j}-b_3X_{3j}-\cdots-b_mX_{mj})^2$$

为最小。对上式中的 a、b_i（i=1, 2, ...m）分别求偏导，并令其等于零，得到：

$$\begin{cases} L_{11}b_1+L_{21}b_2+\cdots+L_{m1}b_m=L_{Y1} \\ L_{12}b_1+L_{22}b_2+\cdots+L_{m2}b_m=L_{Y2} \\ \quad\cdots\cdots \\ L_{1m}b_1+L_{2m}b_2+\cdots+L_{mm}b_m=L_{YM} \end{cases} \quad (6.2\text{-}18)$$

$$a=\overline{Y}-\sum_{i=1}^{m}b_i\overline{X}_i \quad (6.2\text{-}19)$$

上两式中：

$$\overline{Y}=\frac{1}{n}\sum_{k=1}^{n}Y_k$$

$$\overline{X}_i=\frac{1}{n}\sum_{k=1}^{n}X_{ik} \quad (i=1,2,3,\ \cdots,\ m)$$

$$L_{ij}=\sum_{k=1}^{n}\left(X_{ik}-\overline{X}_i\right)\left(X_{jk}-\overline{X}_j\right)=\sum_{k=1}^{n}X_{ik}X_{jk}-\frac{1}{n}\left(\sum_{k=1}^{n}X_{ik}\right)\left(\sum_{k=1}^{n}X_{jk}\right) \quad (i=1,2,3,\ \cdots,\ m)$$

$$L_{Yj}=\sum_{k=1}^{n}\left(Y_k-\overline{Y}\right)\left(X_{jk}-\overline{X}_j\right)=\sum_{k=1}^{n}X_{jk}Y_k-\frac{1}{n}\left(\sum_{k=1}^{n}X_{jk}\right)\left(\sum_{k=1}^{n}Y_k\right) \quad (j=1,2,3,\ \cdots,\ m)$$

$$L_{YY}=\sum_{k=1}^{n}\left(Y_k-\overline{Y}\right)^2$$

（6.2-20）

式（6.2-18）称为多元线性回归方程的正则方程，利用它及式（6.2-19）可确定 a、b_i（i=1，2，...m），从而得到多元线性回归方程。

2）相关性检验与预测值置信度检验

同一元线性回归分析一样，对已经确定的多元线性回归分析模型能否较好地反映事物之间的内在规律，要进行线性相关的检验。

全相关系数是反映因变量受许多自变量共同影响而变化的相关程度的指标，公式如下：

$$R = \sqrt{\frac{\sum b_i L_{Yi}}{L_{YY}}} \tag{6.2-21}$$

3. 非线性回归

实际问题中，有时因变量和自变量之间的依存关系并非都是线性关系，而是存在非线性关系。通常做法是，采用变量代换法将非线性回归问题转化成线性回归问题，利用线性回归方法进行求解。常见的非线性回归模型的处理方法见表 6.2-1。

现在回归分析预测中，往往需要借助计算机及专用的计算机软件来提高计算的速度和准确性。

表 6.2-1　常见非线性回归模型的线性化处理

非线性回归类型	数学模型	变换手段	变量代换	线性回归模型
指数回归	$y = ab^x$	等式两边取对数 $\ln y = \ln a + x\ln b$	$Y = \ln y$ $A = \ln a$ $B = \ln b$	$Y = A + Bx$
幂回归	$y = ax^b$	等式两边取对数 $\ln y = \ln a + b\ln x$	$Y = \ln y$ $X = \ln x$ $A = \ln a$	$Y = A + bx$
对数回归	$y = a + b\ln x$		$X = \ln x$	$y = a + bX$
逆元回归	$\frac{1}{y} = a + b\frac{1}{x}$	——	$Y = \frac{1}{y}$，$X = \frac{1}{x}$	$Y = a + bX$
抛物线回归	$y = a_0 + a_1 x + a_2 x^2$	——	$x_1 = x$，$x_2 = x^2$	$y = a_0 + a_1 x_1 + a_2 x_2$

6.2.5　马尔可夫链法

马尔可夫（Markov）过程是研究事物的状态及其转移的理论。它是通过对不同状态的初始概率以及状态间转移概率的研究，来确定状态的变化趋势，从而达到预测未来的目的。

马尔可夫过程的特点是每次状态的转移都只与互相连接的前一个状态有关，与过去的状态无关，即当过程在时刻 t_0 所处的状态为已知的情况下，过程在时刻 $t(t > t_0)$ 所处的状态与过程在时刻 t_0 之前的状态无关，这种特性称为无后效性。

如果随机变量 X_t 在 t=k+1 时取值的规律只与 X_t 在 t=k 时的取值有关，而与 t=k 以前的取值无关，则这时的 X_t 称为一次马尔可夫链。同样，如果随机变量 X_t 在 t=k+1 时取值的规律只与 X_t 在 t=k 及 t=k−1 时的取值有关，而与 t=k−1 以前的取值无关，则这时的 X_t 称为二次马尔可夫链。以此类推，可得到三次、四次马尔可夫链。本节主要讨论一次马尔可夫链。

1. 基本概念

1）转移概率

假设预测对象可能处在 S_1，S_2，…，S_n 的 n 个状态中（如道路路面分为优、良、中、差四种状态），而且每次只能处在一个状态中，若目前它处于状态 S_i，则下一时刻可能由 S_i 转向 S_1，S_2，…，S_n 这 n 个状态之一（如路面状态由优变为中），将这种转移的可能性用概率描述就是状态转移概率（如路面状态由良变为中的概率为 0.5，由良变为优的概率为 0）。状态转移概率中最基本的是一步转移概率 $P(S_{i+1}=j \mid S_i=i)$，它表示由状态经 S_i 过一步转移到 S_{i+1} 的概率，记为 P_{ij}，其中 $S_i \to S_i$ 表示停留在状态 S_i。

马尔可夫链的一步转移矩阵 P_{ij} 具有以下性质：

（1）$0 \leqslant P_{ij} \leqslant 1$，（$i, j=1, 2, \cdots, n$）；

（2）$\sum_{j=1}^{n} P_{ij} = 1$（$i=1, 2, \cdots, n$），（如路面状态由良变为中的概率为 0.5，变为优的概率为 0，变为良的概率为 0.2，变为差的概率为 0.3，四种情况概率之和为 1）

2）状态概率和稳定状态概率

状态概率是指系统在某一时期处在某一状态的概率。一般系统总是有多种状态的，在某一时期只处于其中的一种状态。系统在某一时期各种状态的发生概率可用一向量表示，称为状态概率向量。

稳定状态概率是指系统在一定的一次转移概率条件下，经过多次转移，处于某种状态的概率趋向一个常数，这种逐渐稳定下来的概率，就称为稳定状态概率。系统存在稳定状态概率的条件是一次转移概率不变，即系统在多次转移过程中，任何相邻两个时期的转移概率不变。

3）状态转移概率矩阵

设由状态 S_i 经过一个时期转移到状态 S_j 的一步转移概率为 P_{ij}，将所有的一步转移概率排成一个矩阵，即 P_{ij} 作为矩阵中的第 i 行、第 j 列，则 n 个状态共有 n 行，即

$$R=\begin{bmatrix} P_{11} & P_{12} & P_{13} & \cdots & P_{1j} & \cdots & P_{1n} \\ P_{21} & P_{22} & P_{23} & \cdots & P_{2j} & \cdots & P_{2n} \\ \vdots & \vdots & \vdots & \ddots & \vdots & \ddots & \vdots \\ P_{n1} & P_{n2} & P_{n3} & \cdots & P_{nj} & \cdots & P_{nn} \end{bmatrix} \tag{6.2-22}$$

将矩阵 R 称为状态转移概率矩阵，其含义为事物全部转移概率的集合所组成的矩阵。矩阵 R 完整描述了 n 个状态相互转移的概率分布。矩阵主对角线上元素 P_{11}、P_{22}、…、P_{nn} 表示状态经过 Δt 时间后，仍然处在原状态的概率。

如 4 种路面状态转移概率矩阵见下表：

P_{ij}	S_1-优	S_2-良	S_3-中	S_4-差
S_1-优	0.65	0.20	0.10	0.05
S_2-良	0.00	0.70	0.20	0.10
S_3-中	0.00	0.00	0.80	0.20
S_4-差	0.00	0.00	0.00	1.00

2. 一次马尔可夫链预测

1）预测对象所处的状态划分

对于状态划分问题，不同的事物、不同的预测目的，有着不同的状态划分。有的是预测对象本身已具有的状态界限，如气象预报中的晴、阴、风、雨；有的则需要根据实际情况人为地做出划分，如可以把道路路面状况的好坏按综合指标划分为若干个状态。

2）计算初始概率

所谓初始概率 P_i，在实际问题中就是通过分析历史资料得到的某一种状态出现的频率。假设某事件有 S_i 个状态（i=1，2，…，n），在已知历史资料中，状态 S_i 出现的次数为 M_i，资料总个数 N，即 $N=\sum M_i$，这时 S_i 出现的频率为 $F_i = M_i / N$。当样本足够大时，用频率 F_i 代替概率 P_i 的误差就会足够小。

3）计算状态的一次转移概率

同状态的初始概率一样，转移概率的理论分布是未知的，当掌握的数据资料足够多时，可以用状态转移的频率描述状态转移概率。

从转移概率的定义可知：

$$P_{ij} = P(S_i \to S_j) = P(S_j \mid S_i) \approx F(S_j \mid S_i) \quad (i=1, 2, \cdots, n;\ j=1, 2, \cdots, n)$$

式中　$F(S_j \mid S_i)$ 表示样本中由 S_i 状态转向 S_j 状态的频率。

处于 S_i 状态的样本个数为 M_i，假设由 S_i 转向 S_j 状态的个数为 M_{ij}，则：

$$F(S_j \mid S_i) = \frac{M_{ij}}{M_i}$$

假设目前事件处于 S_i 状态，那么它的转移概率分布为：

$$P_{i1} \approx F(S_1 \mid S_i) = \frac{M_{i1}}{M_i}$$

$$P_{i2} \approx F(S_2 \mid S_i) = \frac{M_{i2}}{M_i}$$

……

$$P_{in} \approx F(S_n \mid S_i) = \frac{M_{in}}{M_i}$$

根据条件概率性质，对任意 i（i=1, 2, …, n）均有：

$$\sum_{j=1}^{n} P_{ij} = \frac{M_{i1}}{M_i} + \frac{M_{i2}}{M_i} + \cdots + \frac{M_{in}}{M_i} = \frac{M_{i1} + M_{i2} + \cdots + M_{in}}{M_i} = \frac{\sum_{j=1}^{n} M_{ij}}{M_i}$$

因为 $\sum_{j=1}^{n} M_{ij} = M_i$，所以 $\sum_{j=1}^{n} P_{ij} = 1$。

在实际工作中，往往需要预测今后第 k 个时刻系统的状态，这时需要先求出系统的 k 步状态转移概率矩阵。根据无后效性和条件概率，数学上已经给出了严格的证明。这里仅介绍有关的计算公式。

$$R^{[k]} = R^{[k-1]} \cdot R = R^k \tag{6.2-23}$$

式中　R 为一步转移概率矩阵；$R^{[k]}$ 为 k 步转移概率矩阵。可以看出，系统的 k 步转移矩阵只不过是在 $k-1$ 步转移矩阵的基础上再进行一次转移即再乘上一步转移概率矩阵就可得到，所以 k 步转移矩阵就是一步转移矩阵的 k 次方。

4）根据转移概率矩阵进行预测

转移概率矩阵全面地描述了各状态之间相互转移的概率分布，可以根据它对未来所处的状态进行预测。

预测流程图如图 6.2-3 所示。

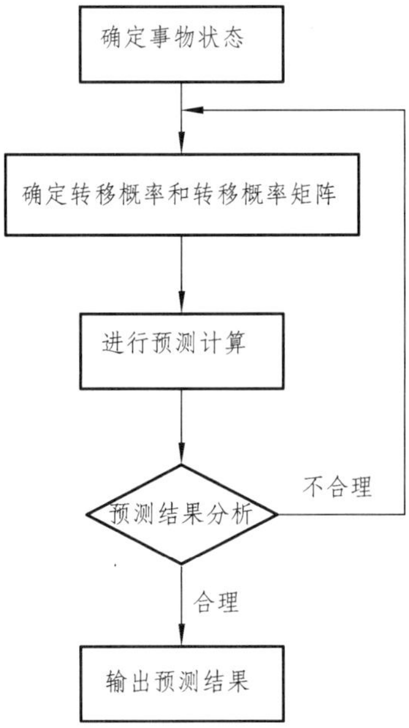

图 6.2-3　马尔科夫预测流程

3. 适用条件

马尔可夫链预测只适用于具有马尔可夫过程特性的时间序列，并且要求时间序列在预测期间满足以下条件：

（1）转移概率矩阵逐期不变，即每一时刻向下一时刻的转移概率都是一样的，均为一步转移概率。也就是说，马尔可夫链必是平稳的。

（2）状态个数保持不变。

（3）状态的转移只受前一期的影响，而与前一期以前的状态无关。也就是说，该马尔可夫预测只适用于一阶马尔科夫链的情况。

6.2.6　蒙特卡洛法

蒙特卡洛法也称统计模拟方法或随机抽样方法，是一种随机取样的技巧，也就是一种依预定的概率分布而产生随机数的程序。蒙特卡洛法是由美国数学家纽曼命名的，在第二次世界大战期间，在洛沙拉莫斯科科学实验室的物理学家被中子的动态所困惑，于是数学家纽曼和阿拉穆提议一种求解方法，逐步将个别事项依某种不规则的出现概率而求得近似的答案。

因为在洛沙拉莫斯科的工作要保持高度机密，纽曼将此种依人为的不规则概率分布而随机取样的求解程序予以暗号“蒙特卡洛”。因此。以后将此类依照某种预定概率分布而随机取样的模拟技巧称为蒙特卡洛法。

1. 算例分析

蒙特卡洛法早期用于计算问题。例如有些数学家用其计算 π 的值，准确度很高。计算过程是：对图 6.2-4 中的正方形及所含的 1/4 圆投掷一个质点，设总投掷次数为 N，质点落入圆内的次数为 n，由于投掷次数是均匀随机的，因此有扇形面积与正方形面积之比 n/N，即：

$$\frac{\pi/4}{1^2}=\frac{n}{N}\Rightarrow\pi=4\frac{n}{N}$$

实验结果证明，N 越大，π 值越接近准确值。

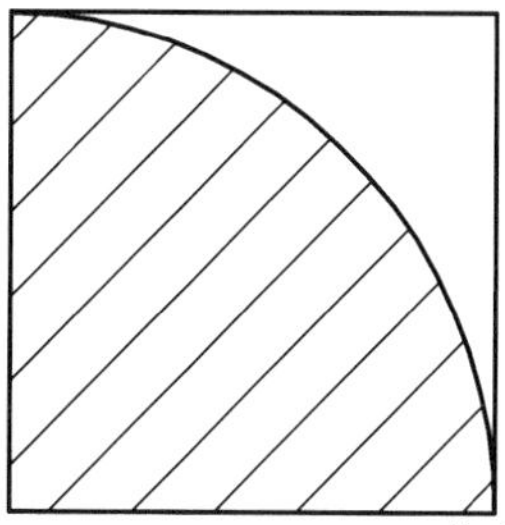

图 6.2-4　蒙特卡洛法计算π值

2. 蒙特卡洛法的步骤

运用蒙特卡洛法时，须遵循以下步骤；

1）建立与预测对象相关的随机模型

首先先确定该变量的概率分布，找到与之相对应的随机模型，该模型可以是离散型随机变量分布或连续型随机变量分布。

2）实现从已知概率分布抽样

构造了概率模型以后，按照概率分布进行大量独立随机试验，取得随机变量的模拟值及样本值的集合，这一般可以直接由软件包调用。这样，就成为实现蒙特卡罗方法模拟实验的基本手段，这也是蒙特卡罗方法被称为随机抽样的原因。

3）建立各种估计量

建立各种估计量，相当于对模拟实验的结果进行考察和登记，从中得到问题的解。一般说来，构造了概率模型并能从中抽样后，即实现模拟实验后，我们就要确定一个随机变量，作为所要求的问题的解。这时，用数理统计方法求出样本的数量特征值，即各种统计量的估计值，我们称它为无偏估计，该估计量的值就是预测对象的近似解。

3. 蒙特卡洛法的特点

蒙特卡洛法既可以用于近期预测，也可以用于中远期预测。在预测过程中一般要假设某一频率分布为概率分布，而这与现实有一定差距，因此常在预测对象内部关系难以把握时应用。蒙特卡洛法预测过程中的模拟次数视问题性质而定。

（1）优点：能够比较逼真地描述具有随机性质的事物的特点及物理实验过程；受几何条件限制小；收敛速度与问题的维数无关；具有同时计算多个方案与多个未知量的能力；误差容易确定；程序结构简单，易于实现。

（2）缺点：收敛速度慢；误差具有概率性；

6.2.7 其他预测方法

1. 神经网络法

人们到目前为止还不能完全解释人类大脑思维、意识和判断等精神活动，但已经从神经结构、细胞体构成的水平上初步探明了大脑的组织特征，并已经可以通过生理实验证明许多人脑的认识机理。大量的实验与研究证明，大脑中存在着由巨量神经细胞（或脑细胞）结合而成的神经网络，网络中有大约 100 亿 ~ 150 亿个神经细胞。大脑的神经网络系统，构成了大脑信息处理的主体，神经网络的活动决定了大脑的功能。

早在世界上第一台电子计算机诞生前，人类对脑细胞、神经网络以及对脑神经元模型的研究就已经开始，并且取得了积极成果。人们利用人工神经网络模拟、仿真的研究和探索取得了很大的成绩。目前。神经网络的应用已经渗透到模式识别、图像处理、语言处理、机器人、专家系统、预测分析等多个领域中，取得了令人瞩目的成果。

神经网络信息的基本特征主要有：大量的分布存储与高度的容错性；大规模并行处理能力；信息处理与储存、寻找同时进行；可塑性与自学习、自组织特性；具有清晰的层次性和复杂的系统性。

1）基本概念

人工神经网络（Artificial Neural Network，即 ANN）可以概括的定义为：由大量具有适应性的处理元素（神经元）组成的广泛并行互联网络，它的组织能够模拟生物神经系统对真实世界物体所做出的交互反应，是模拟人工智能的一条重要途径。人工神经网络与人脑的相似性主要表现在：神经网络获取的知识是从外界环境学习得来的；各神经元的连接权，即突触权值，用于储存获取的知识。

人的大脑由 100 亿 ~ 150 亿个生物神经元（脑细胞单元）构成，而其中的每一个神经元又与约 1 万 ~ 10 万个其他神经元相连接，如此构成了一个庞大的三维空间神经网络。神经元不仅是组成大脑的基本单元，而且也是大脑进行信息处理的基础元件。人们经过长期的研究总结出了神经元的以下几个重要特征：

① 神经元是一个多输入、单输出的元件；

② 神经元是一个具有非线性输入/输出特性的元件。表现在只有当来自各个神经元的活动电脉动达到一定强度后，该神经元才能被激活，并发出本身的电脉冲；

③ 神经元的可塑性，表现在其活动电脉冲的传递强度具有可调节性；

④ 神经元的输出是各个输入的综合作用的结果。

根据这些特性，人们建立了生物神经元模型，如图 6.2-5 所示。图中 f 为非线性函数；$x_1, x_2, \cdots x_n$ 为与神经元相关的 n 个输入信息；y 为输出结果；$\omega_1, \omega_2, \cdots \omega_n$ 为 $x_1, x_2, \cdots x_n$ 相应的权重系数；θ 为输出阈值。神经元的数学模型为：

$$y = f(X)$$
$$X = \sum_{i=1}^{n} \omega_i x_i - \theta \quad (6.2\text{-}24)$$

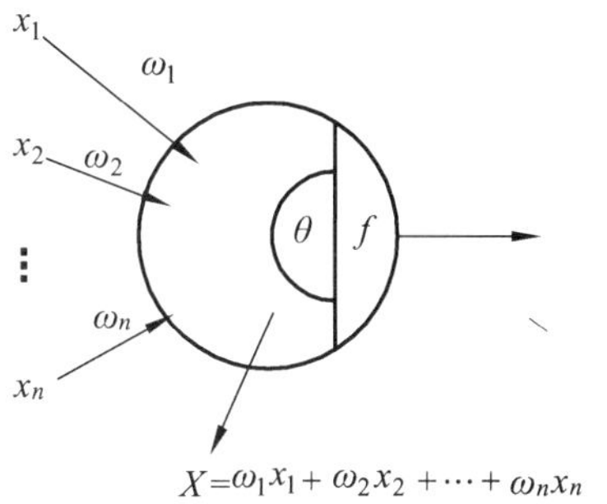

图 6.2-5　神经元模型示意图

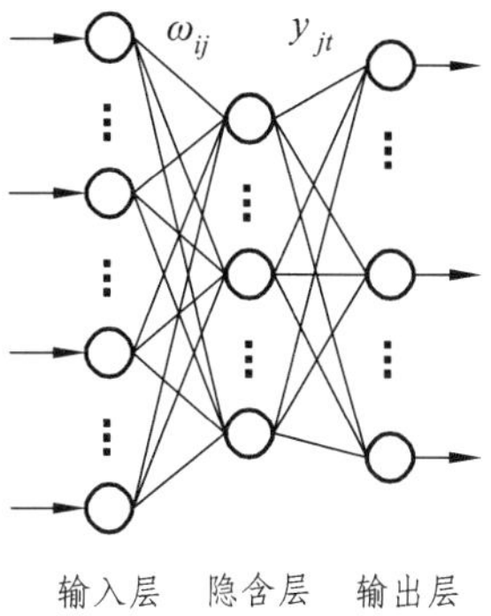

图 6.2-6　三层 BP 网络结构图

对于大脑神经网络来说，完成不同功能的网络区域都具有各自的学习规则，这些完整和巧妙的学习规则是大脑在进化过程中在不断学习中获得的。人工神经网络的学习规则，实质上就是对网络连接权的调整规则。最著名的是 Hebb 学习规则，即神经元之间连接强度（权值）变化规则。Hebb 学习规则为人工神经网络的广泛应用奠定了基础，Hebb 学习规则的数学表达式为：

$$\Delta\omega_{ij} = a_i a_j \quad (6.2\text{-}25)$$

式中　ω_{ij} 为两个神经元之间的连接权；a_i 为神经元 i 的激活值；a_j 为神经元 j 的激活值。

2）神经网络的 BP 算法

人工神经网络的主要特征由其拓扑结构和学习规则、参数决定，网络的拓扑有两种基本类型，而学习规则的区别可以产生各种各样的人工神经网络。在预测中应用的正是人工神经网络的这种学习规则，通过对预测对象历史数据的学习、识别，掌握预测对象历史数据的关系规律从而对其未来趋势进行预测。

自 Hebb 学习规则提出后，相继出现了许多的学习规则及人工神经网络。这些学习规律也称为人工神经网络的算法。在许多的人工神经网络算法中，比较著名的、应用较广的有 BP（Error Back Propagation）算法、Hopfield 算法、SA（Simulated Annealing）算法、CP（Counter Propagation）算法。其中，BP 算法在道路交通中应用得较多。

BP 算法的完整意思是多层神经网络的误差逆传播学习算法。相应的 BP 人工神经网络是一种具有三层或三层以上的阶层性神经网络，其上下层之间各神经元实现完全连接，即下层的每一个单元与上层的每个单元都实现全连接，而每层各神经元之间无连接。当一对样本学习模式提供网络后，神经元的激活值从输入层经中间层向输出层传播，在输出层的各神经元获得网络的输入响应。在此之后，按减小网络输出与实际输出误差的方向，从输出层经各中间层逐层修正各连接权，最后到输入层。随着这种误差逆传播修正的不断进行，网络对输入模式响应的正确率也在不断上升。由于 BP 算法增加了中间隐含层并有相应学习规律可循，使其具有对非线性模式的识别能力。

典型的 BP 网络是三层的前馈型网络，网络含有输入层、隐层（中间层）和输出层，各层之间实现完全连接，如图 6.2-6 所示。BP 网络的学习由四个过程组成：输入样本模式的顺传播→误差逆传播→记忆训练→算法收敛。

对图 6.2-6 所示的 BP 网络，设输入模式向量 $A_k = a_1, a_2, \ldots a_n$，希望输出向量 $Y_k = y_1, y_2, \ldots y_n$；中间层单元输入向量 $S_k = s_1, s_2, \ldots s_p$，输出向量 $B_k = b_1, b_2, \ldots b_p$；输出层单元输入向量 $L_k = l_1, l_2, \ldots l_q$，输出向量 $C_k = c_1, c_2, \ldots c_q$；输入层至中间层的连接权为 $\{\omega_{ij}, i = 1,2,\ldots n; j = 1,2,\ldots p\}$；中间层至输出层连接权为 $\{V_{jt}, j = 1,2,\ldots p; t = 1,2,\ldots q\}$；中间各层的阈值为 $\{\theta_j, j = 1,2,\ldots p\}$；输出层各单元的输出阈值为 $\{r_t, t = 1,2,\ldots q\}$。

BP 算法的过程如下：

（1）初始化。给各连接权 $\{\omega_{ij}\}$ $\{V_{jt}\}$ 及阈值 $\{\theta_j\}$ $\{r_t\}$ 赋予（−1，+1）区间任意值。

（2）选其一样本模式对：$A_k = a_1^k, a_2^k, \ldots a_n^k$，$Y_k = y_1^k, y_2^k, \ldots y_n^k$，提供给网络。

（3）用 $A_k = a_1^k, a_2^k, \ldots a_n^k$ $\{\theta_j\}$ $\{\omega_{ij}\}$ 计算中间层各单元的输入 S_j；然后用 S_j 通过 f 函数计算中间层各单元的输出 $\{b_j\}$。

$$S_j = \sum_{i=1}^{n} \omega_{ij} a_i - \theta_j, \qquad b_j = f(S_j) \ (j=1, 2, \cdots, p) \tag{6.2-26}$$

（4）用 $\{b_j\}$、$\{V_{jt}\}$ 及 $\{r_t\}$ 计算 $\{L_t\}$，然后用 $\{L_t\}$ 通过 f 函数计算输出层各单元响应 $\{C_t\}$。

$$L_t = \sum_{j=1}^{p} V_{jt} b_j - r_t, \qquad C_t = f(L_t) \ (t=1, 2, \cdots, q) \tag{6.2-27}$$

（5）用希望输出模式 $Y_k = y_1^k, y_2^k, \ldots y_n^k$、$\{C_t\}$ 计算输出层的各单元一般化误差 $\{d_t^k\}$。

$$d_t^k = (y_t^k - C_t) \cdot C_t (1 + C_t) \tag{6.2-28}$$

（6）用 $\{V_{jt}\}$、$\{d_t^k\}$、$\{b_j\}$ 计算中间层各单元的一般化误差 $\{e_j^k\}$（$j=1, 2, \cdots, p$）。

$$e_j^k = [\sum_{t=1}^{q} d_t^k \cdot V_{jt}] b_j (1 - b_j) \tag{6.2-29}$$

（7）修正各连接权及其阈值。

$$\begin{cases} V_{it}(N+1) = V_{jt}(N) + \alpha \cdot d_t^k \cdot b_j \\ r_t(N+1) = r_t(N) + \alpha \cdot d_t^k \\ \omega_{ij}(N+1) = \omega_{ij}(N) + \beta \cdot e_j^k \cdot a_i^k \\ \theta_j(N+1) = \theta_j(N) + \beta \cdot e_j^k \end{cases} \tag{6.2-30}$$

（$j=1, 2, \ldots p$; $t=1, 2, \ldots q$; $i=1, 2, \ldots n$; $0 < \alpha < 1$; $0 < \beta < 1$）

（8）随机选取下一个学习模式对，将其提供给 BP 网络，返回（3），直至全部 m 个样本对训练完毕。

（9）重新从 m 个样本对中任选一对，返回（3）直至网络全局误差函数 E 小于预先设定的值 ε（精确值）；如果迭代次数 N 大于某个给定的值，没有收敛也停止计算。

（10）输出各记忆的连接权值 $\{\omega_{ij}\}$ $\{V_{jt}\}$，计算结束。

在 BP 算法中，（3）到（6）为顺传播过程，（7）为逆传播过程，（8）与（9）为完成训练和算法收敛过程。

BP 算法在应用中最突出的优点是具有很强的非线性映射能力，网络的中间层数、各层的处理单元数及网络学习系数可根据具体情况任意设定。在一般的预测分析中，BP 算法基本上都能发挥作用。

2. 灰色模型法

1）灰色预测的概念

在控制理论中常用黑色（黑盒）表示仅仅知道系统的输入、输出信息而对系统的内部结构、特征、参数则全部是未知的。黑色的对立面白色则表示与其相反的系统。自然界和实际的社会生活中大量存在的是部分信息已知、部分信息未知的介于“白色”和“黑色”之间的系统。如道路交通系统中的车流和客流信息，由于影响它们的随机因素很多，很难全部判断该系统的信息。将这类部分信息已知、部分信息未知的系统统称为灰色系统。灰色系统理论应用于预测分析，取得了很好的效果。灰色预测方法在交通运输中已经有了广泛应用。

灰色预测的基本思路是，将已知的数据序列按照某种规则构成动态或非动态的白色模块。再按照某种变化、解法来求解未来的灰色模型。

灰色系统理论中常用的是微分方程所描述的动态方程，最简单的是基于灰色系统理论模型 $GM(1, 1)$以及 $GM(1, N)$模型的预测。$GM(1, 1)$表示的是一阶的、单个变量的微分方程，$GM(1, N)$表示的是一阶的、N 个变量的微分方程。在实际应用中，并不是连续的微分方程，而是数据序列处理过的离散微分方程。离散微分方程便于应用矩阵方法计算、处理。

$GM(1, N)$模型有许多用途，但是，变量 x_1 的值除了依赖自身各时刻的值之外，还要依赖其余 N-1 个变量在各个时期的值。因此，在预测过程中为了预测 x_1 的值，首先必须预测其余 N-1 个变量的值，这在预测中是不可取的。作为灰色系统理论在预测中的应用，$GM(1, N)$模型并不合适。而 $GM(1, 1)$模型的计算过程中只涉及变量 x_1 各时刻的值，适合预测工作，本书中主要介绍 $GM(1, 1)$模型的预测方法与过程。

灰色预测的另一个重要特点是，模型使用的不是原始数据序列，而是生成的数据序列。也就是说，灰色预测的数据，不是直接从生成模型得到的数据，而是经过还原后的数据，或者说通过生成数据的 GM 模型得到的预测值，必须进行逆生成处理。

2）$GM(1, 1)$模型

$GM(1, 1)$模型表示是一阶的、单个变量的微分方程模型。具体形式如下：

$$dx/dt + ax = u \tag{6.2-31}$$

式中　a、u 为待估参数。

设有数列 $x^{(0)}$ 共有 n 个观测值 $x^{(0)}(1)$，$x^{(0)}(2)$，…，$x^{(0)}(n)$，对 $x^{(0)}$ 做一阶累加，生成新的数列 $x^{(1)}$，其元素的表达式为：

$$x^{(1)}(i) = \sum_{m=1}^{i} x^{(0)}(m) \quad (i=1,\ 2,\ \cdots,\ n) \tag{6.2-32}$$

即：

$$x^{(1)}(1) = x^{(0)}(1)$$

$$x^{(1)}(2) = x^{(0)}(1) + x^{(0)}(2) = x^{(1)}(1) + x^{(0)}(2)$$

$$x^{(1)}(3) = x^{(0)}(1) + x^{(0)}(2) + x^{(0)}(3) = x^{(1)}(2) + x^{(0)}(3)$$

……

$$x^{(1)}(n) = x^{(1)}(n-1) + x^{(0)}(n)$$

对一阶生成数列 $x^{(1)}$，建立预测模型的 GM 形式方程：

$$\frac{dx^{(1)}}{dt}+ax^{(1)}=u \tag{6.2-33}$$

将式（6.2-33）中的导数以离散形式展开，得到：

$$\frac{dx^{(1)}}{dt}=\frac{x^{(1)}(t+1)-x^{(1)}(t)}{(t+1)-t}=x^{(0)}(t+1)=-\frac{1}{2}[x^{(1)}(t)+x^{(1)}(t+1)]a+u \tag{6.2-34}$$

分别令 t=1, 2, ⋯, n−1，得到：

$$x^{(0)}(2)=a\left\{-\frac{1}{2}[x^{(1)}(1)+x^{(1)}(2)]\right\}+u$$

$$x^{(0)}(3)=a\left\{-\frac{1}{2}[x^{(1)}(2)+x^{(1)}(3)]\right\}+u$$

……

$$x^{(0)}(n)=a\left\{-\frac{1}{2}[x^{(1)}(n-1)+x^{(1)}(n)]\right\}+u$$

对上述展开的离散方程组，用最小二乘法求解，可得：

$$\hat{a}=(B^{T}B)^{-1}B^{T}y_{n} \tag{6.2-35}$$

式中

$$\hat{a}=\begin{bmatrix}a\\u\end{bmatrix},\ y_{n}=[x^{(0)}(2),\quad x^{(0)}(3),\ \cdots,x^{(0)}(n)]^{T}$$

$$B=\begin{bmatrix}-\frac{1}{2}[x^{(1)}(1)+x^{(1)}(2)] & 1\\ -\frac{1}{2}[x^{(1)}(2)+x^{(1)}(3)] & 1\\ \vdots & \vdots\\ -\frac{1}{2}[x^{(1)}(n-1)+x^{(1)}(n) & 1\end{bmatrix}$$

将式（6.2-35）求得的 $\hat{a}$ 代入式（6.2-33），并解微分方程，得到 GM(1, 1)的预测模型：

$$\hat{x}^{(1)}(i+1)=\left[x^{(0)}(1)-\frac{u}{a}\right]e^{-ai}+\frac{u}{a} \tag{6.2-36}$$

6.3 交通预测分析应用及软件简介

6.3.1 交通预测分析应用

例题 6.3-1：某市 2020 年公路网规划方案的有关分析。

采用德尔斐法（Delphi 法）：

第一轮：规划小组选择有关专家构成专家咨询小组，专家人数 30 ~ 40 人，覆盖面要广，分别来自公路管理部门、有关的设计院、高等院校及科研部门。将同样格式的调查表分别函寄给各位专家。因为所选择的专家对该地区的公路情况比较熟悉，因此第一轮调查表可以不提供背景信息，而让专家们自由地发表自己的意见。调查表中的问题分为定性回答和定量回答两类。定性回答问题一般要留够空行供专家们提出观点并进行论述。例如公路网的建设原则、重点是什么？定量回答问题要求专家对问题做定量回答。例如，到 2020 年规划区城内共新、改建多少里程公路（km）？各等级的新、改建公路分别为多少里程（km）？分布在何处？一般要求专家们在两周内寄回调查表。

第二轮：规划小组在收回调查表（一般要求回收 75%以上）后，对专家们的意见进行汇总、分类、整理，得到几种代表性的方案表。规划小组将预测的交通分布量分别分配到这几类方案上，得到各方案的路网交通量、拥挤度等分析结果提供给专家。

在反馈的调查表中，专家们对某个问题的回答意见可能很分散，常用四分位法对它们进行筛选。四分位法是先将中位数求出，然后保留中位数附近各 25%的意见供下一轮征询，舍去两边外侧各 25%的意见。这样就可以使专家的意见在下一轮中逐步集中。例如 30 位专家对某段新建公路等级的征询意见为：8 人同意建高速公路，14 人同意建一级公路，13 人同意建二级，5 人认为建三级。可保留一级公路及二级公路两方案，并将相应的交通量、拥挤度等分析信息一起提供给专家们继续征求意见。如果第二轮的征询意见还比较分散的话，还需重复第二轮的工作，进行第三轮甚至第四轮征询，直至专家们对问题的意见相对集中为止。注意：最后收回的调查表数量不应少于专家总数的三分之二，应使结果具有代表性。

例题 6.3-2：某城市某新片区将新建居民住宅。预计居民中低收入、无汽车、每户 3 人的有 100 户；中等收入、有一辆汽车、每户 4 人的有 400 户；高收入、有两辆汽车、每户 4 人的有 50 户。根据该城市其他地区测定的各种家庭收入情况下每天的交通发生量见表。试预测该新片区总交通发生量。

例题 6.3-2 表（人次/日）

家庭汽车拥有量（辆/户）	低收入家庭户均人口		中等收入家庭户均人口		高收入家庭户均人口	
	1～3 人	≥4 人	1～3 人	≥4 人	1～3 人	≥4 人
0	2.0	4.7	2.5	5.2	2.7	5.5
1	2.5	6.0	3.0	6.0	3.7	7.0
2	3.0	7.5	4.3	8.0	3.9	8.5

解：采用类比法预测分析：由于在同一城市中，居民交通发生量统计规律基本相同，根据其他地区现状测定的不同家庭收入的交通发生率，预测该区将产生的交通发生量为：

$$100\times2.0+400\times6.0+50\times8.5=3\,025\text{（人次/日）}$$

即该区将产生每日 3 025 人次的交通发生量。

例题 6.3-3：现调查得到某地区在 1991—2000 的人口和 GDP 数据如表，预测未来该地区 2020 年的人口规模（经济增长的人口弹性系数基本稳定，根据地区国民经济发展规划未来 2001—2020 年的经济年平均增长速度为 10%）。

例题 6.3-3 表

年份	1991	1992	1993	1994	1995	1996	1997	1998	1999	2000
GDP/亿元	163	208	270	372	473	580	710	802	881	950
人口/万人	527	530	533	537	542	543	550	553	557	562

解：采用弹性系数法预测

经济增长的人口弹性系数=国民经济增长率/人口增长率，基本稳定。

1991—2000 年的 GDP 的年均增长率：$V' = \sqrt[10]{950/163} - 1 = 19.28\%$

1991—2000 年的人口年均增长率：$v' = \sqrt[10]{562/527} - 1 = 0.65\%$

经济增长的人口弹性系数：$e = 19.28\% / 0.65\% = 29.66$

未来国民经济增长平均速度为 10%，所以同期人口增长平均速度为：

$$v' = \frac{V'}{e} = \frac{10\%}{29.66} = 0.34\%$$

所以该地区的人口规模为：$P_{2020} = 562 \times (1 + 0.003\,4)^{20} = 601.48$ 万人

例题 6.3-4：公路养护部门为了合理安排公路维修资金，需要预测路面状况的变化情况。路面一般分为四种状态：S_1-优，S_2-良，S_3-中，S_4-差。第一年处于优、良、中、差的道路长度分别为 200 km、400 km、300 km、100 km。根据以往经验，得到日常养护情况下的路面状态转移概率如下表。试预测日常养护下第二、第三年路面状况。

例题 6.3-4 表

路面状态	S_1	S_2	S_3	S_4
S_1	0.65	0.20	0.10	0.05
S_2	0.00	0.70	0.20	0.10
S_3	0.00	0.00	0.80	0.20
S_4	0.00	0.00	0.00	1.00

解：采用马尔科夫链预测法：

马尔可夫链用于描述路面状态时假定：路面的当前状态仅依赖于路面的先期状态，而路面的未来状态只依赖于目前的状态。第一年处于 S_1、S_2、S_3、S_4 状态的道路里程向量为（200，400，300，100），则在日常养护条件下，第二年的路面状态为：

$$(S_1, S_2, S_3, S_4) = (200, 400, 300, 100)\begin{bmatrix} 0.65 & 0.20 & 0.10 & 0.05 \\ 0.00 & 0.70 & 0.20 & 0.10 \\ 0.00 & 0.00 & 0.80 & 0.20 \\ 0.00 & 0.00 & 0.00 & 1.00 \end{bmatrix} = (130, 320, 340, 210)$$

如果第三年仍然采用日常养护，则第三年的路面状态为：

$$(S_1, S_2, S_3, S_4) = (130, 320, 340, 210)\begin{bmatrix} 0.65 & 0.20 & 0.10 & 0.05 \\ 0.00 & 0.70 & 0.20 & 0.10 \\ 0.00 & 0.00 & 0.80 & 0.20 \\ 0.00 & 0.00 & 0.00 & 1.00 \end{bmatrix} = (84.5, 250, 349, 316.5)$$

即第三年处于优、良、中、差状态的道路长度分别为 84.5 km、250 km、349 km、316.5 km。

例题 6.3-5：某地区客运周转量的增长与该地区总人口的增长及人均月收入有关。已知近 10 年的有关数据资料见表。如果预测 5 年后该地区的总人口为 430 万人，人均月收入为 725 美元，试预测该地区 5 年后的客运周转量。

解：采用多元线性回归法预测：

客运量与总人口、人均月收入存在相关关系，利用二元线性回归方程进行分析。

$$Y=a+b_1X_1+b_2X_2$$

式中；X_1 为总人口（万人）；X_2 为人均月收入（10 美元）。

为计算回归方程中的系数，列表求相关的数据，见表。

$$\begin{cases} L_{11}b_1+L_{21}b_2=L_{Y1} \\ L_{12}b_1+L_{22}b_2=L_{Y2} \end{cases}$$

$$\bar{Y}=\frac{1}{10}\sum_{k=1}^{10}Y_k=92.6 \quad \bar{X}_1=\frac{1}{10}\sum_{k=1}^{10}X_{1k}=280 \quad \bar{X}_2=\frac{1}{10}\sum_{k=1}^{10}X_{2k}=54.5$$

$$L_{11}=\sum_{k=1}^{10}(X_{1k}-\bar{X}_1)^2=\sum_{k=1}^{10}X_{1k}^2-\frac{1}{10}\left(\sum_{k=1}^{10}X_{1k}\right)^2=27\ 800$$

$$L_{22}=\sum_{k=1}^{10}(X_{2k}-\bar{X}_2)^2=\sum_{k=1}^{10}X_{2k}^2-\frac{1}{10}\left(\sum_{k=1}^{10}X_{2k}\right)^2=510$$

$$L_{12}=L_{21}=\sum_{k=1}^{10}(X_{1k}-\bar{X}_1)(X_{2k}-\bar{X}_2)=\sum_{k=1}^{10}X_{1k}X_{2k}-\frac{1}{10}\left(\sum_{k=1}^{10}X_{1k}\right)\left(\sum_{k=1}^{10}X_{2k}\right)=3\ 587.5$$

$$L_{Y1}=\sum_{k=1}^{10}(X_{1k}-\bar{X}_1)(Y_k-\bar{Y})=\sum_{k=1}^{10}X_{1k}Y_k-\frac{1}{10}\left(\sum_{k=1}^{10}X_{1k}\right)\left(\sum_{k=1}^{10}Y_k\right)=8\ 110$$

$$L_{Y2}=\sum_{k=1}^{10}(X_{2k}-\bar{X}_2)(Y_k-\bar{Y})=\sum_{k=1}^{10}X_{2k}Y_k-\frac{1}{10}\left(\sum_{k=1}^{10}X_{2k}\right)\left(\sum_{k=1}^{10}Y_k\right)=1\ 033$$

$$L_{YY}=\sum_{k=1}^{n}(Y_k-\bar{Y})^2=\sum_{k=1}^{10}Y_k^2-\frac{1}{10}\left(\sum_{k=1}^{10}Y_k\right)^2=2\ 386.4$$

得到方程组：

$$\begin{cases} 27\ 800b_1+3\ 587.5b_2=8\ 110 \\ 2\ 587.5b_1+510b_2=1\ 033 \end{cases}$$

求解该方程组得：b_1=0.328 9，b_2=−0.288 4。则：$a=\bar{Y}-b_1\bar{X}_1-b_2\bar{X}_2=16.225\ 8$。

因此，所求的回归方程为 $Y=16.2258+0.3289X_1-0.2884X_2$。

例题 6.3-5 表

序号	客运周转量 Y（千万人公里）	总人口 X_1（万人）	人均月收入 X_2（10 美元）	$X_{1k}Y$	$X_{2k}Y$	$X_{1k}X_{2k}$	X_{1k}^2	X_{2k}^2	Y^2
1	70	200	45.0	14 000	3 150	9 000	40 000	2 025	4 900
2	74	215	42.5	15 910	3 145	9 137.5	46 225	1 806.25	5 476
3	80	235	47.5	18 800	3 800	11 162.5	55 225	2 256.25	6 400
4	84	250	52.5	21 000	4 410	13 125	62 500	2 756.25	7 056

续表

序号	客运周转量 Y（千万人公里）	总人口 X_1（万人）	人均月收入 X_2（10 美元）	$X_{1k}Y$	$X_{2k}Y$	$X_{1k}X_{2k}$	X_{1k}^2	X_{2k}^2	Y^2
5	88	275	55.0	24 200	4 840	15 125	75 625	3 025	7 744
6	92	285	57.5	26 220	5 290	16 387.5	81 225	3 306.25	8 464
7	100	300	60.0	30 000	6 000	18 000	90 000	3 600	10 000
8	110	330	57.5	36 300	6 325	18 975	108 900	3 306.25	12 100
9	112	350	62.5	39 200	7 000	21 875	122 500	3 906.25	12 544
10	116	360	65.0	41 760	7 540	23 400	129 600	4 225	13 456
合计	926	2800	545	267 390	51 500	156 187.5	811 880	30 212.5	88 140

对得到的回归方程进行相关性检验：

相关系数

$$R=\sqrt{\frac{b_1L_{Y1}+b_1L_{Y2}}{L_{YY}}}=\sqrt{\frac{0.328\,9\times 8\,110-0.288\,4\times 1\,033}{2\,386.4}}=0.996\,4$$

可见，变量 X_i 与 Y 之间的线性相关关系高度显著，得到的回归方程能够很好地反映客运量 Y 与总人口 X_1 和人均收入 X_2 之间的关系。

将预测年份的总人口 X_1=430（万人），人均收入 X_2=72.5（×10 美元）代入上述方程，得到预测年份的客运周转量为：

$$Y=16.225\,8+0.328\,9\times 430-0.288\,4\times 72.5=136.74\text{（千万人公里）}$$

例题 6.3-6：某市社会总产值与货运量之间关系见表①。试预测当该市社会总产值达 60 亿元时，该市的货运量是多少。

例题 6.3-6 表①

社会总产值（亿元）	38.4	42.9	41.0	43.1	49.2	55.1
货运量（千万吨）	15.0	25.8	30.0	36.6	44.4	50.4

解：采用一元线性回归进行预测：

（1）建立一元线性回归方程。

数学模型为：$Y=a+bX$

回归方程中的待定系数 a 和 b 由下式计算：

$$b=L_{XY}/L_{XX},\quad a=\overline{Y}-b\overline{X}$$

计算回归模型中的系数如表②所示：

例题 6.3-6 表②

序号	总产值 X_i	货运量 Y_i	X_iY_i	X_i^2	Y_i^2
1	38.4	15.0	576	1474.56	225
2	42.9	25.8	1106.82	1840.41	665.64
3	41.0	30.0	1230	1681	900
4	43.1	36.6	1577.46	1857.61	1339.56
5	49.2	44.4	2184.48	2420.64	1971.36
6	55.1	50.4	2777.04	3036.01	2540.16
合计	269.7	202.2	9451.8	12310.23	7641.72

$$\overline{X}=\frac{269.7}{6}=44.95$$

$$\overline{Y}=\frac{202.2}{6}=33.7$$

$$L_{XX}=\sum_{i=1}^{6}x_i^2-\frac{1}{6}\left(\sum_{i=1}^{6}x_i\right)^2=12\,310.23-12\,123.015=187.215$$

$$L_{YY}=\sum_{i=1}^{6}y_i^2-\frac{1}{6}\left(\sum_{i=1}^{6}y_i\right)^2=7\,641.72-6\,814.14=827.58$$

$$b=\frac{L_{XY}}{L_{XX}}=\frac{362.91}{187.215}=1.938$$

$$a=\overline{Y}-b\overline{X}=33.7-1.938\times 44.95=-53.413$$

则所求的线性回归方程为 $Y=-53.413+1.938X$

（2）相关性检验。

相关系数为：

$$r=\frac{L_{XY}}{\sqrt{L_{XX}\cdot L_{YY}}}=\frac{362.91}{\sqrt{187.215\times 827.58}}-0.92$$

$r=0.92$ 属于高度相关，说明货运量与社会总产值之间的相关程度很高。

（3）预测结果及置信区间。

当社会总产值 X_0 为 60 亿元时，预测货运量 Y_0 为 62.87 千万吨。

当显著水平为 0.05 时，查正态分布的双侧分位数表得 $t_{\alpha/2}=1.96$。

$$S=\sqrt{\frac{L_{XX}L_{YY}-(L_{XY}^2)}{(n-2)L_{XX}}}=\sqrt{\frac{187.215\times 827.58-362.91^2}{(6-2)\times 187.215}}=5.57$$

则 95%置信度的 $\ddot{Y}_0$ 的置信区间为：62.87±1.96×5.57=62.87±10.92。即货运量在[51.95,73.79]之间。

例题 6.3-7：根据某运输公司过去 15 年的统计，其中有 3 年的业务量为 45 万吨，有 9 年的业务量为 50 万吨，有 3 年的业务量为 55 万吨。试预测下一年的业务量。

解：采用蒙特卡洛法预测。

根据已有资料，整理得表①。

例题 6.3-7 表①

业务量（万吨）	45	50	55
频率（%）	20	60	20

将频率看作概率，并用随机变量ξ表示业务量，则有如下的概率分布：假设用 A_i 表示事件$\{\xi = x_i\}$，则有 $A_i \cap A_j = \varnothing (j \neq i)$ 以及 $P\left(\bigcup_{i=1} A_i\right) = 1$，即 A_i满足事件完备性假定。因此可得表②。

例题 6.3-7 表②

$\xi(\xi = x_i)$	45	50	55
$P\{\xi = x_k\}$	20%	60%	20%

至此，已经建立了预测对象的概率分布模型，并且预测对象即为随机变量本身，随机变量的取值就是预测对象的量值。通过随机试验，得到随机变量的试验值，将试验平均值作为预测对象值。

从均匀随机数表中抽取数值进行抽样模拟，对本例，经过 1 000 次模拟，得到各次模拟值总和为 50105，即平均值为 50.105。因此，预测该公司下一年的业务量为 50.105 万吨。

例题 6.3-8：某市某年 1-7 月份的交通事故次数统计见表，采用 GM(1,1)模型预测该市该年 8 月份交通事故次数。

例题 6.3-8 表

月份 t	1	2	3	4	5	6	7
交通事故次数 $x^{(0)}$	83	95	110	125	134	148	157
$x^{(1)}$	83	178	288	413	547	695	852

解：作 $x^{(0)}$ 的一阶累加，得新数列 $x^{(1)}$，相关资料及数据计算见上表。

确定向量 y_n 和矩阵 B：

$$y_n=[\,x^{(0)}(2),\ x^{(0)}(3),\ \cdots,\ x^{(0)}(7)\,]^T=[95,\ 110,\ 125,\ 134,\ 148,\ 157]^T$$

$$B=\begin{bmatrix} -\frac{1}{2}[x^{(1)}(1)+x^{(1)}(2)] & 1 \\ -\frac{1}{2}[x^{(1)}(2)+x^{(1)}(3)] & 1 \\ \vdots & \vdots \\ -\frac{1}{2}[x^{(1)}(n-1)+x^{(1)}(n)] & 1 \end{bmatrix}=\begin{bmatrix} -130.5 & 1 \\ -233 & 1 \\ -305.5 & 1 \\ -480 & 1 \\ -621 & 1 \\ -773.5 & 1 \end{bmatrix}$$

所以：$\hat{a} = (B^T B)^{-1} B^T y_n = (-0.092\,7 \quad 88.855\,4)^T$

即：a=−0.092 7，u=88.855 4

该城市该年 8 月份的交通事故次数 GM(1,1)模型为：

$$\hat{x}^{(1)}(i+1) = \left[x^{(0)}(1) - \frac{u}{a}\right]e^{-ai} + \frac{u}{a} = 1\,041.5e^{0.092\,7i} - 958.5$$

根据得到的模型对该城市该年 8 月份的交通事故次数进行预测。

$$\hat{x}^{(1)}(i+1) = \hat{x}^{(1)}(i) + \hat{x}^{(0)}(i+1)$$

所以：$\hat{x}^{(0)}(i+1)=\hat{x}^{(1)}(i+1)-\hat{x}^{(1)}(i)$

即：$\hat{x}^{(0)}(8)-\hat{x}^{(1)}(7)=1\,041.5\times(e^{0.092\,7\times7}-e^{0.092\,7\times6})=176$

因此，预测该城市该年 8 月份的交通事故次数为 176 次。

例题 6.3-9：某运输公司过去 10 年货运量统计资料如表①所示，试预测该公司今年的货运量。

例题 6.3-9 表①

周期（年）	1	2	3	4	5	6	7	8	9	10
货运量（万 t）	245	250	256	280	274	255	262	270	273	284

解：方法一：采用移动平均法预测货运量，分别取 N=3 和 N=4 计算，结果见表②。

从表中计算可见，N=4 时的平均绝对误差比 N=3 时的平均绝对误差小，因此取 N=4 时的预测模型计算结果较好。预测今年的货运量为 272.25 万吨。

例题 6.3-9 表②

实际值 X_t（万吨）	预测值 S_t		绝对误差值 $\lvert X_t-S_t\rvert$	
	N=3	N=4	N=3	N=4
245	—	—	—	—
250	—	—	—	—
256	—	—	—	—
280	250.33	—	29.67	—
274	262.00	257.75	12.00	16.25
255	270.00	265.00	15.00	10.00
262	269.67	266.25	7.67	4.25
270	263.67	267.75	6.33	2.25
273	262.33	265.25	10.67	7.75
284	268.33	265.00	15.67	19.00
—	275.67	272.25	—	—
平均绝对误差			13.86	9.92

方法二：采用一次指数平滑法进行预测，分别取 α=0.1 和 α=0.9 进行预测。计算结果见表③。由于 α=0.9 时的平均绝对误差小于 α=0.1 时的绝对误差，因此取 α=0.9 时的预测结果较好。预测今年的货运量为 282.86 万吨。

例题 6.3-9 表③

实际值 X_t（万吨）	预测值 S_t		绝对误差值 $\lvert X_t-S_t\rvert$	
	α=0.1	α=0.9	α=0.1	α=0.9
245	—	—	—	—
250	245.00	245.00	5	5.00
256	245.50	249.50	10.5	6.50
280	246.55	255.35	33.45	24.65

续表

实际值 X_t（万吨）	预测值 S_t		绝对误差值 $\lvert X_t-S_t \rvert$	
	$\alpha=0.1$	$\alpha=0.9$	$\alpha=0.1$	$\alpha=0.9$
274	249.90	277.54	25.1	3.54
255	252.31	274.35	2.69	19.35
262	252.58	256.94	9.42	5.06
270	253.52	261.49	16.48	8.51
273	255.17	269.15	17.83	3.85
284	256.95	272.62	27.05	11.38
—	259.66	282.86	—	—
平均绝对误差			16.28	9.76

6.3.2 常用预测分析软件简介

1. Excel

Excel 是办公软件 Microsoft Office 的组件之一，可以进行各种数据的处理、统计分析和辅助决策操作，广泛地应用于管理、统计财经、金融等众多领域。

在 Excel 中，可以综合运用各种 Excel 公式、函数解决复杂的管理问题，还可以预测分析不同来源、不同类型的各种数据。

Excel 具有自动计算、自动重算、制图便捷等特点。

2. Matlab

Matlab 是矩阵实验室（Matrix Laboratory）的简称，是一款商业数学软件，用于算法开发、数据可视化、数据分析以及数值计算的高级技术计算语言和交互式环境。

Matlab 的主要功能包括一般数值分析、矩阵运算、数字信号处理、建模、系统控制及优化等，并将其和图形集于一个便于使用的集成环境中。在此环境下求解问题的 Matlab 语言表述形式与数学、工程中常用的形式十分相似，故用 Matlab 来解算问题要比用 C 语言和 F0RTRAN 等语言便捷得多。Matlab 用于预测主要是利用其方便的数据拟合和预测模型标定求解功能，在此基础上进行预测。

Matlab 具有友好的工作平台和编程环境、简单易用的程序语言、强大的科学计算机数据处理能力、出色的图形处理功能、应用广泛的模块集合工具箱、实用程序接口和发布平台。

3. SPSS

SPSS，全称 Statistical Product and Service Solutions，是“统计产品与服务解决方案”软件。

SPSS 通过简单的菜单式操作，就可以方便地规范和融合搜集到的原始数据，并能实施从简单的描述性统计分析到复杂的时序分析等多种方法，对数据进行建模，返回有意义的分析结果。其基本统计分析功能有：频数分析、描述统计量分析、相关分析、回归分析、因子分析、聚类分析、判别分析等。

SPSS 具有操作简单、无须编程、数据接口便利、功能模块组合灵活等特点。

思考题

1. 简述趋势外推预测法应用的一般步骤。

2. 试分析移动平均法和指数平滑法的异同。

3. 如何拟合存在非线性关系的数据?

4. 遗传算法和神经网络法求解的问题类型有何差异，这两种方法的本质特点各是什么?

5. 分析交通需求的时空演化特性，对比现有的交通需求预测理论，试指出预测方法有哪些不足，有何改进思路?

习 题

1. 某机非混行的城市道路，经调查后得到一组机动车平均速度 y（km/h））与机动车交通量 x_1（辆/h）、非机动车交通量 x_2（辆/h）数据，见表。试建立机动车平均速度与机动车交通量、非机动车交通量的二元线性回归方程，并预测机动车交通量、非机动车交通量分别达到 100 辆/h、3000 辆/h 时的机动车平均速度。

习题 6-1 表

编号	1	2	3	4	5	6	7	8	9	10
y	18.17	17.43	16.17	13.23	19.64	18.31	16.86	18.48	17.43	15.77
x_1	84	81	106	121	81	83	95	69	104	129
x_2	3617	3413	3272	3869	3044	3910	3673	3503	3309	3385

2. 公交车辆的车况随使用时间而变化。现将公交车辆的车况分为四个等级：S_1—车况良好、S_2—需要小修、S_3—需要大修、S_4—需要报废。根据经验，得到正常使用下车况转移概率表（见表）。某公交公司第一年处于四种状态（良好、小修、大修、报废）的公交车辆数分别为 120 辆、150 辆、50 辆、10 辆，试分别预测正常使用下第二年、第三年末该公司需要报废的公交车辆数。

习题 6-2 表

	s_1	s_2	s_3	s_4
s_1	0.85	0.13	0.02	0
s_2	0	0.75	0.2	0.05
s_3	0	0	0.8	0.2
s_4	0	0	0	1

3. 某城市 2006—2015 年历年的汽车保有量相关资料，见表。经过分析，认为城市汽车保有量与人口、国民生产总值（GDP）、工业总产值、地方财政收入、城市居民人均生活费收入与支出等因素有关。各相关因素历年统计指标见下表，试建立合适的预测方程分析该城市未来年份的汽车保有量。

习题 6-3 表

年份	人口（万人）	GDP（万元）	工业总产值（万元）	财政收入（万元）	居民人均生活费收入（元）	居民人均生活费支出（元）	汽车保有量
2006	100.1	463 989	2 525 456	28 765	10 000	8 000	98 768
2007	101.5	507 658	2 598 689	31 564	12 300	8 456	131 065
2008	103.2	554 647	2 656 785	37 654	13 500	8 976	151 853
2009	104.7	599 423	2 724 972	41 550	15 433	9 453	180 314
2010	106.25	644 752	2 790 637	45 995	17 183	9 941	206 856
2011	107.8	690 081	2 856 301	50 439	18 933	10 429	233 399
2012	109.35	735 410	2 921 966	54 884	20 683	10 917	259 941
2013	110.9	780 739	2 987 630	59 328	22 433	11 405	286 484
2014	112.45	826 068	3 053 295	63 773	24 183	11 893	313 026
2015	114.1	871 397	3 118 959	68 217	25 933	12 381	339 569

第 7 章　交通系统评价与方案决策分析

7.1　概　述

评价是系统决策的重要基础，没有正确的评价也就不可能有正确的决策，所以，评价是系统决策的重要的组成部分。自 20 世纪 50 年代以来，西方以及当时的苏联、东欧各国，对系统的技术评价、政策评价以及经济评价等方面都非常重视。我国从 20 世纪 80 年代开始重视系统评价的研究，对一些重大工程项目进行技术经济论证，对一些大系统的开发进行综合评价。

系统评价是针对系统规划、设计、开发、改造、管理等问题，运用系统工程的思想，根据系统的目标和属性，综合考察系统在社会、政治、经济、技术等方面的作用（效用），全面权衡利弊得失，从而为系统决策选择最优方案提供科学的依据。

交通运输系统是国民经济大系统中的一个重要子系统，它涉及的问题多而且复杂、影响广而且深远。因此，在对交通运输系统进行评价时，一要考察它与社会、经济系统的相互联系与相互作用，从生产系统的角度评价其经营效果，从服务系统的角度评价服务质量对用户的影响等；二要考察它与自然环境的相互影响，因为交通运输系统是在一定的外部空间环境中运行的。此外，交通运输系统又是由各种运输方式相互结合、相互作用的一个综合的、复杂的系统，在某种程度上，各种运输方式之间存在着可替代性，但每种运输方式都有其各自的技术经济特点、优势以及合理的使用范围，其功能作用和影响也不尽相同。充分发挥各种运输方式的优点、优势，提高运输系统的综合运输能力，是当今世界交通运输发展的总体趋势。因此，必须从经济、技术、社会和环境等方面，对交通运输系统进行全面的、客观的、科学的评价，为交通运输系统的规划、决策提供可靠的依据。

7.1.1　系统评价的理论基础

1. 效用理论

效用的概念起源于经济学领域，用于衡量商品满足人的欲望的能力和程度。效用与欲望一样是一种心理感觉，某种物品的效用大小没有客观标准，完全取决于消费者在消费某种物品时的主观感受。因而同一物品给人带来的效用因人、因时、因地而异。

当某个评价主体或决策主体在许多备选方案中选用某一备选方案时，总要把该方案说得很好、很重要，也就是说，这时该方案的效用为最大。在系统评价中，“效用”的大小意味着选择顺序的先后，通过效用的比较确定各备选方案的相对顺序。由于效用既没有标准也不是数量，难以实现评价对象之间的比较，因此，需要具有与效用选择顺序相同的数量函数，这种函数被称为效用函数。

效用理论就是用数学方法描述效用与效用函数关系的理论。效用理论是以评价主体的价值观为基础建立起来的数学理论，作为系统评价的基础理论之一，其重点是如何选择满足实际需要的效用指标。

2. 确定性理论

确定性理论采用统计的方法使评价指标数量化。在人的心理感觉方面，定性指标没有客观的标准，所以量化的数值具有较强的随意性，这与自然科学和工程学方面的指标有很大的不同。

当系统评价中涉及定性指标的量化问题时，必须深入了解评价的目的，设立假定或构造概念模型，收集大量的相关数据和资料。在此基础上，以统计方法确认假定的合理性，并确定定性指标的数量界限。大部分的专家评分法都运用了确定性理论。

3. 不确定性理论

对于存在不确定因素的评价对象，为了提高评价结果的可靠性，需要估计各种状态发生的概率，通过计算期望值将其转化为确定性问题。即使在缺乏数据的情况下，也可凭借专家的经验和直观判断，以及同类情况以往发生的概率，对事件发生的可能性做出定量估计。这种估计称为主观概率。随着主观概率信息的增加，可以逐步接近于客观概率。

4. 模糊集合理论

在系统评价过程中，除了某些事件的发生具有不确定性外，人的认识还存在着固有的模糊性，即非精确性。例如用语言描述的交通顺畅、交通拥挤、路况良好等，本质上都是定性的概念。因此，在系统评价中，需要应用模糊集合理论。

5. 最优化理论

系统评价的目的是在备选方案中确定最优方案，至少是最满意方案。因此，必然需要最优化理论。此外，评价对象的数学模型本身也可能成为评价方法，例如数学规划方法就是一个典型的例子。数学规划本身具有普遍性和严密性，得到的评价结果也是比较客观的。典型的数学规划方法有线性规划、整数规划、非线性规划、动态规划、多目标规划等。

7.1.2 系统评价的特性

系统评价是人们对系统的效用做出判断的过程。系统效用是客观存在的，即系统的功能满足外部环境客观要求的程度。系统的效用可分为客观效用和主观效用两类。系统的客观效用是系统状态和外部环境的函数，是客观存在的，但通常难以准确计量。系统的主观效用指系统的功能满足外部某个特定的个人或人群主观愿望的程度。显然，系统的客观效用和主观效用是不同的。系统的客观效用是客观存在的，而主观效用是特定人群对系统客观效用存在的主观反映，不同人群的主观效用是不同的。而且，系统的客观效用是对系统外部环境的全部目的而言的，而主观效用是针对某些人特定的目的而言的，目的不同，同一人群的主观效用也会不同。例如，在城市和沙漠这两种环境中的一杯水和一颗钻石，对同一人群来讲，客观效用尽管基本相同，但主观感受的程度会有明显差异。因此，系统评价具有如下特性。

1. 近似性

产生近似性的原因是由于事物客观效用是客观存在的，而评价得到的结果是评价者的主观效用；其次评价者只是社会的某一部分，由于认识的局限性，他们的主观欲望与整个社会的要求之间不可避免地存在差异。用评价者主观欲望来代替客观效用必然是一种近似。

改进近似性应注意两个方面。首先，可采用增加评价者的数量，一般应超过 30 人，即有足够的数量以反映社会代表性；其次，提高评价者的素质，要求评价者具有渊博的知识，对被评价系统有较深的了解。对于评价的具体问题，参加的专家要涵盖问题所涉及的领域，不同类型的专家比例与问题的主要方面应该是正相关的。

2. 模糊性

产生模糊性的原因是由于任何系统都是比较复杂的，存在多属性、多变量，而评价时为了实用、可行，往往只能用有限个属性来表示事物的功能，用有限个变量来表示事物的属性，首先，这只抓住了事物的本质的主要方面而不是全部；其次，许多属性难以用一个或几个变量来描述，在评价时，不得不借助专家的定性评价。因此评价结果肯定不是精确的。

改进模糊性应注意两个方面。首先，在实用可行的基础上，评价指标尽可能包含系统的各种属性，指标要细化，并进行定量分析。其次，对某一指标不得不用打分方法评价时，要邀请内行专家，且条目要分得尽量详细，即有针对性。

3. 相对性

产生相对性的原因是由于最终的评价值是将各个属性加以综合得到的，而综合过程中是将各个属性按一定的权重进行并合。这些并合原则及权重是评价者（集团）决定的。此外，随着社会观念不断变迁，现在科学的权重将来会变得未必合理。所以，评价值只能是事物绝对效用的相对值。

改进相对性应注意两个方面。首先，参与评价人员（尤其是模型建立者）对指标体系有一个好的理解，对并合原则的选择要尽可能符合物理概念。其次，随着时间的变化，应对所评价的问题进行重新评价。

7.1.3 系统评价的分类

按照不同的标准，系统评价可以分为不同的类别。

1. 按照被评价对象的性质分类

按照被评价对象的性质不同，系统评价可分为目标评价、规划评价、设计评价和使用效果评价。

（1）目标评价：当系统的目标确定以后，需要对其进行评价，以确定系统目标的合理性、科学性和可实现性等。

（2）规划评价：在着手设计系统之前，对系统进行比较全面的分析，并制订出切实可行的系统开发计划。系统规划是系统工程过程中的一个必要阶段，对系统效用具有决定性的影响，因此，对系统规划进行评价是非常有必要的。

（3）设计评价：系统设计是系统工程的核心问题，对系统目标的实现具有重要影响，因为系统的性能在很大程度上都取决于系统的设计。

（4）运行评价：系统在经过规划、设计和开发后，进入运行阶段。经过一段时间的使用后，需要对系统的效用进行评价，以明确系统是否实现了预期的效用、是否达到了目标要求。

2. 按评价的时间顺序分类

（1）事前评价：这是在是否要开发一个系统，进行系统规划研究时进行的评价。由于没有系统的实物，一般只能采用预测和仿真的方法来进行评价。如规划评价就属于事前评价。

（2）中间评价：这是在系统计划实施中期进行的评价，例如检查项目的进度和任务完成情况等，着重检验系统是否按计划进行。

（3）事后评价：这是在一个系统完成后，评价是否达到了预期的目标。这时已经有了大量的实际数据，可以进行定量的和更为细致的评价。

（4）跟踪评价：这是在系统的整个运行过程中，分阶段持续进行的评价，以考察系统在不同时期运行性能的稳定性和进行更新改造的必要性。

3. 按照评价的内容分类

（1）技术评价：这是围绕系统功能进行的评价，通常包括对技术的先进性、适用性、可靠性和维护性等性能的评价，用于评定系统方案能否实现所需要的功能及实现的程度。

（2）经济评价：这是围绕系统的经济效益进行的评价，是在考虑时间价值的基础上对评价对象的成本和效益进行计算，分析系统的经济可行性，包括财务评价和国民经济评价。

（3）社会评价：这是围绕系统给社会带来的利益或负面影响进行的评价，主要包括就业、环境、安全等。

（4）综合评价：这是在上述 3 个方面评价的基础上，对系统方案价值的大小所做的综合评价。

4. 按照评价指标的数量分类

（1）单指标评价：这是仅利用一个指标对系统进行的评价，在实践中很少应用。

（2）多指标评价：这是利用多个指标从不同角度、不同层次对系统进行的评价，指标之间的关系通常是并列的，体现系统在某个方面的优劣。

（3）综合评价：这是在多指标评价的基础上，运用一定的方法对不同量纲的多个指标进行综合，从而实现对系统的全面评价。

7.1.4 系统评价的步骤

完整的系统评价包括评价对象分析、评价资料收集、评价指标体系设计与量化，评价方法选择与计算、评价结论与分析 5 个阶段，如图 7.1-1 所示。

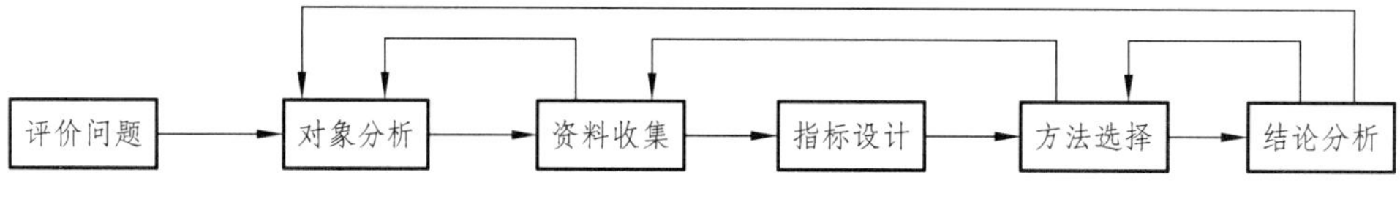

图 7.1-1 系统评价的工作步骤

1. 对象分析

评价对象分析是确定评价目的、评价范围、评价立场、评价时期和评价环境的过程。

评价是为决策服务的，决策的性质不同，评价的目的和侧重点也有所不同。如果评价的目的是为了使系统结构或技术参数达到最优，则侧重对各种备选方案进行定量化评价。如果评价的目的是为了了解对象的性质及其发展趋势，则需要重点对评价对象的特性类别和等级进行评价。

评价范围是指评价对象涉及的范围，如评价对象涉及哪些领域、哪些部门等，例如一项大型水利工程往往涉及水利、交通、电力、旅游、移民等部门，在评价中应充分考虑各部门的利益并尽可能地吸收各方人员参加评价。评价范围对评价工作量和评价结论的可信度有重要影响，评价的范围过小，会因忽略了重要部门而使得评价有失系统性；评价范围过大，会使评价问题过分复杂化，增加评价的工作量。

在进行系统评价中必须明确评价主体的立场，即明确评价主体是系统使用者还是开发者抑或第三者等，这对于评价指标和评价方法的选择有直接的影响。以铁路交通系统的评价为例，如果铁路乘客是评价的主体，其关心的评价指标主要有快速性、准时性、低廉性、舒适性等；如果铁路建设部门是评价的主体，其关心的评价指标主要有投资费用、制造费用、经营费用及收益等；如果铁路沿线的居民是评价主体，其关心的主要是环境污染程度、噪声的大小等评价指标；而从区域社会发展的角度进行评价，需要考虑的是企业合理布局、沿线销售量的增加程度等指标；如果从国家的角度进行评价，需要考虑经济发展平衡性、地区间负担费用的合理性等评价指标。如果要进行综合评价，则需要选择上述的一些主要评价指标，构成一个综合评价的指标体系。

评价时期是指评价处于系统开发全过程的具体时期，对象所处的时期不同，评价的侧重点会有所不同。如以交通系统为例，则其评价一般可以分为规划期评价、设计期评价、运行期评价和跟踪评价 4 个时期。不同时期的评价目的各不相同，评价方法也由以粗线条的定性、定量分析为主逐步过渡到以细致的定量分析为主的方法。

评价环境分析是指对被评价对象之外的各种影响因素进行分析，了解这些因素对评价对象的影响。环境影响因素可分为技术影响、经济与管理影响和社会影响 3 大类。

2. 资料收集

实际调查，选择合适的专家，为设定评价指标与计量标准、建立评价函数等提供所需要的定性、定量资料。在系统评价过程中，专家在资料收集、指标及其权重确定等方面具有重要作用。因此，在保证专家数量的同时，要注意专家的业务素质和知识构成的合理性。

3. 指标设计

这是系统评价最重要的一个环节，所选择的指标要与评价目的密切相关，并构成一个完整的体系，以便全面反映评价对象的不同特性。在构成指标体系的基础上，评价指标的数量应尽可能少，以减轻评价的负担，并突出重要指标的作用。

此外，在指标体系的设计过程中，还要确定指标的计量方法和规范化方法，以消除定性指标的不确定性以及不同指标取值范围和计量单位的差异。

4. 方法选择

评价方法的选择是指确定评价数学模型的过程。为了实现多指标的综合评价，定量化的数学模型是不可缺少的工具。不同的评价对象使用的评价方法可能不同，同一个评价对象也可以使用不同的评价方法。因此，对选用什么样的评价函数本身也必须做出评价。

评价方法本身对评价标准具有显著影响。因此，当评价目的在于形成统一意见或进行群体决策时，应该进行深入研究，确保评价方法的有效性。系统评价常用的方法包括费用—效益分析法、关联矩阵评价法、层次分析法、模糊综合评判法以及聚类分析法等。

当评价方法确定后，还需要确定各指标的合理权重，以实现全面合理的综合评价。

5. 结论分析

按照既定的评价指标体系，在指标的定量化和规范化基础上，运用选定的评价方法，可以计算出各备选方案的综合评价值，并实现方案相对优劣的排序。但是，由于评价指标和评价模型不可能全面准确地体现评价对象的所有属性，因此需要从技术、经济、社会、环境等方面对评价结论进行必要的分析说明，以便提供正确的决策依据。

7.1.5 系统评价指标体系

1. 建立评价指标体系的原则

要对系统进行综合评价，必须建立包括多个指标的评价指标体系。系统评价指标体系的建立要遵循以下原则。

1）系统性原则

系统性原则是指标体系应能全面地反映被评价对象的综合情况，从中抓住主要因素，使评价指标既能反映系统的直接效果，又能反映系统的间接效果，以保证综合评价的全面性和可信度。

2）可测性原则

可测性原则是指评价指标的含义明确，数据资料收集方便，计算简单，易于掌握。

3）层次性原则

层次性原则是指评价指标体系要有层次性，这样才能为衡量系统方案的效果和确定评价指标的权重提供方便。

4）简易性原则

简易性原则是指评价指标体系的制定，要言简意明，避免烦琐，避免指标中出现显见的包含关系，对隐含的相关关系，要在模型中通过适当的方法加以消除。

5）可比性原则

可比性原则是指所选择的指标在各备选方案中要有统一的定义和计量标准，指标之间要保持同趋势化，以保证可比性。

6）定性指标与定量指标相结合的原则

交通系统的综合评价，既包括技术、经济指标，又包括社会、环境指标，前者比较易于用定量指标来度量，但后者却很难用定量化的指标衡量，如安全、舒适、便利、环保等。要使得评价结果更具有客观性，就必须坚持定量指标与定性指标相结合的原则，以弥补单纯定量评价的不足以及数据本身存在的某些缺陷。

7）绝对指标与相对指标相结合原则

绝对指标反映的是评价对象的规模和总量，相对指标反映的是评价对象在某些方面的强度或性能，两者结合起来使用，才能够全面地描述交通系统的特性。

2. 评价指标体系的基本结构

评价指标体系的结构分为 3 种类型：一元的、线性的和塔式的，如图 7.1-2 所示。

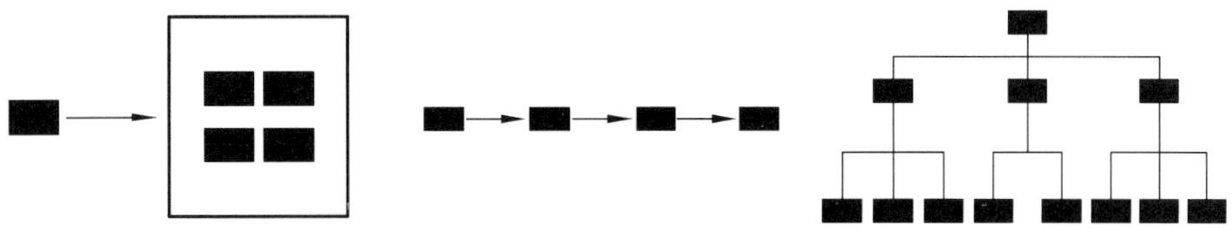

（a）一元结构　　　（b）线性结构　　　（c）塔式结构

图 7.1-2　评价指标体系的结构

1）一元结构

一元结构，如图 7.1-2（a）所示即单指标，如经济指标、综合指标和关键指标等。经济指标常用于效益-费用评价，如澳大利亚首都堪培拉 20 世纪 70 年代的公共交通规划采用的费用-效益评价指标。综合指标即通过综合评价的方法获得的指标，以反映方案的优劣程度，通常没有具体的量纲和含义。关键指标，如 Bakker（1970）认为载客率是评估公交系统服务水平的关键指标。一元指标决策最为简单。

2）线性结构

线性结构是指一系列指标的平行或顺序关系，如图 7.1-2（b）所示。它通常不超过 7 个主要指标。如有人选择平均速度、延滞、乘客占有空间、加速度变化率、通风度、温度及噪声等 7 项指标作为评价公交系统服务质量的标准；有人选择旅行班次、服务可靠性、服务直接性、乘客舒适性等 6 项指标；也有人采用可达性、行程时间比、准点率和乘客密度等 5 项指标；还有人选择拥挤密度、等车时间、行驶速度、平均载客里程这 4 项指标进行评价。线性结构指标体系常通过直接加权进行评价。

3）塔式结构

由于分析因素增加时，线性结构中各指标间的关系难以把握，因此出现了用于决策分析的塔式结构层次指标体系，如图 7.1-2（c）所示。过于复杂和多变的结构关系不利于决策分析，一般采用树状的关系结构，如层次分析法。

3. 建立评价指标体系的方法、步骤

评价指标体系的建立，首先要有明确的目的，不同的评价目的，构建指标体系的思路和方法有所差异。

如果评价的目的是为了控制评价对象，使其处于最优的运行轨迹，如过程评价、组织评价、市场秩序评价等，则可从投入量、产出量、系统内部结构与内部状态以及环境反映等方面构建评价指标体系。

如果评价的目的是为了选优，则可采用系统分析的思路，对评价对象进行综合分析，按照目标分解或社会价值观分解等不同角度构造评价指标体系。例如，可将政治、经济、技术、社会、环境等作为运输场站选址评价的大类指标，通过将这 5 大类指标进行进一步的细化，即可形成选址方案评价的指标体系。

对于大型系统的评价，所涉及的指标众多，指标之间的关系也比较复杂，为了制定出全面、简洁、实用、可靠的评价指标体系，需要通过若干次专家咨询才能完成。目前有多种专家咨询方法，如头脑风暴法、讨论会法以及德尔菲法。其中德尔菲法是一种用途广泛的专家咨询方法，最规范、应用效果最好，在系统评价中，除了可用于建立评价指标体系外，还可

用于形成备选方案和确定指标权重。

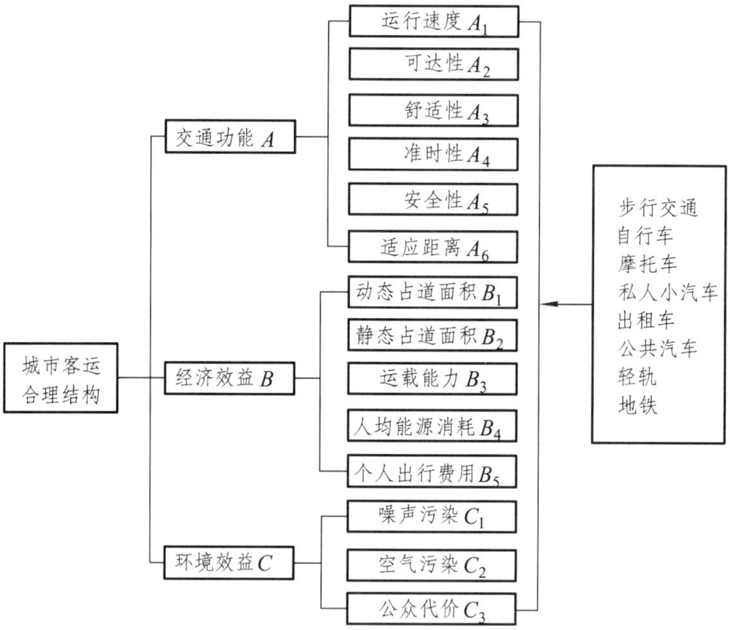

图 7.1-3　城市客运结构合理性的评价指标体系

以下例举几种常见的交通系统评价指标体系（见图 7.1-3、表 7.1-1、表 7.1-2）。交通系统综合评价的指标体系不是唯一的，与评价对象和评价目的密切相关。

表 7.1-1　城市交通系统整体发展水平综合评价体系

类别	指标名称	指标定义和计算方法
建设指标	人均道路面积	城市道路用地总面积和城市总人口之比
	车均道路面积	城市道路用地总面积与城市机动车拥有量之比
	路况使用良好率	建成区路面良好的道路长度与道路总长度的比值
	人均停车面积	城市各类停车场用地总面积与城市总人口比值
	主干道密度	主干道长度（含快速路）与建成区面积的比值
	道路网密度	建成区内道路总长度与建成区面积的比值
	道路面积率	城市道路用地总面积与城市用地总面积之比
	百辆车停车位数	每百辆汽车占停车场的车辆标准泊位数
	网格非直线系数	两点间的路上实际距离与两点间航空距离的比值
	可达性系数	干道网长度与去中心至四周干道最短路径之和的比值
	公交线网密度	建成区内公交线路的长度与建成区面积的比值
交通指标	主干道平均行程速度	主干路和快速路上机动车的平均行程速度
	路网平均速度	路网中所有路段和所有交叉口的车速加权平均值
	路段平均行程车速	城市道路网中所有路段机动车的平均行程车速
	路网总通行能力	城市道路网系统所能通过的最大车公里数

续表

类别	指标名称	指标定义和计算方法
管理指标	标线施画率	施画交通标线的道路里程占全部道路里程的比例
	交通标志标示设置率	主干道平均每公里设置标志标识的数量
	路网有效利用率	用于交通性活动的道路面积与道路总面积的比值
	主干道亮灯率	能够有效利用的路灯数占主干道路灯总数的比值
	路口渠化率	建成区内经过渠化的交叉路口数占全部交叉路口数比例
	路口灯控率	信号灯控制交叉路口数占应设信号灯交叉路口数的比例
	交通法规和安全常识普及率	掌握基本交通法规和安全常识的人数占市区人口的比例
	支路利用率	通行汽车的支路面积占所有支路道路总面积的比例
	主干道机动车遵章率	中心城区主干道上遵章机动车与通过机动车总数之比
	违章占用道路率	建成区内违章占用的道路面积与道路总面积之比
服务指标	平均交叉口延误	路口的平均单车延误的时间，单位为 s
	路网适应性	路网实际负荷与路网最大容许负荷的加权比
	交叉路口阻塞率	周期性严重阻塞路口数量占交叉路口总数的比例
	平均行程延误	主、次干道行车延误时间与行驶里程的比值
	每万人拥有公共交通车辆数	每万人平均拥有的公共交通车辆标台数
	每辆出租车服务人数	城市总人口与出租车总数量的比值
	交通万车事故率	城市每万辆机动车的每年发生交通事故次数
	十万人死亡率	每年城市交通事故死亡人数占城市总人口的比值

表 7.1-2　交通控制系统效益评价指标体系表

指标类型	编号	指标名称	备注
安全	1	相位中的机、非、行人冲突现象	定性、模糊性指标
	2	机动车相位最大等效冲突点数	
	3	行人过街安全性	定性、模糊性指标
	4	自行车通过安全性	定性、模糊性指标
	5	机动车通过安全性	定性、模糊性指标
	6	万车死亡率	
	7	万车受伤率	
效率	8	行人延误	
	9	自行车延误	
	10	公共汽车延误	有公交专用道和公交专用信号
	11	通行能力	
	12	车均延误	
	13	停车率	
	14	车道排队长度	
	15	行程速度	
	16	流量一致性相关系数	
环保	17-19	燃油消耗、尾气排放、噪声污染	

7.2 工程经济分析基础知识

工程经济分析是一门以货币价值或经济效用为评价标准，用来评比、选择方案的技术。在系统工程中，工程经济分析有其重要的地位，它是决策分析的基础。一个建设项目的规划、设计、施工及经营管理，往往在技术上有多种方案，究竟采用哪种方案，需要通过经济分析来决策。采用的方案应该是经济效果最优的方案，即在相同的收益下资源消耗最少的方案，或在相同的资源消耗下收益最大的方案。随着科学技术的日益发展，工程项目日趋庞大与复杂，经济上的决策分析也变得比以往更为困难，这就需以更严谨的态度来处理。因此，工程经济分析越来越受到人们的重视。本节主要介绍工程经济分析中的一些基础知识。

7.2.1 资金的时间价值

在系统评价时涉及不同时期的费用和效益，如费用包括系统建设时的一次性投资和系统使用年限内需要的年经营成本，而效益常表现为每一年的经营收入和一次性的报废清理收入等。因此，费用和效益的计算需要考虑货币的时间价值因素，需要将不同时间的费用和效益折算到相同时间点。

资金的时间价值是工程经济学中的一个重要概念。资金在不同时期，它的价值是不一样的。资金的时间价值，是指资金经历一定时间的投资和再投资所增加的价值。资金之所以会产生时间价值，是基于货币增值、通货膨胀、时间风险因素等几个方面存在的原因。

利息是占用资金所付代价或重新使用资金所获得的报酬，它是资金时间价值的表现形式之一。通常用利息的多少作为衡量资金时间价值的绝对尺度，用利率作为衡量资金时间价值的相对尺度。利息，是指一个计息周期内利息同借贷资本额（本金）的比率，它体现了借贷资本增值的程度，是计算利息的依据。在工程经济分析中，利率主要指工程项目的收益率，而不是专指银行借贷款利率。利率通常用 i 来表示。

$$i=\frac{\text{单位时间内的时间价值}}{\text{原资金总额}}\times 100\% \tag{7.2-1}$$

用以表示利率的时间单位（年、月等）称为计息周期，当包括一个以上的计息周期时，则要考虑“单利”与“复利”的问题。

1. 单利与复利

1）单利法

单利计算是指仅对本金计算利息，对所获利息不纳入本金计算下期利息的计算方法。资金的时间价值只与资金的本金有关，因而资金在各个时期产生的时间价值是相同的。单利法的计算公式：

$$F=P(1+ni) \tag{7.2-2}$$

式中 F——本利和；

P——本金；

n——计算利息的期数；

i——某一规定周期（年、月）的利率。

2）复利法

在复利法计算中，资金在增值过程中已产生的时间价值仍继续增值，因而资金在各个计息周期产生的时间价值是不一样的。

复利法的计算公式：

$$F = P(1+i)^n \tag{7.2-3}$$

式中符号意义与式（7.2-2）相同。

用单利法计算与用复利法计算，结果相差很大。期限越长，利率越高，则两者之差越大。用复利计算利息更能体现出全部资金（包括增值部分）的时间价值。在实际的工程项目中，资金总是在不断地周转、循环和增值，为更好地反映资金的时间价值，以确切地评价项目的经济效果，在项目投资或贷款计算中，一般都采用复利法。

7.2.2 资金等值换算公式

1. 资金等值

资金时间价值的客观存在表明不同时点上的绝对数值不等的若干资金可能具有相等的价值。特定利率下不同时点上绝对数额不等而经济价值相等的若干资金称为等值资金。利用资金等值概念，可以将项目计算期内任一时点发生的资金金额变换为另一时点上的等值金额，这一方法称为资金等值换算。

在对工程项目的经济评价中，往往需要利用资金等值换算，将发生在不同时点上的资金价值换算为相同时点上的价值，使之具有可比性。资金等值换算通常借助于现金流量图和若干换算公式来进行。

2. 现金流量

如把工程项目看成一个系统，则对于这个系统而言，投入的资金、花费的成本、获取的收益，都可以看成以货币形式体现的资金流入或流出。在一定时期内（项目寿命期内）各个时间点上实际发生的各种资金流入或流出称为现金流或现金流量（Cash Flow）。流入系统的资金称为现金流入量（为正，记为 C_1），流出系统资金称为现金流出量（为负，记为 C_0）。现金流入与现金流出之差为净现金流（记为 *NCF*）。

现金流量图能直观、方便地表示出项目现金流的三个要素，即现金流发生的时点、大小及方向，如图 7.2-1 所示。水平轴为时间轴，时间轴上每一个间隔代表一个时间单位，在工程项目中通常是年。时间轴上的刻度称为时点，同一时点代表本年的年末，同时也是下一年的年初。在工程经济分析中，通常将首次投资发生的时间作为时间零点（第 1 年年初的时点）。时间轴上的垂直线段代表现金流量，线段长度表示现金流量的大小，等比例示意。箭头表示现金流量的方向（流入或流出），同时在图上注明每一笔现金流量的金额。

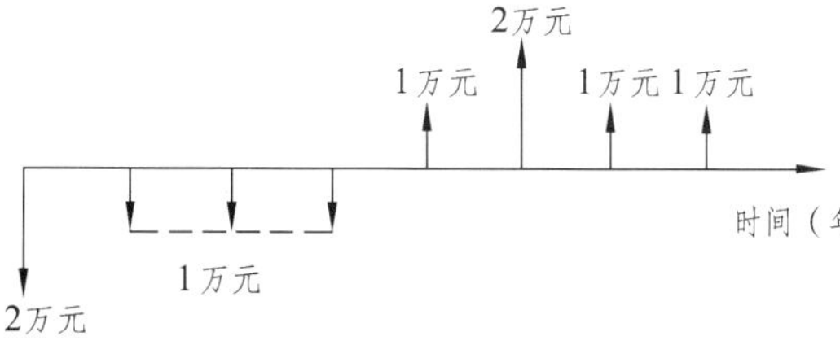

7.2-1　**现金流量图**

3. 时值

是指以某个时间为基准，运动着的资金所处的相对时间位置上的价值。常用的三个基本概念含义如下：

（1）现值（P，*Present Value*）：指资金在某一基准起始点的金额，通常把将来某一时点的现金流量按照某一确定的利率（折现率）换算成某一基准起始点的现金流量的过程称为“折现”或“贴现”。折现后的资金金额便是现值。现值是一个相对概念，并非专指一笔资金现在的价值。如以第 t 个时点作为计算的基准起始点，则第 $t+k$ 个时点上发生的资金折现到第 t 个时点，所得的等值金额就是第 $t+k$ 个时点上资金金额的现值。在工程经济分析中，通常以投资首次发生的时间作为基准起始点。

（2）终值（F，*FutureValue*）：是相对于现值而言的。发生在现值之后，即将来某一时点的金额。

（3）年值（A，*AnnualValue*）：又称年金，指等额、定期的系列收交款项，如分期偿还贷款、等额分期支付工程款等、都属于年金收付形式。在工程经济分析中，A 通常表现为从第 1 年年末至第 n 年年末连续发生的等额现金流序列。

4. 常用资金等值换算公式

一次支付(或整付)指项目的现金流入和流出仅发生一次的情况,其现金流量图见图 7.2-2。一次支付终值、一次支付现值计算公式见表 7.2-1。

当项目的现金流入和流出在多个时点上发生时，称为多次支付。等额支付是多次支付形式中的一种，即现金流是连续发生的，且数额相等。等额支付终值、等额支付偿债基金、等额支付现值、等额支付资本回收的计算公式见表 7.2-1，对应现金流量图见图 7.2-3、图 7.2-4、图 7.2-5、图 7.2-6。

表 7.2-1　常用资金等值换算公式汇总表

项目		已知	求解	公式	系数名称及符号	现金流量图
一次支付	终值公式	P	F	$F=P(1+i)^n$	一次支付终值系数 $(F/P,i,n)$	图 7.2-2
	现值公式	F	P	$P=F(1+i)^{-n}$	一次支付现值系数 $(P/F,i,n)$	图 7.2-2
等额支付	终值公式	A	F	$F=A[(1+i)^n-1]/i$	等额支付终值系数 $(F/A,i,n)$	图 7.2-3
	偿债基金公式	F	A	$A=F\dfrac{i}{(1+i)^n-1}$	等额支付偿债基金系数 $(A/F,i,n)$	图 7.2-4
	现值公式	A	P	$P=A\dfrac{(1+i)^n-1}{i(1+i)^n}$	等额支付现值系数 $(P/A,i,n)$	图 7.2-5
	资本回收公式	P	A	$A=P\dfrac{i(1+i)^n}{(1+i)^n-1}$	等额支付资本回收系数 $(A/P,i,n)$	图 7.2-6

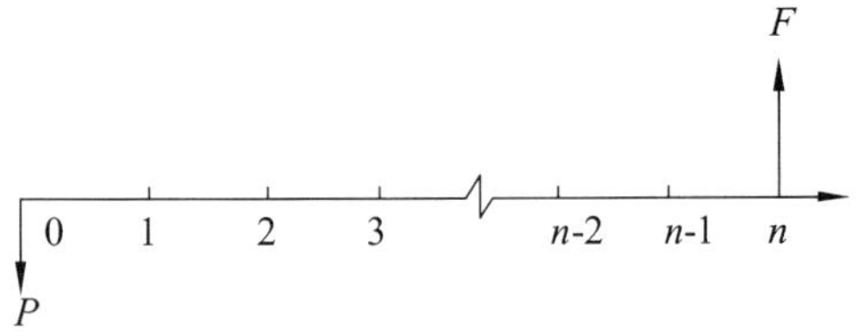

图 7.2-2　一次支付现金流量图

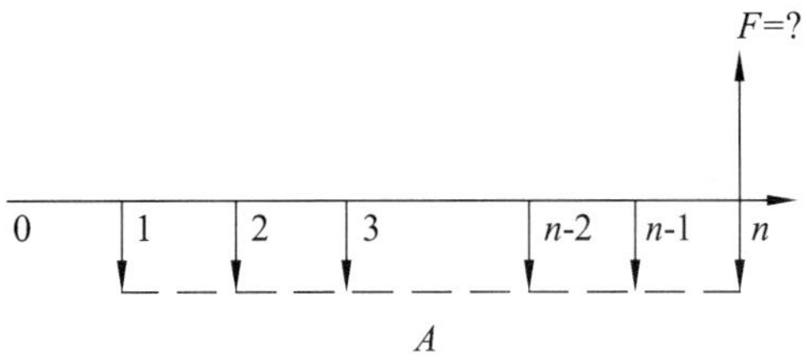

图 7.2-3　等额支付终值现金流量图

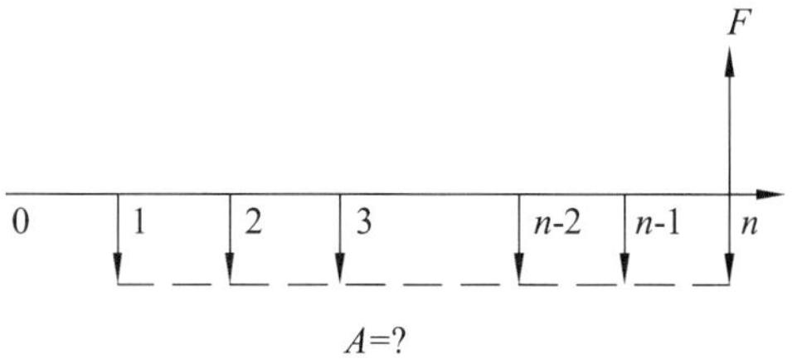

7.2-4 等额支付偿债基金现金流量图

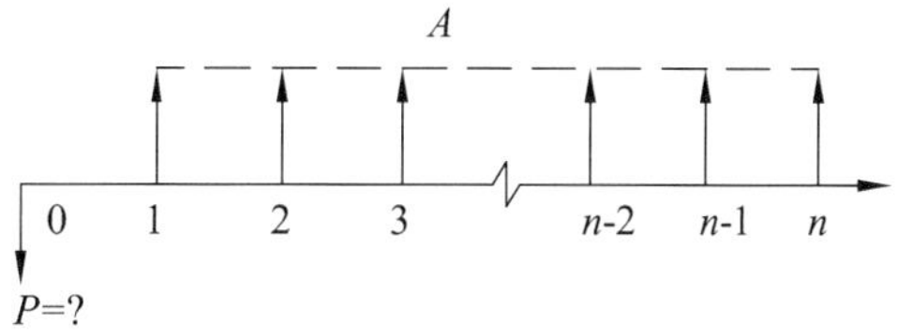

图 7.2-5 等额支付现值现金流量图

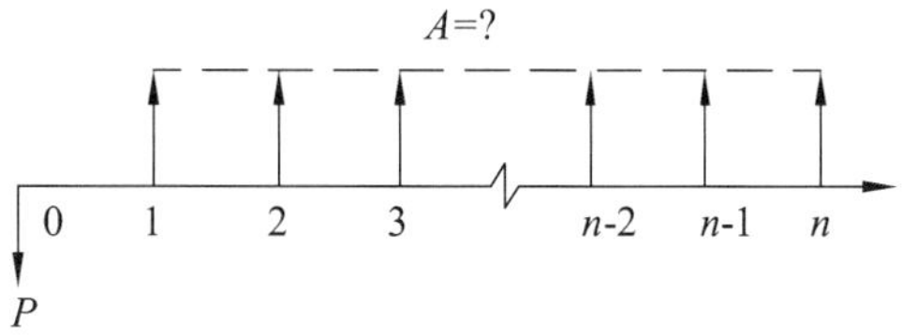

图 7.2-6 等额支付资本回收现金流量图

7.2.3 费用与效益的基本概念

费用与效益分析是工程经济分析中重要评价指标，要求所投资的工程项目给社会提供财富和服务的价值（效益）必须超过其费用，以达到资源的最优化分配。

1. 费用

费用是指为了实现某个工程项目或事业而投入的资源（如资金、劳动力、材料、能源等）的价值。费用不仅仅局限于实现方案的货币支出，尤其是在评价对社会有广泛影响的大规模系统时，只是考察货币支出是不够的。费用应理解为达到目的所必须付出的代价或牺牲。这些费用可以分为以下 4 类，其代数和即为系统的总费用。

1）货币费用与非货币费用

货币费用是指可以直接用货币计量的各项支出，如为了完成项目所必须发生的人工费、材料费、管理费等。非货币费用是指在实现项目的过程中付出的无法用货币计量的代价，如机场周围的居民遭到的噪声污染的损失、公路周围空气污染等，都构成了非货币费用。

2）实际费用与机会费用

实际费用是指为达到某个目的所实际支付的费用。机会费用是从资源优化配置的角度定义的。当一项资源用于某个用途时，就失去了可以用于其他用途的机会和由此带来的收益，在所有失去的用途中，最优用途所带来的价值就是该项资源的机会费用。

3）内部费用和外部费用

在系统评价时，不但要考虑到系统内部发生的各种费用，还必须考虑系统存在导致的系统外部所发生的各种费用，如减少公共交通工具可以减少公交公司的内部费用，但系统外部必须增加自行车费用或企事业单位自派交通车的费用。

4）一次投资费用和日常经营费用

在系统评价时，既要考虑系统的一次性投资费用，也要考虑维持系统正常运转所需要的日常经营费用（包括维修费用）。

在系统评价时，费用指标通常包括总费用和年均费用。

2. 效益

当开发的系统投入使用以后，可以获得一定的效用，在费用-效益评价中，将其中能够用货币计量的部分效用称为效益。效益又可分成直接效益和间接效益，前者是由系统本身直接产生的效益，后者是由于系统的运用而派生出来的效益。在系统评价时，效益指标通常包括总效益、年均效益、投资回收期和投资收益率等。

投资回收期指以项目的净收益（净利润）抵偿全部投资所需要的时间，一般从项目开始投资之年算起。投资回收期有静态和动态之分。动态投资回收期是指在考虑资金时间价值的条件下，按设定的行业基准收益率（i_c）收回投资所需要的时间。在项目评价中，若项目的动态投资回收期小于或等于行业基准投资回收期，则项目可以考虑接受，否则应予以拒绝。

投资内部收益率指项目寿命期内净现值（或净年值）为零时的收益率，它所反映的是项目实际的投资报酬率。对单独一个项目进行经济评价时，如果收益率大于等于行业基准收益率（i_c），则认为项目在经济上可以接受，否则应予以拒绝。

7.3 系统评价方法

7.3.1 费用-效益评价方法

不同方案的经济比较常用的有现值比较法、年值比较法。现值法是将项目方案不同时期的资金都换算成现值，然后进行比较。年值法是将方案不同时期的资金换算成现值后再换算成年值，然后进行比较。当各方案使用期相同时，采用现值法方便，当各方案使用期不同时，采用年值法更方便。

当费用和效益指标都可以用货币或其他某个单位度量时，费用-效益分析的过程比较简单，常用的评价方法有以下 5 种。

1. 以效益为基准的评价方法

即在一定的费用条件下，效益大的备选方案其价值高。这种方法适用于所能支付的费用有限时备选方案的选择。其中的费用和效益既可以是总计值，也可以是年均值。如图 7.3-1 中，对于 A_1 和 A_2 两个备选方案，当可承担的成本 $C=C_1$ 时，效益 $E(A_2)>E(A_1)$，选择方案 A_2: $C=C_2$ 时，效益 $E(A_1)>E(A_2)$，选择方案 A_1；$C=C_0$ 时，效益 $E(A_1)=E(A_2)$，A_1 和 A_2 两个备选方案没有差异。

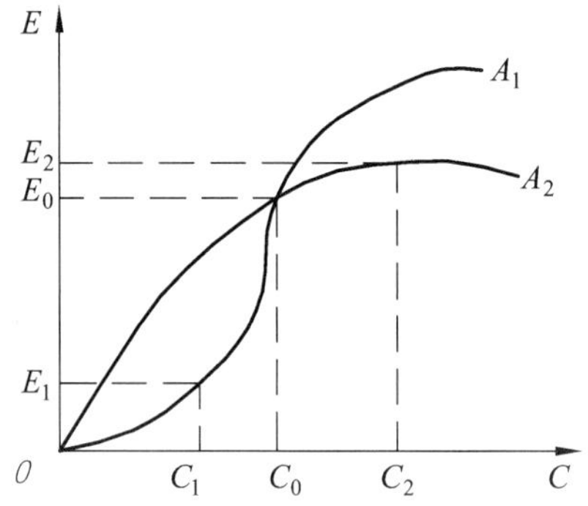

图 7.3-1 费用和效益的关系

2. *以费用为基准的评价方法*

即在效益一定的条件下，费用小的备选方案价值高。

在达到事先给定的收益目标的条件下，应选取费用最小的备选方案。其中的费用和效益既可以是总计值，也可以是年均值。在图 7.3-1 中，当 $E=E_1$ 时，$C(A_2)<C(A_1)$，选择方案 A_2；当 $E=E_0$ 时，$C(A_2)=C(A_1)$，A_1 和 A_2 两个备选方案没有差异；当 $E=E_2$ 时，则 $C(A_2)>C(A_1)$，应选择方案 A_1。

3. *以净效益为基准的评价方法*

净效益是效益减去费用后的余额，这种评价方法认为净效益大的备选方案价值高。其中的费用和效益通常是总计值。这种评价方法适用于费用没有限制的情况。在实际使用中，可以按照货币时间价值计算形式的不同，采用现值计算或年值计算。

4. *以效益率为基准的评价方法*

效益率是效益与费用的比值，是单位费用产生的效益。该方法认为效益率大的备选方案价值高。其中费用和效益通常是总计值。这种评价方法适用于费用没有限制、强调资金利用效率的情况。与净效益为基准的评价方法类似，可以按照货币时间价值计算形式的不同，采用现值计算或年值计算。

5. *以追加效益率为基准的评价方法*

当某些效益或费用指标不能转换为货币形式时，备选方案的价值通常以追加效益与追加费用为基础进行评价，以消除无法用货币计量的费用与效益的影响。所谓追加效益，是指相互比较的两个备选方案效益的差额；追加费用是指相互比较的两个备选方案成本的差额。其中的费用和效益既可以是总计值，也可以是年均值。在计算出追加费用和追加效益后，可以运用上述净效益和效益率的概念，计算追加费用所产生的净效益和单位追加成本产生的追加效益，并根据计算结果判定备选方案的优劣。

随着经济的发展和社会的进步，仅仅从经济观点考虑效益已不能满足评价的需要。因此，在综合考虑社会效果的基础上，提出了有效度和费用-有效度分析的概念。系统所产生的效用不一定都能用货币计量，将用非货币的数量单位表示的效用称为有效度。有效度是一个综合的概念，其计量单位因评价的对象不同而异。费用-有效度分析的基本过程与费用-效益分析相同，只是采用定量化的效用指标代替其中的效益指标。此外，费用-有效度分析中，一般仅对费用指标进行时间价值的计算，而不考虑时间对效用指标的影响。

7.3.2 关联矩阵评价法

关联矩阵法是一种常用的综合评价方法，适用于有 m 个备选方案、每个方案有 n 个并列评价指标的情况，这种方法通过加权的方式将各指标联系起来，通过指标的线性组合计算出各方案的评价值，再按照评价值的大小对备选方案排序，如表 7.3-1 所示。

在表 7.3-1 中，A_1，A_2，...A_m 代表 m 个备选方案，x_1，x_2，...x_n 代表 n 个评价指标。w_1，w_2，...w_n 代表 n 个评价指标的权重；v_{ij} 代表第 i 个备选方案的第 j 个评价指标的取值，v_i 代表第 i 个备选方案的综合评价值。如果各指标均为正向指标，即指标值越大越好，则综合评价值大的备选方案排序在前，反之，则在后。

表 7.3-1 关联矩阵表

	x_1	x_2	…	x_j	…	x_n	v_i
	w_1	w_2	…	w_j	…	w_n	
A_1	v_{11}	v_{12}	…	v_{1j}	…	v_{1n}	$v_1=\sum_{j=1}^{n} w_j v_{1j}$
A_2	v_{21}	v_{22}	…	v_{2j}	…	v_{2n}	$v_2=\sum_{j=1}^{n} w_j v_{2j}$
…	…	…	…	…	…	…	…
A_3	v_{m1}	v_{m2}	…	v_{mj}	…	v_{mn}	$v_m=\sum_{j=1}^{n} w_j v_{mj}$

在关联矩阵评价法中，当指标一定时，指标的权重对评价结果有重要影响，因此，合理确定指标的权重是非常重要的。指标权重通常采用评分的方法确定，常用的评分法包括直接评分法、两两对比法和德尔菲法等。

1. 指标权重的直接评分法

这是一种利用专家经验和感觉进行评分的方法。由若干专家对评价指标体系进行分析，并根据其重要程度进行评分（采用五分制、十分制或百分制均可）。把专家对某指标的评分全部相加起来，或去掉最高分和最低分，求其平均值，即为该指标的绝对权重。将各指标的绝对权重与所有指标绝对权重的平均值相比，即进行归一化处理，所得结果就是该指标的相对权重，简称为权重。

这种方法的优点是简单易行，缺点是主观性很大，且系统功能分类复杂时不易进行。

2. 指标权重的两两对比法

两两对比法也称为逐对比较法，是多指标综合评价的常用加权方法，这种方法首先将所有的评价指标任意排序，然后将任意两个指标进行比较，按照规定的评分准则分别为相对重要的指标和相对不重要的指标评分，汇总各指标的得分。为了避免出现总分为 0 的情况，需要在各指标的总分上再加 1 分，之后计算其占所有得分的比重，经过归一化计算，得到其相应的权值。如果有多个专家参加评分，则先要按专家人数计算各指标得分的平均值，再按照上述过程计算各指标的相对权值。

常用的评分准则有 0-1 评分、0-4 评分、多比例评分和 DARE 法等。

1）0-1 评分法

这是一种最简单的评分方法。对于相互比较的两个指标，相对重要的得 1 分，相对不重要的得 0 分。假设为了减少交通事故，某城市制定了 3 种被选方案，分别是安装防事故的栅栏、设置独立的人行道和设置交通信号，并且包括 5 个评价指标：死亡者的减少（x_1），负伤者的减少（x_2），经济损失的减少（x_3），城市景观（x_4）以及实施费用（x_5）。各指标的得分和权重如表 7.3-2 所示。

表 7.3-2　0-1 评分法的指标得分与权重

评价指标	x_1	x_2	x_3	x_4	x_5	得分	修正得分	权值
x_1	-	1	1	1	1	4	5	0.33
x_2	0	-	1	1	1	3	4	0.27
x_3	0	0	-	1	0	1	2	0.13
x_4	0	0	0	-	0	0	1	0.07
x_5	0	0	1	1	-	2	3	0.20
合计						10	15	1.0

0-1 评分方法认为，任何两个指标之间的相对重要程度只分为重要和不重要两种情况，无法区分指标对之间相对重要程度的差异。

2）0-4 评分法

其评分规则与 0-1 评分法相同，但在进行指标一对一的比较时，非常重要的打 4 分，不很重要的打 0 分，较重要的打 3 分，不太重要的打 1 分，同等重要的各打 2 分。这种评分方法可以在一定程度上克服指标得分非 1 即 0 的缺点。

3）多比例评分法

0-4 评分法虽然考虑了指标之间不同的相对重要，但可选择的范围依然很有限。多比例评分法将 0-1 评分法中非 1 即 0 的评分规则改为：1∶0、0.9∶0.1、0.8∶0.2、0.7∶0.3、0.6∶0.4 和 0.5∶0.5 等多种比例，以充分体现相互比较的指标之间重要程度的差异。例如，A 指标与 B 指标比，若 A 得 0.4，则 B 得 0.6；A 指标与 D 指标比，若 A 得 0.9，则 D 得 0.1 等。

这种评分的过程虽然比较复杂，但更加灵活，从而增加了指标权重的准确程度。

4）DARE 法

DARE 法也称为循环评分法，在对序列当中相邻两个指标进行重要程度比较时，按照重要程度的倍数为各指标评分，比固定比例的评分方法更为灵活。下面结合前述某城市交通安全改善方案的评价问题，说明这种方法的应用过程，如表 7.3-3 所示。

表 7.3-3　DARE 计算表

评价指标	暂定得分	修正得分	权值
x_1	3	9.0	0.62
x_2	3	3.0	0.21
x_3	2	1.0	0.07
x_4	0.5	0.5	0.03
x_5	—	1.0	0.07
合计		14.5	1.0

第一步，将各指标按照随机的顺序列入 DARE 计算表中的第一列。

第二步，从最后一个指标开始，将上面的指标与其进行重要程度比较，按照重要程度的倍数评分，填入 DARE 计算表中的第二列，例如，城市景观（x_4）的重要程度只有实施费用（x_5）的一半，则其得分为 0.5：经济损失的减少（x_3）的重要程度是城市景观（x_4）的两倍，则其得分为 2，等等。依次进行比较和评分，直到第一个指标为止。

第三步，将最下面指标的得分定为 1，填入 DARE 计算表中的第三列。按照从下到上的顺序，依次用下面指标的修正得分乘以该指标的暂定得分，作为其修正得分，直到最上面的一个指标。

第四步，将各指标的修正得分汇总，即可计算得到各指标权重系数，填入 DARE 计算表中的第四列。

7.3.3 层析分析法

层次分析法（Analytic Hierarchy Process，简称 AHP 法）是美国运筹学家萨迪于 20 世纪 70 年代提出的，最初应用在服务领域中，是一种定性分析与定量计算相结合的多目标决策分析方法，具有可信、灵活而实用的特点。

1. 层次分析法的基本原理

层次分析法是一种定性与定量相结合的、系统化的、层次化的分析方法。它通过建立层次结构模型，将待解决的问题进行分解，构造成对比较矩阵，分别计算出层次单排序以及层次总排序，最后给出可行的解决方案。

层次分析法的基本思想是：先按问题的要求建立起一个描述系统功能或特征的系统递阶层次结构，给出判断标度（或评价标准），对每一层的系统要素（如目标、准则、方案）进行两两比较，建立判断矩阵。通过判断矩阵特征向量的计算，得出该层要素对上一层要素的权重。在此基础上，计算出各层要素对于总体目标的综合权重，从而得出不同方案的综合评价值，为选择最优方案提供依据。

2. 层次分析法的基本步骤

1）明确问题

明确问题的范围、具体要求、所包含的要素（目标、准则、可能方案等）以及各要素相互之间的关系。

2）建立层次结构

根据对问题的了解和初步分析，把问题中涉及的要素按性质分层排列，形成目标层次结构。最简单的层次结构如图 7.3-2 所示。

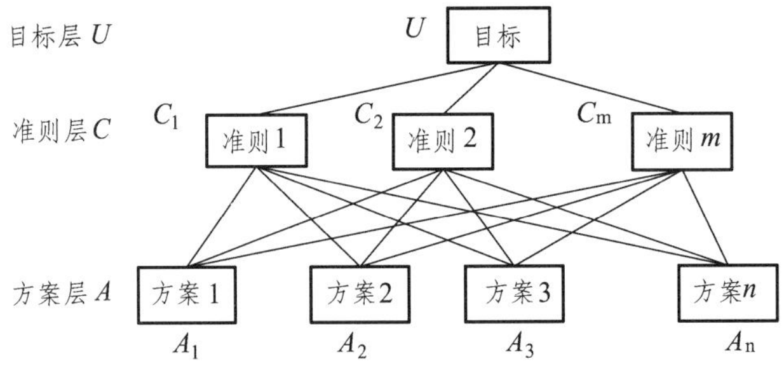

图 7.3-2 递阶层次结构模型

最上层是目标层，在这层中是决策所要实现的目标。若有多个目标，可以在下一层设立一个分目标层。中间一层是准则层，准则层中的内容是衡量达到目标的各项准则或指标。第三层是方案（措施）层，其中排列了各种可能采取的方案或措施。

准则层与目标层之间，方案层与准则层之间的连线表示各层要素之间的相互联系。

表 7.3-4　要素比较标度及其描述

标度值（C_{ij} 或 a_{ij}）	两准则或指标间的关系（C_i 或 C_j）	两方案之间的关系（单准则下）（A_i 与 A_j）
1	C_i 比 C_j 同样重要	A_i 与 A_j 同样优
3	C_i 比 C_j 稍微重要	A_i 比 A_j 稍微优
5	C_i 比 C_j 明显重要	A_i 比 A_j 明显优
7	C_i 比 C_j 非常重要	A_i 比 A_j 非常优
9	C_i 比 C_j 极为重要	A_i 比 A_j 极为优
2，4，6，8	两相邻判断的中值	

3）建立判断矩阵

建立层次结构后，就可以逐层按上一层次某一准则将该层要素进行两两比较。比较按表7.3-4 所示的标度及其描述进行，比较结果用判断矩阵表示。如表 7.3-5 中 A_1，$A_2 \ldots A_n$ 为同一层次要素，C_k 为上一层次第 k 个准则。判断矩阵元素 a_{ij} 表示要素 A_i 与 A_j 对于准则 C_k 的相对重要性（标度值）。

表 7.3-5　判断矩阵 A

C_k	A_1	A_2	…	A_n
A_1	a_{11}	a_{12}	…	a_{1n}
A_2	a_{21}	a_{22}	…	a_{2n}
⋮	⋮	⋮		⋮
A_n	a_{n1}	a_{n2}	…	a_{nn}

对于判断矩阵各元素来说，显然有：$a_{ii}=1,\ \ a_{ij}=1/a_{ji}$。

因此，n 阶判断矩阵原有 n^2 个元素，但实际上只要知道 $n(n-1)/2$ 个元素即可。a_{ij} 可根据资料与条件，由专家和决策者共同研究确定，对于单一准则进行两要素的比较，一般不难给出标度值。

4）层次单排序及其一致性检验

层次单排序是根据判断矩阵计算本层次与上层次某要素相对重要性的权重。一致性检验是计算判断矩阵 A 的特征根和特征向量。

（1）单一准则下各要素的相对权重。

有了单一准则下各要素两两比较的判断矩阵，就可以计算与判断矩阵最大特征值对应的正交特征向量，即单一准则下各要素的相对权重。为了计算方便，实际中常采用近似算法，最常用的有求和法和方根法。

① 求和法。

第一步：计算判断矩阵每一行元素的和 V_i；

第二步：将 V_i 归一化处理即可得各要素在单一准则下的相对权重 W_i。

以表 7.3-5 所示的判断矩阵为例，其计算过程见表 7.3-6。

② 方根法。

第一步：计算判断矩阵每一行元素的乘积 M_i；

第二步：计算 M_i 的 n 次方根 $\overline{W}_i$；

第三步：将 $\overline{W}_i$ 归一化处理即可得各要素在单一准则下的相对权重 W_i。

以表 7.3-5 所示的判断矩阵为例，其计算过程见表 7.3-7。

表 7.3-6　求和法计算过程

C_k	A_1	A_2	$\cdots$	A_n	V_i	W_i
A_1	a_{11}	a_{12}	$\cdots$	a_{1n}	$V_1=\sum_{j=1}^{n}a_{1j}$	$W_1=V_1/\sum_{j=1}^{n}V_j$
A_2	a_{21}	a_{22}	$\cdots$	a_{2n}	$V_2=\sum_{j=1}^{n}a_{2j}$	$W_2=V_2/\sum_{j=1}^{n}V_j$
$\vdots$	$\vdots$	$\vdots$		$\vdots$	$\vdots$	$\vdots$
A_n	a_{n1}	a_{n2}	$\cdots$	a_{nn}	$V_n=\sum_{j=1}^{n}a_{nj}$	$W_n=V_n/\sum_{j=1}^{n}V_j$

表 7.3-7　方根法计算过程

C_k	A_1	A_2	$\cdots$	A_n	M_i	$\overline{W}_i$	W_i
A_1	a_{11}	a_{12}	$\cdots$	a_{1n}	$M_1=\prod_{j=1}^{n}a_{1j}$	$\overline{W}_1=\sqrt[n]{M_1}$	$W_1=\overline{W}_1/\sum_{j=1}^{n}\overline{W}_1$
A_2	a_{21}	a_{22}	$\cdots$	a_{2n}	$M_2=\prod_{j=1}^{n}a_{2j}$	$\overline{W}_2=\sqrt[n]{M_2}$	$W_2=\overline{W}_2/\sum_{j=1}^{n}\overline{W}_2$
$\vdots$	$\vdots$	$\vdots$		$\vdots$	$\vdots$	$\vdots$	$\vdots$
A_n	a_{n1}	a_{n2}	$\cdots$	a_{nn}	$M_n=\prod_{j=1}^{n}a_{nj}$	$\overline{W}_n=\sqrt[n]{M_n}$	$W_n=\overline{W}_n/\sum_{j=1}^{n}\overline{W}_n$

（2）一致性检验。

由于客观事物的复杂性及人的认识的多样性，构造判断矩阵时，往往出现判断不一致的情况，这就必然导致权重计算的偏差，因此，需要对判断矩阵进行一致性检验，以便将偏差控制在允许的范围内。计算步骤如下：

第一步：计算判断矩阵的最大特征根 $\lambda_{\max}$：

$$\lambda_{\max}=\sum_{i=1}^{n}\frac{(AW)_i}{n\cdot W_i} \tag{7.3-1}$$

$$W=(w_1,w_2,\cdots w_n)^T \tag{7.3-2}$$

第二步：计算一致性指标 $C.I$

$$C.I=\frac{\lambda_{\max}-n}{n-1} \tag{7.3-3}$$

式中 n 为判断矩阵的阶数。

第三步：计算一致性比例 $C.R$

$$C.R = C.I / R.I \quad (7.3\text{-}4)$$

式中 $R.I$ 为平均随机一致性指标，见表 7.3-8。

当 $C.R<0.1$时，一般认为判断矩阵的一致性是可以接受的。

表 7.3-8　平均随机一致性指标

阶数 n	1	2	3	4	5	6	7	8	9	10	11	12
$R.I$	0.00	0.00	0.58	0.90	1.12	1.24	1.32	1.41	1.45	1.49	1.52	1.54

5）层次总排序及其一致性检验

（1）层次总排序。

有了各层要素对上一层单一准则（或目标）的权重，就可以计算各层要素对更上一层准则（或目标）的组合权重。以图 7.3-2 的三层结构为例，假定准则层 C 对目标层 U 的权重已计算，$C_1,C_2,\cdots,C_m$ 的权重分别为 $b_1,b_2,\cdots,b_m$，方案层 A 的各要素 $A_1,A_2,\cdots,A_n$ 对准则层 C 的各要素 $C_1,C_2,\cdots,C_m$ 在单一准则下的权重分别为 $W_{11},W_{21},\cdots,W_{n1}$；$W_{12},W_{22},\cdots,W_{n2}$ $\cdots$ $W_{1m},W_{2m},\cdots,W_{nm}$。则方案层 A 的各要素对目标层 U 的组合权重 $W_1,W_2,\cdots,W_n$ 可按表 7.3-9 右列公式进行计算。

计算出方案层对目标层的组合权重，方案的优劣排序即可按各方案组合权重大小排列，其中权重最大的方案为满意方案。

表 7.3-9　组合权重计算

准则层 C / 方案层 A	C_1	C_2	$\cdots$	C_m	组合权重
	b_1	b_2	$\cdots$	b_m	
A_1	W_{11}	W_{12}	$\cdots$	W_{1m}	$W_1=\sum_{j=1}^{m} b_j \cdot W_{1j}$
A_2	W_{21}	W_{22}	$\cdots$	W_{2m}	$W_2=\sum_{j=1}^{m} b_j \cdot W_{2j}$
$\vdots$	$\vdots$	$\vdots$		$\vdots$	$\vdots$
A_n	W_{n1}	W_{n2}	$\cdots$	W_{nm}	$W_n=\sum_{j=1}^{m} b_j \cdot W_{nj}$

（2）层次总排序一致性检验。

为了检验层次总排序计算结果的一致性，需要计算检验指标 CI 和 RI。计算公式如下：

$$CI = \sum_{j=1}^{n} b_j \cdot C.I_j \quad (7.3\text{-}5)$$

$$RI = \sum_{j=1}^{n} b_j \cdot R.I_j \quad (7.3\text{-}6)$$

$$CR = CI / RI \quad (7.3\text{-}7)$$

当 $CR<0.1$，认为层次总排序的结果具有满意的一致性。

3. 层次分析法特点

层次分析法的特点是分析思路清晰，可将分析人员的思维过程系统化、数学化、模型化，特别适用于多因素、多层次（子系统）、多方案的系统综合评价和决策，尤其是对于兼有定性因素和定量因素的系统问题，能较简便地进行综合评价和最佳方案决策。层次分析法作为一种有效的评价方法在交通运输系统分析中有广泛的应用。但层次分析法也有明显的不足，主要表现在以下 3 个方面：

第一：层次分析法的应用是针对方案大抵确定的决策问题，一般来说它只能从已知方案中选优，而不能生成方案。在进行交通系统分析时，若采用层次分析法，需要事先对各种方案有比较明确的规定。

第二：层次分析法得出的结果是粗略的方案排序，对于有较高定量要求的决策问题，单纯运用层次分析法是不合适的。

第三：在层次分析法的使用过程中，无论是建立层次结构还是构造判断矩阵，人的主观判断、选择、偏好对结果的影响都极大。

因此，在进行复杂系统的综合评价时，常将层次分析法与其他数学方法结合使用，以期在发挥层次分析法优势的同时尽量提高系统评价的精度。

例题 7.3-1：针对某道路交叉口安全通行问题提出了四个方案：设护栏、建人行天桥、安装信号设备、建地下通道，对这四个不同方案进行评价。

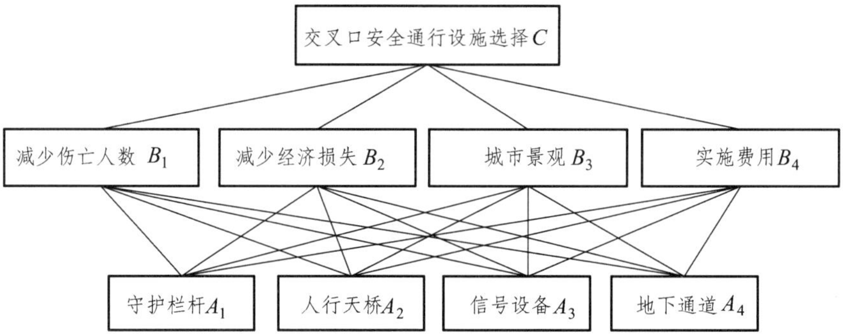

例题 7.3-1　图指标体系层次结构模型

（1）明确问题，建立层次结构，如图所示。

目标层为交叉口安全通行措施选择。准则层为实现目标所要考虑的四个影响要素：减少伤亡人数、减少经济损失、城市景观、实施费用。方案层为四个不同方案。

（2）根据目标，对准则层中四个准则要素的重要性进行两两比较，采用专家咨询方法，根据专家建议，构建准则层相对目标层的判断矩阵，并利用求和法计算权重，如表①所示。

例题 7.3-1 表①　目标层判断表

准则	运输效益	投资额	服务面	适应性	求和（V）	正规化（w_0）	
运输效益	1	3	5	7	16.000	0.596 6	λ
投资额	1/3	1	5/3	7/3	5.333	0.198 9	$C.I$
服务面	1/5	3/5	1	7/5	3.200	0.119 3	$C.R$
适应性	1/7	3/7	5/7	1	2.286	0.085 2	
$\sum$					26.819	1.000 0	

（3）根据准则层中的每一个准则，对方案层中三个方案的优劣性进行两两比较，采用专

家咨询方法，根据专家建议，分别构建方案层相对各单一准则的判断矩阵，并利用求和法分别计算不同准则下的三个方案的相对权重，并进行一致性检验。如表②所示。

（4）层次总排序。由准则层对目标层的权重、方案层对准则层的权重计算结果，可计算方案层对目标层的组合权重，见表③。

例题 7.3-1 表②　准则层判断表

准则	判断矩阵				求和	正规化	
	方案	甲	乙	丙	(V)	(w_i)	
投资额	甲	1.0	1.5/0.5	1.5/1.0	5.500	0.500 0	λ $C.I$ $C.R$
	乙	0.5/1.5	1.0	0.5	1.833	0.166 7	
	丙	1/1.5	1/0.5	1.0	3.667	0.333 3	
	∑	2.000	6.000	3.000	11.000	1.000 0	
适应性	甲	1.0	1/1.4	1/0.8	2.964	0.312 5	λ $C.I$ $C.R$
	乙	1.4	1.0	1.4/0.8	5.150	0.437 5	
	丙	0.8	0.8/1.4	1.0	2.371	0.250 0	
	∑	3.200	2.285	4.000	9.485	1.000 0	
服务面	甲	1.0	0.6	0.6/1.5	2.000	0.193 6	λ $C.I$ $C.R$
	乙	1/0.6	1.0	1/1.5	3.333	0.322 6	
	丙	1.5/0.6	1.5	1.0	5.000	0.483 8	
	∑	5.167	3.100	2.066	10.333	1.000 0	
运输效益	甲	1.0	1/0.8	1/1.4	2.964	0.312 5	λ $C.I$ $C.R$
	乙	0.8	1.0	0.8/1.4	3.371	0.250 0	
	丙	1.4	1.4/0.8	1.0	4.150	0.437 5	
	∑	3.200	4.000	2.285	9.485	1.000 0	

例题 7.3-1 表③　综合评价优劣表

方案 w_i w_0 准则	运输效益	投资额	服务面	适应性	$\sum(w_i * w_0)$	优化顺序
	0.596 6	0.198 9	0.119 3	0.085 2		
甲	0.312 5	0.500 0	0.193 6	0.321 5	0.336 3	2
乙	0.250 0	0.166 7	0.322 6	0.437 5	0.258 2	3
丙	0.437 5	0.333 3	0.483 8	0.250 0	0.406 3	1

7.3.4 聚类分析法

1. 聚类分析法的基本思想

聚类分析又称群分析、点群分析，是定量研究样品或指标分类问题的一种多元统计方法。聚类是指将物理或抽象对象的集合分组成为由类似的对象组成的多个类的过程，其中的“类”是指相似元素组成的集合。聚类与分类的区别在于，分类是在已知分类数目的条件下，对样本集合进行的分割；聚类是在分类数目未知的条件下，对样本集合进行的分割。在通常情况下，所研究的样品或指标（变量）之间存在着程度不同的相似性（亲疏关系），聚类分析认为，可以根据一批样品的多个观测指标，构造一些能够度量样品或指标之间相似程度的统计量。通过计算这样的统计量，把某些相似程度较大的样品（或指标）聚合为一类，把另外一些彼此之间相似程度较大的样品（或指标）又聚合为另一类，把关系密切的样品（或指标）聚合到一个小的分类单位，把关系疏远的样品（或指标）聚合到一个大的分类单位，直到把所有的样品（或指标）聚合完毕，这就是聚类分析的基本思想。

聚类分析进行分类的依据是样品或指标之间的距离或相似系数，常用的距离包括明考夫斯基距离、绝对距离、欧氏距离、切比雪夫距离、马氏距离以及兰氏距离等，常用的相似系数有夹角余弦和相关系数等。

根据所用方法不同，聚类分析可分为系统聚类法、有序样品聚类法、动态聚类法、模糊聚类法等等，其中的系统聚类法最为广泛。根据分类的对象不同，聚类分析又可分为对样品聚类（又称 Q 型聚类分析）和对变量聚类（又称 R 型聚类分析）两种类型。其中 Q 型聚类分析多用距离作为分类的依据、R 型聚类分析多用相似系数作为分类的依据。下面主要介绍系统聚类法。

2. 系统聚类分析法

1）系统聚类法的基本思路

将需要分类的 n 个样品看成是 n 类，即每个样品自成一类。根据空间距离或相似系数、把性质最为相似的两个样品合并为一类，得到了（n-1）个类。继续合并，直到所有样品都在一个类中为止。进行类别合并的原则是使得类间差异最大，而类内差异最小。将上述合并过程画成聚类谱系图，据此图可将全部样品分类。

2）距离的计算方法

系统聚类法的关键是计算类与类之间的距离，正如样品之间的距离可以有不同的定义方法一样，类与类之间的距离也有不同的定义，因此产生了不同的系统聚类方法。系统聚类方法包括最短距离法、最长距离法、中间距离法、重心法、类平均法、可变类平均法，可变法等，但这些方法聚类的步骤是完全一样的。当采用欧氏距离时，这些聚类方法可归结为统一的递推公式。

3）分类准则

根据谱系图确定分类个数的准则：

准则 1：各类重心之间的距离必须足够大。

准则 2：各类所包含的样本不要太多。

准则 3：类的个数应该符合实用目的。

准则 4：若采用不同的聚类方法，在各自的聚类谱系图中应有相同的类。

应该指出的是，关于类的个数如何确定的问题，至今还没有一个合适的标准，也就是说对任何观测数据都没有唯一正确的分类方法。

4）系统聚类分析法的步骤

步骤 1：确定样本之间距离与两类之间距离的定义，此处采用欧氏距离来定义空间。对于 n 维空间中的两点 $X=(x_1,x_2,\cdots x_n),Y=(y_1,y_2,\cdots y_n)$，定义 X 和 Y 间的距离为 $d(X,Y)$：

$$d(X,Y)=\sqrt{\sum_{i=1}^{n}(x_i-y_i)^2} \tag{7.3-8}$$

步骤 2：计算 n 个样本两两之间的距离，它们构成一个对角线元素全为 0 的对称矩阵。记为 $D(0)$。

步骤 3：把每个样品看成一类，计作 $G_1,G_2,\cdots G_n$。$D(0)$ 反映了这 n 个类两两之间的距离。

步骤 4：选择距离矩阵 $D(0)$ 中的最小元素。为不失一般性，设其为 D_{pq}，则将 G_p、G_q 合并成一类，计为 G_r，$G_r=\{G_p,G_q\}$。计算新类 G_r 与其他各类的距离：

$$D_{rk}=\min\{d_{ij} \mid i\in G_r, j\in G_k\}$$

将矩阵 $D(0)$ 中的第 p，q 行和第 p，q 列删除，再用 D_{rk} 放在第 p 行和第 q 列上，得到的矩阵记为 $D(1)$。

步骤 5：在 $D(1)$ 的基础上重复步骤 4，直到 n 个样本聚合在一类中为止。

步骤 6：把上述过程用一张聚类图来表达。

步骤 7：请有关的专业人员根据聚类图决定最终应该把这 n 个样本分成几类，每个类中有哪些样本。

例题 7.3-2：对华东七省省会城市进行交通安全状况评价。以 1992 ~ 1993 年的交通事故起数（x_1）、死亡人数（x_2）、受伤人数（x_3）、损失折款（x_4）四项指标为原始数据进行分析，见表①和表②。

例题 7.3-2 表①　1992 年七省会事故表

城市	x_1	x_2	x_3	x_4
G1	4 518	591	1 813	20 285 864
G2	1 328	389	857	6 232 869
G3	2 545	723	1 685	11 391 181
G4	916	313	760	2 488 814
G5	1 763	334	1 195	4 791 259
G6	996	227	439	1 646 760
G7	994	399	662	3 480 370

例题 7.3-2 表②　1993 年七省会事故表

城市	x_1	x_2	x_3	x_4
G1	8 501	699	2 882	4 644 488
G2	1 400	400	813	9 514 352

续表

城市	x_1	x_2	x_3	x_4
G3	3 647	876	1 525	17 737 680
G4	740	306	560	3 427 285
G5	1 872	410	1 051	8 863 123
G6	1 085	209	473	2 325 438
G7	750	327	497	2 388 700

解：分别计算七个城市四项指标的相对增长率：

$$y_i = \frac{x_i(1993) - x_i(1992)}{x_i(1992)} \times 100$$

计算结果见表③，其中 y_1, y_2, y_3, y_4 分别为事故起数、死亡人数、伤亡人数、损失折款的相对增长率，Y 表示平均值，即 $Y = \sum_{i-1}^{4} y_i \Big/ 4$ 。

以城市事故四项指标相对增长率 $y_i(1,2,3,4)$ 为评价指标，计算两两样本（城市）之间的欧氏距离，见表④。

用最短距离系统聚类法进行聚类，最终可以用聚类图表示，见例题 7.3-2 图。

根据四项指标相对增长率的综合指标（平均值 Y），取阈值 T=30，根据聚类图，把七个城市样本分成四类：$\{G_7\}\{G_4\}\{G_2、G_3、G_6、G_5\}\{G_1\}$ 。第一类 $\{G_7\}$ 属于交通安全状况有改善；第二类 $\{G_4\}$ 属于交通安全状况基本不变；第三类 $\{G_2、G_3、G_6、G_5\}$ 属于交通安全状况略有恶化；第四类 $\{G_1\}$ 属于交通安全状况恶化。

例题 7.3-2 表③　七省会事故指标的相对增长率

城市	y_1	y_2	y_3	y_4	Y
G1	88.16	18.3	59.0	129.0	71.1
G2	8.4	2.9	5.2	52.7	17.3
G3	4.0	21.2	9.5	55.7	22.6
G4	−19.2	−2.2	−26.3	37.7	−2.5
G5	6.2	22.8	−12.1	85.0	25.5
G6	3.9	−7.9	7.8	41.2	11.3
G7	−24.6	−18.1	−24.9	-31.4	−24.8

例题 7.3-2 表④　样本间的距离表

城市	G2	G3	G4	G5	G6	G7
G1	112.6	124.8	139.1	110.4	128.6	211.3
G2		19.5	38.2	38.6	20.9	94.8
G3			41.1	29.5	36.8	100.9
G4				60.9	38.0	71.1
G5					57.1	127.8
G6						85.2

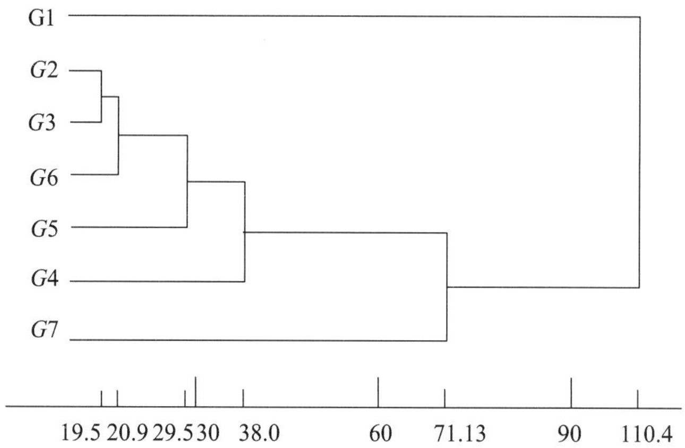

例题 7.3-2 图　样本聚类图

7.3.5　模糊综合评判法

模糊综合评价是借助模糊数学的一些概念，对实际的综合评价问题提供一些评价的方法。首先简要介绍模糊数学中的一些基本概念，然后再介绍模糊综合评判法。

1. **模糊数学有关概念**

1）经典集与模糊集

集合是现代数学的一个基础概念，一些不同对象的全体称为集合。论域也是一个集合，指所论及对象的全体，称为全集。设有集合 A，A 的所有子集所组成的集合称为 A 的幂集，记为 $P(A)$。经典集最基本的属性是元素彼此相异，范围边界分明，一个元素 x 与集合 A 的关系是，要么 x 属于 A，要么 x 不属于 A，二者必居其一。集合 A 的特征函数（图 7.3-3）：

$$\chi_A(x)=\begin{cases}1, & x\in A\\ 0, & x\notin A\end{cases} \tag{7.3-9}$$

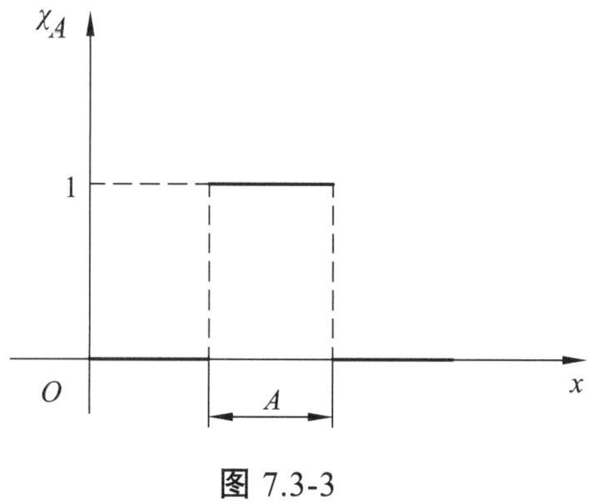

图 7.3-3

图 7.3-4

然而，现实世界存在大量的模糊现象，其差异不是绝对的，存在着中间过渡、亦此亦彼的情况。为了仍在集合理论的框架下讨论模糊现象，提出了模糊集合的概念，将特征函数的取值范围由{0, 1}推广到闭区间[0, 1]，建立起隶属函数的概念。通过图 7.3-4 来帮助进一步理解，设论域 U，取具有单位长度的线段，把 U 上的模糊集记为 A，若元素 x（线段）位于 A（圆圈）内记为 1；若元素 x 位于 A 的外部记为 0；若元素 x 部分在 A 外、部分在 A 内，则表示隶属的“中介状态”，元素 x 位于 A 内部的长度则表示了 x 对于 A 的隶属程度（简称隶属度）。

隶属函数可能是连续的也可能是离散的，这取决于论域的情形。应用模糊数学方法的关键在于建立符合实际的隶属函数。例如：设论域 $U=[0, 200]$（单位：岁）表示人的年龄，给出“年轻”（Y）“年老”（Q）两个模糊集，其隶属函数分别为（见图 7.3-5）：

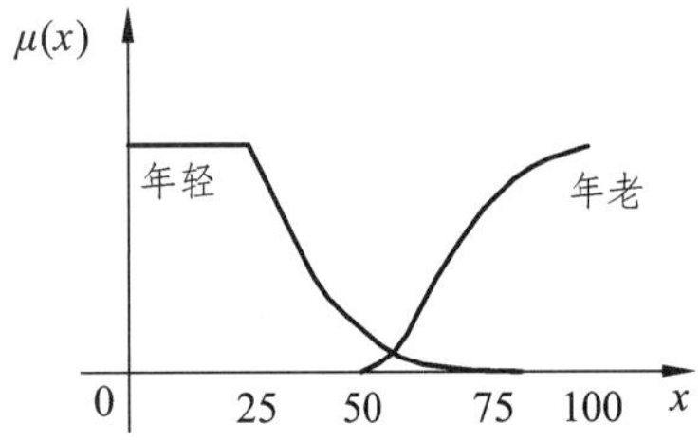

图 7.3-5

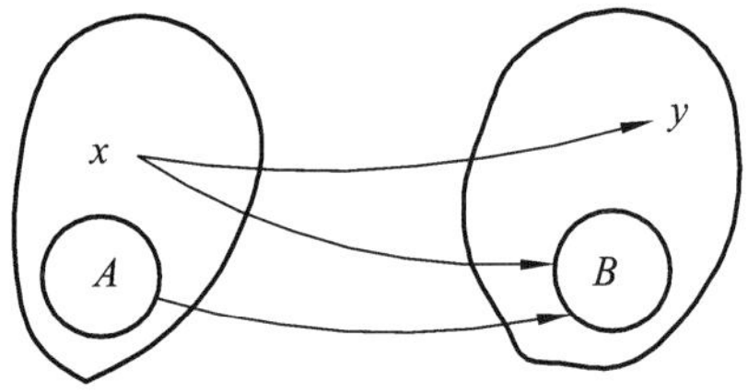

图 7.3-6

$$Y(x)=\begin{cases}1, & 0\leqslant x\leqslant 25\\ \left[1+\left(\dfrac{x-25}{5}\right)^{2}\right]^{-1}, & 25< x\leqslant 200\end{cases}$$

$$Q(x)=\begin{cases}0, & 0\leqslant x\leqslant 50\\ \left[1+\left(\dfrac{x-50}{5}\right)^{-2}\right]^{-1}, & 50< x\leqslant 200\end{cases}$$

2）映射与扩张

映射定义：设 X, Y 是两个非空集，如果存在一个对应规则 f，使得对于任意元素 $x\in X$，有唯一元素 $y\in Y$ 与之对应，则称 f 是从 X 到 Y 的映射，记为：

$$f:X\to Y$$
$$x\mapsto f(x)=y\in Y$$

y 称为 x 在映射 f 下的像，x 称为原像。

由映射（点到点）的概念扩张到点集映射、集合变换的概念，有如下定义（见图 7.3-6）。

设 $f:X\to Y, x\mapsto f(x)$，则称映射：

$$f:X\to P(Y)$$
$$x\mapsto f(x)=B\in P(Y)$$

为 X 到 Y 的点集映射。

设 $T:X\to Y, x\mapsto f(x)$，则称映射：

$$T:P(X)\to P(Y)$$
$$A\mapsto T(A)$$

为 X 到 Y 的集合变换。

经典扩张原理：设映射 $f:X\to Y, x\mapsto f(x)=y$，对于任意 $A\in P(x)$，令：

$$f(A)=\{y\in Y\mid y=f(x), x\in A\}$$

则集合 $f(A)\in P(Y)$，称为集合 A 在 f 下的像（见图 7.3-7（a））。

对于任意 $B \in P(Y)$，令 $f^{-1}(B)=\{x \in X \mid f(x) \in B\}$，则集合 $f^{-1}(B) \in P(X)$ 称为集合 B 在 f 下的原像（见图 7.3-7（b））。

其特征函数分别为：$\chi_{f(A)}(y)=\underset{f(x)y}{\vee}\chi_A(x)$，$\chi_{f^{-1}(B)}(x)=\chi_B(f(x))$

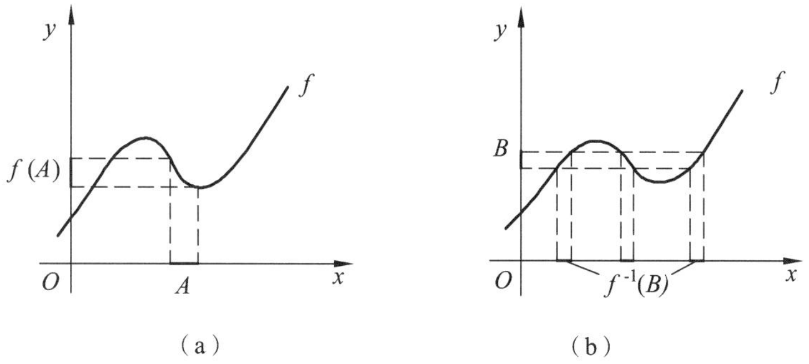

图 7.3-7

经典扩张原理实际上表示一个集合变换。同样对于模糊集，类似扩张原理如下：

设映射 $f:U \to V$，则称映射：

$$f:P(U)\to P(V)$$
$$A \mapsto f(A)$$

为从映射 f 扩张的模糊变换。其隶属函数为：$f(A)(v)\overset{def}{=}\underset{f(u)=v}{\vee}A(u)$，则称映射：

$$f^{-1}:P(V)\to P(U)$$
$$B \mapsto f^{-1}(B)$$

为从映射 f 扩张的反向模糊变换。其隶属函数为：$f^{-1}(B)(u)\overset{def}{=}B(f(u))$，称 $f(A)$ 为 A 的像，称 $f^{-1}(B)$ 为 B 的原像。

3）关系及关系的合成

在日常生活中，有许多事物是成对出现，且具有一定的顺序。设 X，Y 是两个集合，由 X 的元素与 Y 的元素配成的全体序对组成一个集合，称为 X 与 Y 的直积，记为 $X\times Y$。

关系定义：设 X、$Y \in P(U)$，$X \times Y$ 的子集 R 称为 X 到 Y 的二元关系，若 $(x,y)\in R$，则称 x 与 y 有关系，记为 xRy，若 $(x,y)\notin R$，则称 x 与 y 没有关系，记为 $x\bar{R}y$，R 的特征函数为：

$$\chi_R(x,y)=\begin{cases}1, & \text{当 } xRy \text{ 时}\\ 0, & \text{当 } x\bar{R}y \text{ 时}\end{cases}$$

关系的表示可用矩阵表示，矩阵中的元素或是 0 或是 1（称为布尔矩阵）。

关系合成：设 R_1 是 X 到 Y 的关系，R_2 是 Y 到 Z 的关系，则称 R_1。R_2 为关系 R_1 与 R_2 的合成，其特征函数为：

$$\chi_{R_1\circ R_2}(x,z)\overset{def}{=}\underset{y\in Y}{\vee}[\chi_{R_1(x,y)}\wedge\chi_{R_2(y,z)}]$$

关系的合成可用矩阵表示：

$R_1=(r_{ij})_{m\times n}$，$R_2=(p_{ij})_{n\times s}$，$R_1\circ R_2=(c_{ij})_{m\times s}$。

其中：$c_{ij}=\overset{n}{\underset{k=1}{\vee}}(r_{ik}\wedge p_{kj})$，$i=1,2,\ldots m$；$j=1,2,\ldots s$。$\wedge,\vee$ 称为扎德算子，对于任意 $a,b\in[0,1]$，$a\vee b\overset{def}{=}\max(a,b)$，$a\wedge b\overset{def}{=}\min(a,b)$

例如：

$$R_1=\begin{bmatrix}0&0&0\\0&0&1\\0&1&0\\1&0&0\end{bmatrix},\quad R_2=\begin{bmatrix}1&0&0\\0&1&0\\0&0&1\end{bmatrix}，则：$$

$$R_1\circ R_2=\begin{bmatrix}0&0&0\\0&0&1\\0&1&0\\1&0&0\end{bmatrix}\circ\begin{bmatrix}1&0&0\\0&1&0\\0&0&1\end{bmatrix}=\begin{bmatrix}0&0&0\\0&0&1\\0&1&0\\1&0&0\end{bmatrix}$$

模糊关系：模糊关系是普通关系的推广，例如“父子”是普通关系，两人彼此“熟悉”则是模糊关系。普通关系中 1 表示有关系，0 表示没有关系，而模糊关系用隶属度[0，1]表示相关程度。

设有论域 U,V，称 $U\times V$ 的一个模糊子集 $R\in(U\times V)$ 为 U 到 V 的模糊关系，其隶属函数为映射：

$$\mu_R:U\times V\to[0,1]$$

$$(x,y)\mapsto\mu_R(x,y)\overset{记为}{=}R(x,y)$$

并称隶属度 $R(x,y)$ 为 (x,y) 关于模糊关系 R 的相关程度。

模糊关系的合成：设有 X、Y、Z 三个论域，R_1 是 X 到 Y 的模糊关系，R_2 是 Y 到 Z 的模糊关系，R_1 与 R_2 关系的合成 R_1。R_2 是 X 到 Z 的模糊关系，其隶属函数为：

$$R_1\circ R_2(x,z)=\overset{\vee}{y}eY(R_1(x,y)\wedge R_2(x,y)$$

当论域有限时，模糊关系合成可转化成模糊矩阵的合成。模糊矩阵不再是布尔矩阵。

例如：生物种群 x 与种群 y 的密切程度为 R_1，种群 y 与种群 z 的密切程度为 R_2，则种群 x 与种群 z 的密切程度为：

$$R_1\circ R_2=\begin{bmatrix}0.2&0.9&0.5\\0.4&0.1&0.8\\0.6&0.7&0.3\end{bmatrix}\circ\begin{bmatrix}0.9&0.5&0.2\\0.4&0.8&0.7\\0.6&0.3&0.1\end{bmatrix}=\begin{bmatrix}0.5&0.8&0.7\\0.6&0.4&0.2\\0.6&0.7&0.7\end{bmatrix}$$

4）集合运算

经典集合有并、交、余等运算。将经典集的运算推广到模糊集合，由于模糊集中没有点和集之间的绝对属于关系，所以其运算的定义只能以隶属函数间的关系来确定。

并：$A\cup B$ 的隶属函数为 $(A\cup B)(x)\overset{def}{=}A(x)\cup B(x),\forall x\in U$

交：$A\cup B$ 的隶属函数为 $(A\cap B)(x)\overset{def}{=}A(x)\cap B(x),\forall x\in U$

余：A^C 的隶属函数为 $A^C(x)\overset{def}{=}1-A(x),\forall x\in U$

由于扎德算子 $\wedge,\vee$ 是对隶属度进行取小、取大运算，这样可能丢掉许多信息，根据需要，人们引进了其他一些新算子，例举部分如下：

取大乘积算子 $(\vee,\cdot)$： $a\vee b\overset{def}{=}\max(a,b), a\cdot b=ab$

有界和取小算子 $(\oplus,\wedge)$： $a\oplus b\overset{def}{=}\min(1,a+b), a\wedge b\overset{def}{=}\min(a,b)$

有界和乘积算子 $(\oplus,\cdot)$： $a\oplus b\overset{def}{=}\min(1,a+b), a\cdot b=ab$

各种算子各有所长，在实际中应根据不同的研究对象，选用适当的算子来描述。其中扎德算子具有最好的代数性质，运算也简单，尽管有某些缺陷，人们还是乐于选用它。

2. 模糊综合评判法

1）模糊综合评判法的基本思想

模糊综合评价就是以模糊数学为基础，应用模糊关系合成的原理，将一些边界不清、不易定量的因素定量化，从多个因素对被评价事物隶属等级状况进行综合性评价的一种方法。模糊综合评判根据所给的条件，对评判对象全体中的每个对象赋予一个非负实数—评判指标，再据此排序择优。模糊综合评判作为模糊数学的一种具体应用方法，最早是由我国学者汪培庄提出的。它主要分为两步：第一步先按每个因素单独评判；第二步再按所有因素综合评判。其优点是数学模型简单，容易掌握，对多因素、多层次的复杂问题评判效果比较好。模糊综合评判方法的特点在于：评判逐对进行，对被评判的对象有唯一的评价值，不受被评价对象所处对象集合的影响。这种模型应用广泛，在许多方面，采用模糊综合评判的实用模型取得了很好的经济效益和社会效益。在进行交通系统评价时，常常将层次分析法与模糊综合评判联合使用。对于某一个特定的对象，可以先利用层次分析法对其进行层次划分。将被评判对象分成若干个组成因素，再根据各个因素划分出需要评判的若干指标，根据各个指标重要程度的不同，需要确定各个指标的权重，然后对带权的指标进行模糊综合评判。其中，权重的确定，对评价结果的客观性及合理性有重要影响。

2）模糊综合评判法的工作步骤

（1）模糊综合评价涉及的基本要素。

① 因素集 $U=\{u_1,u_2,\cdots u_n\}$，为被评判对象的各因素组成的集合；

② 评价集 $V=\{v_1,v_2,\cdots v_m\}$，为评语组成的集合；

③ 权重集 $A=\{a_1,a_2,\cdots a_n\}$，为被评判对象各因素的对应权重的集合；

④ 单因素判断，即对各个因素 $u_i(i=1,2,\cdots n)$ 的评判，得到 V 上的模糊集 $(r_{i1},r_{i2},\cdots r_{im})$

（2）模糊综合评价基本步骤。

下面结合例题 7.3-3 介绍模糊综合评价的基本步骤。

例题 7.3-3：用模糊综合评判对某城市道路网进行综合评价。根据道路网的组成和评价指标的确定原则，利用层次分析法确定需要进行模糊评判的指标体系，见例题 7.3-3 图。

步骤一：确定评价对象的因素集 U 这里的“因素”是指人们考虑问题时的着眼点。在因素集中应该尽量用最少的因素来概括和描述问题，以达到简化评价运算的目的。

例题 7.3-3 的因素集有 $U=\{U_1,U_2,U_3,U_4\}$，U_1 对应道路基础设施子系统，包含 4 个因子（A_{11}、A_{12}、A_{13}、A_{14}）；U_2 对应道路服务水平子系统，包含 4 个因子（A_{21}、A_{22}、A_{23}、A_{24}）；U_3 对应道路管理水平子系统，包含 4 个因子（A_{31}、A_{32}、A_{33}、A_{34}）；U_4 对应交通环境子系统，包含 3 个

因子（A_{41}、A_{42}、A_{43}）。

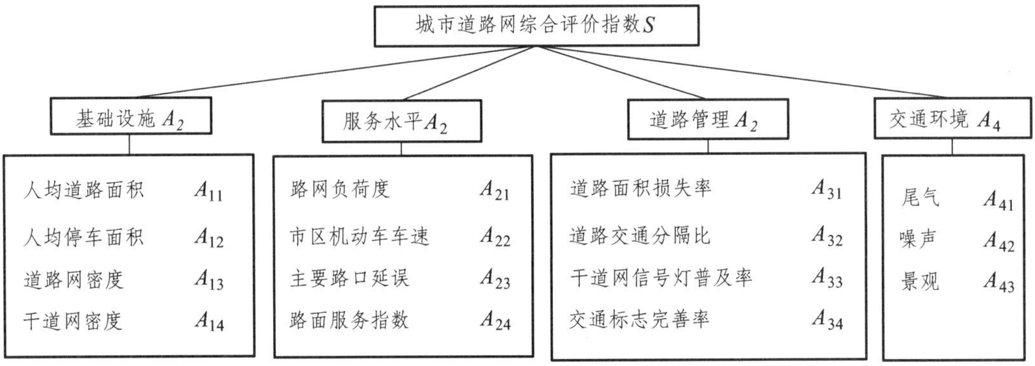

例题 7.3-3 图　城市道路网评价指标体系图

步骤二：确定评价集 V。

利用评价集，根据具体情况的需要，可对单一因素作出不同程度的评价。一般情况下，评语等级数 m 取[3，7]中的整数，如果 m 过大，那么语言难以描述且不易判断等级归属；如果 m 过小又不符合模糊综合评价的质量要求。m 取奇数的情况较多，因为这样可以有一个中间等级，便于判断被评价事物的等级归属。具体等级可以根据评价内容用适当的语言描述，如 V={好，较好，一般，较差，差}。

例题 7.3-3 中，评价集为 V={优，良，中，差}，对应等级用 V={4，3，2，1}表示。

步骤三：确定权重集 A。

在诸多因素中，人们的侧重点是不同的，这就是权重。模糊综合评价是因素权重和单因素评价的复合作用，因此，权重集（权重分配）的确十分重要。一般规定，权重集要满足各分量加和为 1 的要求，若权重集中所有分量加和不为 1，要采用归一化原则进行处理，所谓的归一化原则就是把对应权重 a_i 与权重总和 $\sum_{i=1}^{n} a_i$ 的比值作为新的权重重新分配权重集。

权重的确定一般用如下几种方法：评价专家共同讨论确定，两两对比法，AHP（层次分析法）。如前所述，AHP 是用来进行指标权重确定的最常用方法。

例题 7.3-3 对各因素权重分析结果见表①。

例题 7.3-3 表①　指标权重表

子系统	指标	权重	子系统	指标	权重
A_1（0.442）	A_{11}	0.296	A_3（0.222）	A_{31}	0.385
	A_{12}	0.096		A_{32}	0.217
	A_{13}	0.262		A_{33}	0.243
	A_{14}	0.346		A_{34}	0.155
A_2（0.244）	A_{21}	0.385	A_4（0.092）	A_{41}	0.411
	A_{22}	0.232		A_{42}	0.368
	A_{23}	0.262		A_{43}	0.221
	A_{24}	0.121			

步骤四：专家评价。在介绍问题的有关背景、数据和情况的基础上，由专家们对反映问题因素进行模糊评价。通常可采用“民意测验”的方法来采集专家们的评价意见。

例题 7.3-3 中，专家们根据各因子实际调查了解到的信息（表②中指标集对应行信息），对各因子进行等级评价，结果见表②，表中评价等级 1 表示差，2 表示中，3 表示良，4 表示优。

例题 7.3-3 表②　该特大城市资料综合评价表

A_1	因子	A_{11}（m^2/人）	A_{12}（m^2/人）	A_{13}（km/km^2）	A_{14}（km/km^2）
	指标集	3.65	0.10	7.23	1.97
	评价等级	1	1	2	2
	权重	0.296	0.096	0.262	0.346
A_2	因子	A_{21}（-）	A_{22}（km/h）	A_{23}（s）	A_{24}（-）
	指标集	0.80	25.00	55.00	1.12
	评价等级	2	2	2	3
	权重	0.385	0.232	0.262	0.121
A_3	因子	A_{31}（%）	A_{32}（%）	A_{33}（%）	A_{34}（%）
	指标集	19.40	44.60	92.0	52.0
	评价等级	2	1	4	2
	权重	0.385	0.217	0.243	0.155
A_4	因子	A_{41}（-）	A_{42}（dB）	A_{43}（%）	
	指标集	1.10	75.8	49.6	
	评价等级	1	2	4	
	权重	0.411	0.368	0.221	

步骤五：建立评价矩阵 R。某一因素 u_i 的评价结果 $r_{ij}(i,j=1,2,3\cdots)$ 表示从第 i 个因素出发，对被评价问题作出第 j 种评语的可能程度。固定 $i(r_{i1},r_{i2},\cdots r_{im})$ 就是从 i 种因素出发，对评价对象所作出的单因素评价模糊子集。多种因素的评价模糊子集可构成一个评价矩阵 R。

例题 7.3-3 中，如 A_1 因素，4 个因子中有 2 个被评为 1 等级（差），这 2 个因子权重分别为 0.296、0.096（合计 0.392），有 2 个因子被评为 2 等级（中），权重分别为 0.262、0.346（合计 0.608）。

因此，对于 A_1 因素，其评价模糊子集为：

$$A_1=(r_{11},r_{12},r_{13},r_{14})=(0,0,0.608,0.392)$$

r_{11} 表示评判为优在综合评判中所占的地位，即优评判对模糊集的隶属度为 0；r_{14} 表示评判为差在综合评判中所占的地位，即差评判对模糊集的隶属度为 0.392。

将各因素评价模糊子集构成一个评价矩阵 R，如下：

$$\begin{matrix} & (4) & (3) & (2) & (1) \end{matrix}$$

$$R=\begin{bmatrix} 0.000 & 0.000 & 0.608 & 0.392 \\ 0.000 & 0.121 & 0.897 & 0.000 \\ 0.243 & 0.000 & 0.540 & 0.217 \\ 0.221 & 0.000 & 0.368 & 0.411 \end{bmatrix}$$

步骤六：综合评价。对于评价对象，模糊综合评价结果为：

$$A*R=(a_1,a_2,\cdots a_n)*\begin{bmatrix} r_{11} & r_{12}\cdots r_{1m} \\ r_{21} & r_{22}\cdots r_{2m} \\ \cdots & \\ r_{n1} & r_{n2}\cdots r_{nm} \end{bmatrix}=(b_1,b_2,\cdots b_m)=B \tag{7.3-10}$$

其中 $\sum_{i=1}^{n} a_i = 1(a_i \geqslant 0)$， $r_{ij} \in [0,1]$。如前所述，模糊综合评判的原理是模糊变换。实质上，R 是集合 U 与集合 V 之间的一个模糊关系，根据矩阵的复合运算法则，R 确定了一个模糊映射，它把 U 上的一个模糊子集 A 映射到 V 上的一个模糊子集 B，A 是映射的原像，B 是映射的像，于是模糊综合评判实际上就是已知原像（权分配矩阵）和映射（单因素评判矩阵）求像（综合评判的结果）的问题。当模糊向量 A 和模糊关系矩阵 R 为已知时，即可进行综合评判。

公式（7.3-10）中“*”是一个广义合成运算符、在广义模糊运算下 B 的各元素为；

$$b_j=(a_1\dot{*}r_{1j})\overset{*}{*}(a_2\dot{*}r_{2j})\overset{*}{*}\cdots\overset{*}{*}(a_n\dot{*}r_{nj}) \quad (j=1,2,\cdots m)$$

简记为模型 $M(\dot{*},\overset{*}{*})$，其中 $\dot{*}$ 为广义模糊“与”运算，$\overset{*}{*}$ 为广义模糊“或”运算。在进行交通系统的模糊综合评判时，常用以下 4 种模型：$M(\wedge,\vee)$、$M(\cdot,\vee)$、$M(\cdot,\oplus)$、$M(\wedge,\oplus)$，见表 7.3-10。

表 7.3-10　模糊综合评价模型及表达式

模型	表达式	模型	表达式
1、$M(\wedge,\vee)$	$b_j=\overset{m}{\underset{i=1}{\vee}}(a_i \wedge r_{ij})$	2、$M(\cdot,\vee)$	$b_j=\overset{m}{\underset{i=1}{\vee}} a_i r_{ij}$
3、$M(\cdot,\oplus)$	$b_j=\sum_{i=1}^{m} a_i r_{ij}$	4、$M(\wedge,\oplus)$	$b_j=\sum_{i=1}^{m} a_i \wedge r_{ij}$

经过模型评判的评价结果向量未必满足所有分量加和为 1 的要求，若出现这种情况，仍需要按照归一化原则重新分配向量中的各元素。

例题 7.3-3 中，

$$A*R=(a_1,a_2,\cdots a_n)*\begin{bmatrix} r_{11} & r_{12}\cdots r_{1m} \\ r_{21} & r_{22}\cdots r_{2m} \\ \cdots & \\ r_{n1} & r_{n2}\cdots r_{nm} \end{bmatrix}$$

$$=(0.442,0.244,0.222,0.092)*\begin{bmatrix} 0.000 & 0.000 & 0.608 & 0.392 \\ 0.000 & 0.121 & 0.897 & 0.000 \\ 0.243 & 0.000 & 0.540 & 0.217 \\ 0.221 & 0.000 & 0.368 & 0.411 \end{bmatrix}$$

按 4 种不同模型计算结果见表③。

例题 7.3-3 表③　综合评价结果

评价结果集模型	$B = A * R$
1. $M(\wedge,\vee)$	（0.188　0.103　0.376　0.333）
2. $M(\cdot,\vee)$	（0.103　0.057　0.511　0.329）
3. $M(\cdot,\oplus)$	（0.074　0.030　0.637　0.259）
4. $M(\wedge,\oplus)$	（0.147　0.057　0.468　0.328）

实际使用时不需要将 4 个模糊模型同时使用，只需根据具体问题选择一个合适的模型进行评判即可。

步骤七：评价结果确定。模糊综合评价的结果是被评价事物对各等级模糊子集的隶属度，它构成一个模糊向量，而不是一个确定的点值。因此，可根据最大隶属度原则得出一个比较直观的结果或明确的评价。若对于多个方案的比选，则可以赋予评价等级一定的分值，计算各个方案的综合得分，得分最高的即为最优方案。例题 7.3-3 中，根据最大隶属度原则，4 个模型计算结果都是城市道路网水平为中等。

将评价集 V={优，良，中，差}数量化表示为 V={4，3，2，1}向量，将模糊综合评价结果向量与评价集的转置向量相乘，得到评判结果得分。4 个模型计算结果如下：

$w_1 = (0.188, 0.103, 0.376, 0.333) \cdot (4,3,2,1)^T = 2.146 \approx 2$，对应隶属档次：中；

$w_2 = (0.103, 0.057, 0.511, 0.329) \cdot (4,3,2,1)^T = 1.934 \approx 2$，对应隶属档次：中；

$w_3 = (0.074, 0.030, 0.637, 0.259) \cdot (4,3,2,1)^T = 1.919 \approx 2$，对应隶属档次：中；

$w_4 = (0.147, 0.057, 0.468, 0.328) \cdot (4,3,2,1)^T = 2.023 \approx 2$，对应隶属档次：中。

7.4　决策分析方法

在道路与交通工程的规划、设计、施工中，普遍存在选择方案问题，即决策问题。决策问题就是为了实现系统的预期目标，从多个备选方案中，选择一个最优的或最满意的方案付诸实施。决策是系统工程的一个逻辑步骤，对决策技术的研究是系统分析中的一项重要课题。

7.4.1　概述

“决策”就是作出决定，即为了达到一定的目标，按照一定的价值准则，对应该采取的行动方案作出最好的选择。为说明问题，先举一个实例。

例题 7.4-1：某工程队承接了一项道路工程，施工管理人员要根据天气情况决定是否开工。已知下列条件：（1）如果开工后天气好，能按期完工，可以获得 10 万元的利润。（2）如果开工后天气坏，将造成 4 万元的损失。（3）如果不开工，无论天气好坏，都要付出窝工损失 1 万元。

在上述条件下，决定是否开工，就是一个决策问题。

决策实际上包含了这样一个过程：从明确要解决的问题出发，经过积极的思考、认真的调查研究，分析客观情况和主观目标要求，制订多个可行方案，选定最佳或最满意的行动方案，并加以贯彻实施。决策的本质是一个优化过程，是一个反复分析、比较并作出选择的过程，不是一次认识、一次分析、一次判断就可以完成的，实际中的决策往往是一个多次循环的过程。

实际生活和生产中，凡是对于同一问题面临几种情况，而又有多种方案可供选择时，就形成了一个决策。面临的情况，称为自然状态或状态，如例题 7.4-1 中，天气好和天气坏是两个自然状态。这些自然状态是不以人们的意志为转移的，但是这些自然状态中必然出现一种状态，而且只能出现一种，多种状态不会同时发生。

在决策中，参加比较的方案称为策略，也称为行动方案。如例题 7.4-1 中，一个行动方案是开工，另一个行动方案是不开工。

1. 决策问题的构成

决策问题一般由以下因素构成。

1）决策主体或决策者

决策主体或决策者可以是个人，也可以是一个集体，如董事会、委员会等。决策的正确与否受决策者所处的社会、政治、经济环境及决策者个人素质的影响。

2）决策目标

决策目标是决策者希望达到的成果。

3）方案

方案即决策者根据决策要求可能采取的一系列活动或措施。一个决策问题中方案数应多于一个。

4）结果

结果是方案实施后产生的效果。在确定的情况下，一个方案只有一个结果；在不确定的情况下，一个方案有多个可能的结果。

5）决策准则

决策准则是评价与选择方案的价值依据。决策准则不仅由决策目标决定，而且受决策者的价值观影响。

2. 决策问题的分类

决策问题可以从不同的角度、按照不同的标准进行分类。

1）按照决策的重要性分类

按照决策重要性的不同，可将决策分为战略决策、策略决策和执行决策。

（1）战略决策是涉及系统全局和长远问题的决策。如某大城市是否采用地铁系统作为其客运交通的骨架，就是该城市交通发展的战略决策。

（2）策略决策是为了完成战略决策所规定的目标而进行的决策。如某大城市决定采用地铁系统后，各线路、车站的选择与确定即为策略决策。

（3）执行决策是根据策略决策的要求，对行动方案选择的决策。如对地铁系统各线路、车站设计方案的确定属于执行决策。

2）按照决策的结构分类

按照决策的结构，可将决策分为程序化决策和非程序化决策。

（1）程序化决策是指目标明确，具备可供选择的方案，用一般程序化的方法就可以找到最优方案的决策。这类决策可以建立固定的模式，有一套通用的决策方法，一般是可重复的，是有章可循的决策。如材料的订购、常规生产作业计划的制订等方面的决策。

（2）非程序化决策是指复杂的、用一般程序化方法无法解决的决策问题。这种决策是一种非例行决策，受许多因素的影响，没有规律可循，不可能建立一套通用的决策模式。这类决策一般是一次性的，只能依靠决策者的知识、经验和判断力，如新技术开发等方面的决策。

3）按照决策的可靠度分类

按照决策的可靠度，决策可分为确定型决策、风险型决策和不确定型决策三种。

（1）确定型决策具备以下条件。

① 存在决策者希望达到的一个明确目标；

② 存在一种确定的自然状态；

③ 存在供决策者选择的两个以上的方案；

④ 不同方案在确定状态下的益损值可以计算。

（2）风险型决策具备以下条件：

① 存在决策者希望达到的一个明确的目标；

② 存在两种或两种以上的自然状态；

③ 存在供决策者选择的两个以上的方案；

④ 不同方案在确定状态下的益损值可以计算。

⑤ 在 n 种（n=1，2，3，⋯）自然状态中，究竟出现哪一种状态，决策者无法确定，但是各种自然状态出现的概率（可能性）事先可以估计或者计算出来。

（3）不确定型决策不同于以上两种决策。确定型决策实际上是知道有某种自然状态，而且这种自然状态一定会发生，即该自然状态出现的概率为 1。风险型决策是知道有 n 种可能的自然状态，虽然不知道哪一种自然状态将会出现，但是知道每种自然状态发生的概率。而不确定型决策所面临的情况是：知道有 n 种可能的自然状态，但既不知道 n 种状态中会发生哪一种情况，也不知道每种状态发生的概率有多大。不确定型决策问题满足风险型决策的前 4 个条件。

4）按照决策目标的数量分类

按照决策目标的数量，决策可以分为单目标决策和多目标决策。

（1）单目标决策问题仅有一个决策目标，如决策目标是提高经济效益。

（2）多目标决策问题存在多个决策目标，如决策目标是既要提高经济效益，又要降低成本。

本章中，主要讨论确定型决策、不确定型决策和风险型决策问题。

3. 决策过程

决策过程一般包括准备、计划、选择和实施控制四个阶段，见图 7.4-1。

准备阶段主要包括明确决策问题、收集和处理相关信息即明确决策问题的性质、背景、特征、条件，收集与决策问题相关的政治、经济、社会、技术等方面的信息资料，并按照一定的要求将收集到的信息进行分析、加工和处理。

计划阶段在对所掌握的信息进行分析研究的基础上，确定预测目标，并对影响预测结果的重要因素进行预测。在此基础上提出可行方案，并对方案进行研究和论证。

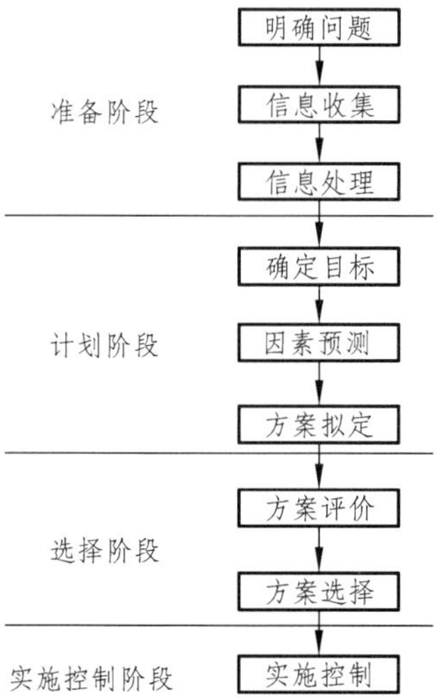

图 7.4-1　决策过程

选择阶段计算出不同方案在不同自然状态下的益损值，即对各种可行方案进行分析评价。在此基础上，按照一定的价值准则选择满意的方案。

当前的决策是基于对事物过去、现在的认识和对将来的预测的，但在决策方案实施过程中，常会出现偏差或出现未预料的新情况。因此，决策方案不是一成不变的，需要在实施过程中根据实际情况对其进行不断调整和补充。

上述的决策过程是一个有机的整体，既相对独立，又互相联系、互相交叉、互相渗透。如在拟订可行方案时，可能发现原定目标不恰当而要加以修改；在选择阶段，可能发现某些方案需要进行一些改动，甚至可能发现新方案；而在方案的实施过程中，更要求将实施结果与预测结果加以对比，观察实施结果与预测结果是否有差异以及差异的程度，从而对决策方案进行修正。决策方法研究的重点在选择阶段，即对已经拟订的可行方案进行分析、比较、评价和选择。

7.4.2　确定型问题的决策分析

在确定型决策问题中，有两个以上供决策者选择的可行方案，同时自然状态是确定的，不含有随机的因素。由于每一个方案都有一个确定的结果，因此只要直接比较各方案的益损值就可以判别方案的优劣，从而完成决策。

如在例题 7.4-1 中，如果自然状态是确定的，在计划开工时期内天气坏。这时可选择的方案有两个：开工与不开工。在“天气坏”这个确定的自然状态下，选择“开工”方案的益损值为损失 4 万，选择“不开工”方案的益损值为损失 1 万。因此，选择“不开工”方案优于“开工”方案。

例题 7.4-2：某施工单位有过剩的生产工具需处理，现有两种处理方案。方案 A：卖掉过剩生产工具，得现金 1 万元；方案 B：把过剩工具租给其他工程单位，租金每年 1500 元，工具使用期为 10 年，10 年后报废，不考虑残值。假定年利率为 10%，问哪个方案比较合理。

解：本例中不涉及具体的自然状态，但每个行动方案的结果都是确定的。所以，本例属于确定型决策问题。用现值法比较方案如下：

方案 A 的现值为：$P_A=10000$ 元

方案 B 的现值为：$P_B=A\dfrac{(1+i)^n-1}{i(1+i)^n}=1500\times\dfrac{(1+0.10)^{10}-1}{0.10\times(1+0.10)^{10}}=9217$ 元

即方案 A 的收益值大于方案 B 的收益值，所以方案 A 优于方案 B。

7.4.3 不确定型问题的决策分析

在不确定型决策问题中，有两个或两个以上供决策者选择的行动方案，并且存在两个或两个以上的自然状态。所谓不确定，是指决策者不知道未来究竟出现何种自然状态，也不知道各状态发生的概率。这时决策者主要根据自己的主观倾向进行决策，常用的决策方法有悲观准则、乐观准则、折中准则、等可能性准则和遗憾准则。

1. 悲观准则

悲观准则也称为最大最小（max min）准则。这种方法的思想是对客观情况总是抱以悲观态度，总是把事情的结果估计得很不利，因而也叫保守方法。悲观准则的求解方法是先找出每种方案在最不利情况下的最小收益，即找出：

$$\min_j[C_{ij}]\quad(i=1,2,\ldots)$$

式中 C_{ij} 为方案 i 在 j 自然状态下的益损值。当益损值为收益时，C_{ij} 为正值；益损值为损失时，C_{ij} 为负值。

然后再在各方案的最小收益中找出相应的最大值，即 $\max(\min_j[C_{ij}])$

则该值所对应的方案就是用该方法确定的最优方案。

例题 7.4-3：某工程队正在施工，可供选择的施工方案有四种 P_1,P_2,P_3,P_4，不同的施工方案在不同天气状况下的收益是不同的。施工期间可能遇到的天气状态有四种：W_1（施工期间下雨天数 $D<10$）、W_2（$10\leqslant D<20$）、W_3（$20\leqslant D<30$）、W_4（$D\geqslant 30$）。不同施工方案在不同天气状况下的收益见表①。试选择一个合适的施工方案，使工程队的收益最大。

例题 7.4-3 表①　用悲观准则决策（千元）

施工方案	天气状况				$\min[C_{ij}]$
	W_1	W_2	W_3	W_4	
P_1	40	65	30	35	
P_2	95	75	65	40	
P_3	80	45	90	35	
P_4	60	50	65	45	
$\max(\min[C_{ij}])=45$					

解：先计算每个方案在各种天气状况下的最小收益 $\min[C_{ij}]$，见表①的最后一列。再计算各方案最小收益中的最大值 $\max(\min[C_{ij}])$，见表①中最后一行，相应的施工方案为 P_4，即方案 P_4 为采用悲观准则得到的最优施工方案。

2. 乐观准则

乐观准则也称为最大最大（max max）准则，与悲观准则相反，该方法的思想是对客观情况总是抱以乐观态度，考虑的是最有利的情况。

乐观准则的求解方法是先找出每种方案在最有利情况下的最大收益，即找出：

$$\max_j[C_{ij}] \quad (i=1,2,\ldots)$$

然后再在各方案的最大收益中找出相应的最大值，即：

$$\max(\max_j[C_{ij}])$$

则该值所对应的方案就是用该方法确定的最优方案。

对于例题 7.4-3，先计算每个方案在各种天气状况下的最大收益 $\max[C_{ij}]$，见表②的最后一列。再计算各方案最大收益中的最大值 $\max(\max[C_{ij}])$，见表②中最后一行，相应的施工方案为 P_2，即方案 P_2 为采用乐观准则得到的最优施工方案。

例题 7.4-3 表②　用乐观准则决策（千元）

施工方案	天气状况				$\max[C_{ij}]$
	W_1	W_2	W_3	W_4	
P_1	40	70	30	35	70
P_2	95	75	65	40	95
P_3	80	45	90	35	90
P_4	60	50	65	45	65
$\max(\max[C_{ij}])=95$					

3. 折中准则

悲观准则和乐观准则的倾向性较大，而往往决策人员对客观条件的估计既不那么悲观，也不那么乐观，主张从中平衡，用一个系数表示乐观程度，称为乐观系数，记为 α。因此，折中准则又称为乐观系数准则。

这种方法首先选定 α（$0 \leqslant \alpha \leqslant 1$），然后根据每一方案的最大收益 A_i 和最小收益 B_i 计算相应的折中值：

$$H_i = \alpha A_i + (1+\alpha)B_i \qquad (i=1,2,\ldots)$$

比较各方案的折中值，折中值最大的方案就是最优方案。

在例题 7.4-3 中，取 α=0.5，则各方案折中值分别为：H_1=50，H_2=67.5，H_3=62.5，H_4=55。因此，方案 P_2 为最优施工方案。

乐观系数 α 的取值根据问题的性质而定，α 越大越乐观，α 越小越悲观。α 取 1 时为乐观准则，α 取 0 时为悲观准则。

4. 等可能准则

等可能准则也称平均值准则。当决策者在决策过程中，不能肯定哪种状态容易出现，哪种状态不容易出现时，即认为这些状态出现的可能性（概率）是相同的。将每个方案在各种可能情况下的收益加以平均，收益值最大的方案就是最优方案。

例题 7.4-3 中，各方案的收益平均值分别为：43.75、68.75、62.5、55。故相应的 P_2 为最优方案。

5. 遗憾准则

遗憾准则也称“后悔值”准则。决策者制定决策后，若情况未能符合理想，必将后悔或者引以为憾。该方法的思路是，每一种自然状况下总有一个方案可以达到最好的情况或取得最优值，如果选择其他方案其结果将达不到最优值，相应的差值称为后悔值。一般将一个方案中各自然状态下的最大后悔值作为该方案的后悔值，然后从各方案中，将具有最小后悔值的方案选作最优方案。

遗憾准则的求解方法是首先确定各自然状态发生时的最优方案，即找出：

$$\max_i[C_{ij}] \quad (j=1,2,\ldots)$$

这时每个方案的后悔值为：

$$R(P_i)=\max_j(\max_i[C_{ij}]-[C_{ij}])$$

比较各方案的后悔值，最小后悔值所对应的方案即是最优方案。

对于例题 7.4-3，先计算每个方案在各状态下的后悔值，见表③。再计算各方案的后悔值，见表③中的最后一列。最后计算各方案后悔值中的最小值，见表③中最后一行，相应的施工方案为 P_2，即方案 P_2 为采用遗憾准则得到的最优施工方案。

例题 7.4-3 表③　用遗憾准则决策（千元）

施工方案	天气状况				$\max[C_{ij}]$
	W_1	W_2	W_3	W_4	
P_1	55	5	60	10	60
P_2	0	0	25	5	25
P_3	15	30	0	10	30
P_4	35	25	25	0	35
$\min(\max[C_{ij}])=25$					

对于不确定型决策问题，采用不同决策准则得到的结果可能是不一样的。由于不同决策准则之间没有一个统一的评判标准，同时各种决策准则都缺乏作为依据的客观标准，而仅仅是依靠决策者的主观态度来决定采用与否，因此很难评判哪种方法比较合理，在实际情况中决策者只能根据具体情况选用。如在应对灾害性（地震、洪水）事件时，应估计到最不利的情况，采用悲观准则或遗憾准则使损失最小。一般的决策问题，可多采用几种方法进行决策，然后比较决策结果，诸方法的决策结果中，相同最多的，便可以选为最优决策。如例题 7.4-3，先后采用 5 种决策准则进行分析，有 4 种决策准则的分析结果相同，都是方案 P_2 为最优方案，因此选择施工方案 P_2 是合适的。

7.4.4　风险型问题的决策分析

风险型决策问题也称随机决策问题，或统计型决策问题，是介于确定型与不确定型之间的一种决策问题。在确定型决策中，自然状态是确定的，每一个可行方案所得到的结果也是确定的。在不确定决策中，自然状态是不确定的，每一个可行方案的结果也是不确定的。在风险型决策中决策者不能确切知道未来将出现何种自然状态，不知道每一可行方案将取得的结果，但决策者通过调查、经验或观估计等途径可以知道未来各种自然状态出现的概率，也就可以知道每一可行方案取得某一结果的概率。

风险型决策问题常用的决策方法有最大可能准则、期望值准则和决策树法。

1. 最大可能准则

最大可能准则的基本思想是将风险型决策问题转化为确定型决策问题。风险型决策问题中，每种自然状态的发生都有一个概率值，某种状态的发生概率越大，说明该状态发生的可能性越大。基于这种想法，在风险型决策中，若某种状态出现的概率远比其他状态大得多的时候，就可以忽略其他状态，而只考虑概率特别大的这一种状态。这样，风险型决策问题就转变成确定型决策问题。

例题 7.4-4：在例 7.4-3 中，假设根据以往气象统计数据，在施工期间出现四种天气状况的概率分别为：出现 W_1 的概率 $P(1)=0.2$，出现 W_2 的概率 $P(2)=0.5$，出现 W_3 的概率 $P(3)=0.2$，出现 W_4 的概率 $P(4)=0.1$，如表①所示。

例题 7.4-4 表①　用最大可能准则决策（千元）

施工方案	W_1	W_2	W_3	W_4
	$P(1)=0.2$	$P(2)=0.5$	$P(3)=0.2$	$P(4)=0.1$
P_1	40	70	30	35
P_2	95	75	65	40
P_3	80	45	90	35
P_4	60	50	65	45

出现第二种天气状况 W_2 的概率最大，认为在施工期间肯定出现天气状态 W_2，其他天气状态不会出现。在确定的天气状态 W_2 下，在四个方案中进行决策，方案 P_2 的收益最大，故方案 P_2 为最优方案。

用最大可能准则对风险型问题进行决策比较方便，但该方法的使用范围是有限制的。一般来说，在一组自然状态中，当其中某一个自然状态出现的概率比其他状态出现的概率大得多，而它们相应的益损值相差不是很大时，用这种方法进行决策能得到较好的效果。相反，如果一组自然状态出现的概率都很小，并且互相接近，采用这种方法进行决策效果不会好，有时甚至会引起严重错误。

2. 期望值准则

在风险型决策问题中，未来出现哪种状态是不确定的，是一个随机事件，每一可行方案能获得的收益也是一个随机事件，但获得某个收益的概率是知道的。因此，每一可行方案所能获得收益的数学期望值为：

$$E(A_i)=\sum_{j=1}^{n}P(j)\cdot C_{ij}$$

式中　$E(A_i)$——第 i 个可行方案的收益期望值；

A_i——第 i 个可行方案；

$P(j)$——出现自然状态 j 的概率；

C_{ij}——可行方案在自然状态下的益损值。

在所有方案中，收益期望值最大的就是最优方案。

在例 7.4-4 中，各方案的收益期望值分别为 52.5、73.5、60、54.5。

由计算可知，方案 P_2 的收益期望值最大，故方案 P_2 为最优方案。

最大的收益期望值是平均意义下的最大收益，因此期望值准则适用于一次决策多次重复进行的情况。

决策者制定决策后，若情况未能符合理想，将有后悔的感觉。每一种自然状况下总有一个可以达到最好的情况或取得最优值，如果选择其他方案其结果将达不到最优值，每种状态最大收益值与该状态下各方案收益值之差称为该状态下各方案的悔值。在应用期望值准则时，除计算可行方案的收益期望值外，也可以根据各方案的悔值计算悔值期望值。从悔值期望值中选取最小值，相应的方案即为最优方案。

对于例题 7.4-4，先计算各方案在不同状态下的悔值，见表②。

再计算各方案悔值的期望值，分别为 26.5、5.5、19、24.5。可以看出，方案 P_2 的悔值期望值最小，故方案 P_2 为最优方案。

对于同一个决策问题，采用期望值准则分析收益期望值和悔值期望值得到的结果是相同的。

例题 7.4-4 表②　不同状态下的悔值

施工方案	W_1	W_2	W_3	W_4
	$P(1)=0.2$	$P(2)=0.5$	$P(3)=0.2$	$P(4)=0.1$
P_1	55	5	60	10
P_2	0	0	25	5
P_3	15	30	0	10
P_4	35	25	25	0

3. 决策树法

决策树法实际上仍是期望值准则，只不过在该方法中将期望值准则的决策过程用树状图加以表示，便于决策者在决策过程中瞻前顾后。

1）决策树的结构

决策树法是利用树形结构图辅助进行决策的一种方法。这种方法是把各种备选方案、可能出现的状态以及决策产生的结果，按照逻辑关系画成一个树形图，在树形图上完成对各种方案的计算、分析和选择。决策树由四个部分组成，结构如图 7.4-2 所示

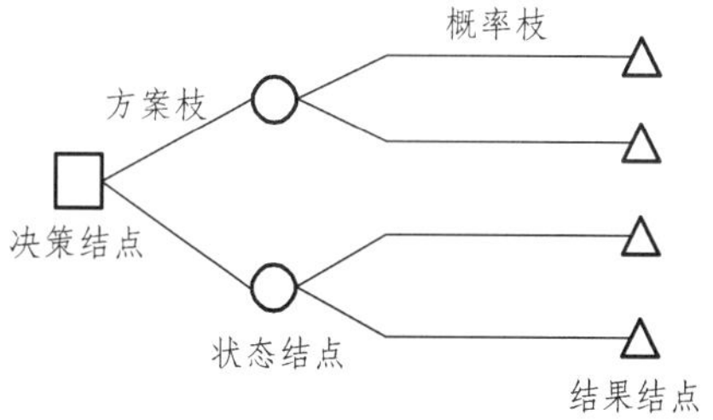

图 7.4-2　决策树结构

（1）决策结点。

决策结点在决策树中用“口”代表，表示决策者要在此处进行决策。从它引出的每一个分枝都代表决策者可能选取的一个方案。

（2）状态结点。

在决策树中用“○”代表状态结点。从它引出的分枝代表其后续状态，分枝上的数字表

示该状态发生的概率。

（3）结果结点。

在决策树中用“△”代表结果结点，表示决策问题在某种可能情况下的结果，旁边的数字是这种情况下的益损值。

（4）分枝。

在决策树中用连接两个节点的线段表示分枝。根据分枝所处的位置不同，又可以分成方案枝和概率枝。连接决策结点和状态结点的分枝称为方案枝；连接状态结点和结果结点的分枝称为概率枝。

2）决策树法的过程

（1）画决策树。

画决策树的过程就是建立决策问题模型的过程。这种模型不是用数学公式来描述的，而是用一个树形图来反映的。

首先，提出各种可行方案，画出方案枝。其次，预计可能发生的自然状态及其发生的概率，画出相应的概率枝，并把状态概率标在概率枝上。最后，计算各种方案在各自然状态下的益损值，并标在相应的结果结点上。

（2）计算期望益损值。

在决策树中，由结果结点开始，按照自右向左的方向，逐列计算每个状态结点和决策结点的期望益损值，并标在相应的结点上。

（3）比较、剪枝、决策。

在决策树中，比较状态结点的期望益损值，进行方案的选择。若决策问题的目标是效益、利润、产值等，应取最大期望收益值对应的方案为最优方案。若决策问题的目标是费用、成本、损失等，应取最小期望损失值对应的方案为最优方案。将收益最大（或损失最小）的期望值标在相应的决策结点上，表示该方案即为决策选择的方案。其他的方案删除，称为剪枝。

例题 7.4-5：将例 7.4-4 中的问题用决策树方法进行决策。

解：决策树如图所示。

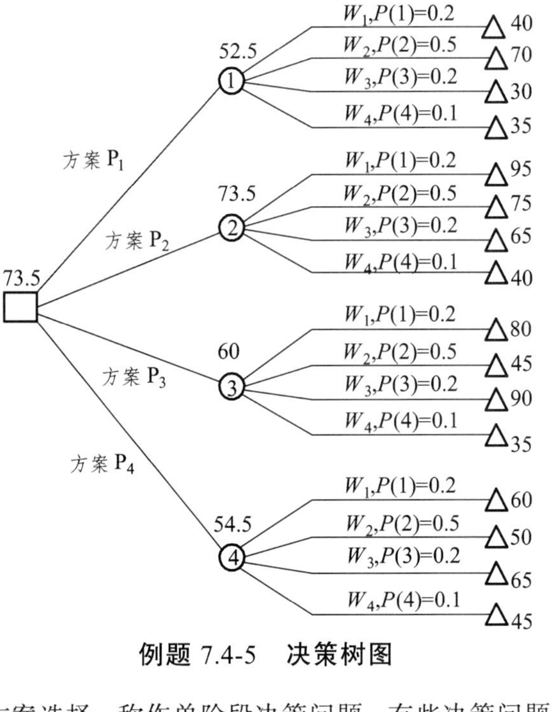

例题 7.4-5　决策树图

比较各方案的收益期望值，可知方案 P_2 为最优方案。

例 7.4-5 在整个决策过程中只需作一次方案选择，称作单阶段决策问题。有些决策问题在决策过程中需要进行两次或两次以上的方案选择，称为多阶段决策问题。处理多阶段决策问题是决策树法的重要特点。

4. 风险型决策问题的讨论

在不确定型决策中，决策者对未来的自然状态一无所知，决策结果受决策者的主观意识影响很大，带有一定的盲目性。而在风险型决策问题中，决策者虽然不确切知道未来的自然状态，但知道未来状态的规律，利用自然状态出现的概率分布，以期望收益值最大作为决策的目标，所得到的决策结果是比较符合客观情况的。

在风险型决策中，确定未来自然状态的概率分布变得十分重要。各种情况出现的概率，可以用统计资料、试验结果得出，但大多数情况下要凭经验、知识甚至是预感，对未来的情况进行估计，这样得到的概率值标为主观概率。对同一事件，不同人作出的主观概率的估值是不同的，因此，所得到的决策结果也是不同的，但这也不完全是主观臆断，还是有一定的客观依据的。

对于不确定型决策，只要决策者对未来的可能性不是全然不知，总可以作出一些估计，因而可以把不确定型决策转化为风险型决策。

在风险型决策中，所有的决策结果都是建立在“概率“基础上的。概率只能说明未来出现某种自然状态的可能性的大小，而不能说明一定出现某状态或一定不出现某状态。如 A、B 两事件，出现事件 A 的概率为 70%，出现事件 B 的概率为 30%，实际情况中，要么出现事件 A，要么不出现事件 A，不存在折中的情况。因此，风险型决策方法带有一定的风险.

例如，采用期望值准则进行风险型决策时，期望值是多次重复事件收益的可能平均值，如果在一段时间内多次重复这种决策，那么相应决策的收益平均值是接近期望值的，决策结果是合理的。但实际当中，常常是在只发生一次可能事件的情况下进行决策，这时决策后得到的收益不会刚好等于期望值。如在例 7.4-5 中，按照期望值准则得到的最优决策方案为 P_2，期望收益为 73.5 千元，而实际上的收益不会是 73.5 千元，在不同的天气条件下，收益值分别为 95 千元、75 千元、65 千元、40 千元。当出现的天气条件是 W_1、W_2时，P_2是最优方案，但当出现的天气条件是 W_3、W_4时 P_2不是最优方案。对于一次性的决策回题，以期望收益值最大作为最优决策是存在一定风险的。但是，由于实际发生什么状态是随机的，因此从统计的观点来看以期望收益最大作为最优决策是合理的。

7.5　系统评价与决策分析在道路交通工程中的应用

例题 7.5-1：某市有 A、B 两条公路在某路口交叉，该交叉路口设有红绿信号灯控制，指挥车辆通行，该信号系统年运行成本为 1 000 元；此外，还有负责指挥的交通民警 1 人，每日执勤 2 h，每小时工资 3 元。据统计，公路 A 日平均车辆通行数为 5 000 辆，公路 B 为 4 000 辆，其中 20%为商业性货车，80%为普通客车。由于车辆通行量大，约有 50%的车辆在交叉路口要停车等候，每次平均停车时间公路 A 为 1.0 min，公路 B 为 1.2 min。如果将停车时间折算成金额，则货车停车平均每小时损失 5 元，客车停车平均每小时损失 2 元；车辆每启动一次的费用，货车为 0.06 元，客车为 0.04 元。另据前 4 年的统计资料，因车辆违反信号控制，发生死亡事故两件，每件平均赔偿费用 50 000 元，伤残事故 40 件，每件平均赔偿费用 1 500 元。

现设想用立交公路桥取代原交叉路口的信号控制系统，预计建设立交桥需投资 750 000 元，系统使用寿命为 25 年，年维修费用为 2 500 元，残值为 0。预计立交桥投入使用后，停车现象与交通事故可基本消除。但通行车辆的 15%需增加行驶路程 0.25 km，货车与客车每公里行驶成本分别为 0.25 元和 0.06 元。设投资的最低期望收益率 i=7%，试用收益-成本分析法评价立交桥系统的经济效益。

解：1：原方案

（1）收益：不计。

（2）成本：

信号系统年运行成本：A_1=1 000 元，n=25 年→现值 P_1=11 653

交警工资：$A_2 = 2\times 3\times 365 = 2\,190$ 元，n=25 年→现值 P_2=25 520.07

客车、货车：

停车损失：

① 公路 A：

$$A_3 = (5\times 20\% + 2\times 80\%)\times(5\,000\times 365\times 50\%\times\frac{1}{60}) = 39\,541.667$$

n=25 年→现值 P_3=60 779.04

② 公路 B：

$$A_4 = (5\times 20\% + 2\times 80\%)\times(4\,000\times 365\times 50\%\times\frac{1.2}{60}) = 37\,960$$

n=25 年→现值 P_4=442 347.88

车辆启动费用：

$$A_5 = (0.06\times 20\% + 0.04\times 80\%)\times(5\,000 + 4\,000)\times 365\times 50\% = 72\,270$$

n=25 年→现值 P_5=842 162.31

死亡/伤残事故赔偿：

$$A_6 = \frac{2}{4}\times 50\,000 + \frac{40}{4}\times 1\,500 = 40\,000$$

n=25 年→现值 P_6=466 120

总成本费用现值：

$$P_1 + P_2 + P_3 + P_4 + P_5 + P_6 = 2\,248\,582.3$$

（也可计算总成本费用年值：$A_1 + A_2 + A_3 + A_4 + A_5 + A_6 = 192\,961.667$）

2. 立交桥方案

（1）收益：

残值：F=0，n=25 年→现值 P=0

（2）成本：

立交桥投资：p_7=750 000（n=25 年→年值 A_7=64 361.11）

年维修费：A_8=2 500，n=25 年→现值 P_8=29 132.5

货车、客车增加行驶成本：

$$A_9 = (0.25\times 20\% + 0.06\times 80\%)\times(5\,000 + 4\,000)\times 365\times 15\%\times 0.25 = 12\,072.375$$

n=25 年→现值 p_9=140 679.39

总成本费用现值：

$$P_7 + P_8 + P_9 = 919\,811.89$$

（也可计算总成本费用年值：$A_7 + A_8 + A_9 = 78\,933.485$）

3. 评价

从兴办者成本费用情况看（建桥、维修、信号系统、民警）：

立交桥方案-原方案 $=(P_7+P_8)-(P_1+P_2)=741\,959.43$

从系统受益人的受益情况看（停车、启动、行驶、事故的节约额）：

立交桥方案-原方案 $=(P_3+P_4+P_5+P_6)-(0+0+P_9+0)=2\,070\,729.842$

通过比较可以看出，立交桥系统的经济效益比原方案更好。

例题 7.5-2：客运线路班次计划决策分析：某汽车客运公司经营一条旅游线路，每开行一班车平均运营成本为 80 元，平均可获利润 80 元，若安排班次后停开一班车则损失 30 元。现要求根据市场状况作出客运班车计划，使其获利润最多。根据上一年度同期客运班车计划统计，汽车客运公司日发车数量概率见表①。

例题 7.5-2 表①　日发车数量概率

计划日发车班次数	完成日发车班次数的天数（W_i）	概率值（P_i）
100	21	0.21
110	38	0.38
120	29	0.29
130	12	0.12
合计	100	1.0

解：采用期望值准则进行决策。

方法（1）：通过计算收益期望值进行决策。根据每天的发车班次和每班次的平均利润，计算各发车班次方案所对应的收益值：

如计划发车 100 班，按当日运输市场需求实开 100 班，则当日获利：100×80=8 000 元；

计划发车 110 班，按当日运输市场需求实开 100 班，安排计划后停开 10 班，每班损失 30 元，则当日获利：100×80−10×30=7 700 元；

以此类推，计算出各发车班次对应的收益值，见表②。

例题 7.5-2 表②　收益值（元）

计划发车班次方案	需求班次 100 W_1	需求班次 110 W_2	需求班次 120 W_3	需求班次 130 W_4
	P_1=0.21	P_2=0.38	P_3=0.29	P_4=0.12
100	8 000	8 000	8 000	8 000
110	7 700	8 800	8 800	8 800
120	7 400	8 500	9 600	9 600
130	7 100	8 200	9 300	10 400

计算各发车班次所对应的期望收益值：

E（100）=8 000×0.21+8 000×0.38+8 000×0.29+8 000×0.12=8 000 元

E（110）=7 700×0.21+8 800×038+8 800×0.29+8 800×0.12=8 569 元

E（120）=7 400×0.21+8 500×0.38+9 600×0.29+9 600×0.12=8 720 元

E（130）=7 100×0.21+8 200×0.38+9 300×0.29+10 400×0.12=8 552 元

根据计算结果，计划日发车 120 班时期望收益值最大，为最优方案。

方法（2）：通过计算悔值期望值进行决策。先计算每种状态下各方案的悔值。

如计划发车 100 班，当日运输市场需求为 100 班时，当日的悔值为：0 元

计划发车 110 班，当日运输市场需求为 100 班时，当日的悔值为：8 000-7 700=300 元

以此类推，计算出各发车班次对应的悔值，见表③。

例题 7.5-2 表③　悔值（元）

计划发车班次方案	W_1	W_2	W_3	W_4
	P_1=0.21	P_2=0.38	P_3=0.29	P_4=0.12
100	0	800	1 600	2 400
110	300	0	800	1 600
120	600	300	0	800
130	900	600	300	0

再计算各方案的悔值期望值。

R（100）=0×0.21+800×0.38+1 600×0.29+2 400×0.12=1 056 元

R（110）=300×0.21+0×0.38+800×0.29+1 600×0.12=487 元

R（120）=600×0.21+300×0.38+0×0.29+800×0.12=336 元

R（130）=900×0.21+600×0.38+300×0.29+0×0.12=504 元

根据上述计算可得出结论，日发车 120 班时悔值期望值最小，为最优方案。

用收益期望值和悔值期望值进行决策所得到结论是一致的，日发车 120 班为最优方案。

例题 7.5-3：公路建设方案决策分析：现有两个公路建设方案需进行决策分析。

甲方案：建设高速公路，使用年限为 30 年，总投资 50 000 万元。若交通量（在规定时间内，下同）达到设计标准，则平均年收益为 8 000 万元：若交通量达不到设计标准，则平均年收益为 6 000 万元。根据预测，交通量达到设计标准的概率为 0.7，达不到设计标准的概率为 0.3。

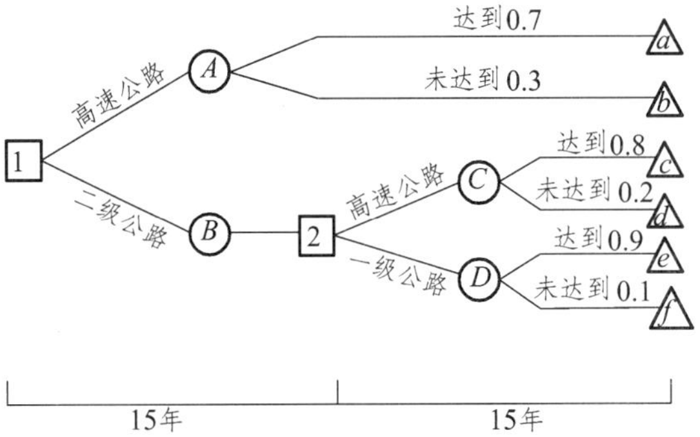

例题 7.5-3 图①　决策树

乙方案：先建设二级公路，总投资为 30 000 万元，如 15 年交通量达到设计标准，则 15 年平均年收益为 5 000 万元，15 年后进行改建，改建方案有两个。一是改建成高速公路，改建投资为 25 000 万元。改建后，交通量达到设计标准，平均年收益为 9 000 万元；若交通量达不到标准，则平均年收益 7 000 万元。二是改建成一级公路，改建投资为 15 000 万元。改建后，交通量达到设计标准，平均年收益为 6 000 万元；交通量达不到设计标准，则平均年收

益为 4 500 万元。根据预测，建成二级公路后，交通量达到设计标准的概率为 1.0；改建成高速公路后，交通量达到设计标准的概率为 0.8，达不到设计标准的概率为 0.2；改建成一级公路后，交通量达到设计标准的概率为 0.9，达不到设计标准的概率为 0.1。

社会折现率为 12%，甲、乙两方案的分析期都定为 30 年。

解：本问题为两阶段风险型决策问题，采用决策树法进行分析。

（1）画决策树，见例题 7.5-3 图①。

计算各方案在不同状态下的净现值结果。

$$NPV_1 = 8\,000 \times \frac{1-1.12^{-15}}{0.12} - 5\,000 = 8\,000 \times 8.055 - 50\,000 = 14\,440.00 \text{ 万元（图中 } a \text{ 位置结果）}$$

$$NPV_2 = 6\,000 \times \frac{1-1.12^{-30}}{0.12} - 50\,000 = 6\,000 \times 8.055 - 50\,000 = -1\,670.00 \text{ 万元（图中 } b \text{ 位置结果）}$$

$$NPV_3 = 5\,000 \times \frac{1-1.12^{-15}}{0.12} + 9\,000 \times \frac{1-1.12^{-15}}{0.12} - 25\,000 \times 1.12^{-15} - 30\,000$$

$$=10\,697.72 \text{ 万元（图中 } c \text{ 位置结果）}$$

同理计算：

NPV_4=8 204.89 万元（图中 d 位置结果）；

NPV_5=8 788.48 万元（图中 e 位置结果）；

NPV_6=6 918.86 万元（图中 f 位置结果）

然后在决策树中从右向左计算期望益损值。进行比较、剪枝、决策，见例题 7.5-3 图②。由于 B 点的期望值大于 A 点期望值，故选择先修建二级公路，15 年后再改建成高速公路的方案。

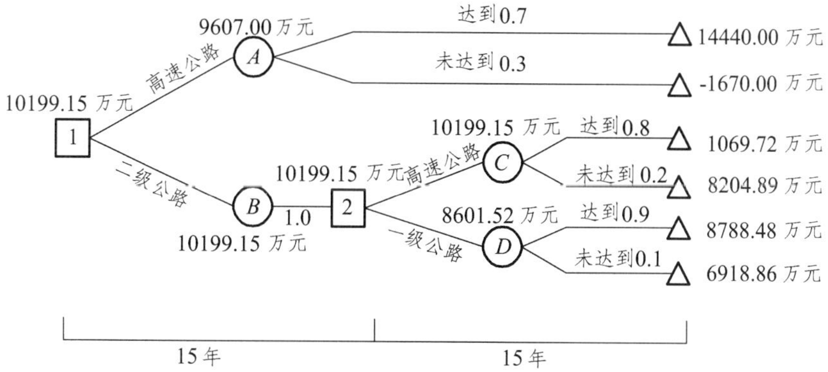

例题 7.5-3 图②　结果及期望值

例题 7.5-4 某工程队承包施工项目，计划从 8 月 1 日开始，8 月底完成。由天气预报得知在 8 月 15 日以后将出现中雨或暴雨，天气变化的概率及对施工任务的影响如下：

无雨 W_1 的概率为 P（W_1）=0.3，施工任务按计划完成；中雨 W_2 的概率为 P（W_2）=0.5，施工任务延期 5 天；暴雨 W_3 的概率为 P（W_3）=0.2，施工任务延期 10 天。如果在 15 日以前加班突击完成任务，则每天需增加 1 000 元加班费；如果延期 5 天，每天的经济损失为 5 000 元；如果延期 10 天，前 5 天中每天的经济损失为 5 000 元，后 5 天中每天的经济损失为 7 000 元。在延期期间加班，每天需增加 2 500 元加班费。

在延误期间，通过加班直至完成施工任务所能节省的天数、相应的可能性以及总的经济损失（总经济损失=延期经济损失+加班费）如下表所示。

例题 7.5-4 表　已知条件

天气	紧急加班	概率	总经济损失（元）
中雨	节省 1 天	0.5	=30 000
	节省 2 天	0.3	3×5 000+3×2 500=22 500
	节省 3 天	0.2	2×5 000+2×2 500=15 000
暴雨	节省 2 天	0.7	（5×5 000+3×7 000）+8×2 500=66 000
	节省 3 天	0.2	（5×5 000+2×7 000）+7×2 500=56 500
	节省 4 天	0.1	（5×5 000+1×7 000）+6×2 500=47 000

解：用决策树方法求解此风险型决策问题。画决策树见图①。

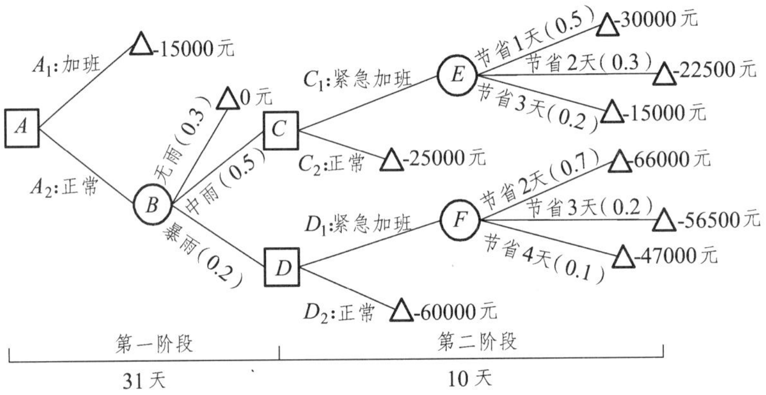

例题 7.5-4 图①　决策树

这是一个两阶段决策问题，前 31 天为一个阶段，下雨延误期为一个阶段。

第一阶段有两个方案：A_1 为前 15 天加班，突击完成任务，相应的经济损失为增加的加班费-15 000 元；A_2 为正常施工。在状态 B 点可能出现三种天气情况，如果天气好则施工任务按时完成，无经济损失；如果出现中雨，则延误 5 天；如果出现暴雨，则延误 10 天。

第二阶段有两个决策结点：C 和 D。在 C 点的决策问题是：遇中雨后延误 5 天，此时是否采取紧急加班措施。相应有两个方案：C_2 为正常施工，造成的经济损失为 5×5 000=25 000 元；C_1 为紧急加班，得到的结果有三种情况：节省 1 天、节省 2 天、节省 3 天，相应的经济损失分别为 30 000 元、22 500 元、15 000 元。在 D 点的决策问题是：遇暴雨后延误 10 天，此时是否采取紧急加班措施。相应有两个方案：D_2 为正常施工，造成的经济损失为 5×5 000+5×7 000=60 000 元；D_1 为紧急加班，得到的结果有三种情况：节省 2 天、节省 3 天、节省 4 天，相应的经济损失分别为 6 600 元、56 500 元、4 700 元。

计算每种情况下的结果，见图①。

从右到左计算期望益损值，进行比较、剪枝、决策，见图②。

E 点的期望值=0.5×（−30 000）+0.3×（−22 500）+0.2×（−15 000）=−24 750 元

可见，方案 C_1 优于方案 C_2，在决策点 C 应选择方案 C_1。在决策点 C 的结果等于方案 C_1 对应的 E 点的期望值−24 750。

F 点的期望值=0.7×（−66 000）+0.2×（−56 500）+0.1×（−47 000）=−62 200 元

可见，D_2 方案优于方案 D_1，在决策点 D 应选择方案 D_2。在决策点 D 的结果等于方案 D_2 的结果−60 000。

再计算 B 点的期望值=0.3×0+0.5×（−24 750）+0.2×（−60 000）=−24 375 元

可见，方案 A_1 优于方案 A_2，在决策点 A 应选择方案 A_1，即在 15 日以前加班突击完成任务。

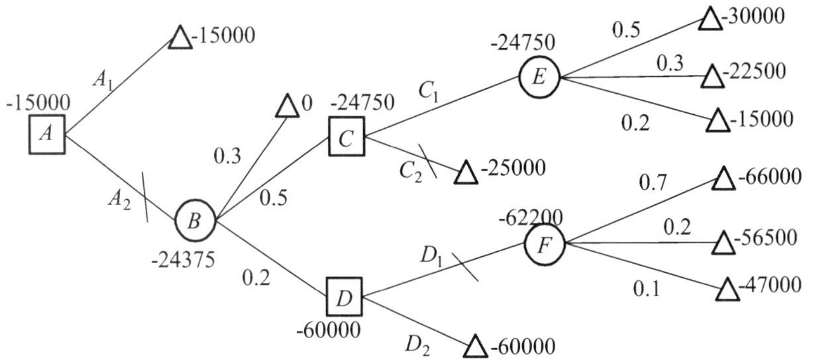

例题 7.5-4 图②

思考题

1. 什么是系统评价?为什么要进行系统评价?
2. 建立评价指标体系的原则是什么?
3. 简述关联矩阵评价法、层次分析法、模糊综合评判、聚类分析法的特点。
4. 费用-效益分析与费用-有效度分析有什么不同?
5. 风险型决策问题有什么特点？有哪些决策方法?

习　题

1. 某工程队拟购买一辆汽车来运输建筑材料，现有两种车型可购买，车型 A 价格为 1.7 万元，使用期 10 年，使用期末的残值为 500 元，每年的维修费为 500 元，每年搞运输获得的净收益（未扣维修费）为 5 000 元。车型 B 的价格为 2 万元，使用期为 12 年，使用期末的残值为 600 元，每年的维修费为 700 元，每年净收益为 6 000 元，问购买哪种汽车比较合理?

2. 某道路交叉口改建有三个方案：A：修建环交；B：修建立交；C：安装信号灯。各方案的指标如下表所示，使用期为 20 年。试用现值法或年值法确定最合理的方案（年利为 10%）。

习题 7-2 表

方案	建筑费用	养护费	交通延误损失费用	残值
A：修建环交	100 万元	1 万元/年	10 万元/年	3 万元
B：修建立交	800 万元	1 万元/年	5 万元/年	10 万元
C：安装信号灯	20 万元	2 万元/年	15 万元/年	0.5 万元

3. 某物流中心拟建设一个货物中转仓库，有两个方案可以选择。一是投资 10000 万元，一次建成大仓库，货源好时年收益为 3 000 万元；货源差时年亏损 600 万元。二是先建小仓库，投资 5 000 万元，货源好时年收入 1 200 万元，货源差时每年仍能收益 400 万元；5 年后，若货源好则扩建成大型仓库，追加投资 5 000 万元，货源好时年收益为 3 000 万元；货源差时年亏损 600 万元。两个方案的经营期均为 15 年。预测前 5 年货源好的概率是 0.65，若前 5 年货源好，则后 10 年货源好的概率是 0.8；若 5 年货源差，后十年货源肯定差。试用决策树法进行决策。

习题 7-4 表①

方案准则	甲	乙	丙
投资额	最小 1.5	最多 0.5	居中 1.0
适应性	居中 1.0	最好 1.4	最差 0.8
服务面	最差 0.6	居中 1.0	最优 1.5
运输效益	居中 1.0	最差 0.8	较好 1.4

4. 某规划区有甲、乙、丙 3 个规划路网方案，以投资额、适应性、服务面、运输效益为准则，各方案评分见下表①，根据四项准则的重要程度建立判断矩阵见表②，试运用层次分析法，进行综合评价和决策。

习题 7-4 表②

准则	运输效益	投资额	服务面	适应性
运输效益	1	3	5	7
投资额	1/3	1	5/3	7/3
服务面	1/5	3/5	1	7/5
适应性	1/7	3/7	5/7	1

5. 为改善某交叉口的交通状况，提出了三个方案：方案 A 为建设高标准立交桥，投资最大，收益也最大；方案 B 为建设简易立交桥，投资较少，收益也较少；方案 C 为改建原有设施，调整车流运行方式，加强交通管理，投资最少，收益也最少。预测未来该交叉口交通量有三种增长情况：迅速增长、一般增长和缓慢增长。各方案相对于不同交通量增长情况的效益净现值如表所示。试分别采用悲观准则、乐观准则、折中准则、等可能性准则进行决策。

如果未来该交叉口交通量三种增长情况出现的概率分别为：迅速增长的概率为 0.35，一般增长的概率为 0.45，缓慢增长的概率为 0.2。试分别采用最大可能准则和期望值准则选择合适的建设方案。

习题 7-5 表

状态 方案	迅速增长	一般增长	缓慢增长
A	150	80	−70
B	100	60	−30
C	−50	20	40

第 8 章　交通系统模拟分析简介

8.1　概　述

模拟也称为“仿真”，交通系统模拟是 20 世纪 60 年代以来，随着计算机技术的进步而发展起来的，它是通过采用计算机数学模型来反应复杂道路交通现象的交通分析技术和方法。从实验角度上看，交通模拟是再现交通流时间和空间变化的模拟技术。它利用计算机对所研究对象（交通系统）的结构、功能、行为以及参与交通的控制者的思维过程和行为特征进行模拟。交通模拟的作用在于对现有系统或未来系统的交通运行状况进行再现或预先把握，从而对复杂的交通现象进行解释、分析，找出问题的症结，最终对所研究的交通系统进行优化。

8.1.1　交通仿真的组成

交通仿真一般由仿真对象、仿真建模、仿真编程、仿真实验及仿真结果组成。

1. 仿真对象

交通仿真的对象为道路交通系统，是一个随机的、动态的、复杂的、开放的系统，涉及人、车、路及环境等诸多方面。

2. 仿真建模

交通仿真以道路交通系统中相对独立的实体或行为进行建模，描述各实体的行为及相互作用。

3. 仿真编程

仿真程序的编制通常采用两种类型的编程语言，一种是通用高级编程语言，如 FORTRAN、PASCAL、C 等；一种是专用仿真语言，如由 FORTRAN 演变而来的 SI 和 SLAM，由 ALGOL 演化而来的 SIMULA 等。专用仿真语言将一些系统仿真中常见的工作制成了函数，使编程工作简化，但也存在许多限制。相反，通用编程语言虽然要花费一定的时间去学习，编程工作量较大，但它能提供专用仿真语言所缺乏的灵活性和功能。

4. 仿真实验

交通仿真技术常常用来对不同的道路新建或改建方案进行评价和比选，这就要求仿真实验过程反复提供同样的交通条件和环境条件，检验方案在同等条件下的运行状况。

5. 仿真结果

通过交通仿真最终得到所需的结果，但交通仿真若处理不当会造成“失真”。因此需要注意在仿真实验开始前对模型进行标定，并在仿真实验完成后对模型进行有效性检验。

8.1.2　交通仿真的分类

根据交通仿真模型对研究对象描述程度的不同，可以分为微观仿真、中观仿真、宏观仿真和交通规划仿真。

1. 微观交通仿真

其对交通系统的要素及行为的细节描述程度最高。例如，微观交通仿真模型对交通流的描述是以单个车辆为基本单元的，车辆在道路上的跟车、超车及车道变换等微观行为都能得到较真实的反映。见图 8.1-1。

图 8.1-1　微观交通仿真示意图

2. 中观交通仿真

对交通系统的要素及行为的细节描述程度较高。例如，中观交通仿真模型对交通流的描述往往是以若干辆车构成的队列为单元的，能够描述队列在路段和节点的流入流出行为，对车辆的车道变换之类的行为也可以用简单的方式近似描述。中观交通流模型一般以队列模型为基础，常见的有 DYNASMART 模型、FASTLAN 模型和 DTAsQ 模型。此外，中观交通流模型比较适合进行分布式并行计算。

3. 宏观交通仿真

对交通系统要素及行为的细节描述处于一个较低程度。例如，交通流可以通过流量、速度、密度关系等一些集聚性的宏观模型来描述。对于车辆的车道变换之类的细节行为不描述。

4. 交通规划仿真

基于交通规划模型，对区域内出行者的出行行为进行仿真，用以评价现状和规划的道路网络、公交线网的总体性能。

8.1.3　与传统的交通分析技术相比，交通仿真技术的优点

1. 模型机制的灵活性和柔软性

仿真模型对系统内各基本要素的变化规律及相互作用关系的描述与系统的实际运行过程紧密对应，具有灵活性和柔软性较强的模型机制。

2. 模型描述的准确性和灵活性

微观仿真模型以交通系统最基本的要素，如单个的车辆、车道、信号灯等为建模单元，因而能准确、灵活地反映各种道路和交通条件的影响。

3. 交通分析的开放性

借助于计算机技术，通过良好的用户输入输出界面，模型的运算结果可方便地与用户交互，增强了模型应用的实用性和方便性。

4. 强大的路网动态交通状态描述功能

交通仿真技术可有效地体现交通流的随机因素，按设想要求实现对动态交通状况的重现，从而大大降低了现场试验要求。

8.1.4 交通仿真技术的应用领域

交通仿真技术作为一种交通分析工具，已经渗透到交通工程领域的方方面面。其应用领域主要包括以下几个。

1. 在交通工程理论研究中的应用

仿真软件在交通工程理论研究中的应用主要集中在交通流理论方面。如美国 HCS（Highway Capacity Software）软件系统由美国交通运输研究委员会（册）研制开发，与美国《道路通行能力手册》（HCM）配套使用。该软件由交叉口、干道、公路网等模块组成。数据输入包括交通设施几何参数（车道数和车道宽度等）及交通和道路条件（交通流量、自由流速度、地形条件、道路等级、横向干扰、大车混入率等）；输出结果为各种交通设施通行能力及其相应服务水平和相关图表。HCS 系统软件为美国道路运输与交通工程设计、规划与控制提供了良好的服务，发挥了巨大的效用。

2. 在道路几何设计方案评价分析中的应用

仿真软件通过提供一个 3D 平台，可以供设计者在计算机中观看、检查所设计道路的实际效果，及时发现设计方案的缺陷和局限性，并进行修改或调整。这样，在设计中可以及时发现和避免一些线形设计上的问题。

3. 在交通管理系统设计方案评价分析中的应用

交通仿真软件提供一个将道路和交通设计有机结合在一起的灵活的试验平台，可以直观地提供各种交通设计的实施效果，并可以计算方案实施中的各种交通流参数。如德国的 VISSIM 仿真软件，该软件可以提供诸如延误、行程车速、地点车速、流量、密度等一系列可用于定量评价交通设计效果的指标。

4. 在道路交通安全分析中的应用

利用仿真软件提供的直观的图形界面，设计者可以通过运行仿真软件来检查道路各个部分上的交通隐患，尤其是在信号设计中，可以直观地通过查看是否有车辆在通过交叉口时发生冲突，以此来评价信号配时方案是否保证了交叉口的通行安全。在交通安全与事故分析中，仿真模型可“再现”交通事故发生的全过程，是分析事故成因、制定交通安全保障措施的有力工具。

5. 在交通新技术和新设想测试中的应用

交通仿真软件提供了一个有效的、直观的仿真试验平台，各种新的交通技术和设想都可以在这个平台上进行试验；而以往这种新技术、新方法需通过费用高昂的真实试验来验证，而且由于实地观测和采集数据的困难，有时并不能全面地考察和评价这些新技术的优缺点。

6. 在智能交通系统 ITS 中的应用

交通仿真模型是 ITS 中进行交通分析的重要手段和方法，但并非所有的仿真模型都适用于 ITS 的分析。随着智能交通系统 ITS，特别是先进的出行者信息系统在我国逐步推广和实施，出行者的选择行为必将受到信息因素的动态影响，其出行行为也变得更加复杂和多样化，这对交通网络仿真提出了新的挑战。

8.1.5 交通仿真的步骤

交通仿真本身是一个复杂的系统工程。它包括问题分析、模型建立、数据采集、程序编制、仿真运行、输出结果处理等过程，必须按一定的程序和步骤进行。

1. 明确问题

交通仿真的第一个步骤是对拟要研究的问题进行详细的了解和描述，明确研究目的，划定系统的范围和边界，以便对各种交通分析技术的适应性作出判断。

2. 确定仿真方法的适用性

这一步工作的核心是确定在各种交通系统分析技术中，系统仿真对于所讨论问题是最适宜的方法。

3. 问题的系统化

构造一个仿真模型的第一级流程图，其中包括输入、处理、输出三个组成部分，特别要对输入和输出进行详尽的说明，以便进行下一步的数据收集和处理。输入数据包括交通设施设计参数、交通需求方式、运行规则、控制类型、环境条件等。而输出数据则依赖于所讨论问题的类型，通常包括行程时间、延误、排队长度、停车次数、交通事故、燃油消耗、尾气污染、交通噪声等。

4. 数据的收集和处理

根据输入和输出要求收集和处理所需的数据，应当制定观测计划，确保满足最小样本量要求，以便对模型进行标定和有效性检验。接下来是对所收集的数据进行处理，使之符合仿真模型的需要。数据处理通常包括计算均值和方差、确定分布形式和相互关系、进行回归分析和单位转换等。

5. 建立数学模型

建立数学模型是系统仿真中最关键的一步，通常采用自上而下循序渐进的方法进行。以前面提到的第一级流程图出发，将注意力放在连接输入和输出的处理过程上，建立第二级流程图，确定构成处理过程的主要模块及其相互关系，以及每一模块的输入和输出。然后，建立第三级流程图，对每一个模块的功能进行详细的描述。

6. 参数估计

模型中的参数有两种基本类型，即确定型和随机型。确定型参数可以是常数，也可以根据系统状态的不同，对应于一组常数中的某个值，或者按某种回归规律在一定范围内连续变化的值。对于随机型参数，除给出它的均值和方差外，还要指出其分布形式。

7. 模型评价

首先，确定流程中是否出现中断或回路、检验数据输入的适应性和取值范围、检验最终的和中间的输出结果的合理性。

其次，检查是否有必要增加、删除或改变一些变量；是否有必要修正一些确定型或随机型参数；是否有必要对模型的结构进行修改等。如果仅仅是需要修正某些变量或参数，则相对来说要简单，而一旦模型本身被拒绝，则需要返回前面的第三或第五个步骤，有时甚至返回第二个步骤，以至于可能放弃系统仿真方法。

8. 编制程序

一旦所建的模型被接受，便可着手编制计算机程序。这步工作中最重要的一点是对编程语言和计算机设备的选择。应考虑的因素有：开发人员对各种编程语言包括通用高级语言和专用仿真语言的熟悉程度、计算机编辑器的能力、模型的特征与仿真语言的相容性、仿真程序的可扩展性等。如果所编制的程序将推广应用，例如作为商业软件出售，则要考虑留出修改和扩充的余地，同时还要加入必要的注释。

9. 模型确认

模型确认包括三项内容，即模型校核、模型标定和有效性检验。

（1）模型校核：确认程序代码所执行的正是流程图所规定的任务。

（2）模型标定：以现场观测数据作为输入，检验输出结果是否与实际的观测结果相吻合，检验的重点为输入变量。

（3）有效性检验：将其余未使用的现场观测数据输入仿真程序，并将计算结果与相应的观测结果进行比较。输出结果与实际观测之间的差异表明了整个仿真程序在所检验条件下的误差。误差可接受，说明仿真程序是可用的，否则就要重新进行标定和有效性检验。

10. 实验设计

实验设计指的是制定一个详细的实验方案，通常包括如下内容：

（1）选择控制变量。

（2）确定每个控制变量的限制条件或边界条件。

（3）确定每个控制变量的步长。

（4）确定控制变量的层次结构，可考虑先改变初级控制变量，而保持次级变量为常数。

（5）如何通过仿真程序中的循环语句自动改变初级控制变量的取值。

（6）如何通过仿真程序中的搜索子程序自动确定最佳条件。

11. 仿真结果分析

这一步骤包括三项工作内容，即仿真运行、结果分析和形成文档。

仿真运行：详细记录过程，同时对输出结果加以辨识标记，以便于对其进行分析。

结果分析：发现仿真程序中的缺陷，可能还要借助辅助程序输出图形，对仿真结果进行统计检验，或生成文本文件。

形成文档：一个完善的仿真软件，应当具备齐全的文档，包括用户使用手册和技术文档。

8.2 分析示例

8.2.1 示例一：宏观交通流仿真分析

某城市地铁施工（图 8.2-1 中 1-2 段施工），在施工背景下针对某片区进行宏观交通流仿真，以评估是否采取工程改造（图 8.2-1 中 3-4 段打通）及交理管理措施调整。利用 TransCAD 软件进行宏观仿真分析。

1. 创建和编辑地图、划分交通小区

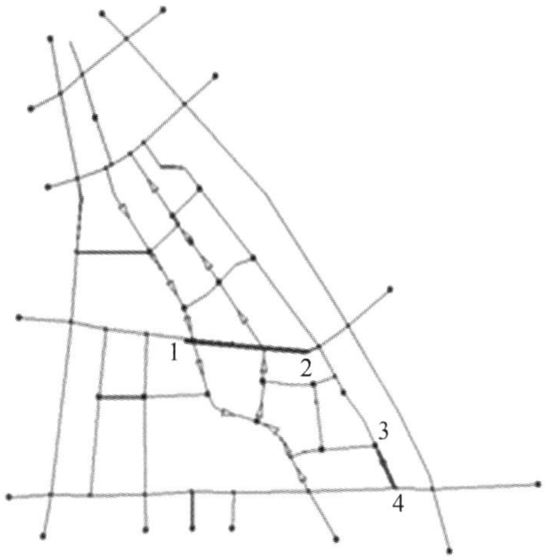

图 8.2-1 路网及小区质心点分布图

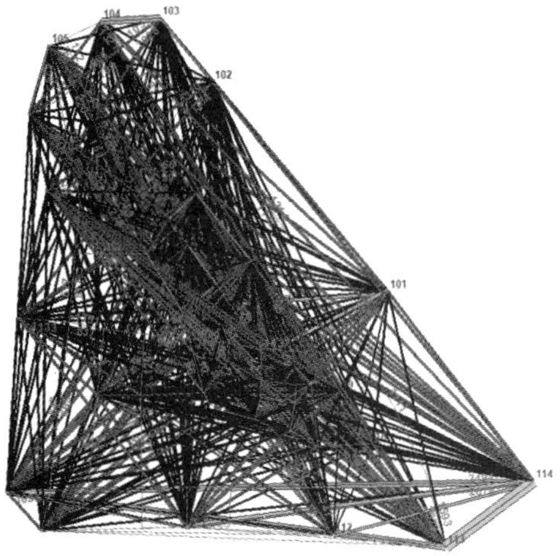

图 8.2-2 OD 矩阵期望线图

根据分析片区的实际路网等情况，创建和编辑地图（见图 8.2-1）。TransCAD 软件中的地图是由若干个层组成的，点、线、面等不同地图要素分别在不同层的地理文件中保存。将道路长度、通行能力、通行时间等所需的各种属性信息按要求整理好。有关单行等交通组织管理措施也准备好相应的数据信息。

交通小区是指一个用地性质、居民构成、交通特点相似地区的结合体，是产生和吸引车辆的基本单元，是仿真地图中的面元素。仿真分析中近似选取一个质心点代替交通小区，车辆由该质心点产生或吸引（见图 8.2-1）。

2. 0D 矩阵

0D 矩阵为 TransCAD 中一种含有行和列的数据结构，行有行 ID 代码，列有列 ID 代码。ID 代码与各交通小区的质心点相对应。OD 矩阵代表交通小区之间的交通量，反映的是交通需求方面的信息。现状机动车 OD 矩阵通过现状调查或借助软件 OD 反推技术获得。未来交通出行分布（OD 矩阵）预测方法有多种模型，TransCAD 软件可以实现增长系数法、重力模型法等多种算法计算。有关交通分布模型原理可参考有关文献，本书不作具体阐述。本示例分析现状机动车 OD 见图 8.2-2。

3. 交通流分配模型

交通流分配指将交通出行分布（OD 矩阵）按照现有或规划路网分配到各条道路上，从而推测各道路交通情况。TransCAD 软件可以实现平衡分配、非平衡分配等多种分配模型的算法计算。有关平衡分配模型在 4.3 节（4.3.5 非线性规划在道路交通工程中的应用）有所介绍，其他分配模型原理可参考有关文献，本书不作具体阐述。

4. 仿真结果

本示例针对以下三种情况进行了模拟分析。

（1）借用软件，在现状道路条件及单行等交通组织管理措施条件下，采用平衡分配方法，将机动车 OD 进行交通分配运算，获得现状交通模拟结果。

（2）借用软件，在地铁站施工围挡条件下及现状单行等交通组织管理措施条件下，采用平衡分配方法，将机动车 OD 进行交通分配运算，获得施工背景下交通流变化模拟结果。

（3）借用软件，在地铁站施工围挡条件下，采取取消现状单行、打通断头路等措施，通过平衡分配方法，将机动车 OD 进行交通分配运算，获得施工背景下配套改善措施的交通模拟结果。

仿真结果输出包括图形结果输出和数据结果输出两种方式。TransCAD 软件的仿真系统将分配传递过来的路网分配流量以图形和数据的显示方式表达出来。在图形显示方式中，不同的线条宽度代表路段分配交通量的大小，不同的颜色代表各路段的 V/C（见图 8.2-3）。在数据显示方式中，软件将路段进行标号，根据各路段的标号，与之匹配相应的路段交通量、路段通行时间和路段的 V/C。

图 8.2-3 交通分配结果图形显示

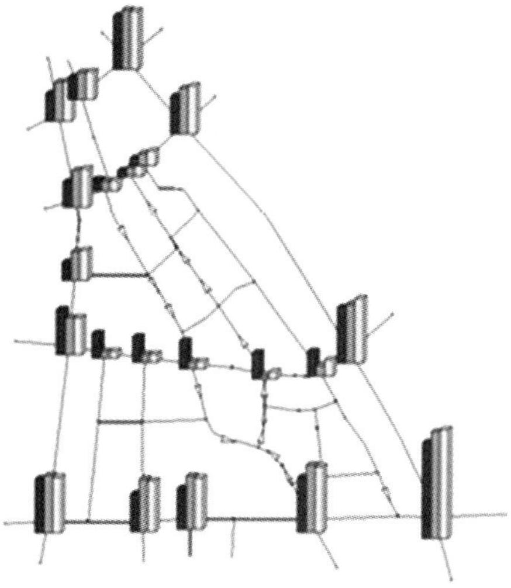

图 8.2-4 不同情况下节点流量对比

5. 结论分析

从得出的路网流量分布、交叉口流量数据等结果分析（见图 8.2-4），结合具体交叉口几何特征、通行能力状况，认为地铁施工期间宜取消现状单行，采取尽可能打通断头路的措施，并提出重点针对某些交叉口应进行信号方案调整优化设计。

8.2.2 示例二：路段微观仿真——对不同流量条件下车道利用率的仿真研究

车道利用率反映的是单一方向路段交通量在不同车道上的分布情况。车道利用率影响交通流的稳定性，是道路通行能力和交通安全的重要影响因素。车道利用率本身受许多因素制约，如交通组成、交通管制措施、速度、流量以及大车比例、是否过境车辆、天气条件等，也与驾驶员特性等因素密切相关。这些因素直接影响驾驶员的横向运动行为（车道选择或车道变换行为），最终导致交通量在各车道不同的分布并影响道路通行能力。

1. 路段仿真模型

路段仿真模块的结构见图 8.2-5。其中几个主要模型的简要介绍如下。

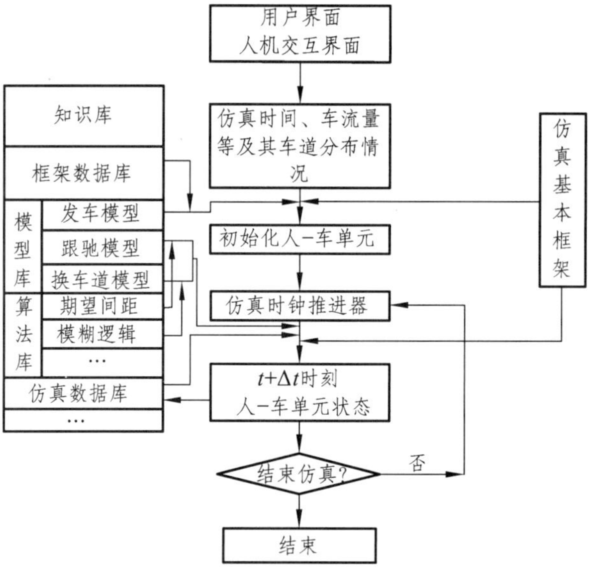

图 8.2-5 路段仿真模块结构示意图

1）发车模型

发车模型是仿真模块知识库的一个重要组成部分，包括两种方式：一是利用实测交通流数据作为输入数据，产生与实际情况完全相同的交通流，这种方式主要用于仿真模型的验证；二是根据用户设定的仿真参数，如驾驶员类型组成、车辆类型组成、车道分布、车头时距分布、车速分布以及不同车型的期望速度分布等参数，随机生成符合特定分布的交通流。发车模型中常用的分布形式有离散型经验分布、均匀分布、正态分布、指数分布以及厄尔兰分布等。

（1）随机数的产生。

来自任何分布的随机变量，都可以由（0，1）区间上的均匀分布随机数通过函数变换、逆变、组合、取舍、近似等方法得到。

（2）随机变量的产生。

如仿真过程中用到的驾驶员类型组成、车辆类型组成等符合离散型经验分布，根据直接抽样法可产生这类分布的随机变量。如发车模型中的车头时距、车速可用均匀分布生成，利用逆变换法和（0，1）区间上均匀分布随机数可以产生均匀分布随机变量。

（3）仿真单元的初始化。

仿真单元的初始化是仿真模块中的一个重要环节，在一定程度上决定了整个仿真模型宏观特性的基调。由于是微观模拟，所以需要随时了解仿真过程中各个基本单元的运行状态。因此，在车辆产生时，需要初始化包括车牌号、路段起点标识码、路段终点标识码、车道标识码、性别、年龄、驾驶倾向性、车辆类型、转弯方向、进入系统时间、离开系统时间、换道次数、停车次数、目标车速度、目标车位置、目标车加速度等在内的一系列与仿真单元有关的参数。

① 车牌号。利用车牌号可以进行车辆的查询检索，随时掌握每辆车的运行信息。

② 路段起点标识码、路段终点标识码。可以提供车辆在路网中哪条路段或哪个交叉口的具体信息，为图形显示提供可准确查询的资料数据。

③ 车道标识码。不同的车流代码表示车辆在不同的车道上运行、跟踪、排队等。

④ 性别、年龄、驾驶倾向性、车辆类型。用于记录仿真单体的基本信息。

⑤ 转弯方向。可以表示车辆的左转、右转和直行，确保车辆在路网中按用户要求正确运行。

⑥ 进入系统时间、离开系统时间。这两个计数器可以帮助得出车辆在某条路段或某个交叉口或整个道路系统的运行时间，进而推导出平均运行速度、延误等。

⑦ 换道次数、停车次数。记录每一辆车的换道次数、停车次数。

⑧ 目标车速度、目标车位置、目标车加速度。实时记录每一辆车的运行状态，进而控制车辆的跟驰、换道、自由行驶等行为。

2）跟驰模型

驾驶行为的研究、可分为无干扰驾驶和有干扰驾驶两个方面的内容。前者主要是指驾驶员在不受其他车辆和道路条件、交通环境等的影响下，逐步达到其理想速度的自由行驶过程，这时后车与其前车的间距或时距一般大于某一阈值（如间距大于 70 m 或时距大于 5 s）；后者又可分为有意识条件下的驾驶行为和无意识条件下的驾驶行为，表现为距离控制和速度控制两个阶段。距离控制和速度控制是在驾驶员行为过程中同时存在并且交织在一起的两个方面。

在有意识的条件下，后车行为受到前车的干扰，但由于后车距前车较远、驾驶员对前车行驶速度观察受视距限制等因素，距离控制成为驾驶员行为过程中矛盾的主要方面，其本质是通过感受和估计前车速度来有意识地将车间距逐步控制到期望间距的水平。这一阶段又可分为减速驰近和加速紧跟两个不同的方面。减速驰近是指后车逐步减速驶近前车，以期达到两车间满意的视距或期望间距的过程；加速紧跟是指当后车跟随前车并因其他原因（如道路控制措施）减速或停车后，当前车再次启动或加速远去时，后车跟随前车并逐渐加速达到两车间满意的视距或期望间距的过程。

速度控制阶段是指当后车获得满意的视距或期望间距后，后车行为虽然受到前车行为的限制，但处于无意识的跟车状态。此时，后车驾驶员虽然不会过多地注意到其本身速度的大小，但却是通过在小范围内不断地加速或减速以调整速度来达到保持其期望间距的目的。这一阶段的本质是通过感受间距来无意识地控制速度以达到将速度同时控制到前车速度水平的目的，因此速度控制成为矛盾的主要方面。

仿真过程中跟驰仿真子模块对跟车状态的判断过程如图 8.2-6 所示。具体算法可参考有关文献，本书不作具体阐述。

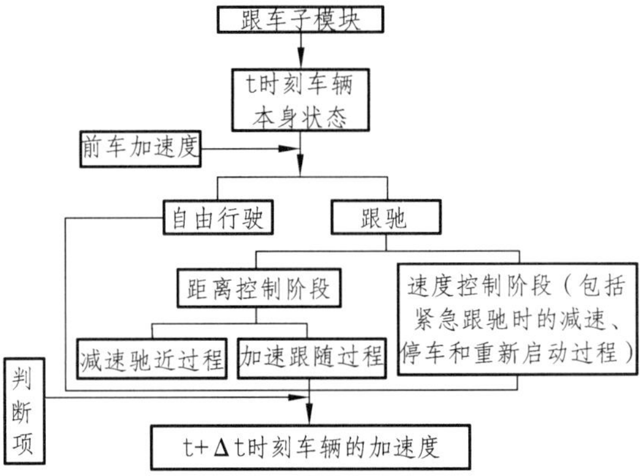

图 8.2-6 跟驰仿真子模块跟车状态判断结构示意图

3）换车道模型

车道变换行为的本质是一决策思维过程，驾驶员车道变换行为的判断过程如图 8.2-7 所示。

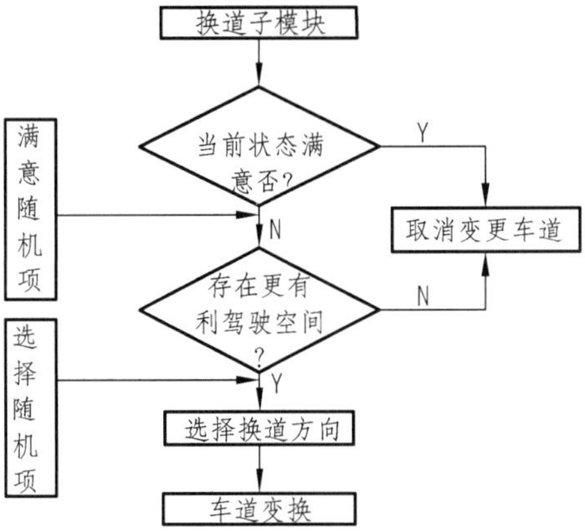

图 8.2-7 驾驶员车道变换结构示意图

车道变换是多车道路段仿真的重点和难点，本模型将超车视为两次换道，并以利益驱动为基础，认为司机换道是为了获得更有利的驾驶状态、否则不会换道，换道判断过程分为以下几个阶段：

（1）首先应初始化换道标志的代码，并考虑目标车是否是所在车道的首车。若非首车，则应纳入考虑换道的行列；否则，还应考虑目标车所在车道是否存在利益影响因素。若存在影响目标车行驶的因素（如事故、施工、管控措施、前方交叉口、左右转等），则将其纳入考虑换道的行列、否则反之。

（2）判断是否存在左（右）车道，若存在相应的车道，则需考虑以下两种换道影响因素：

① 对当前行驶是否满意？模型认为，左向换道车辆主要是为了获得令其更加满意的速度，当目标车受本车道前车或其他因素限制而无法满足这一要求时，必然产生向左换道的愿望；模型同时认为，右向换道车辆主要是为了摆脱其快速驶近的后车的压力，所以当目标车受到较大程度的压力后，考虑向右换道的可能。

② 是否存在更有利的行驶空间？要考虑相邻车道前车和后车两种影响因素。

相邻车道前车的行驶状态对目标车换道过程中安全、舒适等因素产生影响。模型认为，当相邻车道前车和本车道前车的速度差和车头时距的差值大于一定程度时，满足目标车换道的利益要求，对安全和舒适的要求可通过模糊方法判断。模糊逻辑方法采用语言变量进行近似推理的形式，适于刻画建立在驾驶员知识和经验基础上的主观判断过程。所采用的模糊逻辑规则见表 8.2-1。利用此方法来综合考虑本车道目标车和相邻车道后车的相对速度和相对距离两方面因素，并对安全和舒适进行合理的评分。

表 8.2-1　模糊推理规则

相对距离 安全评分 相对速度	小	居中	大
大	5	4	3
居中	4	3	2
小	3	2	1
危险	0	0	0

表中列出了 12 条规则，其中相对速度和相对距离表示两个不同的输入变量，安全评分是输出变量。危险、小、居中、大表示输入的语言变量（模糊集），使用三角隶属度函数，见图 8.2-8、图 8.2-9。交通状态如图 8.2-10。

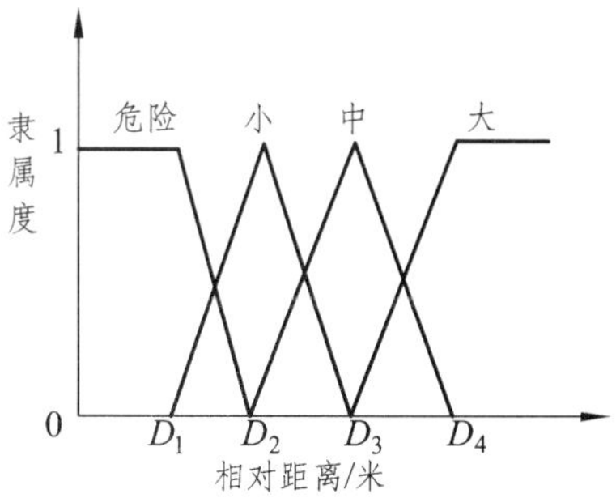

图 8.2-8　相对距离语言变量模糊集隶属度函数曲线

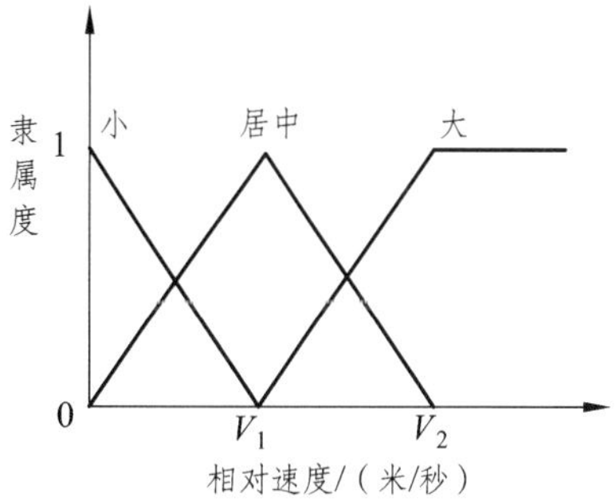

图 8.2-9　相对速度语言变量模糊集隶属度函数曲线

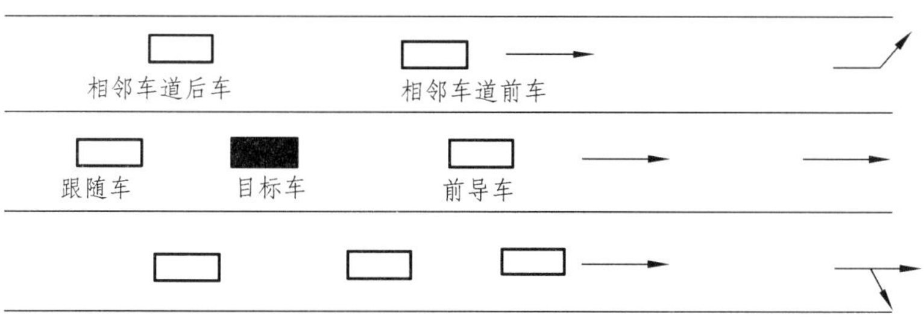

图 8.2-10　交通状态示意图

驾驶员对相对距离的感受随相对速度的变化而变化，因此，在相对距离的隶属函数中含有带相对速度参数的项。将这些隶属函数作为驾驶员的经验放入知识库中，以便模拟过程中随时调用。

（3）选择换道方向。当目标车同时满足向左转和向右转两方面的条件时，模型认为，左向换道的概率略大于右向换道的概率。

2. 仿真分析

利用前面所述的仿真模型，针对双车道的情况，研究不同流量下，驾驶员换道次数以及车辆在不同车道上的分布情况。

为研究交通量的车道分布情况，在仿真系统中内嵌了区间结果采集器，可以按车道收集任意长度路段上车辆的速度、密度、流量、车道占用率、车道利用率等指标。研究中采用 200 m 的预热路段，200 m 的仿真路段，仿真时长取为 5 分/次。发车模型中平均车头时距采用 1.8 s，标准差为 2 s；平均速度为 10 m/s，标准差为 2 m/s，交通量均分到各车道。其他仿真环境的定义如表 8.2-2 和表 8.2-3 所示。

表 8.2-2　仿真研究驾驶员特性参数设置

驾驶员类型		组成比例/%
年龄特征	青年	80
	中年	15
性别特性	男	90
驾驶倾向性	冲动型	15
	普通型	70

表 8.2-3　仿真研究车辆特性参数设置

车型		小型车	中型车	大型车
组成比例/%		60	20	20
几何尺寸/m	车长 L	$L \leqslant 5$	$5<L<14$	$L \geqslant 14$
	车宽 K	1.8	2.5	2.5
动力特性/（m/s^2）	最大加速度	2.5	2.5	2.5
	最大减速度	−3.5	−3.5	−3.5
速度/（m/s）	自由流速度	20	20	20
	速度标准差	5	5	5

在上述仿真环境中，按不同流量条件进行模拟，每一种情况模拟 10 次并取平均，得到流量-换道次数关系以及流量-车道利用率关系，分别如图 8.2-11 ~ 图 8.2-13 所示。

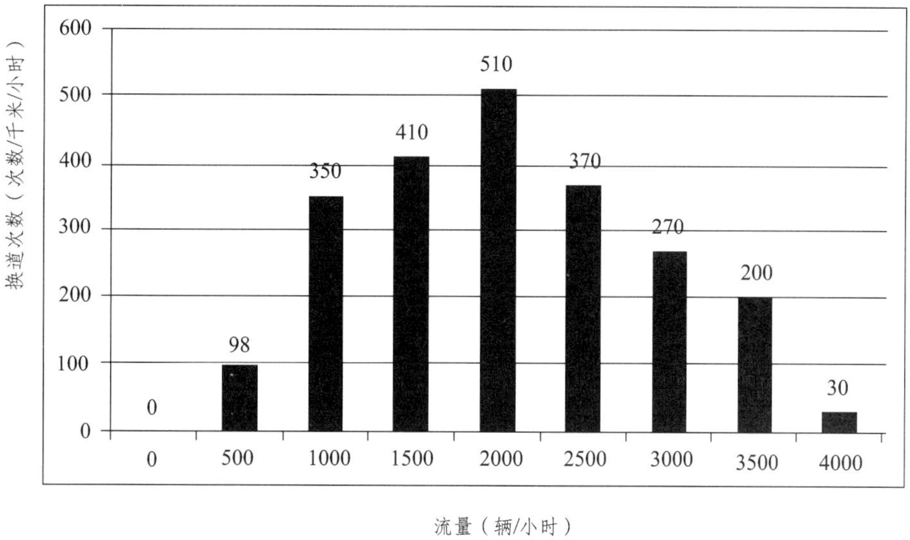

图 8.2-11　双车道流量-换道次数模拟结果图示

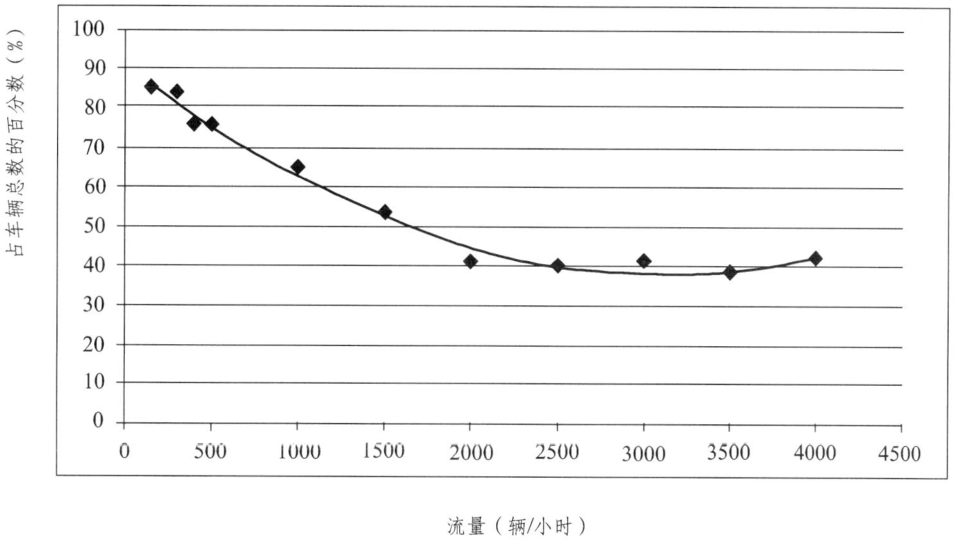

图 8.2-12　双车道道路路边车道流量-车道利用率关系模拟结果图示

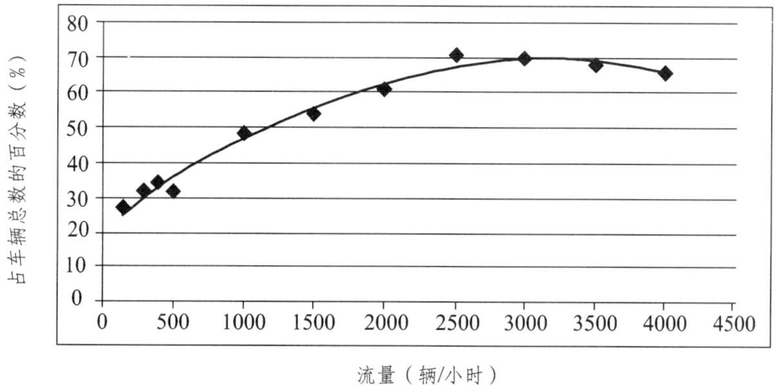

图 8.2-13　双车道道路内侧车道流量-车道利用率关系模拟结果图示

3. 主要结论

从仿真结果可以看出，对双车道城市道路而言，在自由流状态下换道次数很少，随着流量的增大，换道次数逐渐递增，到 2 000 辆/小时（平均为 1 000 辆（小时・车道））达到最大，然后又逐渐减小并趋于 0 换道次数。自由流条件下驾驶员主要利用靠近路边的车道，车道变换次数较小源于驾驶员较小的换道要求。随着流量的增加，在靠近路边车道行驶的车辆速度逐渐受到前方慢车或大车的限制，从而增大了换道的需求，这时还存在较多的换道机会，故换道次数增加，表现为内侧车道的占用率随流量的增大而逐渐增加，路边车道的占用率随流量的增大而逐渐减小。当流量过大超过某一界限时（2 000 辆/小时），驾驶员虽然存在换道的要求，但由于内侧车道车辆数逐渐增多，车流密度逐渐加大，换道的机会越来越少，故换道次数逐渐减小。车辆在各车道的分布也逐渐趋于稳定状态。

8.3 软件简介

交通模拟技术作为一种交通分析工具，已经渗透到交通工程领域的方方面面。国内外交通仿真软件有近几百种。例如：美国的 TRAF_NETSIM 系统和 TRANSIMS 系统、英国的 PARAMICS 系统、德国的 VISSIM 系统、西班牙的 AIMSUN 系统等，是国外目前比较成熟的城市交通微观模拟系统。通过在计算机上建立道路交通流的模拟模型，充分利用计算机存储容量大，运算速度快的特点，以安全、快捷、经济的方法获得决策者所需要的图形和数据结果，使城市交通管理更具科学性和可操作性。

国内常用的较为典型的模拟软件有 VISSIM、PARAMICS 和 TISI 等。有关软件基本情况介绍如下。

8.3.1 英国 PARAMICS

PARAMICS 微观交通模拟软件包开始是由爱丁堡并行计算中心（EPCC）同 SIAS 公司共同开发与研制的，于 1994 年又由 Quadstone 进行修改并制成商业软件，可在各种操作系统平台上进行处理，并已在许多国家进行了应用。PARAMICS 对单个车辆的模拟是通过车辆跟随模块、车头间隔可插程度模块、车道变换模块构成的。

PARAMICS 是 PARAllel MICroscopic Simulator 的简称，即并行微观模拟软件。Quadstone 公司于 1993 年和 1994 年与英国工商部合作完成了 PARAMICS 向商业化软件的初步转型，是由英国 SIAS 公司开发并提供技术支持的微观交通仿真软件。其开发始于 1986 年，并于 1997 年成功投入商业使用，问世以来一直是英国应用最广泛的微观仿真软件。英国 SIAS 公司是交通运输规划顾问服务公司，丰富的仿真咨询服务经验与强大的软件开发技术使 Paramics 不仅在英国得到了广泛的应用，还遍及了世界上许多国家和地区。

与一般交通模拟模型的区别是，PARAMICS 可以对大规模的路网进行模拟，而且其在模拟 ITS 基础设施和拥挤道路网方面有突出表现。PARAMICS 为交通工程师和研究人员提供了一个全新的模拟工具来理解、模拟和分析实际是道路交通状况。PARAMICS 具有实时动画的三维可视化用户界面，可以实现单一车辆微观处理；支持多用户并行计算，具有功能强大的应用程序接口。PARAMICS 能够适应各种规模的路网，从单节点到全国规模的路网，能支持

100 万个节点，400 万个路段，32 000 个区域。

PARAMICS 软件包含六大功能模块，见图 8.3-1。

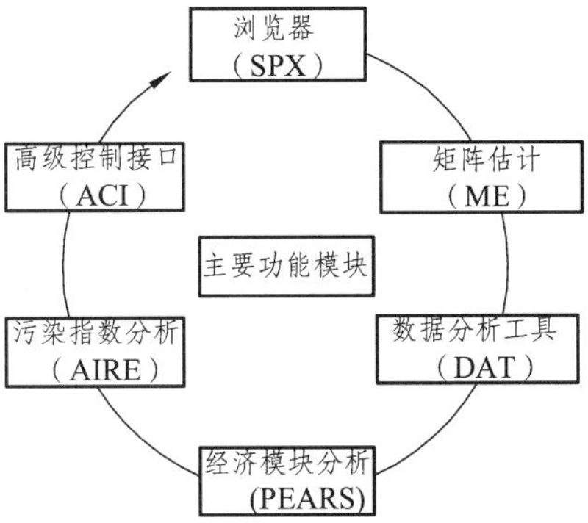

图 8.3-1　**软件主要功能模块**

8.3.2　德国 VISSIM

VISSIM 模拟模型是在德国由 PTV AG 公司开发的。它是一个随机的，可以在以公共交通和多型交通为重点的城市地区模拟交通行为的微观模拟模型。VISSIM 由交通模拟器和信号状态发生器两不同的程序组成。交通模拟器是一个由汽车跟车模块和道路改变模块组成的微观模拟模型，基于 Wiedemann 的驾驶员心理-生理行为模型，该模拟器模拟速度能达到每秒 10 次。信号状态发生器是一种信号控制软件，它在离散时段的基础上从交通模拟中获取探测器信息。

VISSIM 是由德国 PTV 公司开发的微观交通流模拟系统。该系统是一个离散的、随机的、以十分之一秒为时间步长的微观模拟软件。车辆的纵向运动采用了德国 Kayrlsruhe 大学 Wiedemann 教授的心理-生理跟车模型；横向运动（车道变换）采用了基于规则（Rule-based）的算法。不同驾驶员行为的模拟分为保守型和冒险型。VISSIM 软件提供了图形化界面，采用 2D 和 3D 动画向用户直观显示车辆运动状态，应用动态交通分配进行路径选择。

8.3.3　美国 TSIS（Traffic Software Integrated System）

TSIS 是美国联邦公路管理局（FWHA）自 20 世纪 70 年代以来重点支持下开发而成的微观交通流模拟软件。TSIS 是一个集成的程序组，由数据输入程序（TRAFED），仿真运算程序（CORSIM）和动画模拟器（TRAFVU）组成。这个程序组与由 Word、Access、Excel 组成的 Microsoft Office 有着相似之处。FHWA 旨意于把 TSIS 开发成为一个最成功的交通分析工具。TSIS 是运行 CORSIM 交通仿真模型的完整的、友好用户界面和环境的系统。

CORSIM 被研究人员和交通工作者广泛接受和应用的原因是由于具有如下特点：

能模拟复杂几何条件。CORSIM 对路网的各组成部分编码灵活，能够仿真真实世界中各种复杂的路网几何形状，包括不同类型的城市道路平交、（互通式）立交、渠化道设置、高速公路多车道路段、不同类型出入口匝道等。

能模拟不同交通现象。CORSIM 通过校准，能够在很大程度上模拟真实世界的各种交通现象，如变化的交通需求、拥挤或阻塞的交通现象、交通事故的产生、车队在交叉口处的排队、起动和消散。在模拟过饱和交通流现象时，CORSIM 比传统的经验分析方法有着独特的优势。在交通需求接近道路通行能力时，如在实际应用中采用《公路使用手册》所述的传统的分析方法就有严重的限制，而 CORSIM 能够预测出拥挤现象的发展和消散过程。

能模拟不同的交通控制、管理和操作。CORSIM 能够模拟不同的交通控制设施，如城市平叉路口的红绿灯控制、信号灯定时和实时的相位变化。另外还能模拟高速公路匝道检测器和 HOV（高占用率车辆）的运行，以及公交车辆的运行方式等。

能说明路网不同组成部分之间的相互作用。CORSIM 能够模拟由城市道路、高速公路主干道、匝道组成的完整的路网系统。许多传统的研究方法只能把路网的各组成部分进行单独的交通分析，而 CORSIM 能够仿真一种集成风格的路网交通流，这使得 CORSIM 能模拟溢出等情况。如由于交通阻塞使得匝道与城市道路相互之间的排队溢出就能够进行有效的模拟。

备有与外部控制逻辑和程序的接口。通过特殊设计的 TSIS 界面，CORSIM 能够与外部控制逻辑和程序进行数据和信息的交流互换。这种互换功能的一个典型的程序如下：

CORSIM 在动画模拟器中使车辆在路网中移动。经过数据交互接口，车辆运动的信息（如速度、位置等）能够输出至外接控制程序，基于输出信息，外接程序进行控制决策优化，并控制决策通过接口返回至 CORSIM。这种控制决策立即又会影响车辆的运行。通过接口双向数据互换是实时进行的，这独特的接口特征使得 CORSIM 应用于 ITS 技术打开了方便之门。在诸多智能交通信息控制系统实验中得到了成功应用。

模拟时变交通和控制情况。CORSIM 采用 Record Types（RTs）形式组织数据的输入，如道路拓朴结构、交通流量和车辆类型、监视和检测设施、交通控制、工程标准、运算控制、输出形式等。根据这样的数据，经运算后 CORSIM 仿真一周期路网的交通情形。这些输入数据不仅可以因路网中节点间的变化进行相应地调整，而且能够根据需要随时间改变。仿真分析的时变部分用户可以通过连续的周期来表示。在各个周期中，CORSIM 允许有不同的交通需求、不同的交通运转方式和控制方式。

8.3.4 西班牙 AIMSUN

AIMSUN 是处理例如城市路网、高速路网、环行路网等不同交通网的交通模拟器，它的主要目的是在被应用于实际的交通路网之前测试新的交通控制系统和管理方案。包括用户接口、预模拟模块、模拟模块、最短路径判断模块等子模块。该系统可以根据不同种类的车型、驾驶员的驾驶行为进行模拟。

思考题

1. 如何基于仿真的方法评估交叉口不同渠化方案下的通行效率？
2. 与数理统计分析比较，试简述交通系统模拟分析的优缺点。

第 9 章　交通大数据分析简介

9.1　概　述

大数据（Big Data）又称为巨量资料，指需要新处理模式才能具有更强的决策力、洞察力和流程优化能力的海量、高增长率和多样化的信息资产。“大数据”概念最早由维克托·迈尔·舍恩伯格和肯尼斯·库克耶在编写《大数据时代》中提出，大数据有 4 V 特点，即 Volume（大量）、Velocity（高速）、Variety（多样）、Value（价值）。随着大数据时代的来临，大数据分析也应运而生，简而言之，大数据分析是指对规模巨大的数据进行分析。

大数据条件下的交通系统分析不是将大数据技术简单套用或者移植到交通领域，而是将大数据技术融入交通系统分析体系中，是将数据组织成为信息，从信息提炼特征，从特征变化中发现规律，并就对策进行追踪评估的信息处理过程。

9.1.1　交通大数据来源及特征

交通大数据包括道路定点检测器、出租车 GPS、公交 IC 卡、车牌识别、手机数据、有关的社交媒体数据等。

如上海市共有 400 万张交通卡，每天大约能产生 3 200 万个数据，其中包括每张交通卡进出地铁闸机的时间与地点，据此可了解上海轨道交通客流的出行分布。约 5 万辆出租车，根据 GPS 及测速装置，可了解道路网的路段车速及拥堵路段，为汽车驾驶员提供实时指路服务，以最大限度地缓解拥堵。居民使用的智能手机 3 000 多万部，中国移动上海分公司设有 8 000 多个 3G、4G 基站，中国联通上海分公司设有 6 000 多个 3G、4G 基站，移动通信运营商不难获得 2 000 多万人—天的行动轨迹。

随着交通信息化、智能化水平不断提高，多种检测器、不同数据系统、多个交通部门等为城市道路交通系统提供了海量的数据，形成了交通数据的新特征。

1. 多源性

交通数据的多源性是指获得的数据种类繁多、来源广泛、分布分散，可归纳为主体要素、时间空间、参与层次、获取途径、状态类别等方面，具体如图 9.1-1 所示。

2. 异构性

交通数据的异构性主要表现在不同来源数据的表现形式、确定性、标准格式等方面不同。如表现形式不同主要体现在获得的交通数据中既含有交通量、车速、信号配时等定量信息，也有拥挤程度、服务水平等定性信息，还包括视频图像等多媒体信息。

3. 层次性

依据数据抽象的程度，可将交通数据由低到高依次分为基础数据层、特征属性层和状态描述层。基础数据层是指从各类信息源获取的基本交通参数，如交通流数据、道路环境数据等；特征属性层是交通目标（车辆、行人等）和交通现象（如交通状态）的各类模式及其统计数据，侧重于识别判断，如对交通流是自由流还是拥挤流的判别；状态描述层是对各种交通状态的描述与统计，侧重于交通系统运行分析和预测，如对交通事件影响程度的分析。

此外，信息化、智能化交通环境下的交通数据还具有冗余性和互补性等特征。

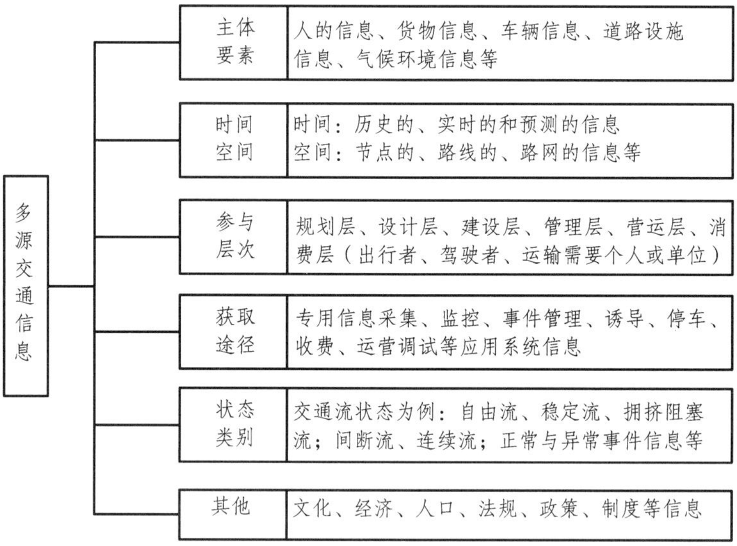

图 9.1-1　交通数据的多源性

9.1.2　交通大数据分析

如何合理有效地利用多种来源的海量的交通有关数据资源，对加快我国智慧城市、智能化交通的建设步伐，具有重要意义。

交通数据的多源、异构等新特征为交通信息处理提出了新挑战，有效地整合丰富的数据资源成为满足不同层次交通控制与管理需求的关键。在此情况下，多源交通数据融合理论与方法得到了广泛关注和迅速发展。所谓数据融合，简而言之，就是对不同来源信息的综合处理，进而得出更为准确、可靠的结论。

交通数据融合方法有不同的分类方式。根据数据融合的基本功能可以将其分成相关处理技术（如最大似然法等）、估计理论（如卡尔曼滤波法等）、识别技术（如 Dempster-Shafter 证据理论等）；根据应用目的不同，将数据融合方法分为直接对数据源操作（如加权平均法），利用对象的统计特性对概率模型进行操作（如卡尔曼滤波法等），基于推理模型对置信度、隶属度等进行操作；也可以根据数学原理的不同，划分为概率统计法、逻辑推理法、人工智能法等三类。如依据数学原理不同，对应的具体融合方法和原理见表 9.1-1。

表 9.1-1　依据数学原理的交通数据融合的分类与主要方法

分类	融合方法	原理
概率统计法	加权平均法	将来自不同交通检测技术的冗余信息进行加权，加权值即为融合结果
	卡尔曼滤波法	利用线性系统的状态更新方程和状态预测方程进行数据的融合

续表

分类	融合方法	原理
	贝叶斯估计法	将各种交通检测技术提供的不确定信息表示为概率，利用贝叶斯条件概率公式对其进行融合处理
逻辑推理法	Dempster-Shafter 证据理论	利用证据理论的基本概率函数和证据合成规则进行多源交通数据的融合
	模糊逻辑法	建立模糊命题和隶属函数，利用模糊关系对获取的多源交通数据进行推理融合
人工智能法	支持向量机	通过非线性映射，并寻求最优划分或回归线性超平面，从而解决多种数据的融合问题
	遗传算法	基于生物遗传理论的随机搜索与优化方法，通过遗传操作进行数据融合
	人工神经网络	通过对输出信息进行学习、确定权值的分配从而完成信息的获取与融合

由于原始数据基本都会存在一定质量问题，因此在数据融合之前要对原始数据进行整理，称为数据的预处理。数据预处理是必不可少的步骤，其可以改进原始数据的质量，提高数据融合后的精度。交通数据的预处理主要包括两个步骤，分别是对问题数据的判别和修正。

9.1.3 交通大数据分析应用

交通大数据分析可应用于路网交通拥堵态势分布规律挖掘、交通需求演变机理分析、基于多种因素的交通流关联分析等。

在交通信息服务中的应用：智能交通系统的交通信息服务是在信息传感网的基础上，采集车辆、道路、停车场等多种交通信息，而如此海量的数据信息，则需要借助大数据技术中的数据挖掘和云计算来进行采集、传递，才能及时地向各个交通部门提供有效信息和指导，同时也能让车主依据实时交通状况，调整出行时间和路线，避免交通拥堵。此外大数据技术还能利用海量的信息数据积累，为后期的道路建设和交通规划提供参考。

在交通管理方面的应用：在交通信息系统的基础上，智能交通能够凭借大数据技术，第一时间处理不同路段的实时信息，掌握道路交通的现状以及环境情况，及时作出合理的部署与安排。如通过对比分析某一交通路段在不同路况下的手机信号密集度，就能了解该路段是否有拥堵或者事故发生，从而及时作出疏导。

在车辆控制与安全管理中的应用：通过大数据技术对各类信息进行采集与分析，智能交通系统能够客观总结、反映许多有价值的车辆控制与安全管理规律，如每年的车祸情况分析，车祸中驾驶员的不同操作习惯总结，各种不良习惯造成的严重后果等。通过对这些数据信息的分析，能够对安全出行做出警示，对驾驶员的操作习惯做出正确提醒，还能为车辆的安全驾驶系统设计提供重要的参考依据。

9.2 分析示例

下面结合国内学者有关研究成果，通过几个简单案例介绍交通大数据分析及应用，以期获得对交通大数据分析技术的初步认识。

9.2.1 示例一：上海市基于浮动车数据的行程速度估计[26]

1. **数据来源**

浮动车数据来自 8000 多台出租车上传的 GPS 数据，数据格式见下表 9.2-1。

表 9.2-1 FCD 数据格式表示

字段名称	字段值 1	字段值 2	字段值 3	…	说明
日期	20110401	20110401	20110401	…	8 为数字
时间	042326	042326	042326	…	6 为数字
出租车公司简写	SHQS	SHQS	SHQS	…	4 为字母
车辆代号	13102	14796	13248	…	参考各营运公司车辆标识
经度	121.423837	121.571953	121.831667	…	精确到小数点后 6 位，单位为度
纬度	31.351412	31.346183	31.023440	…	精确到小数点后 6 位，单位为度
瞬时速度	0.0	0.0	0.0	…	单位 km/h
方位角	115	235	141	…	范围为度
营运状态	1	1	1	…	0 为空车，1 为载客
完整时间	2011-04-01 04:23:26	2011-04-01 04:23:26	2011-04-01 04:23:26	…	标准时间格式

电子地图数据是 mapinfo 的*.tab 格式，从电子地图中将路段信息导出至*.txt 文件，导出的信息包括路段编号、路名、路段等级及长度、起始点编号、交通流方向、道路形态及特性、道路隔离状态、道路折点数和各折点的经纬度信息，如表 9.2-2 所示。

表 9.2-2 导出的地图信息

编号	1	2	3	…	属性说明
路段编号	13307	13308	13313	…	用户自定义
路名	浏翔公路	宝安公路	沈石路	…	标准中文名称
路段等级	3	5	3	…	1. 代表一级道路（高速公路、快速路） 2. 代表二级道路（国道） 3. 代表三级道路（省道） 4. 代表四级道路（城市主要道路） ……
路段长度	6.1	6.0	457.8	…	单位 m
起始点编号	9553	9554	9551	…	用户自定义
	9552	9555	9561	…	用户自定义
交通刘方向	2	1	3	…	1. 代表双向通行 2. 代表与数字化方向相同可通行 ……

续表

道路形态		2	2	1	…	1. 上下线分离； 2. 上下线非分离； 3. 辅路 ……
道路隔离状态		0	0	0	…	1. 无隔离栏； 2. 物理隔离栏； 3. 法定隔离栏
道路折点数		2	2	3	…	表示路段全部折点数
道路各折点的经纬度	经度	121.3157	121.3074	121.3157	…	可精确到小数点后6位，单位为度。
	纬度	31.34388	31.34036	31.34395	…	
	经度	121.3157	121.3075	121.3191	…	
	纬度	31.34390	31.34031	31.34531	…	

2. 数据预处理

浮动车数据预处理流程分四步骤：坐标纠偏、去除范围外数据、区分浮动车数据和根据车辆编号分类。

第 1 步，坐标纠偏。未经处理的浮动车数据显示在地图上有明显的偏移，经过坐标纠偏后，GPS 数据可以很好地与地图匹配，如图 9.2-1 所示。

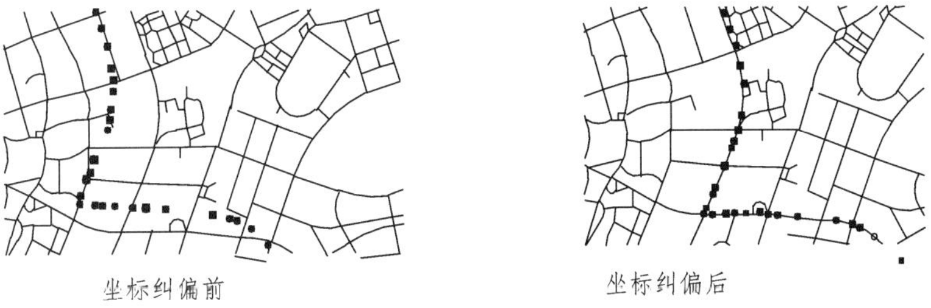

图 9.2-1　坐标纠偏前后对比

第 2 步，去除范围外数据。由于 GPS 存在漂移现象，接收到的数据可能超出当前城市区域范围，所以需要进行区域过滤，得到全部在研究范围内的 GPS 数据，否则将此数据剔除。

第 3 步，区分浮动车状态。当出租车处于空车状态时，司机出于寻找客源的目的会放慢行驶速度，不能客观地反映真实路况，因此计算平均速度时需要考虑出租车的营运状态，处于非营运状态时须乘以修正系数。

第 4 步，根据车辆编号分类。因为所有车辆的 GPS 数据是按时间顺序存在一个*.txt 文件里，不能直接进行计算，所以要将 GPS 数据以每 5 min 为一个周期按车辆编号分类并输出，这样才能作为地图匹配算法的输入数据。

3. 地图匹配

浮动车传回的 GPS 坐标只能反映车辆的坐标位置，而不能直接与路网路段相关联。所以车辆在道路上行驶时，GPS 数据必须与 GIS-T（Geographic Information System for Transportation）

电子地图进行匹配，实现车辆与行驶路段的关联。地图匹配的目的是弥补 GPS 卫星定位的误差，把车辆坐标修正到准确的路段上。其工作流程如图 9.2-2 所示。

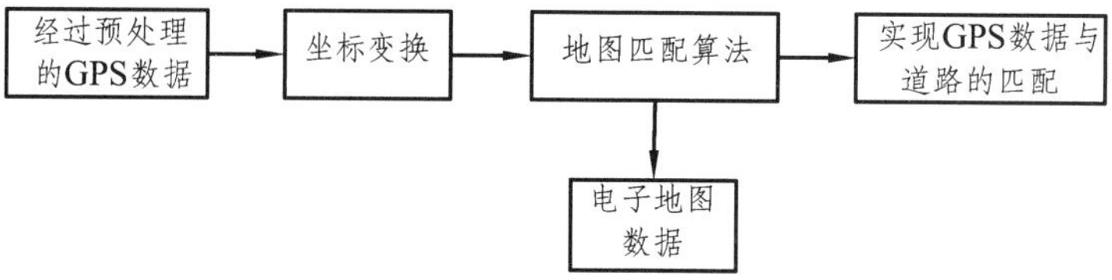

图 9.2-2　地图匹配流程图

经过预处理的 GPS 数据和地图数据通过地图匹配算法处理后，可以得到匹配好的路径。见图 9.2-3。

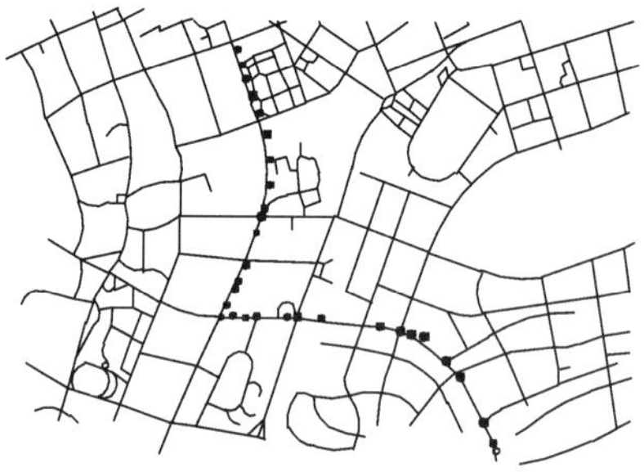

图 9.2-3　地图匹配结果示意图

4. 路段车速估计

由图 9.2-3 可见，地图匹配算法可以很好地匹配出车辆的原始路径，并且可以根据车辆上传的 GPS 时间信息，以 GPS 的点匹配结果为基础，得到车辆经过各路段节点的时间点，计算出车辆经过某路段的时间，并根据路段的长度信息，计算出路段行程车速。表 9.2-3 显示了编号为 14306 的出租车在一个周期内行驶经过的路段编号和路段行程速度。

表 9.2-3　路段行程时间和车速

编号	路段编号	路段行程速度（km/h）
1	97034	11.7
2	97256	13.4
3	97255	19.7

5. 交通状态发布

通过表 9.2-3 某条路段的交通信息，可得到该路段的平均行程车速。因此，根据道路交通状态判别法，可得到该路段交通状态（道路交通状态判断的标准见表 9.2-4），表 9.2-5 所示为不同道路等级的交通状态估计结果（111 代表畅通，222 代表拥挤，333 代表阻塞）。再将此结果表示在地图中，如用不同颜色代表畅通、拥堵、阻塞等不同状态，可为相关部门决策提供信息参考。

表 9.2-4　路网状态标准（单位 km/h）

道路等级	交通状态		
	阻塞	拥挤	畅通
高架快速路	$v<25$	$25\leqslant v<45$	$v\geqslant 45$
地面主干道	$v<12$	$12\leqslant v<25$	$v\geqslant 25$
地面次干道、支路及其他	$v<10$	$10\leqslant v<20$	$v\geqslant 20$

表 9.2-5　路段平均行程时间、车速及交通状态

路段属性	编号	路段编号	路段行程速度（km/h）	交通状态
高架快速路	1	47012	78.6	111
	2	50306	32.7	222
地面主干路	1	49846	57.3	111
	2	96153	13.7	222
地面次干道、支路及其他	1	77869	25.7	111
	2	46050	9.7	333

9.2.2　示例二：深圳市基于手机话单数据的通勤出行特征分析[36]

手机数据由于其用户的覆盖面广、无须特殊的数据采集设备、数据获取成本较低、数据量大等优点，目前已经成为交通大数据研究不可或缺的数据来源。可获取的手机数据一般分为 2 种：话单数据、信令数据。数据主要内容包括：经匿名处理的用户标识码基站的小区编号，事件类型，事件发生的时刻。手机话单数据和信令数据的差异主要体现在事件类型上，话单数据的事件类型主要包括主叫、被叫、硬切换（不同小区间采用先断开、后连接的方式进行切换）、发短信、接短信等，而信令数据除了具有话单数据的事件外，还包括了开机、关机、小区切换、位置更新等。

手机数据能够在一个较长的时间内持续获得且有较高的采样率，用手机数据可以对居民的出行模式进行特征描述。

对深圳市基于手机话单数据的通勤出行特征的分析如下：

（1）通过使用某移动通信公司手机话单数据，由手机基站的经纬度位置共定义 3 884 个基站小区，共获取 1 114 380 704 条原始数据。话单数据中用户编号用以识别用户；基站控制器（BSC）、小区标志、扇区标志三个字段用以确定用户所在基站小区；呼叫标志包括四类数据：主叫为 0，被叫为 1，硬切换为 2，无效值为 3（见表 9.2-6）。原始数据中存在字段缺失、无法与基站数据匹配以及用户编号错误、记录重复等问题，因此首先对原始数据进行清洗，删除有问题记录。清洗后共得到 704 472 882 条数据。

表 9.2-6　手机话单数据样本示意

用户编号（IMSI）	BSC	小区标志	扇区标志	呼叫标志	接入时刻
4600357544....4	13	200	2	0	2013 年 8 月 19 日 05:45:58
4600357544....1	18	1009	2	0	2013 年 8 月 19 日 23:58:08

（2）用户职住地识别方法。

为判断用户的工作地和居住地，将 9:00—18:00 定为居民最可能的工作时段，20:00—次日 8:00 定为居民最可能的居家时段。

统计用户在工作和居家时段产生通话记录的天数分布，可以看出用户更倾向于在工作时段通话，这与实际情况相吻合。

两周的记录可呈现一定的规律性，用以判断用户职住地特征。为提高工作地和居住地判断的准确性，以 10 天作为阈值，筛选在工作及居家时段产生通话记录的天数均大于等于 10 的用户。

居住地判断：根据居民生活及睡眠习惯，以 3:00 作为两日分界划分用户一天活动的结束和第二天活动的开始，得到用户每天产生通话的最早记录（3:00 之后）和最晚记录（3:00 之前）。将 8:00 之前、20:00 之后的记录定为有效的最早、最晚记录。统计各区域产生有效最早、最晚通话记录的频次。为保证结果不受偶然因素影响，将频次大于等于 10 的用户数据作为有效数据。

工作地判断：将用户在工作时段产生通话记录最多的区域作为用户的工作地，将工作时段中在工作地产生通话记录天数大于等于 10 的用户数据作为有效数据。

通过以上分析，可以大致判别该城市用户居住地、工作地空间分布情况。

（3）通勤距离计算。

用户定位由手机话单数据对应基站确定，无法反映用户的准确坐标，但误差在可接受范围内。在通勤距离大于 5 km 的情况下，用大圆距离修正系数 φ（一般取 1.3 ~ 1.4）可以较为精确地计算已知经纬度的两点 $P_1(L_1,M_1)$ 、$P_2(L_2,M_2)$ 的通勤距离：

$$DISTANCE = \varphi \times Radius \times \arccos(\sin L_1 \times \sin L_2 + \cos L_1 \times \cos L_2 \times \cos(M_1 - M_2))$$

式中　Radius 为地球半径。

在通勤距离小于 5 km 的情况下，φ 随不同交通方式波动较大。

（4）通勤时间分析。

由于通话的随机性，用户在离开居住地和到达工作地的时刻恰好产生通话记录的概率很小，这是用手机话单数据提取用户通勤时间特征面临的最大问题。从用户所有记录天数的情况来看，可以从用户每天产生的居住地—工作地连续通话序列的时间差中提取最小时间差（需满足合理的通勤时间范围，取 5 min ~ 2 h），这一时间差最接近用户实际通勤时间。

（5）通勤特征分析结果。

深圳市通勤交通中，早通勤开始时刻分布较为集中，而晚通勤开始时刻的分布具有较大的分散性，使得晚通勤的高峰时间延长，这与深圳市居民日常行为习惯一致。深圳市居民通勤开始时刻受通勤距离的影响不大，这与通勤时间随通勤距离的变化较为稳定有关。在短距离通勤出行中，通勤时间变化较小，而中长距离通勤出行所耗费的平均通勤时间则基本为 45 ~ 50 min。

9.2.3　示例三：基于 GPS 和 IC 卡的单线公交 OD 生成方法[37]

公交车 GPS 和公交 IC 卡在提高城市公交质量方面发挥了很大的作用。公交车 GPS 能够实现对任何装有终端的公交车进行实时监控，公交 IC 卡为市民提供了方便的电子付费方式。

实际上公交车 GPS 和公交 IC 卡还能够获得许多与公交客流密切相关的数据，如公交客流 OD 分析。以下介绍公交 OD 生成方法。

1. 基础数据

1）公交车 GPS 基础数据分析

公交 GPS 所能提供的原始数据有经度、纬度、时间和其他一些辅助信息，但是经过数据的预处理，其可提供的基础信息如下：

（1）汽车编号：是指跟踪的车辆在数据库中的数字代码；

（2）位置：是车辆在被记录时在公交线网中的空间坐标；

（3）时间：是车辆被记录时的时间；

（4）行使方向：是根据行驶轨迹获得的车辆行驶方向。

2）公交 IC 卡基础数据分析

公交 IC 卡是为了方便市民出行而发行的一种智能卡。某城市公交 IC 卡基础信息如表 9.2-7 所示。

表 9.2-7　某城市公交 IC 卡部分基础信息表

卡编号	卡余额/元	消费金额/元	消费日期	消费时间	数据类型	汽车编号	记录号
00000837	113.10	0.90	04	06:38:39	01	010071	171017758065
00000837	110.40	0.90	04	19:40:58	01	018062	151014036575

3）其他基础数据分析

除以上两类基础数据外，还需要通过其他的一些渠道获得公交车班次数、现金收入、总站点数、公交 IC 卡消费的优惠折等信息。这些信息可以很容易地通过公交企业的一些文件和报表中获得。

2. 数据融合理论依据

有了基础数据来源之后，还需要基于一些理论依据，才能进行数据融合。这些理论依据包括“有偏随机抽样”“两站点公交出行模型”“总量控制”等。

1）有偏随机抽样

选择持有 IC 卡的乘客作为研究样本，是有偏随机抽样，是否持有 IC 卡的两个群体之间可能存在不同程度的出行需求，在进行数据融合时可以在两者之间增加一个调整参数来减少“有偏”的影响。

2）两站点公交出行模型

“两站点公交出行”模型中的“两站点”是指乘客出行时的上车站点和下车站点。仔细观察会发现公交出行存在一个现象，即对大部分的公交出行者而言，其上车站点和下车站点总是相互转换的，即回程时的上车站点就是出发时的下车站点，而出发时的上车站点又是回程时的下车站点。虽然这一推论也存在一定误差，但由于误差最终的研究结果影响不会很大，并且可以通过“总量控制”的方法来大大降低其影响。

3）总量控制

“总量控制”是根据“下车人数的总和应该等于上车人数的总和”这一基本前提而提出的。

因为国内 IC 卡能记录上车乘客的信息，所以通过乘客上车刷卡的数据可以较为准确地获得总乘客数。但在下车人数推算过程中，由于多种偶然性因素影响，会导致总下车人数与总上车人数不相等。为了消除这一误差，可以通过增加一个调节系数，使总下车人数变成正确的数据，同时也相应地调整每个站点的下车人数，使得推算的数据更加接近实际数据。

3. 公交车 GPS 和公交 IC 卡数据融合方法

1）数据预处理。

首先，对 GPS 的数据进行预处理。公交车载 GPS 系统可以获得车辆很多信息，经过简单处理后可以获得表格格式如表 9.2-8。

然后对公交 IC 卡的数据进行预处理。由于刷卡时间其实就是乘客上车时间，去除一些暂不需要的信息，可以获得如表 9.2-9 所示的公交 IC 卡基础数据表。

显然这两个表格都是不完整的，需要通过数据融合进行完善。

表 9.2-8　公交 GPS 基础数据表

时间	位置	行驶方向	汽车编号
06:38:39	x，y，z	上行	010071

表 9.2-9　公交 IC 卡技术数据表

卡号	消费金额	上车时间	汽车编号
00000837	0.90	06:38:39	010071

2）基础数据融合

需要公交车 GPS 和公交 IC 卡融合的数据项主要有：上车站点、下车站点、下车时间。

（1）上车站点。

要确定乘客上车的站点，可以通过将 IC 卡数据中的上车时间及汽车编号与 GPS 数据中的到站时间和汽车编号进行融合匹配。融合匹配的方法是：

第一步，匹配汽车编号。因为汽车编号是唯一的，只要查找两个表中一样的汽车编号，就能够得到对应的记录。

第二步，匹配时间。对一辆汽车而言，在一个时刻只能在一个地方出现。只要查找到乘客刷卡时间相对应的车辆位置，就可以得到乘客的上车点的位置。

第三步，GIS 地图匹配。通过将上车点的位置匹配到 GIS 地图上，就可以获得乘客的上车站点。

（2）下车站点和下车时间。

根据两站点模型可以得知，对同一张 IC 卡号而言，在连续的两次刷卡记录中，后一次刷卡记录中的上车地点是上一次出行的下车地点，因此，可以通过以下步骤获得下车站点和下车时间。

第一步，从 IC 卡数据库中找出目标卡号在下一次出现时的汽车编号和刷卡时间，通过上车站点的推算方法可以获得此时刷卡的站点。

第二步，根据汽车编号、上一步所求的站点及上一次刷卡时间，可以得到在该次车辆运行班次行程内车辆到达站点的时间，此时间即为该乘客上一次出行的下车时间。

这样就可以得到比较完整的公交乘客出行信息表，如表 9.2-10 所示。

表 9.2-10　公交乘客出行信息表

卡号	消费金额	上车时间	上车站点	行驶方向	下车站点	下车时间	汽车编号
00000837	0.90	06:38:39	23401	上行	23417	07:06:46	010071

4. 单线公交 OD 矩阵的生成方法

公交出行 OD 是城市公交网络规划和管理的基础数据，为公交线网优化、公交出行预测提供了最可靠的数据支持。而单线单向公交出行 OD 作为整个公交线网 OD 的基本单元，不仅仅对分析单条线路公交出行分布具有重要意义，对分析整个线网的出行分布同样能够产生积极效果。以沿线各站点为 OD 点，可以得出单条线路某一行驶方向上的 OD 矩阵。

第一步，确定持卡人数占总乘客数的比例 r 值，计算公式：

$$r = \frac{A_2}{A_2 + p \times A_1}$$

式中　A_1 为现金收入，A_2 为刷卡收入，p 为优惠折扣。

第二步，求总乘客数 Q 值，计算公式如下。其中取折扣 p 的倒数作为抵消“有偏随机抽样”影响的调整参数，因为一般情况下，折扣越多，持卡乘客出行的可能性就越大。

$$Q = \left(\frac{1}{r} - \frac{(1-r)\times(1-p)}{r \times p}\right) \times \sum_{i=1}^{K}\sum_{s=1}^{B} n_{is}$$

式中　K 为现站点数，B 为班次数，n_{is} 为第 i 个站点第 s 班次刷卡上车乘客人数（其中 $n_{ks}=0$）。

第三步，求上车人数调整系数 l 和下车人数调整系数 g 值，根据总量控制的思想，可以得出 l 和 g 的计算公式：

$$l = \frac{Q \times r}{\sum_{i=1}^{K}\sum_{s=1}^{B} n_{is}} \qquad g = \frac{Q \times r}{\sum_{s=1}^{B}\sum_{j=1}^{K} m_{sj}}$$

式中　m_{sj} 为刷卡上车乘客中第 s 班次在第 j 个站点下车人数（其中 $m_{s1}=0$）；

第五步，求在第 i 个站点刷卡上车，在第 j 个站点下车人数 c_{ij}：

$$c_{ij} = \sum_{s=1}^{B} c_{sij}$$

式中　c_{sij} 为在第 s 班次第 i 个站点刷卡上车，在第 j 个站点下车人数。

由此可求出单线公交出行 OD。

9.3　工具软件简介

1. 用于展现分析的前端开源工具

有 JasperSoft，Pentaho，Openi 等。

Jaspersoft 是基于模块的一组商务智能套件，Jaspersoft 主要包括：JasperServer，JasperAnalysis，JasperETL，JasperReports。其中 JasperServer 提供数据查询与报告服务。JasperAnalysis 可为用户提供联机分析处理（OLAP）服务。JasperETL 是一个开发人员和数据库管理员间进行数据抽取、转换、整合的高性能平台。JasperReports 是一款优秀的 Java 报表工具，支持 PDF、HTML、XLS、CSV 和 XML 文件输出格式，现在是 Java 开发者最常用的报表工具。

Pentaho 是一个较为完善的开源商业分析（BI）软件，基于 Java 平台，包括一个 web server 平台和报表、分析、图表输出等模块，具备一定的数据挖掘的能力。

2. 用于展现分析商用分析工具

有 RapidMiner Radoop、Cognos、Microsoft Power BI。

RapidMiner Radoop：是一个可通过简单操作就可以为数据工程师定制海量数据分析的套件，可以让用户通过接口与 Hadoop 进行数据交换，并利用 Hadoop 的分布式处理机制，实现大规模数据的快速处理。套件具有可视化的设计环境，封装了部分无需代码的数据分析模块和机器学习算法，套件能在 Spark 上集成 R&Python 脚本，具有大数据分析预测功能。该套件使数据工程师可以摆脱 Hadoop 等大数据分析系统所需的专业化水平及高度复杂性的约束，而专注于研究分析流程和数据模型。

Cognos：是影响较大的业务数据智能分析软件，它能够帮助用户提取公司数据，然后分析并汇总得出报告。Cognos 包括一系列产品，其中有 PowerPlay 联机分析处理（online analytical processing，OLAP）工具，以及 Impromptu 报告和查询语言工具、Axiant 客户/服务器开发系统。Cognos 展现的报表基于统一的元数据模型。统一的元数据模型为应用提供了统一、一致的视图。用户可以在浏览器中自定义报表，格式灵活，元素丰富，而且可以通过 Query Studio 进行及时的开放式查询。Cognos 还具有独特的穿透钻取（Drill Through）、切片（slice）和切块（dice）、以及旋转（pivot）等功能，使分析人员、管理人员或执行人员能够从多角度对信息进行快速、一致、交互地存取，从而获得对数据的更深入了解，有效地将各种相关的信息关联起来，使用户在分析汇总数据的同时能够深入自己感兴趣的细节数据中，以便更全面地了解情况，做出正确决策。

Microsoft Power BI：是由微软开发的一套商业数据分析工具，用于数据组织及分析，可连接数百个数据源，简化数据准备并提供实时分析。生成美观的报表并进行发布，可在 Web 和移动设备上使用。用户可以方便地创建个性化仪表板和专题图，从而直观获取针对其业务的全面信息。Power BI 是整合了 Power Query，PowerPrivot，Power View 和 Power Map 等一系列工具的成果，具备 Excel 做报表和 BI 分析基础，便可以快速使用，同时某些新版本的 Excel 也提供了 Power BI 插件。当前 Microsoft Power BI 已经支持各种数据源，包括文件（如 Excel，CSV，XML，Json，文本等，还支持文件夹），数据库（常见的关系型数据库如 Access，MSSQL，Oracle，DB2，Mysql 等等），还有各种微软云数据库，其他外部数据源（如 R 脚本，Hadoop 文件，Web 等等）。

其他还有：Microstrategy、QlikView、Tableau 等大数据商业智能可视化分析软件。

思考题

1. 浮动车数据有何特点？如何基于浮动车数据对路段交通状态进行评估？

2. 应用本章介绍的某一种数据分析展示软件，采用软件自带示例数据生成饼图、仪表盘图、柱状图、曲线图、热力图等数据分析基本专题图。

参考文献

[1] 王炜，陆建．道路交通工程系统分析方法（第二版）[M]．北京：人民交通出版社，2011.

[2] 王炜等．道路交通工程系统分析方法[M]．北京：人民交通出版社，2004.

[3] 王殿海．交通系统分析[M]．北京：人民交通出版社，2007.

[4] 陈峻．交通管理与控制[M]．北京：人民交通出版社，2012.

[5] 邵春福．交通流理论[M]．北京：电子工业出版社，2012.

[6] 王建军，严宝杰．交通调查与分析[M]．北京：人民交通出版社，2016.

[7] 张华歆．预测与决策——理论及应用[M]．上海：上海交通大学出版社，2014.

[8] 谢季坚，刘承平．模糊数学方法及其应用（第四版）[M]．武汉：华中科技大学出版社，2016.

[9] 张生瑞．交通流理论与方法[M]．北京：中国铁道出版社，2010.

[10] 谢政，李建平，陈挚．非线性最优化理论与方法[M]．北京：高等教育出版社，2010.

[11] 章玉，胡兴华，王佳．交通规划模型 TransCAD 的操作与应用[M]．北京：中国建筑工业出版社，2010.

[12] 闫小勇，刘博航．交通规划软件实验教程：TransCAD4.X[M]．北京：机械工业出版社，2010.

[13] 杨晓光．城市道路交通设计指南[M]．北京：人民交通出版社，2003.

[14] 刘博航．交通仿真实验教程[M]．北京：人民交通出版社股份有限公司，2015.

[15] 深圳国泰安教育技术股份有限公司大数据事业部群，中科院深圳先进技术研究院国泰安金融大数据研究中心．大数据导论：关键技术与行业应用最佳实践[M]．北京：清华大学出版社，2015.

[16] 李军．大数据：从海量到精准[M]．北京：清华大学出版社，2014.

[17] 蔡立志，武星，刘振宇．大数据测评[M]．上海：上海科学技术出版社，2015.

[18] 王珊，萨师煊．数据库系统概论（第 5 版）[M]．北京：高等教育出版社，2014.

[19] 何承，朱扬勇．城市交通大数据[M]．上海：上海科学技术出版社，2015.

[20] 中国互联网数据咨询中心，大数据分析与处理方法介绍，2014.

[21] 中国大数据网，BI 数据仓库构建和 BI 数据分析应用，2016.

[22] 任福田．交通工程学（第二版）[M]．北京：人民交通出版社，2013.

[23]《运筹学》教材编写组．运筹学（第 4 版）[M]．北京：清华大学出版社，2013.

[24] 许伦辉，罗强．交通流理论习题解集[M]．北京：人民交通出版社，2010.

[25] 袁振洲．城市交通管理与控制[M]．北京：北京交通大学出版社，2013.

[26] 唐克双，孙剑．基于多源数据融合的城市道路交通控制与管理[M]．上海：同济大学出版社，2015.

[27] 王殿海．交通流理论[M]．北京：人民交通出版社，2002.

[28] 陆化普．交通规划理论与方法[M]．北京：清华大学出版社，1998.

[29] 韩昌德，郭大水．市场调查与市场预测[M]．天津：天津大学出版社，1996.
[30] 赵建有．道路交通运输系统工程[M]．北京：人民交通出版社，2004.
[31] 袁亚湘．非线性优化计算方法[M]．北京：科学出版社，2008.
[32] 张光澄．非线性最优化计算方法[M]．北京：高等教育出版社，2005.
[33] 邵春福．交通规划原理[M]．北京：中国铁道出版社，2004.
[34] TransCAD 交通需求模型手册（第一版）.
[35] VISSIM 5.30 用户手册.
[36] 杨超，张玉梁．基于手机话单数据的通勤出行特征分析——以深圳市为例[J]．城市交通，2016，14（1）：30-36.
[37] 徐建闽，熊文华，游峰．基于 GPS 和 IC 卡的单线公交 OD 生成方法[J].《微计算机信息》（测控自动化），2008，24（8）：221.
[38] 曾建潮，崔志华．一种保证全局收敛的 PSO 算法[J]．计算机研究与发展，2004，41（8）：1333-1338.
[39] 王晓原，杨新月，张敬磊．交通流微观仿真与驾驶员行为建模理论及方法[M]．北京：科学出版社，2010.
[40] 赵书兰．MATLAB 编程与最优化设计应用[M]．北京：电子工业出版社出版，2013.